▶ **bachelor-wissen**

Italienische Literaturwissenschaft

b a c h e l o r - w i s s e n

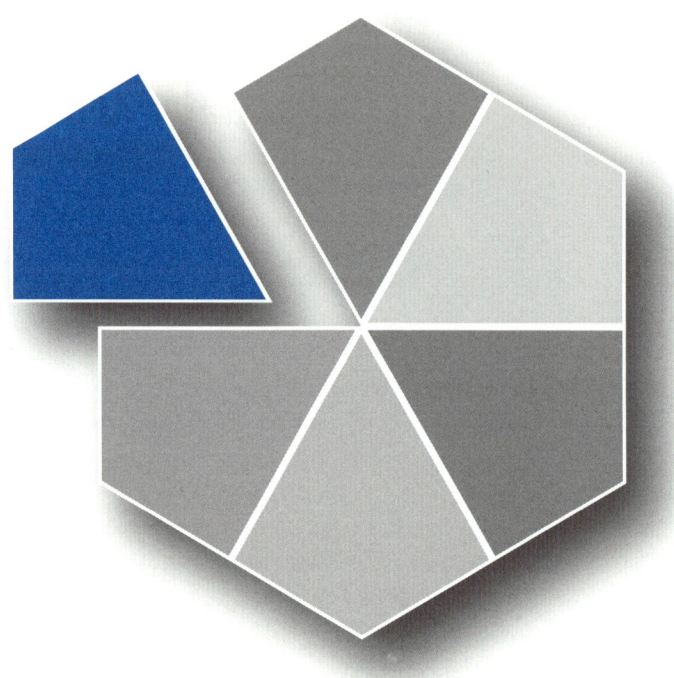

bachelor-wissen ist die Reihe für die modularisierten Studiengänge

▶ die Bände sind auf die Bedürfnisse der Studierenden abgestimmt

▶ das fachliche Grundwissen wird in zahlreichen Übungen vertieft

▶ der Stoff ist in die Unterrichtseinheiten einer Lehrveranstaltung gegliedert

▶ auf www.bachelor-wissen.de finden Sie begleitende und weiterführende Informationen zum Studium und zu diesem Band

bachelor-wissen

Maximilian Gröne
Rotraud von Kulessa
Frank Reiser

Italienische Literaturwissenschaft

Eine Einführung

 Gunter Narr Verlag Tübingen

Idee und Konzept der Reihe: Johannes Kabatek, Lehrstuhl für Romanische Sprachwissenschaft an der Eberhard Karls-Universität Tübingen

Dr. Maximilian Gröne ist Akademischer Rat an der Philosophisch-Historischen Fakultät der Universität Augsburg.

Dr. Rotraud von Kulessa und Dr. Frank Reiser sind Wissenschaftliche Angestellte am Romanischen Seminar der Albert-Ludwigs-Universität Freiburg i.B.

Bibliografische Information der Deutschen Bibliothek

Die Deutsche Bibliothek verzeichnet diese Publikation in der Deutschen Nationalbibliografie; detaillierte bibliografische Daten sind im Internet über <http://dnb.d-nb.de> abrufbar.

© 2007 Narr Francke Attempto Verlag GmbH + Co. KG
Dischingerweg 5 · D-72070 Tübingen

Internet: http://www.bachelor-wissen.de
E-Mail: info@narr.de

Satz: Informationsdesign D. Fratzke, Kirchentellinsfurt
Druck: Gulde, Tübingen
Bindung: Nädele, Nehren
Printed in Germany

ISSN 1864-4082
ISBN 978-3-8233-6343-9

Inhalt

Vorwort 1

Kompetenz 1: Literaturwissenschaftlich denken und arbeiten

Einheit 1: Begriff 'Literatur' 3
1.1   Literatur 'an und für sich' 4
1.2   Literatur medial 15

Einheit 2: Literaturgeschichtliche Ordnungsmodelle 21
2.1   Poetik 22
      2.1.1   Die *Poetik* des Aristoteles 23
      2.1.2   Stilarten und Ständeklausel 24
      2.1.3   Italienische Renaissancepoetiken 26
      2.1.4   Die *Questione della lingua* 27
2.2   Gattungen 28
2.3   Epochen. 31
2.4   Literaturgeschichte. 32
2.5   Kanon 34

Einheit 3: Literaturwissenschaftliches Arbeiten. 37
3.1   Bachelor- und Master-Studiengänge. 38
3.2   Arbeitsfelder für Literaturwissenschaftlerinnen und
      Literaturwissenschaftler 41
3.3   Zum Wissenschaftsbegriff der Geisteswissenschaften 43
3.4   Wissenschaftliche Hilfsmittel. 44
3.5   Arbeitstechniken 52

Kompetenz 2: Literarische Texte analysieren

Einheit 4: Grundlagen der Textanalyse am Beispiel Lyrik 57
4.1   Verstehen – Analysieren – Interpretieren. 58
4.2   Ebenen der Strukturanalyse 61
4.3   Strukturanalyse: Vorgehensweise 68
4.4   Gattung Lyrik 69

Einheit 5: Lyrik analysieren – Beispiele und Übungen 77
5.1   Petrarkistische Sonette 78
5.2   Die literarische Dekadenz: Gabriele D'Annunzio 85
5.3   Die hermetische Lyrik der Moderne: Eugenio Montale. 88

Einheit 6: Dramenanalyse. 93
6.1   Drama als Text und Aufführung 94
6.2   Figuren 100
6.3   Figurenrede. 103
6.4   Figurenkonstellation 105
6.5   Handlung 106
        6.5.1   Aufbau und Untergliederung. 107
        6.5.2   'Offene' und 'geschlossene' Form des Dramas. 109

Einheit 7: Übungen zur Dramenanalyse 113
7.1   La locandiera. 114
        7.1.1   Carlo Goldoni 114
        7.1.2   Goldonis Theaterreform. 116
        7.1.3   Inhaltsangabe. 116
        7.1.4   Analyse ausgewählter Passagen. 118
7.2   Sei personaggi in cerca d'autore. 121
        7.2.1   Luigi Pirandello. 121
        7.2.2   Pirandellos meta-teatro. 122
        7.2.3   Inhaltsangabe. 124
        7.2.4   Analyse ausgewählter Passagen. 126

Einheit 8: Epik und Erzähltextanalyse 131
8.1   Gattung Epik. 132
8.2   Erzählerische Gestaltung oder Diskurs (discorso narrativo) 138
        8.2.1   Stimme (la voce narrante) 138
        8.2.2   Zeit. 140
        8.2.3   Distanz 142
        8.2.4   Fokalisierung (focalizzazione) 143
8.3   Struktur des Erzählten oder der fabula. 144
        8.3.1   Figuren (personaggi) 145
        8.3.2   Handlung, Geschehen und 'Plot'. 146

Einheit 9: Epik analysieren – Beispiele und Übungen. 151
9.1   Manzoni und seine Promessi sposi 152
9.2   Elio Vittorini und der Neorealismus. 160

Kompetenz 3: Literarische Texte methodenorientiert interpretieren

Einheit 10: Text und Autorschaft. 169
10.1 Literarische Kommunikation und Interpretationsansätze. 170
10.2 Positivismus 171
10.3 Psychoanalyse. 174

10.4 Literatursoziologie 180
    10.4.1 Marxistische Literaturwissenschaft 181
    10.4.2 Erich Köhler und die Vermittlung 182
    10.4.3 Feldtheorie 183

Einheit 11: Textvergleich und Textwirkung. 187
11.1 Komparatistische Literaturwissenschaft. 188
    11.1.1 Thema, Stoff, Motiv 188
    11.1.2 Typologischer und genetischer Vergleich 190
    11.1.3 Exkurs: Allgemeine Literaturwissenschaft. 194
    11.1.4 Imagologie 195
    11.1.5 Kulturtransfer 196
11.2 Die Rezeption literarischer Werke. 198
    11.2.1 Rezeptions- und Wirkungsgeschichte 199
    11.2.2 Rezeptionsästhetik 200
11.3 Feministische Literaturwissenschaft und *Gender Studies* 203

Einheit 12: Strukturalismus und Poststrukturalismus 207
12.1 Strukturalismus 208
    12.1.1 Zum Begriff 'Struktur' 209
    12.1.2 Der strukturalistische Umgang mit Texten 211
    12.1.3 Semiotik 213
12.2 Poststrukturalistische Ansätze 215
    12.2.1 Intertextualität 215
    12.2.2 Historische Diskursanalyse 217
    12.2.3 Dekonstruktion 219

Kompetenz 4: Texte in anderen Medien analysieren

Einheit 13: Filmanalyse 225
13.1 Zwei Methoden der Filmtranskription 226
13.2 Bildebene. 231
13.3 Tonebene. 235
13.4 Montage. 237
13.5 Filmisches Erzählen. 239

Einheit 14: Exemplarische Filmanalyse 243
14.1 Literaturverfilmung. 244
14.2 Beispiel einer Literaturverfilmung: *Il gattopardo* von
    Luchino Visconti 245
    14.2.1 Die Romanvorlage. 245
    14.2.2 Luchino Visconti. 246
    14.2.3 Roman und Film im Vergleich 247

14.3 Roberto Rossellini und der italienische *neorealismo* 253

   14.3.1 *Neorealismo* in Literatur und Kino 253

   14.3.2 *Roma, città aperta* 254

Anhang

Sachregister 259

Bildnachweis 262

Vorwort

Als die Hochschulreform vor noch gar nicht allzu langer Zeit an den deutsch-sprachigen Universitäten in ersten Schritten umgesetzt wurde, glaubte so manche kritische Stimme, der Universität als ehrwürdiger Bildungsinstitution werde nunmehr endgültig der Prozess gemacht. Dass 'Bologna' in vielerlei Hinsicht für die Hochschullehre einen markanten Wandel bedeutet und dass zumal in der nachfolgenden Diskussion um sog. 'Elite'-Universitäten nicht ausschließlich weitsichtige Entscheidungen getroffen wurden, dürfte von den wenigsten bestritten werden. Doch bleibt die Hochschulreform in zentralen Bereichen ein notwendiges Unterfangen.

Der internationalen Abstimmung des Bildungssektors und der berufs-orientierten Qualifikation ihrer Absolventen kann sich zum heutigen Tage keine Bildungsinstitution mehr guten Gewissens entziehen. Die Einrichtung spezifischer Bachelor- und Masterstudiengänge, ihre Modularisierung und die Einführung studienbegleitender Prüfungsformen und eines Leistungspunkte-systems, des European Credit Transfer Systems (ECTS), ermöglichen grund-sätzlich eine größere Flexibilität bei der Ausrichtung des eigenen Curriculums (vgl. Einheit 3.1). Wenn im Gegenzug viele Teilmodule eines Studiengangs präzise Vorgaben für die Zusammenstellung der studentischen Stundenpläne machen, wenn auch die Gewichtung der Lernziele neu verhandelt wird (in den romanistischen Fächern unter anderem im Bereich der Fachdidaktik, Medienkompetenz oder kulturwissenschaftlichen Ansätze), so bedeutet dies keineswegs einen automatischen Verzicht auf das bisherige Niveau der Aus-bildung. Gerade die verbesserten Möglichkeiten der Studierenden, unter den Bildungsangeboten eine bewusste Wahl zu treffen und eine konsequenter auf den eigenen Berufswunsch zugeschnittene Qualifikation zu erwerben, sollten – um von den umstrittenen Studiengebühren an dieser Stelle ganz zu schweigen – künftig eine verstärkte Selbstverpflichtung der Hochschulen gegenüber den von ihnen gesetzten Ansprüchen unverzichtbar machen.

In diesem Sinne ist die vorliegende Einführung in das Bachelor-Studium der italienischen Literaturwissenschaft einerseits nach den Standards vergleich-barer Werke zum Lehramts- oder Magisterstudium angelegt, weshalb sie auch als Angebot an die Studierenden dieser Studienrichtungen gelten kann. Ande-rerseits verweist die Konzeption des Bandes auf die einführenden Veranstal-tungen des Bachelor-Studiums, die im Laufe eines Semesters die wesentlichen Themenbereiche der heutigen Literaturwissenschaft behandeln. Ihr Aufbau wird in Form von 14 Einheiten abgebildet, die gleichsam eine exemplarische Möglichkeit darstellen, den Stoff zu gliedern und Schwerpunkte zu setzen. Der Band eignet sich daher ebenso zur Begleitung einer universitären Lehrveran-staltung, wie er schrittweise im Eigenstudium erarbeitet werden kann.

Besonderer Wert wurde auf eine angepasste Darbietung des Stoffes gelegt, die die Studienanfängerinnen und -anfänger mit dem Themengebiet vertraut machen soll. Eine grundlegende Kenntnis des Italienischen wird vorausgesetzt, zugleich bieten in schwierigeren Fällen Anmerkungen die nötige Unterstützung beim Verständnis der im Original zitierten Textbeispiele. Die direkten Textbezüge und die durchgängig eingebundenen Übungsaufgaben stellen den Studierenden ein aussagekräftiges Anschauungsmaterial zur Verfügung und ermöglichen es ihnen, ihren Lernfortschritt zu überprüfen und eigenständig die erworbenen Kenntnisse anzuwenden. Lösungshinweise und zusätzliche Materialien finden sich auf den diesen Band begleitenden Seiten unter www.bachelor-wissen.de.

Die Vermittlung grundlegender Kenntnisse und der aktive Einbezug von Leserinnen und Lesern trägt zur Formung von Kompetenzen bei, welche die Herangehensweise an den Text, seine methodische Analyse und theoriegestützte Interpretation wie auch die Berücksichtigung anderer medialer Kontexte umfassen. Entsprechend unterteilt sich der Aufbau von *bachelorwissen: Italienische Literaturwissenschaft* in vier Themenblöcke: Die Einheiten 1 bis 3 führen in literaturwissenschaftliches Denken und Arbeiten ein. Im Anschluss daran stehen die Einheiten 4 bis 9 ganz im Zeichen der Analysetechniken literarischer Texte, die in den jeweiligen Übungseinheiten erprobt werden. In einem weiteren Schritt werden in den Einheiten 10 bis 12 die wichtigsten theoretischen und methodischen Ansätze der Interpretation literarischer Texte vorgestellt. In den Einheiten 13 und 14 schließlich wird der Blick auf die Analyse des Mediums Film geweitet, das längst schon zu einem festen Bezugspunkt auch der Literaturwissenschaft geworden ist.

August 2007   *Rotraud v. Kulessa, Maximilian Gröne und Frank Reiser*

Begriff 'Literatur'

Inhalt	
1.1 Literatur 'an und für sich'	4
1.2 Literatur medial	15

In diesem ersten Kapitel beschäftigen wir uns mit der Definition von "Literatur" als Gegenstandsbereich der Literaturwissenschaft. Wir ziehen dazu Beispieltexte aus der italienischen Literatur heran und suchen notwendige oder typische Eigenschaften von Literatur. Anschließend lernen Sie einige medientheoretische Grundlagen von Literatur als Schrift-Kunst kennen.

Überblick

1.1 | Literatur 'an und für sich'

Etymologie des Wortes 'Literatur'

Zu Beginn unserer Ausführungen wollen wir uns dem Gegenstand unseres Studiums zuwenden. Was ist eigentlich Literatur? Diese Frage, die auf den ersten Blick geradezu banal erscheinen mag, stellt sich auf den zweiten Blick als überaus komplex dar. Widmen wir uns in einem ersten Schritt der Etymologie (Herkunft) des Wortes: Literatur, it. *letteratura,* stammt aus dem Lateinischen: *litteratura* = das Geschriebene, Schrifttum. Halten wir fest: Ursprünglich bezeichnet der Begriff 'Literatur' alle schriftlichen Äußerungen und schließt mündliche Äußerungen dagegen aus. Im Laufe der Jahrhunderte wandelte sich der Begriff von einer materiellen Dimension hin zu einer qualitativen. Unter Literatur wurde zunehmend die 'schöne Literatur' verstanden, die wiederum mit dem Begriff der 'Dichtung' konkurrierte. Diese beiden Begriffe ihrerseits

'Schöne Literatur'
Ästhetik
Sprache

implizieren Definitionskriterien: so beinhaltet der Begriff 'schöne Literatur' den Aspekt der Ästhetik; Dichtung kommt von Dichte und meint die Dichte der Sprache. Ein weiteres Kriterium wäre so der Umgang mit der Sprache. In diesem Sinne stellte der Linguist Roman Jakobson 1921 folgende Frage: "Was macht aus einer sprachlichen Nachricht ein Kunstwerk?" Der Unterschied zwischen Literatur bzw. Dichtung und umgangssprachlichen Texten

Roman Jakobson
Literarizität

liegt also laut Jakobson in ihrem 'Kunstwerkcharakter', der mit dem Begriff der 'Literarizität' umschrieben wird. Wir wollen unsere Überlegungen zum Literaturbegriff nun fortsetzen, indem wir uns einer Reihe von Texten zuwenden.

Aufgabe 1.1 |

? Lesen Sie folgende Texte kurz an und überlegen Sie, welche von ihnen Sie zur Literatur im engeren Sinne zählen würden.

Überlegen Sie sich weitere Unterscheidungskriterien neben den bereits angeführten.

Text 1.1 |
Benedetto Croce:
La poesia (1936)

Ma che cosa è poi la letteratura? Quale è la sua definizione, ossia la sua natura, nascimento o genesi nello spirito umano, e con ciò stesso, l'ufficio suo? Ho cercato in molti libri, e in quasi tutti quelli di estetica, di poetica e di retorica, e (sarà stato per non aver cercato bene) non ho trovato risposta alla domanda, o non l'ho trovata soddisfacente; [...] E affinché, d'altra parte, l'indagine procedesse con la debita avvedutezza e correttezza, ho cominciato col domandarmi se l'espressione letteraria sia da identificare con uno degli altri quattro modi di espressione [...] sentimentale o immediata, la poetica, la prosastica e la pratica od oratoria; per passare poi a ricercare, nel supposto che non s'identifichi, quale sorta di relazione abbia con queste. (Croce: 1953, 1f.)

Text 1.2 |
Italo Calvino: *Se una
notte d'inverno un
viaggiatore* (1979)

Ho riflettuto sul mio ultimo colloquio con quel Lettore. Forse la sua intensità di lettura è tale da aspirare tutta la sostanza del romanzo all'inizio, cosicché non ne resta più per il seguito. A me questo succede scrivendo: da qualche tempo ogni romanzo che mi metto a scrivere s'esaurisce poco dopo l'inizio come se già vi avessi detto tutto quello che avevo da dire. (Calvino: 1979, 197)

Text 1.3|

Filippo Tommaso Marinetti: *Marcia futurista* (1916)

Marcia futurista
Parole in libertà di Marinetti

(Cantata per la prima volta, da Marinetti, Cangiullo e Balla, nella Galleria Futurista di Roma).

Irò   irò   irò   ·pic   pic
Irò   irò   irò   paac   paac

MAAA   GAAA   LAAA
MAAA   GAAA   LAAA

RANRAN   ZAAAF

RANRAN   ZAAAAAAF

ZANGTUMBTUMB
ZANGTUMBTUMB

fi caz   mi   pi   fi caz   ni   pi
        za   na   tu   za   na   tu

fi caz   mi   pi   pi   pi
        za   na   tu   tu   tu   tu   tu   tu
pi
  tu
        Irò   irò   irò   pic   pic
        Irò   irò   irò   paac   paac

                      MARINETTI, futurista

(Marinetti: 1977, 48)

Text 1.4|

Gaspara Stampa:
Rime (1530)

Abb. 1.1|

Gaspara Stampa
(1523–1554)

Se, così come sono abietta e vile
donna, posso portar sì alto foco,
perché non debbo aver almeno un poco
di ritraggerlo al mondo e vena e stile?

S'Amor con novo, insolito focile,
ov'io non potea gir, m'alzò a tal loco,
perché non può non con usato gioco
far la pena e la penna in me simìle?

E, se non può per forza di natura,
pollo almen per miracolo, che spesso
vince, trapassa e rompe ogni misura.

Come ciò sia non posso dir espresso;
io provo ben che per mia gran ventura
mi sento il cor di novo stile impresso.
(Stampa: 1995, 71f.)

Text 1.5|

Luigi Pirandello:
*Sei personaggi in cerca
d'autore* (1921)

Abb. 1.2|

Luigi Pirandello
(1867–1936)

IL SUGGERITORE (*leggendo c.s.*). "Scena Prima. Leone Gala, Guido Venanzi, Filippo detto Socrate."

Al Capocomico:

Debbo leggere anche la didascalia?

IL CAPOCOMICO. Ma sí! sí! Gliel'ho detto cento volte!

IL SUGGERITORE (*leggendo c.s.*). "Al levarsi della tela, Leone Gala, con berretto da cuoco e grembiule, è intento a sbattere con un mestolino di legno un uovo in una ciotola, Filippo ne sbatte un altro, parato anche lui da cuoco. Guido Venanzi ascolta, seduto."

IL PRIMO ATTORE (*al Capocomico*). Ma scusi, mi devo mettere proprio il berretto da cuoco in capo?

IL CAPOCOMICO (*urtato dall'osservazione*). Mi pare! Se sta scritto lí!

Indicherà il copione.

(Pirandello: 1937, 26f.)

Text 1.6|

La Repubblica
(19.07.2007)

GHOSTBUSTERS

E' un innegabile talento *british* scrivere racconti di fantasmi. Presenze sperdute nelle brughiere o tra le nebbie di qualche *shire* o in vecchi castelli di Cornovaglia o nelle lunghe notti che incominciano sempre così presto da non vederne la fine. O ancora, **Fantasmi in biblioteca** (tr. it. M. Conetti, Edizioni Sylvestre Bonnard, 15 euro), come dice il titolo della raccolta di racconti di M. R. James e altri, dove non è ben chiaro se gli altri siano altri autori o nome de plume dello stesso James. Due parole sull'autore, morto nel '36, di professione medievista e rettore di istituzioni come il King's College e Eton. Le austere stanze, refettori, dormitori e biblioteche di quelle scuole così cariche di spettri (in questo caso Cambridge) gli ha ispirato tutta la vita una propensione all'orrore. Le storie raccolte nascono tutte in questi ambienti un po' alla Hogwarts, ma ovviamente senza la rassicurante presenza di Silesius o di Harry Potter. Ci sono vecchi manoscritti che non andavano consultati, porte che non andavano aperte, pareti che qualcuno aveva tirato su e non andavano abbattute. Sono figure oscure intraviste nel giardino, anime inquiete. Sono ansia che sale, corridoi deserti. Sono storie di fantasmi. (*La Repubblica*, 19.07.2007)

E fattolsi chiamare, e familiarmente ricevutolo, seco il fece sedere e appresso gli disse: – Valente uomo, io ha da piú persone intese che tu se' savissimo e nelle cose di Dio senti molti avanti; e per ciò io saprei volentieri da te quale delle tre Leggi tu reputi la verace, o la giudaica o la saracina o la cristiana.

    Il giudeo, il quale veramente era savio uomo, s'avvisò troppo bene che il Saladino guardava di pigliarlo nelle parole per dovergli muovere alcuna quistione, e pensò non potere alcuna di queste tre piú l'una che l'altra lodare, che il Saladino non avesse la sua intenzione; per che, come colui il qual pareva d'aver bisogna di risposta per la quale preso non potesse essere, aguzzato lo 'ngegno, gli venne prestamente avanti quello che dir dovesse; e disse: – Signor mio, la quistione la qual voi mi fate è bella, e a volervene dire ciò che io ne sento, mi vi convien dire una novelletta, qual voi udirete. Se io non erro, io mi ricordo aver molte volte udite dire che un grande uomo e ricco fu già, il quale, intra l'altre gioie piú care che nel suo tesoro avesse, era uno anello bellissimo e prezioso; [...] (Boccaccio: 2001, 62)

|Text 1.7

Giovanni Boccaccio:
Decameron, I,3
(ca. 1335–1355)

|Abb. 1.3

Giovanni Boccaccio
(1313–1375)

Ein erster Blick auf die sieben Texte führt dazu, dass wir einige spontan, ohne sie überhaupt eingehend zu lesen, in die Kategorie Literatur einordnen, so die Texte 1.4 und 1.5, die uns aufgrund ihrer Anordnung und des Schriftbildes sofort an ein Gedicht (1.4) und ein Drama (1.5) denken lassen. Diese spontane Einordnung verdanken wir wiederum unserem Vorwissen (vgl. hermeneutischer Zirkel, Einheit 4), das unser Bewusstsein für literarische Gattungen (vgl. Einheit 2.2) beeinflusst. Ähnlich verhält es sich mit Text 1.6. Hier verrät uns die Quellenangabe, dass es sich um einen Zeitungsartikel handelt, den wir spontan nicht zur Literatur zählen würden. Unsere Entscheidung wird in allen drei Fällen durch textexternes Wissen bestimmt bzw. durch eine Form von *Paratext* (vgl. 12.2.1), d.h. in diesem Fall einen für sich sprechenden Titel, nämlich den einer bekannten italienischen Tageszeitung. Es stellt sich natürlich die Frage, warum ein Presseartikel für uns nicht zur 'Literatur' zählt. Entscheidend ist hier wohl der Aspekt der Erwartung des Lesers, der mit der Presse vor allem den Zweck der Information verbindet. Ein weiteres Unterscheidungskriterium wäre also der Zweck oder die Funktion einer schriftlichen Äußerung

Suche nach Kriterien

Paratext

Zweck/Funktion

bzw. eines Textes. Um diesen für die einzelnen Texte zu klären, müssen wir uns nun jeweils ihrem Inhalt zuwenden. In allen sieben Texten geht es im weiteren Sinne um die Literatur selbst, um das Schreiben, das Lesen, das Erzählen. Der Inhalt ist als Unterscheidungskriterium also erst einmal nicht sachdienlich. Es kommt hinzu, dass sich der Sinn der Texte 1.3 und 1.4 nicht beim ersten Lesen enthüllt. Erkennen wir Text 1.4 zwar aufgrund formaler Kriterien und aufgrund des Paratextes, nämlich des Titels (*Rime*), sofort als Literatur, erweist sich Text 1.3 als Problem. Nur vor dem Hintergrund des Titels in Zusammenhang mit literaturhistorischem Wissen erschließt sich der Sinn bzw. Unsinn und damit der Zweck dieses Textes. Der Titel sowie die Nennung des Autors weisen auf die Bewegung des Futurismus hin, der über die Literatur hinaus alle kulturellen Bereiche der ersten zwei Jahrzehnte des 20. Jh. umfasst. Als Begründer der Bewegung gilt Filippo Tommaso Marinetti (1876–1944), der in Paris mit der französischen Avantgarde-Kultur in Berührung kam. Die Futuristen setzten sich vor allem mit der modernen technischen Entwicklung auseinander und versuchten, Gegenstände und Figuren in Einzelteile zu zerlegen und in ihrer Bewegung darzustellen, wobei die formale Neuerung im Vordergrund stand. Der Titel unseres Textes sowie der Paratext weisen auf die Verbindung zur Musik hin, insbesondere zur Marschmusik, wodurch der Text einen militärischen Charakter erhält. In der Tat haben wir es mit einer Art literarischem Manifest zu tun, das vor allem den Zweck der Provokation erfüllt.

Futurismus

Abb. 1.4

Vordere Umschlagseite des Buchs *Zang Tumb Tumb* (1914) von Filippo Tommaso Marinetti

Schauen wir uns nun Text 1.4 an. Auch hier handelt es sich um einen Text über die Dichtung selbst. Gaspara Stampa (1523–1554) verteidigt, wenn auch verschlüsselt, ihre Dichtung und vor allem die Tatsache, dass sie als Frau dichtet. Beide Texte haben eines gemeinsam: die Sprache steht im Mittelpunkt und verweist gleichsam auf sich selbst. Das Gedicht der Gaspara Stampa ist in hohem Maße durchkomponiert bzw. strukturiert. Zunächst durch die Verse, die die Sätze in gleich lange metrische Einheiten (hier Elfsilbler, it. *endecasillabo*) teilen, dann durch die Strophen (2 Quartette und 2 Terzette, also ein Sonett, it. *sonetto*), schließlich durch den Reim, der die Worte an den Versenden durch ihren Gleichklang ab der letzten betonten Silbe assoziiert, wodurch sich für den Gesamttext das Schema /abba abba cdc dcd/ ergibt (zur lyrischen Form siehe 4.4). Weiter fallen Besonderheiten in der sprachlich-stilistischen Gestaltung auf. Schon im zweiten Vers wird der reguläre Rhythmus unterbrochen, indem das Substantiv "Donna", das eigentlich in Bezug auf die Syntax (Satzbau) und den Inhalt noch in den ersten Vers gehört, in den zweiten Vers herübergezogen wird. Dieses Phänomen bezeichnet man als *Enjambement*. Das in den folgenden Vers übergehende Element wird damit besonders betont. 'Donna', die Frau, erscheint so als ein Schlüsselbegriff für das Verständnis dieses Gedichtes. In der Tat geht es um die Frau als Dichterin. Ebenso begegnen wir Metaphern wie "alto foco" für die Liebe und Leidenschaft oder Wortspielen (*Paronomasien*) wie in Vers 8 ("la pena et la penna"). Auf der Satzebene

Sprache

werden Verfahren wie das *Asyndeton* (unverbundene Reihung) eingesetzt, die eine verstärkende Funktion auf den Inhalt ausüben. Allen diesen Eigenheiten ist gemeinsam, dass der Text eine eigentümliche, von der 'Normalsprache' abweichende Sprache verwendet, die sich nicht darauf beschränkt, den Inhalt des Textes darzustellen, sondern auch eine gewisse Aufmerksamkeit auf die Art und Weise dieser Darstellung lenkt. Diese Eigenschaft von Texten bezeichnet man üblicherweise mit dem Begriff *Poetizität*.

> Poetizität
> Abweichung

Der Grad der Abweichung von der Normalsprache wird in Text 1.3 zweifelsohne noch stärker akzentuiert. Der Sinn tritt hier vollkommen hinter die Sprache zurück, die als Einzelsprache nicht mehr zuzuordnen ist. Es handelt sich vielmehr um ein Spiel mit sprachlichen Phänomenen, d. h. mit Buchstaben und Lauten, die in ihrer Kombination aus Lautmalerei (*Onomatopoesie*) und Wortspiel (*Paronomasie*) den Titel *Marcia futurista* illustrieren. Der Selbstbezug der Sprache hat hier ein sehr hohes Maß erreicht. Dasselbe gilt für den Grad der Abweichung von der Normalsprache.

Das Moment der *Abweichung* als Kennzeichen literarischer Texte ist durchaus naheliegend. Es begegnet uns in der verbreiteten Vorstellung, 'Literatur' sei im Gegensatz zu alltäglicher Sprachverwendung eine Form stilistisch anspruchsvollen, 'guten' Schreibens – insgesamt gesehen zumindest, wobei es freilich auch 'minderwertige' Literatur gibt, die diesen Anspruch zwar nicht einlöst, aber dennoch an ihm gemessen werden kann und wird. Auch Literaturwissenschaftler haben auf diesen Gesichtspunkt abgehoben, am nachhaltigsten die russischen Formalisten. Für sie war es die wesentliche Aufgabe von Literatur, ästhetische Wahrnehmung zu ermöglichen und zu schulen, den Leser ein 'neues Sehen' zu lehren. Voraussetzung dafür war, die eingeschliffenen, gewohnten, 'automatisierten' Wahrnehmungsmuster mit gezielter *Verfremdung* und Erschwerung der Form zu durchbrechen. Unter weitgehender Absehung vom Inhalt verstanden die Formalisten literarische Texte als Summe der 'Verfahren', d. h. (verfremdender) Bearbeitungen des sprachlichen Ausdrucks (was Klang, Bildlichkeit, Rhythmus, Reim ebenso einschließt wie Metaphorik, Satzbau und Erzähltechniken). Dahinter steckt der Gedanke, dass man ein Medium – also hier Sprache, aber die Theorie galt auch etwa für die bildende Kunst und ihre Wahrnehmung – 'spürbar' macht, wenn man von der Ökonomie des praktischen Gebrauchs abweicht, also etwa Sprache nicht so verwendet, wie sie im Alltag benutzt wird, sondern anders, *neu* – wie dies Stampas Gedicht und Marinettis Manifest tun. Innovation und Abweichung wird so zum entscheidenden Wesensmerkmal 'poetischer' Sprache und damit der Literatur.

> Deviationsstilistik im Formalismus

> Formalismus ('Formale Schule'): zwischen 1914 und 1930 in Moskau und Leningrad tätige Gruppe von Sprach- und Literaturwissenschaftlern

Wissen wir nun, was Literatur kennzeichnet? Das Kriterium der Abweichung und Innovation besitzt den bereits erwähnten Vorteil, literarische Texte mit einem formalen Anspruch zu assoziieren, und entspricht zudem einer Menge insbesondere lyrischer Texte; indes hat es Schwächen, die nicht überse-

> Problematik der 'Abweichung'

hen werden dürfen. Wenn nämlich die Formalisten die innovative Überbietung gewohnter sprachlicher Muster – und das heißt: der jeweils vorhergehenden, etablierten literarischen Verfahren – als Wesen und Auftrag der Literatur bestimmen, dann wird deutlich, dass wir erst dann entscheiden können, ob ein Text 'literarisch' ist, wenn wir wissen, ob und worin er sich von vorhergehenden literarischen Texten unterscheidet, deren Literarizität wir dann wiederum erst in Abgrenzung zur Tradition vor ihnen zu bestimmen haben und so weiter – man kommt so, streng genommen, an kein Ende. Zieht man stattdessen die 'Alltagssprache' als Vergleichsgröße heran, so wird das Sprachempfinden des jeweiligen Lesers der Gegenwart zum ausschlaggebenden Kriterium. Im Falle Calvinos, dessen Texte in relativer zeitlicher Nähe zu uns stehen, mag die dadurch bedingte Verzerrung noch gering sein, bei sehr alten Texten aber zeigt sich rasch, dass der Leser der Gegenwart sehr viel schwerer zu entscheiden vermag, ob ein Text von der damaligen 'Normalsprache' abweicht, also 'poetisch' ist oder nicht (wie z. B. im Fall von Text 1.7) – ganz zu schweigen von anderen Variablen einer jeden Sprache, in der Terminologie der Linguisten etwa diatopische (d. h. regionale), diastratische (sozial-schichtenspezifische) oder diaphasische (anlassabhängige) Varietäten, die es schwer machen, eine 'Norm' und damit die 'poetische' Abweichung festzustellen. Und selbst wenn es ginge, macht einerseits manche Abweichung noch keine Literatur (Dialekte beispielsweise), andererseits gibt es auch Literatur, die keine wesentliche sprachliche Verfremdung erkennen lässt, wie zum Beispiel Text 1.1 und Text 1.2.

'Imaginatives' Schreiben: Fiktionalität

Wer diese Texte liest, wird bei hinreichender Kenntnis des Italienischen zunächst kaum jenen sprachlichen oder formalen Widerstand, jene Verfremdung spüren können, die unser erster Ansatzpunkt auf der Suche nach Literarizität gewesen war. Wenn wir Text 1.1 und 1.2 miteinander vergleichen, stellen wir fest, dass die Texte sich inhaltlich beide mit der Literatur befassen. Der Text 1.1 behandelt gar die Fragestellung dieser Einheit "Was ist Literatur?", während Text 1.2 von der Beziehung zwischen Leser und Schriftsteller handelt. Nur beim Weiterlesen von Calvinos Text bemerken wir nach gewisser Zeit den Unterschied. Der Roman bzw. die Romananfänge, von denen in dem Werk *Se una notte d'inverno un viaggiatore* die Rede ist, existieren in der außersprachlichen Wirklichkeit nicht. Im Gegensatz dazu behandelt Text 1.6 ein real existierendes literarisches Werk, das den Lesern der Tageszeitung vorgestellt wird. Mit Text 1.7 assoziieren wir dagegen spontan eine erfundene – und damit *literarische* – Geschichte. Dies wird vor allem in dem Augenblick offenkundig, als der Jude seine Geschichte als *novelletta*, also als literarische Gattung, ankündigt. Auch der Text Boccaccios ist im strengen Sinne 'unwahr', erfunden, wie viele andere literarische Texte, die wir üblicherweise lesen. Ihr Kennzeichen ist *Fiktionalität*.

10

Fiktionalität (Adj. fiktional) bezeichnet die *Darstellungsweise* eines Textes, der seinen Inhalt als nicht real existierend präsentiert bzw. seinen Gegenstand erst im Sprechakt (z. B. der Erzählung) selbst schafft. Fiktionalität kennzeichnet den Status einer *Aussage*.
Fiktivität (Adj. fiktiv) bezeichnet die *Existenzweise* von erfundenen, nicht in der Wirklichkeit existierenden Gegenständen. Fiktivität kennzeichnet den Status des *Ausgesagten*.

Definition

Boccaccios Text mit dem Titel *Decameron* ist fiktional, da die von ihm erzählte Welt nicht unabhängig von ihm existiert, er ist aber nicht fiktiv, denn den Text *gibt* es schließlich in unserer Realität. Die Hauptfiguren in dieser Novelle, der Jude und Saladin, hingegen sind fiktiv. Diese Unterscheidung ist wichtig, da zwar die meisten fiktionalen Texte auch ausschließlich fiktive Figuren darstellen, aber eben doch nicht alle: Historische Romane etwa lassen – teilweise oder durchgehend – realgeschichtliche, also nicht-fiktive Personen auftreten, erzeugen aber die erzählte Welt mehrheitlich selbst, sei es in Gestalt nicht verbürgter Handlungsdetails, sei es durch psychologische Innenansichten einer historischen Person, sie sind also fiktional. Umgekehrt ist nicht jeder Text, in dem fiktive Personen eine Rolle spielen, deswegen gleich fiktional – eine literaturwissenschaftliche Studie, z. B. Text 1.1, etwa versteht sich natürlich als Sachtext, d. h. als nicht-fiktionaler, *referenzieller* Text, auch wenn in ihr fiktive Figuren eine wichtige Rolle spielen. Ein mögliches Kriterium für Literarizität eines Textes ist demnach allein seine Fiktionalität, nicht die Fiktivität seiner Bestandteile.

Fiktivität und Fiktionalität: nicht immer identisch

Nun ist es nicht immer so einfach, Fiktionalität festzustellen. Meist ist die Entscheidung nicht textintern, sondern allenfalls unter Rückgriff auf textexternes Wissen über die historische Wirklichkeit oder zumindest auf erläuternde Rahmenteile eines Textes, sog. *Paratexte* wie die klärende Angabe "Roman" auf dem Titelblatt, zu treffen. Mitunter kann sich der Fiktionalitätsstatus eines Textes sogar ändern: Die Schöpfungsgeschichte des *Alten Testaments* etwa war über lange Zeit für den abendländischen Kulturkreis zweifellos ein nicht-fiktionaler Sachtext, sogar die 'Wahrheit' schlechthin, heute hingegen wird sie auch als Fiktion gelesen und wohl von der Mehrheit der Leser in westlichen Gesellschaften jedenfalls als nicht im wörtlichen Sinne 'wahr' verstanden. (Zugleich zeigt dieses Beispiel, dass die Entscheidung über Fiktionalität oder Referenzialität, so schwierig sie sein mag, mitunter alles andere als 'egal' ist.)

Fiktionalität als nur relative Kategorie

Lassen Sie uns jetzt noch einmal einen Blick auf Text 1.3 werfen, den wir mit dem Kriterium der 'Abweichung' gekennzeichnet hatten. Formal ist der Text von einem alltagssprachlichen Gebrauch extrem weit entfernt. Darüber hinaus drängt sich uns als Leser die Frage auf: "Was wird mit diesem Text

Entpragmatisierung

eigentlich bezweckt?" Der Text von Benedetto Croce hingegen entlarvt sich uns schnell als wissenschaftliche Abhandlung. Er möchte mittels literaturwissenschaftlicher Überlegungen den Begriff 'Literatur' definieren. Text 1.3 hat für uns dagegen, von einem gewissen provokativen Effekt einmal abgesehen, erst einmal keinen ersichtlichen Zweck. Er ist 'entpragmatisiert'.

Funktionale statt essenzialistischer Kriterien

Die Bestimmung von Literatur als Summe derjenigen Texte, die unmittelbaren pragmatischen, also Sach- und Handlungskontexten enthoben sind, stimmt in der Tat gut mit dem gewöhnlichen Verständnis von Literatur überein. Im Gegensatz zu einem Reiseführer über die vor Neapel gelegene Insel Procida würde wohl niemand den Roman Elsa Morantes *L'isola di Arturo* heranziehen, um sich über die Insel zu informieren (wenngleich das durchaus denkbar wäre). Allerdings bedeutet dieser Ansatz, dass wir nicht mehr Merkmale am Text selbst angeben können, die ihn als literarisch kennzeichnen, sondern wir uns vielmehr auf etwas außerhalb seiner, nämlich den Gebrauchskontext berufen, in dem er steht: Wir wechseln von *essenzialistischen*, also das Wesen eines Textes betreffenden, zu *funktionalen* Kriterien und erkaufen uns relative Trennschärfe um den Preis, nicht mehr am Text als solchem die Literarizität festzumachen.

Ready-mades

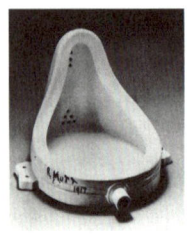

Abb. 1.5 |

Marcel Duchamp:
Fountain (1917)

Ein besonders eindrückliches Beispiel für die letzte Feststellung sind sog. *Ready-mades*. Wie der Begriff bereits andeutet, handelt es sich hierbei um vorgefertigte bzw. vorgefundene Gegenstände, die – überarbeitet oder nicht, neu kombiniert oder völlig unverändert – aus dem praktischen in einen künstlerischen Kontext 'verpflanzt' werden. Konjunktur hatte dieses Prinzip besonders zur Zeit der künstlerischen Avantgarden in den 1910er bis 1930er Jahren, aber es besteht beispielsweise als *Objektkunst* bis in die Gegenwart fort. Eines der berühmtesten *Ready-mades* der Kunstgeschichte, *Fountain*, zeigt ein Urinal, das, sieht man einmal von der möglicherweise notwendigen Demontage ab, ohne erkennbare materielle Veränderung durch den Künstler Marcel Duchamp zur Skulptur umgewandelt wurde. Es ist klar, dass mit Erreichen einer Kunstauffassung, die diese Art von künstlerischem Schaffen ermöglicht, die Vorstellung von im Kunstwerk inhärenten Wesensmerkmalen überholt wird, und das gilt für alle Kunstformen, auch die Literatur, die natürlich das *Ready-made* ebenfalls kennt. Die für Duchamps *Fountain* offensichtlich besonders zentrale Frage ist: Durch welche Faktoren (außer der Position des Urinals und dem Verzicht auf Anschlüsse, die einen 'pragmatischen' Umgang wenig sinnvoll erscheinen lassen) wird eine 'ästhetische' Aufnahme von Artefakten ausgelöst?

Aufgabe 1.2 |

? Unterbrechen Sie für einen Moment die Lektüre und beantworten Sie für sich die zuletzt gestellte Frage in Bezug auf Literatur.

12

Die erste und augenscheinlich banalste Antwort lautet, dass Texte als Literatur rezipiert werden, wenn die jeweilige Umgebung sie als solche kennzeichnet; im Falle von Texten macht beispielsweise der Buchdeckel, auf dem "Roman" steht, den Unterschied, oder auch der mündliche Vortrag bei einer Lesung in einer Buchhandlung, die Aufführung in einem Theater usw. Es gibt also bestimmte mediale und institutionelle *Kontexte*, die gemäß einer (meist unausgesprochenen) kulturellen Vereinbarung Entpragmatisierung und ästhetischen Umgang signalisieren. Ein zweiter wichtiger Faktor ist die Instanz des Urhebers, des *Autors*, für die Kategorisierung eines Textes. Mit "Autor" meinen wir üblicherweise dasjenige Individuum, das einen Text geschrieben hat, aber auf diesen objektiven Zusammenhang beschränkt sich der Begriff nicht, wie der Philosoph Michel Foucault (1926–1984) in seinem berühmten Aufsatz "Was ist ein Autor?" von 1969 ausführt. Ihm geht es in kritischer Absicht darum zu zeigen, wie der 'Autor' zur abstrakten Instanz mit grundlegender Bedeutung für die Beurteilung eines Textes wird. So ist es für einen Text nicht ohne Belang, ob er, sagen wir: Petrarca, Calvino oder einem anonymen Autor zugeschrieben wird, selbst wenn sich der Text 'objektiv' dadurch nicht ändert. Denn er ordnet sich damit in ein (typischerweise stimmiges oder in seiner Entwicklung erklärbares) Gesamtwerk ein, das einem vernunftbegabten und spezifisch motivierten Individuum entspringt. Der 'Autor' ist nicht nur diese reale Person, sondern ein Konstrukt der Leserschaft, das auf einen Text bezogen wird, seine Einordnung, Gruppierung und Interpretation ermöglicht und die Komplexität und Widersprüchlichkeit des Textsinns vereinfacht (was Foucault die "Verknappung des Diskurses", d. h. der Menge des Sagbaren, nennt). Diese 'Autor-Funktion' als wesentlicher Bestandteil literarischer Texte ist ein Phänomen der Neuzeit – im Mittelalter waren literarische Texte ohne Autorzuschreibung gültig (man fragte nicht nach dem Individuum, das einen Text verfasst hatte), im Unterschied zu anderen Textsorten, etwa medizinischen Traktaten, die sich zumindest auf eine (meist antike) Autorität berufen mussten, um als gültig anerkannt zu werden. Für unsere Fragestellung lässt sich diesen Überlegungen entnehmen, dass zum 'literarischen Werk' wird, was von einem 'Autor' kommt – und nicht nur umgekehrt jemand zum Autor wird, weil er ein literarisches Werk geschrieben hat. Ein banaler Text, ein kurzer handschriftlicher Tagebucheintrag etwa, wie Sie und ich ihn verfasst haben könnten, kann literarische Weihen erhalten, wenn man feststellt, dass er von Luigi Pirandello stammt: Er wird dann ediert und in dessen Gesamtausgabe publiziert, eventuell von Literaturwissenschaftlern kommentiert und so fort. Selbst wenn wir nicht biographisch, sondern beispielsweise textimmanent an literarische Texte herangehen, bleibt der Autor – nicht die reale Person, sondern das Konstrukt, die 'Funktion' – unter Umständen für die Frage entscheidend, was überhaupt unser Gegenstand ist.

Auslösende Faktoren 'ästhetischer' Aufnahme

Medialer und institutioneller Kontext

'Autor-Funktion' (Michel Foucault)

|Abb. 1.6

Jesse Bransford: *Head (Michel Foucault)*

Aufgabe 1.3 | **?** Lesen Sie nun folgenden Text von Umberto Eco und versuchen Sie ein weiteres Kriterium für die Literarizität von Texten anzuführen.

Text 1.8 |

Umberto Eco: *Opera aperta* (1962)

Abb. 1.7 |

Umberto Eco (*1932)

[…] un'opera d'arte, cioè, è un oggetto prodotto da un autore che organizza una trama di effetti comunicativi in modo che ogni possibile fruitore possa ricomprendere (attraverso il gioco di risposte alla configurazione di effetti sentita come stimolo dalla sensibilità e dall'intelligenza) l'opera stessa, la forma originaria immaginata dall'autore. In tal senso l'autore produce una forma in sé conchiusa nel desiderio che tale forma venga compresa e fruita così come egli l'ha prodotta; tuttavia nell'atto di reazione alla trama degli stimoli e di comprensione della loro relazione, ogni fruitore porta una concreta situazione esistenziale, una sensibilità particolarmente condizionata, una determinata cultura, gusti, propensioni, pregiudizi personali, in modo che la comprensione della forma originaria avviene secondo una determinata prospettiva individuale. In fondo la forma è esteticamente valida nella misura in cui può essere vista e compresa secondo molteplici prospettive, manifestando una ricchezza di aspetti e di risonanze senza mai cessare di essere se stessa. […] In tale senso, dunque, un'opera d'arte, forma compiuta e *chiusa* nella sua perfezione di organismo perfettamente calibrato, è altresí *aperta*, possibilità di essere interpretata in mille modi diversi senza che la sua irriproducibile singolarità ne risulti alterata. (Eco: 1972, 26)

Kehren wir noch einmal zurück zu Text 1.3 und versuchen wir Ecos Überlegungen darauf anzuwenden. In der Tat erscheint das Werk formal unseren Lesegewohnheiten gegenüber zwar als abweichend, ist jedoch in sich geschlossen. Nur der Sinn offenbart sich uns nicht spontan; jeder von uns könnte aus dem Text etwas anderes herauslesen. Wolfgang Iser spricht in diesem Zusammenhang von den 'Leerstellen' bzw. der 'Unbestimmtheit' eines Textes. Ein weiteres Kriterium für die Literarizität eines Textes wäre also sein Gehalt an Leerstellen (siehe Einheit 11.2.2) bzw. sein Grad an Interpretierbarkeit. Umberto Eco spricht in diesem Zusammenhang von der *Offenheit* des Kunstwerkes. Dieses Kriterium gilt laut Iser vor allem für moderne Literatur, doch auch Gedichte der Renaissance lassen sich unterschiedlich lesen. Das Sonett Gaspara Stampas wurde zu ihrer Zeit höchstwahrscheinlich als Imitation Petrarcas angesehen, während wir unsere Lektüre heute eher auf die Autoreferenzialität weiblichen Schreibens richten (Einheit 11.3). Im Text sind beide Möglichkeiten angelegt.

Unsere Beispiele haben gezeigt, dass 'Literatur' eine Kategorie mit recht unscharfen Grenzen ist. Die provisorischen Charakteristika, die wir anhand der Textbeispiele vorgeschlagen haben, liefern keine absoluten Kriterien in dem Sinne, dass die Zugehörigkeit eines Textes zum Bereich des Literarischen überzeitlich und unabhängig von den verschiedenen Gesellschaften, die ihn

Randglossen (linke Spalte):

Leerstelle/ Unbestimmtheit

Offenheit

'Literatur': Kategorie mit klarem Zentrum und unscharfen Rändern gelesen haben oder lesen werden, feststünde: Was 'poetische' Sprache ist, hängt von einer schwer zu bestimmenden, zudem historisch, sozial und sogar individuell variierenden 'Normalsprache' ab. Fiktionalität und Referenzialität sind, wie wir sahen, keine unveränderlichen Eigenschaften, und selbst wenn sie es wären, schiene es höchst problematisch, Fiktionalität zur Voraussetzung für Literarizität zu machen. Wie gehen wir beispielsweise mit der Autobiographie, etwa Carlo Gozzis *Memorie inutili* (1780–98), oder den zahlreichen Dialogtraktaten der Renaissance, die häufig wissenschaftliche oder gesellschaftliche Sachverhalte bzw. Fragestellungen veranschaulichen, um? Heute sind sie in allen Literaturgeschichten verzeichnet. Dieser Umstand weist einmal mehr darauf hin, dass die Beurteilung von Texten und ihrer Wichtigkeit sehr davon abhängt, was bestimmte Leser mit diesen bezwecken, warum und wie sie sie lesen – ein Kontextfaktor außerhalb des Textes selbst, wie wir im Zusammenhang mit Text-Beispiel 1.3 bereits sahen. So klar die Kategorie 'Literatur' im Alltagsgebrauch auch sein mag und so sehr die erwähnten Charakteristika auch auf viele 'große' Werke (die 'Klassiker') zutreffen mögen, so durchlässig zeigt sie sich an den Rändern (d. h. an untypischen Texten). Dies gilt umso mehr ab der Moderne (ungefähr ab der Mitte des 19. Jh.), wo weniger ein klares Regelsystem im Sinne von Gattungspoetiken (siehe Einheit 2) als der Anspruch permanenter Neuerung zum Kennzeichen von Literatur wird und sich damit notwendigerweise auch die Grenzen des Literarischen immer wieder verschieben.

Abb. 1.8

Carlo Gozzi
(1720–1806)

? Suchen Sie weitere – imaginäre oder Ihnen bekannte reale – Beispieltexte, die gegen die Kriterien der Poetizität und der Fiktionalität zur Bestimmung von Literatur sprechen.

Aufgabe 1.4

Literatur medial

1.2

Bisher haben wir versucht, Literatur anhand bestimmter Eigenschaften von anderen, nicht-literarischen Schriftstücken abzugrenzen. Wir haben damit einen sog. *intensiven* Literaturbegriff vertreten. Manche Schwierigkeit lässt sich umgehen, wenn man dagegen einen *extensiven*, also ausgedehnten Literaturbegriff zugrunde legt, zu unserer Eingangsdefinition zurückkehrt und Literatur gemäß der Ursprungsbedeutung des Wortes als *geschriebene Sprache* versteht. Diese Definition umfasst ein ungleich größeres Textvolumen und freilich eine Unmenge von Schriftstücken, die gemeinhin kaum 'Literatur' genannt würden (dabei, wie wir sahen, jedoch als *Ready-made* relativ leicht Literatur werden könnten), lenkt zugleich aber die Aufmerksamkeit auf einen Aspekt, der bisher nicht erwähnt wurde und auch sonst häufig stillschweigend oder gar nicht beachtet wird: die *Medialität* von Literatur.

Intensiver vs. extensiver Literaturbegriff

Extensiv verstanden: Literatur ist geschriebene Sprache

Medium
Datenträger

Hier ist gleich ein klärendes Wort zum Begriff 'Medium' angebracht. Er wird in zweierlei Bedeutung gebraucht. Wir bezeichnen (1) *Datenträger* wie Zelluloidfilme, Videobänder oder DVD als "Medium". Einen Spielfilm kann ich, die entsprechenden technischen Apparaturen vorausgesetzt, mit Hilfe aller genannten Datenträger rezipieren, ohne dass sich der Inhalt (das, was ich sehen und hören kann) deswegen ändert. Allerdings kann der Datenträger indirekt einen nicht zu unterschätzenden Einfluss auf den Inhalt ausüben: so wurden durch Publikation von Literatur in Massenmedien wie den auflagenstarken Tageszeitungen des 19. Jh. neue Leserschichten mit ihren spezifischen Erwartungen erreicht und die Produktion durch die Schriftsteller beschleunigt und auf kommerziellen Erfolg des Herausgebers ausgerichtet. Der Roman am Ende des 19. Jh. ist ohne die Massendistribution in Tageszeitungen nicht denkbar. –

Zeichensysteme

Wir bezeichnen (2) *Zeichensysteme* als Medien. Das Medium des Films beispielsweise sind bewegte Bilder und Töne, das von Literatur geschriebene Sprache. Im Unterschied zur Bedeutung (1) ist hier der Inhalt nicht ohne Weiteres vom Medium abkoppelbar: Während es möglich ist, einen Roman ohne Informationsverlust als Text auf CD-ROM zu übertragen und statt auf Papier auf dem Bildschirm zu lesen (Datenträgerwechsel), kann man ihn nicht eins zu eins ins Medium (Zeichensystem) des Films überführen (es sei denn, man würde das Quellmedium selbst übernehmen, indem man alle Seiten des Buchs abfilmte). Literaturverfilmung geht zugleich mit Informationsverlust und -zugewinn einher, ist Interpretation, und zwei Verfilmungen ein und desselben literarischen Textes werden stets deutlich voneinander abweichen (siehe Einheit 14).

Aufgabe 1.5 |

? Versuchen Sie vor dem Weiterlesen, einige medienspezifische Grundeigenschaften von Literatur zu nennen. Der Vergleich mit anderen Medien (Zeichensystemen) wird Ihnen bei der Suche helfen, ebenso Ihre evtl. bereits erworbenen Grundkenntnisse der Linguistik.

Medialität jeder
Wahrnehmung

Auch wenn es uns bei der Lektüre eines fesselnd geschriebenen Romans oder bei der Betrachtung eines detailrealistischen Films so vorkommen mag, als ob wir dem Dargestellten *unmittelbar* begegnen, mitunter gleichsam 'eintauchen' könnten – worin nach wie vor einer der Hauptreize der Rezeption gerade von Literatur und Film liegt –, so bleibt es ein unhintergehbares Faktum, dass zwischen uns und diesen Inhalten ein Medium steht und stehen muss: 'Unmittelbar' dringt nichts in unsere Psyche ein (lassen wir religiöse oder parapsychologische Erlebnisse einmal beiseite), und das dazwischen liegende Medium ist nie völlig transparent.

Für die Literatur als 'Wortkunst' liegt das mediale Apriori, die vor jeder Poetik liegenden Ausdrucksbedingungen, zunächst einmal in der Bindung an *Sprache*. Die Eigenschaften dieses Zeichensystems bestimmen die Eigen-

schaften von Literatur mit. Der Begründer der strukturalistischen Sprachwissenschaft, Ferdinand de Saussure (1857–1913), hat als zentrale Merkmale
sprachlicher Zeichen ihre Linearität, ihre Abstraktheit und ihre Arbitrarität
herausgestellt. *Linear* ist Sprache, weil ihre Ausdrucksseite (der *Signifikant*,
also Laute oder Buchstaben) aus aufeinanderfolgenden, nicht gleichzeitig
übermittelten Zeichen und Zeichenelementen besteht – ich vernehme einen
Satz normalerweise eindimensional Laut für Laut, selbst wenn ich u. U. den
durch ihn übermittelten Inhalt (die Bedeutung, das *Signifikat*) oder auch die
grammatische Struktur des Satzes kognitiv nicht linear, sondern ganzheitlich
erfasse. Literatur ist demnach eine Kunstform, die in der Linearität des Nach-
einanders eine Bedeutung entwickelt, im Gegensatz etwa zum Film, der zwar
auch linear abläuft, aber stets gleichzeitig einen zwei- oder dreidimensionalen
Bildraum eröffnet und diesen mit einer großen Bandbreite von Geräuschen,
Musik oder Stimmen überlagern kann. *Abstrakt* ist ein sprachliches Zeichen,
weil es nach de Saussure zunächst auf ein Konzept im Kopf des Sprechers oder
Hörers und (noch) nicht auf ein konkretes Objekt (Referent) aus der Umwelt
verweist. Ein literarischer Text lässt demnach notwendigerweise eine relativ
große Unbestimmtheit vor allem in Bezug auf Konkretes – was der Leser bei
dem Wort "Haus" denkt, ist individuell unterschiedlich, während ein Film
eben dies sehr viel konkreter und detailgenauer steuert, wenn er "Haus" 'sagt',
d. h. ein solches *zeigt*. Umgekehrt hat Literatur durch ihre mediale Grundlage
eine besondere Stärke eben in der Darstellung von Abstrakta – ein Text kann
"Friede" sagen, ein Film muss, will er sich nicht seinerseits der Sprache bedienen, sondern auf sein Zeichensystem rekurrieren, Bilderfolgen entwickeln, die
dem Zuschauer diese Bedeutung suggerieren, mit einem freilich viel höheren
Aufwand auf der Ausdrucksseite und einer Fülle nicht relevanter Informationen. *Arbiträr* (willkürlich) sind sprachliche Zeichen in der Regel, weil
zwischen ihrem Signifikanten (Lautgestalt) und ihrem Signifikat (Bedeutung)
keine Motivation, d. h. natürliches Verhältnis (Ursache-Wirkung, Urbild-Abbil-
dung o. ä.), besteht, sondern Ausdruck und Bedeutung nur durch Konvention
aneinander gebunden werden – es ist nicht zwingend, ein Gebäude variabler
Größe mit Fenstern und Türen mit der Lautfolge <haus> zu bezeichnen, man
kann es auch 'casa', 'maison' oder beliebig anders nennen, wenn sich eine
Sprechergemeinschaft im Gebrauch darauf einigt. Literatur ist unmittelbar
abhängig von der Konvention eines Codes – ein Text in einer unbekannten
Sprache ist noch nicht einmal hinsichtlich des Wortlauts verständlich, von symbolischen Bedeutungen ganz abgesehen –, während der Film zunächst einmal
seinen Ausdruck jenseits eines Codes vom gefilmten Objekt selbst erzeugen
lässt, das Zeichen also höher motiviert ist, *abbildet* – was nicht heißt, dass im
Film nicht auch kulturelle Codes eine zentrale Rolle spielen und ein Film nicht
jenseits der unmittelbaren Bildinhalte völlig unverständlich sein kann.

Margin notes:

Linearität, Abstrakt-
heit und Arbitrarität
des sprachlichen
Zeichens (Ferdinand
de Saussure)

Signifikant und
Signifikat

Kultureller Code

17

Literatur in
verschiedenen
'Aufschreibesystemen'
(Friedrich Kittler)

Die Funktion, die eine Kunstform für eine bestimmte Gesellschaft zu einem bestimmten Zeitpunkt übernimmt, liegt dabei nicht allein in ihren eigenen medialen Möglichkeiten begründet, sondern ergibt sich auch aus dem Verhältnis zu konkurrierenden Kunstformen mit anderen medialen Grundlagen. Für dieses mediale Umfeld hat der Literatur- und Medienwissenschaftler Friedrich Kittler (*1943) den Begriff 'Aufschreibesystem' geprägt. Er versteht darunter "das Netzwerk von Techniken und Institutionen [...], die einer gegebenen Kultur die Adressierung, Speicherung und Verarbeitung relevanter Daten erlauben" (Kittler: 2003, 501), also sowohl die zu einem Zeitpunkt zur Verfügung stehenden Medien (Datenträger und Zeichensysteme) als auch Einrichtungen wie Schulen oder Verlage, die den Umgang mit und den Zugang zu ihnen regeln. Die Rolle des Aufschreibesystems für ein Medium und die auf ihm beruhende(n) Kunstform(en) veranschaulicht Kittler eindrücklich in der

Aufschreibesystem
von 1800

Gegenüberstellung zweier historischer Momente: 1800 und 1900. Um 1800 hatte die Schrift das Monopol serieller Datenspeicherung. Es war das einzige Medium, das Vorgänge in ihrer Prozesshaftigkeit für die Nachwelt festhalten konnte. Diese Speicherung funktioniert nur über menschliches Bewusstsein: keine Aufzeichnung ohne jemanden, der sie durchführt, niederschreibt. Insbesondere Sprache ist nur durch Schrift speicherbar. Die entscheidende Voraussetzung dafür, dass Schrift als das Universalmedium begriffen wurde, war eine millionenfache Alphabetisierung, bei der erstmals laut gelesen, Schrift an Stimme gekoppelt wurde. Im Gegensatz zu bisherigen Lernmethoden, die auf dem stummen Auswendiglernen von Wortgestalten bzw. (Bibel-)Versen beruhten, und zur mittelalterlichen Schriftkultur, wo Schreiber oft lediglich Kopisten waren und das von ihnen Kopierte gar nicht lesen konnten, sich also nur mit dem Zeichenträger (Buchstaben) ohne Bedeutung befassten, wurde nun dieser gleich hin zu den Lauten übersprungen, d.h. zur gesprochenen Sprache, die, so die implizite Annahme, das Denken selbst repräsentierte. Schrift wurde dadurch nach Kittler *immateriell*, da man die Materialität der Sprache (Tinte auf Papier, Sprechen als Körpertechnik) aus dem Blick verlor. Und sie wurde *universal*, weil sie das einzige serielle Speichermedium war, nunmehr von großen Teilen der Bevölkerung benutzt und zudem als Verkörperung des Denkens selbst aufgefasst wurde. Für die Dichtung als sprachliche Kunstform bedeutete dies: Da Denken und Vorstellungskraft die Grundlage aller menschlichen Produktion und insbesondere der Kunst ist, ging man davon aus, *alles* sei in Sprache überführbar, also auch Malerei und Bildhauerei, die im Gegensatz zur Dichtung an Materie (Leinwand, Stein usw.) gebunden schienen, d.h. jedes beliebige Artefakt sei letztlich ohne Informationsverlust in Dichtung zu übersetzen. So wie Schrift 'Universalmedium' war, war Dichtung 'Universalkunst'.

»Feld« der Künste

DICHTUNG
(> Malerei,
> Bildhauerei etc.)

Abb. 1.9 |

Dichtung im
Aufschreibesystem
von 1800

Aufschreibesystem
von 1900

Die technischen Neuentwicklungen des 19. Jh., insbesondere das Grammophon und der Film, verändern diese Situation grundlegend und führen zum

Aufschreibesystem von 1900. Sie ermöglichen nun serielle Datenspeicherung ohne menschliches Bewusstsein und unterhalb der Wahrnehmungsschwelle. Grammophon und Film speichern dabei das Reale selbst (Schallwellen auf Wachswalze, Lichtwellen auf chemisch behandeltem Papier) und nicht mehr symbolische Repräsentation (etwa in Buchstaben, die Laute verschriften) oder Bedeutung. Da gesprochene Sprache in ihrer individuellen Gestalt (Stimme) konservierbar wird und äußere Wirklichkeit durch detailreiche bewegte Bilder gespeichert werden kann, ist klar, dass Schrift und mit ihr Literatur nun nicht mehr universal sind. Zudem führen die neuen Aufzeichnungssysteme vor Augen, dass auch geschriebene Sprache von einem materiellen Zeichenträger abhängig ist – sie verliert ihren Status als quasi immaterielles Medium. Neue Medien und die entsprechenden Kunstformen ersetzen alte nicht, aber sie weisen ihnen neue Systemplätze zu, wie Kittler betont: Die ehemalige Universalkunst 'Dichtung' weicht einer Schriftkunst 'Literatur', die ihre Aufgaben neu zu bestimmen hat. Ihr bleiben mehrere Möglichkeiten. Sie kann sich (1) auf den Bereich konzentrieren, der von den konkurrierenden Medien nicht oder unzureichend erfasst wird. Dazu gehört, wie wir oben bereits sahen, alles, was nicht konkret ('real') oder bildhaft ('imaginär'), sondern abstrakt ('symbolisch') ist; so werden sprachliche Zeichen nicht mehr in den Dienst einer Wirklichkeitsabbildung gestellt, die von anderen Künsten wie der Photographie besser zu leisten ist, sondern absolut gesetzt – eines der poetologischen Hauptmerkmale des bereits erwähnten Futurismus. Sie kann (2) die Wiederentdeckung der materiellen Zeichen feiern, indem sie mit Buchstaben statt (oder zusätzlich zur) Bedeutung spielt; ein Beispiel hierfür sind die Collagen von Marinetti. Oder sie ordnet sich (3) den (zunehmend erfolgreichen) Konkurrenzmedien unter, indem sie Medienwechsel (z.B. Verfilmung) bereits in der Machart des Textes einkalkuliert. Mitunter sind etwa filmische Verfahren auch in Hinblick auf eine selbstbewusste Erneuerung für Literatur adaptiert worden, z.B. in Gestalt einer Nachahmung von Schnitt und Größeneinstellungen in der Erzähltechnik von Romanen (siehe die Einheiten 8, 9 und 13).

Abb. 1.10

Literatur im Aufschreibesystem von 1900

Ausgehend von repräsentativen Beispielen aus der italienischen Literatur konnten wir im zurückliegenden Kapitel eine Reihe von literarischen Merkmalen beschreiben, die durchaus dem Allgemeinverständnis vom Wesen und Anspruch der Literatur entsprechen und dieses konkretisieren. Zugleich stellten wir fest, dass es keine absoluten Kriterien für Literarizität gibt, sondern dass die Zurechnung eines Textes zur 'Literatur' sehr durch den Kontext und den jeweiligen Umgang einer Gesellschaft oder eines Individuums mit ihm bestimmt wird. Charakterisiert man sehr allgemein Literatur als geschriebene Sprache, so richtet sich der Blick auf ihre medienspezifischen Funktionsbedingungen, die anhand einer historischen Gegenüberstellung 1800 vs. 1900 illustriert wurden.

Zusammenfassung

Aufgabe 1.6 **?** Erstellen Sie ein graphisches Resümee der Ausführungen zum Literaturbegriff. Rubrizieren Sie dabei die verschiedenen Eingrenzungsvorschläge und notieren Sie, farblich abgesetzt, jeweils Einwände und Gegenbeispiele. Eine Möglichkeit hierfür wäre eine Baumstruktur:

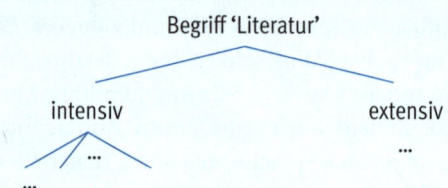

Literatur

Giovanni Boccaccio: *Decameron.* Milano: Mursia 2001.

Italo Calvino: *Se una notte d'inverno un viaggiatore.* Torino: Einaudi 1979.

Filippo Tommaso Marinetti: Marcia Futurista, 1916, in: Giovanni Lista (Hg.), *Marinetti et le futurisme.* Lausanne: L'Age d'Homme 1977, 48.

Luigi Pirandello: *Sei personaggi in cerca d'autore,* in: Ders., *Maschere nude.* Band III. Milano: Mondadori [9]1937.

La Repubblica, 19.07.2007.

Gaspara Stampa: *Rime.* Milano: Fabbri 1995.

Benedetto Croce: *La poesia.* Bari: Laterza [5]1953.

Terry Eagleton: Was ist Literatur?, in: Ders., *Einführung in die Literaturtheorie.* Stuttgart/Weimar: Metzler [4]1997, 1–18.

Umberto Eco: *Opera aperta.* Milano: Bompiani 1972.

Michel Foucault: Was ist ein Autor?, in: Ders., *Schriften zur Literatur.* Frankfurt/Main: Suhrkamp 2003, 234–270.

Wolfgang Iser: *Die Appellstruktur der Texte: Unbestimmtheit als Wirkungsbedingung literarischer Prosa.* Konstanz: Universitätsverlag [4]1974.

Friedrich Kittler: *Aufschreibesysteme 1800–1900.* München: Fink [4]2003.

Literaturgeschichtliche Ordnungsmodelle

	Inhalt	
2.1	Poetik	22
2.1.1	Die *Poetik* des Aristoteles	23
2.1.2	Stilarten und Ständeklausel	24
2.1.3	Italienische Renaissancepoetiken	26
2.1.4	Die *Questione della lingua*	27
2.2	Gattungen	28
2.3	Epochen	31
2.4	Literaturgeschichte	32
2.5	Kanon	34

In Einheit 2 wird der Begriff 'Poetik' in Abgrenzung zur Literaturgeschichte und Literaturkritik vorgestellt. Wichtige poetologische Schriften werden als Wegmarken des historischen Entwicklungsverlaufs hervorgehoben. Ein spezielles Augenmerk gilt in diesem Zusammenhang den literarischen Gattungen, ihren Epochen und dem Kanon.

Überblick

Der Literaturbegriff im
zeitlichen Wandel

Der Begriff 'Literatur', das hat die vorangehende Einheit 1 verdeutlicht, ist inhaltlich nur schwer eingrenzbar und bleibt in seinen jeweiligen Definitionsversuchen abhängig von seiner Position in einem historischen und kulturellen Gefüge. Insofern kann man Texte immer nur für ihren bestimmten geschichtlichen Augenblick und unter dem Gesichtspunkt des jeweiligen Literaturverständnisses auf ihre Literarizität hin prüfen.

2.1 | Poetik

! Poetik ist die Lehre
von der Dichtkunst

Unter Poetik versteht man die Lehre von der Dichtung, und zwar in zweifacher Weise: Zum einen befasst sie sich mit dem Wesen von Dichtung, ihrer Bestimmung, ihrer Einteilung in Gruppen gleichartiger Texte und ihrem ästhetischen Wert. Zum anderen will sie in vielen Fällen auch eine Anleitung zum Dichten geben, sei es, dass sie bereits vorliegende bekannte Werke in ihren Vorzügen und Mängeln kritisch betrachtet (deskriptives, d. h. beschreibendes Vorgehen), sei es, dass sie konkrete Hinweise bzw. Vorschriften für das Verfassen von Werken enthält (normativer Anspruch). Neben den expliziten Poetiken, die sich als eigenständige Abhandlungen zur Literatur darbieten, existieren zahllose aussagekräftige sog. immanente Poetiken, welche Autorinnen und Autoren in ihren Vorworten oder Vorreden, Nachworten oder Selbstaussagen (z. B. Interviews) formuliert haben und die über ihr persönliches Literaturverständnis Auskunft geben.

Zum Begriff der
'Dichtung'

Definition

> **Literatur und Dichtung:** Im Gegensatz zum allgemeinen Literaturbegriff (siehe Einheit 1) geht der emphatisch, d. h. bedeutungsschwer aufgeladene Dichtungsbegriff von vornherein nur von literatur- und menschheitsgeschichtlich 'wertvollen' Texten aus, wobei eine Nähe zu lyrischen Formen anklingt.

Insgesamt betrachtet, können Poetiken oder poetologische Ausführungen (das Adjektiv 'poetologisch' zielt auf die Poetik, das Adjektiv 'poetisch' auf das dichterische Werk ab) eine Reihe von Funktionen erfüllen:

► die Beschäftigung mit der Frage nach dem Ursprung und dem Wesen der Dichtung und ihre Abgrenzung von den anderen Künsten;

► eine Auseinandersetzung mit dem 'Schönen' und 'Wahren' in der Literatur (Ästhetik, Literaturphilosophie);

► die Erörterung richtiger Rede (Grammatik) und

► ebenso kunst- wie wirkungsvoll ausformulierter Rede (Rhetorik);

► das Studium stilistischer Besonderheiten bzw. stilistischer Angemessenheit (Stilistik);

► die Beschreibung literarischer Gattungen;

► die Betrachtung der geschichtlichen Entwicklung einer Sprache (diachrone Sprachwissenschaft);

- ▶ die kritische Sichtung literarischer Beispiele (Literaturkritik), oftmals unter
- ▶ Einordnung in literaturhistorische Zusammenhänge (Literaturgeschichte) und
- ▶ Ableitung allgemeiner Aussagen zu literarischen Phänomenen (Literatur-wissenschaft);
- ▶ Aussagen zu sozio-kulturellen Implikationen bestimmter Textsorten (Lite-ratursoziologie; Rezeptionsforschung [vgl. Einheit 11.2]).

Das Selbstverständnis von Poetiken und ihre tatsächliche Bedeutung für die Abfassung literarischer Texte sind ihrerseits wiederum starken epochalen Schwankungen unterworfen. So lassen sich viele der antiken 'Poetiken' als Versuche einer Inventarisierung und Kommentierung der gegebenen litera-rischen Phänomene deuten, die als Dichtungslehren bereits grundlegenden Charakter für alle nachfolgenden Überlegungen hatten. Aus heutiger Sicht aber erscheinen sie womöglich als unvollständig und episodisch, da sie allzu sehr dem persönlichen Blick des jeweiligen Verfassers verpflichtet sind.

Ohne einen vollständigen Abriss der poetologischen Entwicklung geben zu wollen, seien im Folgenden unter den zahllosen theoretischen Auseinan-dersetzungen mit der Literatur einige wenige hervorgehoben, die entweder auf Grund ihrer bedeutsamen Rezeptionsgeschichte oder aber wegen ihrer Syntheseleistung einen besonderen Rang eingenommen haben.

Die *Poetik* des Aristoteles

2.1.1

> Von der Dichtkunst selbst und von ihren Gattungen, welche Wirkung eine jede hat und wie man die Handlungen zusammenfügen muss, wenn die Dichtung gut sein soll, ferner aus wie vielen und was für Teilen eine Dichtung besteht, und ebenso auch von den anderen Dingen, die zu dem selben Thema gehören, wollen wir hier handeln […] (Aristoteles: 1994, 5)

Text 2.1
Aristoteles: *Poetik*

Die nur zum Teil erhaltene Poetik des Aristoteles, die ungefähr um das Jahr 335 v. Chr. entstanden ist, zählt zu den bedeutsamsten kunsttheoretischen Texten der abendländischen Kultur. Sie steht an der Seite einer Rhetorik, verlässt aber deren auf die Redekunst zugeschnittene Betrachtung, um sich – nicht zuletzt anhand der Diskussion wichtiger Referenztexte – allgemeinen Fragen der wichtigsten zeitgenössischen literarischen Gattungen zuzuwenden. Dazu zählen in erster Linie die Epik, die tragische Dichtung und die Komödie (der der Komödie gewidmete Teil ist leider nicht überliefert, ein Umstand, der Umberto Eco zu seinem Roman *Il nome della rosa* [1980] inspirierte). In Abwendung von Platon, der in dichtungskritischen Passagen seiner Schriften (vor allem *Politeia*, X 595a–602b) die Dichtung bezichtigt, der Wahrheit der ursprünglichen 'Ideen' in ihrem verzerrten Abbild nicht zu entsprechen, und sie einer rigiden Staatsmoral unterwerfen möchte, führt Aristoteles die dich-terische Schaffenskraft des Menschen auf ein geradezu anthropologisches

Abb. 2.1
Aristoteles
(384–322 v. Chr.)

Mimesis-Begriff

Bedürfnis zurück, nämlich den Drang zur Nachahmung (*mimesis*). Demgemäß stelle die Dichtung nichts anderes dar als die Nachahmung gesellschaftlichen Handelns (*praxis*), d. h. eine Abbildung der vom Menschen erlebbaren Wirklichkeit. Dass hiermit aber keineswegs ein ungebrochener Realismus gemeint ist, verdeutlichen die weiteren Ausführungen: nicht die *Wahrheit* im Sinne von faktengetreuer Wiedergabe, sondern die *Wahrscheinlichkeit* im Sinne einer tief gründenden Einsicht in die menschliche Natur sei das Verdienst der Dichtung, die damit philosophische Qualitäten aufweise und die Aussagekraft der oftmals unwahrscheinlich wirkenden historischen Ereignisse (und damit der Geschichtsschreibung) hinter sich lasse.

Hierarchie der Gattungen

Von grundlegender Bedeutung für das Literaturverständnis nahezu jeglicher Epoche ist die von Aristoteles thematisierte Verknüpfung von Gattung, kulturellem und sozialem Prestige. So ordnet er der Tragödie und dem Epos die Nachahmung edler Menschen zu, die es für das Publikum wiederum nachzuahmen gilt, während die schlechten Menschen in ihren Lastern von der Komödie aufgegriffen werden, die sie der Lächerlichkeit preisgibt und somit gewissermaßen abschreckend wirkt. Im Übrigen werden die Gattungen nach dem Kriterium der Rede unterteilt: Spricht im Drama der Schauspieler, so ist davon die berichtende Rede eines Erzählers zu unterscheiden – ein Gedanke, der in der weiteren Literaturgeschichte immer wieder aufgegriffen und modifiziert werden sollte.

Die Aristotelische Poetik geriet zunächst für das gesamte abendländische Mittelalter in Vergessenheit, da die Überlieferung abriss, und wurde erst ab dem ausgehenden 15. Jh. wieder entdeckt, um dann für lange Zeit einen besonders intensiven Einfluss auf das Literaturverständnis auszuüben. (Zusatzmaterial zur *Ars poetica* des Horaz finden Sie unter www.bachelor-wissen.de.)

Aufgabe 2.1 ❘ **?** Welche Auffassung von Literatur steht hinter dem Bemühen, Poetiken zu verfassen?

2.1.2 ❘ Stilarten und Ständeklausel

Abb. 2.2 ❘

Quintilian
(35–ca. 96 n. Chr.)

Die bei Aristoteles (und Horaz) geforderte 'Angemessenheit' in der Behandlung eines vom Dichter gewählten Stoffes mündet in ein im Laufe der Zeiten variabel gehandhabtes System, welches jeder Gattung bestimmte Themen, Zielsetzungen, Figuren und eine eigene Stilart zuschreibt. Eine wichtige Mittlerfunktion bei der Überlieferung und der Anpassung der antiken Dichtungslehre spielten unter anderem die römischen Rhetoriker Cicero (106–43 v. Chr.) und Quintilian (35 – ca. 96 n. Chr.), letzterer insbesondere vermittels seines Lehrwerks *Institutio oratoria*. Im Mittelalter erlangte beispielsweise das sog. 'Rad des Vergil' großen Einfluss, in dem die wichtigsten Werke dieses antiken Autors zu modellbildenden Vorgaben für die zeitgenössische Literatur ausgedeutet wurden.

Abb. 2.3

Eugène Delacroix:
*Der antike Dichter
Vergil geleitet Dante
durch das Inferno*
(1822)

Die Grundlage bildete die in den antiken Rhetoriken ausgearbeitete Lehre von den drei Stilarten (*genera dicendi*), welche für öffentliche Reden je nach Anlass spezifische Leitlinien formulierten. Dabei handelte es sich zunächst einmal um Vorgaben, die eine Orientierung dafür boten, welches Thema auf welche Art und Weise vor welchem Publikum bzw. zu welchem Anlass *angemessen* behandelt werden sollte. Ähnliche Vorschriften wurden im Weiteren auch für den Bereich der Dichtung in entsprechenden Poetiken erstellt. Ein vereinfachender Überblick kann verdeutlichen, welche Erfordernisse mit den einzelnen Gattungen verbunden wurden:

Stilarten und
Ständeklausel

	stilistische Merkmale	Protagonisten	Zielsetzung	vorbildliche Werke Vergils
erhabener Stil	sehr anspruchsvoll in Konstruktion und Redeschmuck (Verwendung entsprechender rhetorischer Mittel) zur Behandlung erhabener Themen	Helden von vornehmer Herkunft	Erregung des Gemüts	*Aeneis* (Heldenepos)
mittlerer Stil	eine kunstvolle, jedoch gut verständliche Sprachverwendung	Bauern	Unterhaltung und Erfreuen	*Georgica* (Lehrgedicht)
niederer Stil	einfach und schmucklos, an der Alltagssprache orientiert	einfaches Volk	Belehrung, Beweise	*Bucolica* (Hirtendichtung)

Abb. 2.4

Die drei Stilarten nach dem sog. 'Rad des Vergil' des Johannes de Garlandia (ca. 1195–1272)

25

Ständeklausel

Mit der Forderung, die Literatur müsse auf angemessene Art und Weise auf ihr Sujet abgestimmt sein, ging zudem eine Zuordnung von Stilhöhe, Gattung und sozialem Stand der behandelten Hauptfiguren einher. In diesem Sinne wurde die volkssprachliche Lyrik noch in der Renaissance von vornherein nur dem niederen Stil zugerechnet. Für die angesehene Tragödie forderte bereits Aristoteles, nur Personen von besonderem sozialem Rang dürften mit einem tragischen Geschick konfrontiert werden, da bei ihnen die Wendung von Glück in Unglück eine besonders beeindruckende 'Fallhöhe' auszeichne. Wenn also ihr Streben in einer 'Katastrophe' (als dem tragischen Ausgang der Tragödie) ende, so erschüttere dies die Zuschauerschaft sehr viel mehr, als das Unglück einer Figur aus einer niederen sozialen Schicht, die dem Elend von vornherein näher stehe.

Aufgabe 2.2

? Welches Menschenbild lässt sich an diesen poetologischen Bestimmungen ablesen?

2.1.3 | Italienische Renaissancepoetiken

Cinquecento = XVI secolo

Die Wirkungsgeschichte der antiken Poetiken setzte sich in einer großen Anzahl von Schriften v. a. des *Cinquecento* fort. Nur wenige seien im Weiteren beispielhaft genannt. In der Nachfolge von Horaz steht Marco Girolamo Vida (1485–1566) mit seinen *Poeticorum libri tres* (1527), die sich zumal der epischen Gattung annahmen. Die Wiederentdeckung der Aristotelischen Poetik vollzog sich über die 1498 veröffentlichte lateinische Übersetzung durch Giorgio Valla, eine Ausgabe, die 1536 verstärkte Aufmerksamkeit erhielt. Lodovico Castelvetro ist schließlich die erste, 1570 in Wien erschienene volkssprachliche Fassung zu verdanken, die *Poetica d'Aristotele vulgarizzata et sposta*, welche zugleich einen ausführlichen italienischsprachigen Kommentar enthält.

Aristoteles-Rezeption

Abb. 2.5 |

Iulius Caesar Scaliger (1484–1558)

Zu den wichtigsten Poetiken des *Seicento* gehören die *Poetices libri septem* (*Sieben Bücher über die Dichtkunst*, 1561) von Iulius Caesar Scaliger (1484–1558). Sie fassen die an der griechischen und römischen Antike orientierten Regeln für die literarischen Gattungen im Überblick zusammen.

Zusatzmaterial zu den italienischen Renaissance-Poetiken finden Sie im Internet unter www.bachelor-wissen.de

Rhetoriken und Poetiken versuchten seit der Antike, die von ihnen betrachteten literarischen Formen mit stilistischen und sozialen Kategorien in Beziehung zu setzen, woraus ein hierarchisch gestuftes System der Gattungen entstand. Sie erhoben einen normierenden Anspruch und stellten verbindliche Leitsätze für die einzelnen literarischen Gattungen auf. Eine besonders intensive Auseinandersetzung mit den antiken Auffassungen zur Literatur erfolgte durch die humanistischen Gelehrten des *Cinquecento*, die auf der Grundlage der Überlieferung die eigene zeitgenössische Literatur stärken wollten.

Die weitere literaturgeschichtliche Entwicklung führte indes zu einer sich allmählich vollziehenden und heute nicht mehr revidierbaren Herauslösung der Literatur aus dem fest definierten Kunstverständnis der Regelpoetiken.

Europaweit vollzieht sich am Wendepunkt vom 18. zum 19. Jh., v. a. aber in der Literatur der Romantik, der Bruch mit den überlieferten klassizistischen Normvorgaben. Stellvertretend für den italienischen Kontext sei daher noch eine aufschlussreiche Passage aus einem Brief von Alessandro Manzoni angeführt, dessen Argumentation auf eine Eigenständigkeit der modernen dichterischen Schaffenskraft ausgerichtet ist, die gemeinhin unter dem Schlagwort der 'Genieästhetik' gefasst wird:

| Abb. 2.6

Francesco Hayez: *Portrait des Alessandro Manzoni* (1841)

> Quello che i Romantici combattevano, è il sistema d'imitazione, che consiste nell'adottare[1] e nel tentare[2] di riprodurre il concetto generale, il punto di vista dei classici, il sistema, che consiste nel ritenere in ciascun genere d'invenzione il modulo[3], ch'essi hanno adoprato[4], i caratteri che ci hanno impressi, la disposizione, e la relazione delle diverse parti; l'ordine e il progresso de' fatti, ecc. Questo sistema d'imitazione, dei quale ho appena toccati alcuni punti; questo sistema fondato sulla supposizione[5] *a priori*, che i classici abbiano trovati tutti i generi d'invenzione, e il tipo di ciascheduno[6], esiste dal risorgimento delle lettere[7]; forse non è stato mai ridotto[8] in teoria perfetta, ma è stato ed è tuttavia applicato in mille casi, sottinteso[9] in mille decisioni, e diffuso in tutta la letteratura. (Manzoni: 1981, 169)

| Text 2.2

Alessandro Manzoni: *Lettera sul romanticismo* (1823)

> 1 adottare *sich anverwandeln* – 2 tentare *versuchen* – 3 modulo *hier: Norm* – 4 adoprare/adoperare *verwenden* – 5 la supposizione *hier: Sinnzuschreibung* – 6 ciascheduno = ciascuno – 7 risorgimento delle lettere *hier: Literatur der Renaissance* – 8 ridurre *hier: zusammenfassen* – 9 sottintendere *voraussetzen*

? Was versteht Manzoni unter dem von ihm angeführten "sistema d'imitazione"?

| Aufgabe 2.3

Die *Questione della lingua*

| 2.1.4

Neben den erwähnten inhaltlichen und formalen Aspekten literarischer Texte hatte die dichtungstheoretische Auseinandersetzung gerade in Italien noch eine weitere, grundsätzliche Frage zu klären: die Suche nach einer literaturfähigen Hochsprache.

Die volkssprachliche italienische Dichtung gewann erst im Verlauf eines langwierigen Emanzipationsprozesses eine gefestigte Gestalt (ca. 8. Jh.–13. Jh.), wobei zunächst einmal das *volgare* gegenüber der prestigeträchtigen alten Literatursprache Latein (auch in Form des Neulatein) sowie gegenüber dem einflussreichen zeitgenössischen Provenzalisch (und Französisch) an Eigenständigkeit gewinnen musste. Eine besondere Relevanz erhielt die Auseinan-

Abgrenzung gegenüber anderen Sprachen

Volgare

dersetzung über die künftige Rolle und Form des Italienischen zudem aus dem Umstand, dass eine nationale Einheit auf der politischen, sozio-kulturellen und sprachlichen Ebene (auf Grund der dialektalen Zerklüftung) lange Zeit fehlte und erst mit der Gründung des italienischen Einheitsstaates gegen Ende des 19. Jh. in Teilen erzielt werden konnte. (Ausführliches Zusatzmaterial zur literaturgeschichtlichen Bedeutung der *Questione della lingua* finden Sie im Internet unter www.bachelor-wissen.de; vgl. auch Haase: 2007, 40ff.)

2.2 | Gattungen

! Die Einteilung der literarischen Formen entspricht der wissenschaftlichen Notwendigkeit von Analyse und Klassifikation

Unter den behandelten Kernanliegen von Poetiken ist noch einmal auf einen Aspekt zurückzukommen, der eine eingehende Problematisierung verdient. Der seit dem Altertum zu beobachtende Versuch, die Vielzahl der zeitgenössischen literarischen Formen nach gemeinsamen Merkmalen zu einzelnen Gruppen zu bündeln, stellte lange Zeit eines der grundlegendsten Anliegen in literaturtheoretischer und literaturgeschichtlicher Hinsicht dar, das sich seinerseits als aufschlussreich für das Literaturverständnis zu einem bestimmten Zeitpunkt erweist. Vorrangige Aufgabe einer Einteilung in Gattungen ist dabei das Bedürfnis, Texte genau nach generalisierbaren Merkmalen zu beschreiben, sie somit zu klassifizieren sowie in epochale und literaturgeschichtliche Zusammenhänge einzuordnen.

Kriterien für eine Zuordnung können dabei sein:

► Form (Vers- und Strophenform bzw. Aufbau und Struktur eines Textes [z. B. Fünfaktschema], Länge, verwendete Stilmittel, Verwendung sog. Paratexte);
► Stoff- und Motivkreis (z. B. in Heiligenlegenden oder im Kriminalroman);
► Figuren (bspw. die Ständeklausel);
► Redekriterium (wer spricht? der Dichter/Erzähler – die handelnden Personen – beide Parteien im Wechsel);
► mediale Aspekte (gedruckter Text, mündlicher Vortrag, Inszenierung auf der Bühne, Vertonung, Film etc.).

Gattungen als Konvention

Die Definition von Gattungen bleibt bei all dem eine sozio-kulturelle Konvention, die auf besondere historische Umstände zurückgeführt werden kann, auch wenn für Gattungen ein normativer und überzeitlicher Anspruch erhoben wird.

Vorbildcharakter 'klassischer' Werke

Die normative Gattungslehre ist zumeist darauf angewiesen, sich auf eine gezielte Auswahl von Referenztexten zu stützen, die auf beispielhafte Weise als Vorbild für alle anderen, ähnlich kategorisierbaren Produktionen gelten können (*imitatio*). Neben für besonders wichtig gehaltene Werke früherer Epochen, die zumeist als 'klassisch' erachtet werden (etwa im Falle von Vergil, der im Mittelalter als alles überragender Dichter der Antike rezipiert wurde), können durchaus auch die Werke von Zeitgenossen treten, z. B. bei Aristoteles. Die von Aristoteles überlieferte Gattungseinteilung gibt zugleich ein eindrückliches Beispiel dafür, wie sehr die Bemühungen um eine Systematisierung dem historischen Wandel ausgesetzt sind.

> Die Epik und die tragische Dichtung, ferner die Komödie und die Dithyrambendichtung[1] sowie – größtenteils – das Flöten- und Zitherspiel: sie alle sind, als Ganzes betrachtet, Nachahmungen. Sie unterscheiden sich jedoch in dreifacher Hinsicht voneinander: entweder dadurch, daß sie durch je verschiedene Mittel, oder dadurch, daß sie je verschiedene Gegenstände, oder dadurch, daß sie auf je verschiedene und nicht dieselbe Weise nachahmen. (Aristoteles: 1994, 5)
>
> 1 Dithyrambendichtung – *antike lyrische Gattung mit musikalischer Begleitung*

| Text 2.3

Aristoteles: *Poetik*

Nicht nur der Wegfall der letztgenannten Gattungen ist zu bemerken, auch die Gattungsbegriffe selbst, z. B. derjenige der Epik, haben sich grundlegend verändert oder wurden nachträglich ersetzt (so der die musikalische Darbietung einer Lyra oder Kithara begleitende Gesang durch das moderne Lyrik-Verständnis; siehe Einheit 4).

? Inwiefern entspricht das von Aristoteles betrachtete antike Epos (z. B. Homers *Ilias*) nicht mehr dem heute geläufigen Gattungsbegriff 'Epik'?

| Aufgabe 2.4

Der historische Abstand zum in Text 2.3 zitierten Beispiel lässt erahnen, wie schwierig es ist, allgemeingültige Gattungskategorien aufzustellen. Als besonders erfolgreich hat sich aus unserer heutigen Sicht wiederum die Einteilung der literarischen Formen in die drei Grundformen Epik – Dramatik – Lyrik, die sog. Gattungstrias, erwiesen. Sie reicht vom Ansatz her zwar auf bereits bei Aristoteles und Horaz formulierte Gedanken zurück, wurde aber erst im 18. Jh. zum poetologischen Gemeinplatz erhoben. Bedeutsam wurde in diesem Zusammenhang die Annahme, in den drei Hauptgattungen spiegelten sich gleichsam Wesenszüge der menschlichen Seele, was Goethe auf die für den deutschsprachigen Raum höchst einflussreiche Formel von den "drei Naturformen der Dichtung" brachte:

> Es gibt nur drei echte Naturformen der Poesie: die klar erzählende, die enthusiastisch aufgeregte und die persönlich handelnde: Epos, Lyrik und Drama. Diese drei Dichtweisen können zusammen oder abgesondert wirken. In dem kleinsten Gedicht findet man sie oft beisammen, und sie bringen eben durch diese Vereinigung im engsten Raume das herrlichste Gebild hervor, wie wir an den schätzenswerten Balladen aller Völker deutlich gewahr werden. (Goethe: 1978, 187f.)

| Text 2.4

Johann Wolfgang Goethe: *West-östlicher Diwan* (1819–1827)

Relevant an dieser Deutung ist neben der ahistorisch-wesenhaften Zuschreibung von Gattungsmerkmalen, die zugleich auf eine wirkungsästhetische

'Naturformen' der Dichtung

29

Charakterisierung abzielen, der Hinweis auf die Vermengung dieser Grundtendenzen im einzelnen literarischen Text. Hinzu kommt der komparatistische, auf eine Weltliteratur geweitete Blick Goethes. Noch der Schweizer Literaturwissenschaftler Emil Staiger entwarf 1946 in seinen *Grundbegriffen der Poetik* ein Modell, demzufolge aller Dichtung "Gattungsideen" zugrunde liegen, welche im Sinne von typischen Stilqualitäten jeweils als 'das Lyrische', 'das Epische' und 'das Dramatische' anzusehen seien.

Der Ansatz, die Literatur in 'Gattungen' aufzugliedern, ist nicht zuletzt ein Ergebnis der naturwissenschaftlichen Erkenntnisse und ihrer wissenschaftlichen Systematik des ausgehenden 19. Jh., als sich nach dem Vorbild der biologischen Erblehre das Modell des Stammbaums und der Ausdifferenzierung von Arten und Gattungen etablierte.

Versucht man beispielsweise, die narrativen (erzählenden) Gattungen systematisch zu erfassen, so kann zunächst einmal eine schrittweise Untergliederung nach folgendem Schema vorgenommen werden:

Abb. 2.7 |

Ausdifferenzierung des Gattungssystems am Beispiel Erzählprosa

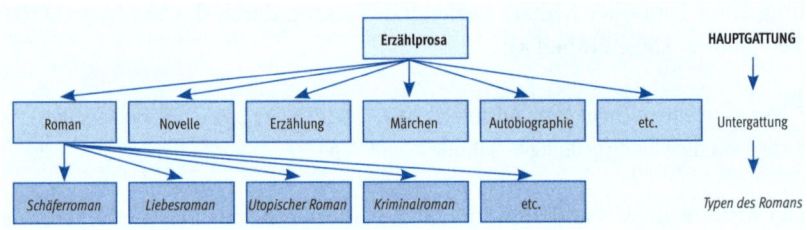

Aufgabe 2.5 |

? Finden Sie anhand eines geeigneten Nachschlagewerks Untergattungen aus dem Bereich der Lyrik (z. B. Sonett).

Es bleibt allerdings festzuhalten, dass die Trennschärfe der unterschiedlichen Gattungsdefinitionen zweifelhaft ist und nie dem literarischen Formenreichtum gerecht werden kann. Der Versuch, eine global gültige Systematik zu erstellen, ist nur unter der Bedingung möglich, eine Vielzahl von Mischformen anzuerkennen (z. B. die Ballade als erzählendes Gedicht), auf welche mehrere Gattungszuschreibungen zutreffen.

Gattungstradition

Zugleich werden weitere 'Hauptgattungen' diskutiert (die Satire wie auch der Essay wurden als 4. oder 5. Gattung ins Gespräch gebracht, hinzu kommen aus heutiger Perspektive etwa die Gruppen der didaktischen Texte bzw. der Gebrauchsformen), auch wenn die moderne und postmoderne Literaturtheorie gerade den Gattungsbegriff radikal in Frage gestellt hat und ihn durch eine weitaus weniger idealisierende und systematisierende Auffassung von Textsorten zu ersetzen sucht. Nicht zuletzt als literaturgeschichtliche Kategorien besitzen die Gattungen einen gewissen Erkenntniswert, da sie nicht allein die Kommunikation über bestimmte Textgruppen erlauben – so unzureichend diese auch sein mag –, sondern auch historische Konventionen benennen, die bei den Literaturschaffenden, im Bereich des literarischen Marktes und bei den Literaturrezipienten als sinnstiftendes Vorverständnis wirken. (Zusatzmaterial zur Gattungsgeschichte finden Sie unter www.bachelor-wissen.de.)

? Versuchen Sie für folgende Untergattungen bzw. Typen festzustellen, inwieweit mit dem Gattungsnamen bereits ein Vorverständnis in Bezug auf die Stilhöhe, den Aufbau und die Inhalte verbunden ist: Tragödie; Science-Fiction-Roman; Liebesgedicht.

|Aufgabe 2.6

Epochen

|2.3

Neben der Gattungstypologie bildet die Einteilung der Literaturgeschichte in Epochen (z. B. das *Duecento, Trecento, Quattrocento* etc.) einen festen Bestandteil des literaturwissenschaftlichen Grundinventars, auch wenn hier kritische Stimmen wiederum eine Überprüfung des Epochenkonzepts fordern.

Zunächst einmal sollen die Epochenbezeichnungen den Fluss der Literaturgeschichte in einzelne, in sich möglichst zusammenhängende Zeiträume unterteilen, in denen eine Vielzahl von Texten – oder aber eine kleine Gruppe literarisch besonders relevanter Texte (Kanon, siehe 2.5) – bestimmte gemeinsame Merkmale aufweisen. Ermöglicht wird diese Einteilung im Weiteren durch die Benennung literaturgeschichtlich bedeutsamer Schlüsselereignisse, die als Epochengrenzen Ende und Beginn der dominanten literarischen Entwicklung markieren. Eine derartige Untergliederung in literarische Epochen erlaubt es, die Veränderungen innerhalb des Gattungssystems bzw. jene der literarischen Formen zu beobachten. Außerdem kann man sie mit anderen Periodisierungen vergleichen, z. B. mit Stilrichtungen der Kunstgeschichte oder mit der (oftmals an Herrscherpersönlichkeiten oder Staatsformen orientierten) Politikgeschichte. Der Schweizer Kunsthistoriker Heinrich Wölfflin (1864–1945) verstand im Rahmen seiner stilgeschichtlichen Untersuchungen die Epochenmerkmale 'barock' und 'klassisch' sogar als überzeitliche Typusbegriffe, zwischen denen sich die stilistischen Entwicklungen über die Jahrhunderte hinweg in einer Pendelbewegung entfalten.

Epochen als in sich möglichst homogene Zeiträume

Epochengrenzen

? Im alltäglichen Sprachgebrauch haben sich die Begriffe 'klassisch' – 'modern', 'aufklärerisch' – 'romantisch' mit ebenso vagen wie umfassenden Bedeutungen aufgeladen, die sich zum Teil aus literar- (und kunst-)historischen Konzepten ableiten. Versuchen Sie, diese landläufigen Begriffsverwendungen stichpunktartig zu umreißen, und vergleichen Sie daraufhin diese Zuschreibungen mit den Epochendarstellungen in einer italienischen Literaturgeschichte (siehe Einheit 3.4).

|Aufgabe 2.7

Allen überzeitlichen Definitionsansätzen zum Trotz ist jedoch zu beachten, dass Epochenbezeichnungen erst aus dem nachträglichen, rückwärts gerichteten Blick heraus an Kontur gewinnen, eine zeitliche Distanz zwischen Beobachtendem und Beobachtetem für ein gewisses Maß an Überblick und Objektivierung sorgen muss (als Beispiel hierfür sei die müßige, da zum gegenwärtigen Zeitpunkt unentscheidbare Diskussion angeführt, ob die sog. Postmoderne in den Künsten bereits ein Auslaufmodell darstellt). Das starre System aufeinander folgender Epochen kann durch die Berücksichtigung sog. Epochenschwellen oder Schwellenzeiten aufgelockert werden; unter ihnen versteht man Übergangsperioden mit Mischcharakter, beispielsweise zwischen dem Mittelalter und der sich herausbildenden Neuzeit.

Aufgabe 2.8 | **?** Betrachten Sie das Für und Wider des Konzepts literaturgeschichtlicher Epochen. Welche Schwierigkeiten können bei dem Versuch auftreten, Epochen als idealiter in sich homogene Zeiträume zu bestimmen? Welche Gründe sprechen dennoch für die Aussagekraft von Epochenbegriffen?

2.4 | Literaturgeschichte

Normative Poetiken verwiesen auf Autoren und Werke vergangener Zeiten vor allem unter dem Gesichtspunkt ihres Vorbildcharakters oder der zu meidenden Fehler, sie enthielten daneben aber bereits Auflistungen von Werktiteln und Namen. Literaturgeschichten hingegen beabsichtigen, einen systematisierenden Überblick zumindest über die für wichtig erachteten Werke einer (meist) Nationalliteratur oder auch einer Gattung zu liefern.

Als wesentliche Anhaltspunkte dienen dabei:

Biographik
▶ Biographien 'großer' Autorinnen und Autoren;
▶ bedeutende literarische Texte, die zumeist Teil des Kanons (s. u.) geworden sind und die nach Möglichkeit in ihre Entstehungs- und Wirkungszusam-

Interpretation
menhänge eingeordnet und auf dieser Grundlage interpretiert werden;
▶ mittel- und längerfristige Tendenzen der literarischen Entwicklung, z. B. in Bezug auf Gattungen und Epochen, die in ihren thematischen und formalen Aspekten aufgezeigt werden;
▶ die Verzahnung der literaturgeschichtlichen Prozesse mit den zeitgleichen politik-, wirtschafts-, sozial-, ideen-, mentalitäts-, kultur- und medienge-schichtlichen Kontexten, wobei – je nach Ansatz der Verfasser/Verfasse-

Kontextualisierung
rinnen – eine Deutung globaler Zusammenhänge unternommen werden kann (z. B. in sozialgeschichtlicher Perspektive);

Innovationen oder Meisterschaft
▶ die individuelle Leistung einzelner Autoren/Autorinnen bzw. die womöglich für das Weitere wegweisenden Besonderheiten spezifischer Werke.

Neben die genannten Kriterien sind im Laufe der letzten Jahrzehnte neue Gesichtspunkte getreten, die über den traditionellen Kanon hinausweisen und Textgruppen in einen eigenen geschichtlichen Zusammenhang stellen. Solche 'alternativen' Literaturgeschichten widmen sich vorrangig der Literatur von 'Minderheiten', so der Geschichte des weiblichen Schreibens (vgl. Einheit 11.3) oder der postkolonialen Literatur; sie verfolgen thematisch/motivische Leitfäden (bspw. eine Literaturgeschichte der Liebe) oder betrachten spezielle Untergattungen bzw. Literaturtypen (etwa eine Geschichte der Utopien). Darüber hinaus können methodische Ansätze zur Abfassung eigener Literaturgeschichten führen. So verhält es sich mit der bspw. von Asor Rosa betriebenen regionalistischen Literaturgeschichtsschreibung. Aus komparatistischer Sicht schließlich kann der enge Rahmen der Nationalliteratur verlassen werden (vgl. z. B. die auf historische Kontinuität der literarischen Konzepte ausgelegte Abhandlung von Ernst Robert Curtius: *Europäische Literatur und lateinisches Mittelalter* [1948]).

|Abb. 2.8

Schreibende Frauen blieben bis vor kurzem im Schatten der Literaturgeschichte

Bis in das 18. Jh. hinein wurde Literaturgeschichtsschreibung als wichtige Aufgabe der poetologischen Schriften wahrgenommen. Gerade in Italien, das erst spät zur nationalen Einigung fand, galt es, eine Traditionslinie der eigenen Literatur aufzuzeichnen, die auf kultureller Ebene das nationale Identitätsempfinden festigen konnte. Auch die deutsche Romanistik, welche als wissenschaftliche Disziplin noch vor den romanischsprachigen Nachbarländern deren literarische Monumente sichtete, leistete hierzu einen wichtigen Beitrag. Ihr Bemühen war es dabei zunächst, literarische Quellen aufzuspüren und unter philologischen Aspekten zu edieren, d. h. die Überlieferung zu erforschen und maßgebliche Textausgaben zu erstellen. (Zusatzmaterialien zur Editionsphilologie finden Sie unter www.bachelor-wissen.de.)

In der zweiten Hälfte des 19. Jh. bildete sich somit im Zeichen des Positivismus (siehe Einheit 10.2) eine 'moderne' wissenschaftliche Beschäftigung mit der literarischen Überlieferung aus, deren Quellen nach überprüfbaren Daten und Kriterien systematisch erfasst, analysiert und zueinander in Beziehung gesetzt wurden. Diese einseitig auf die Überlieferungsgeschichte ausgerichtete Textphilologie wurde schließlich aus einer anderen, immer noch dem Positivismus unterstellten Perspektive erweitert, welche in den historischen Entstehungsbedingungen eines Textes den zentralen Angelpunkt für seine Interpretation erblickte. Im Zuge eines geschärften Geschichtsbewusstseins sollte die historische Entwicklung der einzelnen Nationalliteraturen aufgearbeitet werden, was nicht zuletzt zur Erstellung von Werk- und Autorenkatalogen führte. Eine wichtige Frage, die bis in die Mitte des 20. Jh. verfolgt wurde, beschäftigte sich zudem mit dem vom jeweiligen 'Volkscharakter' geprägten 'Wesen' der Nationalliteratur.

Textphilologie

Die Kontextualisierung der literarischen Werke konnte später unter wechselnden Leitideen erweitert werden, so unter der Berücksichtigung von Thesen der Sozialwissenschaften, der Psychologie, der Volkskunde, der philosophischen Ästhetik, der Sprachwissenschaft, der Medienwissenschaften u. v. m. (Zusatzmaterialien zum Philosophen und Literaturkritiker Benedetto Croce finden Sie unter www.bachelor-wissen.de.)

Heute hat die Literaturgeschichte unter dem Einfluss von poststrukturalistischer und dekonstruktivistischer Literaturtheorie (siehe Einheit 12.2) einen Punkt erreicht, an dem viele der für Poetik und Literaturgeschichtsschreibung grundlegenden Kategorien wie Autorschaft, Gattungen, Epochen, Kanon oder Wirkungsästhetik in ihrer Aussagekraft angezweifelt werden. Nichtsdestotrotz liefern Literaturgeschichten nach wie vor unerlässliche Leitfäden für die Annäherung an übergreifende Entwicklungsprozesse und an einzelne Schlüsseltexte, wie immer sich deren Auswahl im Einzelfall auch legitimieren mag. (Eine Auswahl an Geschichten der italienischen Literatur finden Sie in Einheit 3.4.)

Abb. 2.9 |
Literatur als
Kommunikationsnetz

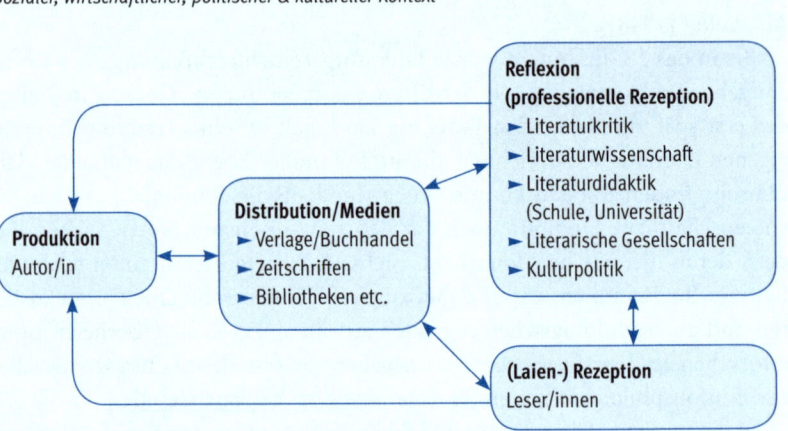

2.5 | Kanon

! Ein Kanon verzeichnet überlieferungswürdige Werke

Eine wichtige Funktion, die ergänzend zu den bereits genannten von Poetiken und Literaturgeschichten gleichermaßen übernommen wird, ist ihr Beitrag zur Bildung eines Kanons. Unter Kanon versteht man dabei eine Zusammenstellung der wichtigen Werke für einen bestimmten Bereich, z. B. die 'schöne' Literatur, durch die kompetenten Meinungsträger. Als Vorbild dienen die 'kanonischen' Texte des Alten und des Neuen Testamentes, d. h. jene Texte, die im Gegensatz zu den sog. apokryphen Schriften in die Bibel aufgenommen wurden.

Die Kanonbildung hängt direkt vom Literaturverständnis einer ausschlaggebenden Trägergruppe ab, die ein Urteil über Wert und Unwert literarischer Texte fällt und unter ihnen diejenigen herausgreift, welche in Hinblick auf Form und Gehalt als mustergültig, als literaturgeschichtliche Meilensteine und von zeitloser Bedeutung gelten. Die dadurch zustande kommende Auswahl vereint daher die im weiteren Sinne gerne als 'Klassiker' einer Epoche bezeichneten Texte.

| Aufgabe 2.9

? Nennen Sie unter Einbezug der bisherigen Ausführungen die möglichen Meinungsträger, d. h. Gruppen oder Institutionen, welche maßgeblich an der Bildung eines
Kanons beteiligt sein können.

Zu bedenken ist auch in diesem Zusammenhang wieder die Zeitgebunden-
heit der Kanones (Plural von 'Kanon') und die gleichzeitige Existenz mehrerer
rivalisierender Kanones.

Im Zuge des kulturgeschichtlichen Wandels, der sich auch in der Veränderung der an der Kanonbildung beteiligten Gruppen spiegelt, werden Texte
letztendlich daran gemessen, ob sie eine wie auch immer geartete Aussagekraft –
und sei es nur im Sinne der literaturgeschichtlichen Tradition – besitzen.
Kanonbildung ist demnach ein besonders eingängiges Phänomen der literarischen Rezeption, wobei mit der Auswahl bevorzugter Texte gleichzeitig ihre
Auslegung in weiten Teilen festgelegt wird ('Deutungskanon').

| Abb. 2.10

Thalia, die Muse der
Komödie

Deutungskanon

? Welche äußeren Faktoren könnten im 20. Jh. auf deutscher Seite die Kanonbildung
zur italienischen Literatur beeinflusst haben? In welcher Form kommen Studierende
der Literaturwissenschaft heute mit Kanones der italienischen Literatur in Berührung?
Wer beschäftigt sich in der Gegenwart beschreibend und wertend mit der Literatur?

| Aufgabe 2.10

Die Bestimmungen, was Literatur ist, nach welchen Gesetzmäßigkeiten sie funktioniert
oder zu funktionieren habe, welche Kriterien über ihren Wert entscheiden und in welche
traditionsbildenden Zusammenhänge sie einzuordnen ist, hat seit jeher die kritische
Auseinandersetzung mit ihr geprägt und wurde zu unterschiedlichen Zeitpunkten
unter den sich wandelnden sozio-kulturellen Rahmenbedingungen verschieden beantwortet. Nur die Kenntnis der historischen Stufen dieses Meinungsbildungsprozesses
erlaubt es, die einzelnen literarischen Texte auch angemessen hinsichtlich ihrer Einordnung in gattungs- und epochenspezifische Kontexte zu beurteilen und die schwierige
Frage nach ihrem ästhetischen Wert, ihren formalen wie inhaltlichen Besonderheiten
und ihrer Bedeutung für das zeitgenössische Publikum oder spätere Generationen zu
beantworten.

Zusammenfassung

Literatur

Aristoteles: *Poetik.* Hg. Manfred Fuhrmann.
   Stuttgart: Reclam ²1994.

Johann Wolfgang v. Goethe: *West-östlicher
   Diwan*, in: Ders., *Werke*. Band II. Hg.
   Erich Trunz. München: C. H. Beck ¹¹1978,
   7–270.

Alessandro Manzoni: Sul romanticismo.
   Lettera al marchese Cesare d'Azeglio,
   in: Ders., *Scritti di teoria letteraria*. Hg.
   Adelaide Sozzi Casanova. Milano: Rizzoli 1981, 155–190.

August Buck (Hg.): *Dichtungslehren der Romania aus der Zeit der Renaissance und des Barock.* Frankfurt/Main: Athenäum 1972.

Martin Haase: *Italienische Sprachwissenschaft. Eine Einführung.* Tübingen: Narr 2007 (bachelor-wissen).

Brigitte Kappl: *Die Poetik des Aristoteles in der Dichtungstheorie des Cinquecento.* Berlin: de Gruyter 2006.

Literaturwissenschaftliches Arbeiten

	Inhalt	
3.1	Bachelor- und Master-Studiengänge	38
3.2	Arbeitsfelder für Literaturwissenschaftlerinnen und Literaturwissenschaftler	41
3.3	Zum Wissenschaftsbegriff der Geisteswissenschaften	43
3.4	Wissenschaftliche Hilfsmittel	44
3.5	Arbeitstechniken	52

Überblick

Nachdem in der vorangegangenen Einheit mit der Literaturgeschichtsschreibung und der Literaturkritik bereits zwei wichtige Aufgabengebiete des literaturwissenschaftlichen Arbeitens angesprochen wurden, soll in der nun folgenden Einheit nach den möglichen Tätigkeitsbereichen gefragt werden, die sich im Anschluss an einen BA- oder MA-Studienabschluss für die Absolventinnen und Absolventen eröffnen. Ein wesentlicher Gesichtspunkt für die professionelle Auseinandersetzung mit der Literatur ist in diesem Zusammenhang das zu klärende Kriterium der Wissenschaftlichkeit. Hinzu kommt eine Reihe sog. Schlüsselqualifikationen, die während des Studiums erworben werden sollen und welche die Kern-Kompetenzen der literaturwissenschaftlichen Ausbildung ergänzen.

Nach diesem allgemeinen Überblick kann in einem zweiten Abschnitt auf die für das Studium relevanten Arbeitstechniken eingegangen werden, etwa die Literaturrecherche, das Verfassen einer wissenschaftlichen Hausarbeit oder die Benutzung bibliographischer Hilfsmittel.

3.1 | Bachelor- und Master-Studiengänge

Abb. 3.1 |
Der mittelalterliche
Bakkalaureus als
Vorläufer des moder-
nen Bachelor-Grades;
hier: mittelalterliche
Vorlesung

Bachelor-Studiengänge sind grund-
ständige Studiengänge, die nach
Erwerb der Hochschulreife (allgemeine Hochschulreife, einschlägige
Fachhochschulreife oder gleichwer-
tiger ausländischer Schulabschluss)
unter von der jeweiligen Hochschule
bestimmten Voraussetzungen (ggf.
Aufnahmebeschränkungen) besucht
werden können. Sie schließen mit
dem ersten erreichbaren akademischen Grad, dem Bachelor (Bachelor of Arts, BA, oder Bachelor of
Science, BSc), der als eigenständiger
Hochschulabschluss den Eintritt in
das Berufsleben ermöglicht. Alternativ kann auf das Bachelor-Studium ein
geeignetes Master-Studium folgen, das mit dem Master of Arts (MA) oder
Master of Science (MSc) abgeschlossen werden kann.

Masterstudium

Weltweit existiert eine Vielzahl von Bachelor- und Masterstudiengängen,
die sich jedoch in Hinblick auf die Studieninhalte, den Aufbau und Umfang
des Studiengangs stark voneinander unterscheiden. Dies ist durchaus beab-
sichtigt, da sie von vornherein eine größere Spezialisierung in der Ausbildung
gewährleisten sollen. Gemeinsam ist ihnen der Grundsatz der Modularisierung, d. h. der Einteilung des Studiengangs in mehrere zusammenhängende
Blöcke, die nach ihrer Absolvierung einen leichteren Wechsel in vergleichbare
Studiengänge an anderen Hochschulstandorten erlauben sollen. Dem gleichen
Ziel dient das European Credit Transfer System (ECTS), das zu europaweit
ähnlichen Leistungsanforderungen und international anerkannten Studienab-
schlüssen führen soll. Im Zuge des sog. Bologna-Prozesses sollen die Studiengänge in Deutschland bis 2010 auf das zweistufige BA/MA-System umgestellt
werden.

Modularisierung

ECTS-Punkte

Wissen und
Kompetenzen

Im Bereich der Romanistik gibt es im deutschen Sprachraum bereits eine
große Anzahl von Bachelor- und Master-Studiengängen. Den Bachelor-Studien-
gängen kommt dabei die Aufgabe zu, die grundlegenden Kompetenzen im
Rahmen des Fachbereichs zu vermitteln, welche dann in der beruflichen Tätigkeit oder der Weiterführung eines Master-Studiengangs je nach Ausrichtung
eine Erweiterung und/oder Spezialisierung erfahren. Für die Studierenden
geht es – abgesehen von der grundlegenden fremdsprachlichen Kompetenz! –
einerseits um den Erwerb fachspezifischen Wissens, so auf den Gebieten der
Literatur- (und Kultur-)Geschichte, der Landeskunde, der Sprachwissenschaft,

andererseits um das Erlangen maßgeblicher *Kompetenzen*, die als praktische Fähigkeiten zur Anwendung von Wissensinhalten definiert sind. Für die italienische Literaturwissenschaft, in die der vorliegende Band einführt, stehen folgende Kompetenzen im Vordergrund:

► eine kritisch-wissenschaftliche Lesehaltung und die objektivierbare Beurteilung der Literarizität eines Textes;

► das Einordnen von literarischen Texten in literaturgeschichtliche Kategorien und Zusammenhänge;

► die Beherrschung der zentralen wissenschaftlichen Arbeitstechniken und die Fähigkeit zur selbständigen Abfassung von wissenschaftlichen Arbeiten/Referaten;

► die Fähigkeit, lyrische, dramatische, narrative und andere Texte unter Verwendung der spezifischen Kategorien und Techniken zu analysieren;

► die Anwendung von literaturtheoretischen Modellen, Ansätzen und Methoden für die Interpretation von literarischen Texten;

► die Ausweitung der kritischen Analyse auf die verschiedenen medialen Repräsentationsformen von literarischen und nicht-literarischen Texten.

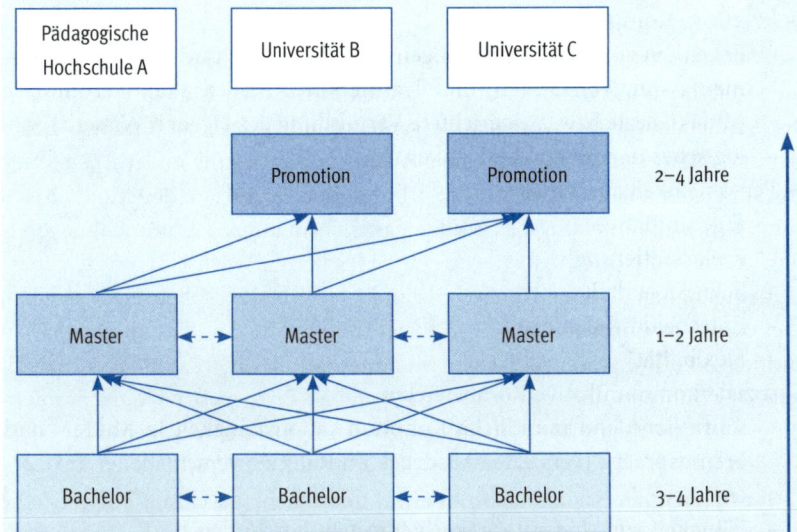

|Abb. 3.2

Kombinierbarkeit von Studiengängen im Bologna-System

Zu den genannten Kernkompetenzen des Studiengangs kommen im Weiteren noch sog. Schlüsselqualifikationen (oder Schlüsselkompetenzen, Kernkompetenzen, *soft skills*) hinzu, die allgemeine, nicht-fachspezifische Fähigkeiten umfassen, die im Verlauf des Studiums vermittelt werden. Gerade den Absolventen geisteswissenschaftlicher Studiengänge werden auf diesem Gebiet gerne höhere Fertigkeiten zugesprochen als ihren naturwissenschaftlichen

Schlüssel-qualifikationen

Abb. 3.3|

Mancher Schlüssel
öffnet viele Türen

Kollegen, wobei es sich jedoch um ein Klischee handelt, das von der im Umbruch befindlichen Hochschullandschaft bereits widerlegt wird. Nichtsdestotrotz ist der Erwerb von Schlüsselkompetenzen vor allem für Geisteswissenschaftler von besonderer Bedeutung, da von ihnen oftmals eine hohe Bereitschaft zur Einarbeitung in berufliche Fachgebiete verlangt wird, die nicht unbedingt auf der direkten Linie ihres ursprünglichen Ausbildungsweges liegen.

Zu den Schlüsselqualifikationen zählen unter anderem:

Allgemeinwissen,
Grundtechniken
► allgemeines Basiswissen und Arbeitstechniken
  – Allgemeinbildung
  – EDV-Kenntnisse
  – Präsentationstechniken
  – Lerntechniken
  – Zeitmanagement

Verstehen
► kognitive Kompetenzen
  – Erkennen von Zusammenhängen (z. B. die rasche und bündige Zusammenfassung von Texten) und Transferfähigkeit, v. a. Praxisvermittlung (didaktisierte bzw. zielgerichtete Vermittlung des eigenen Wissens)
  – logisches und abstraktes Denken

Persönlichkeit
► Persönlichkeitsmerkmale
  – Eigeninitiative
  – Zielorientierung
  – Selbstsicherheit
  – Entscheidungsfähigkeit
  – Flexibilität

Kommunikation
► soziale/kommunikative Kompetenzen
  – schriftliche und mündliche Kommunikationsfähigkeit in Mutter- und Fremdsprache (versierter Ausdruck im Rahmen verschiedener Textsorten)
  – Fähigkeit zur Moderation von Veranstaltungsrunden
  – Selbstmarketing (vorteilhafte Selbstdarstellung)
  – Teamfähigkeit
  – Konflikt- und Kritikfähigkeit
  – Durchsetzungsfähigkeit

Über den Katalog der wichtigsten Schlüsselqualifikationen wird unter der Vielzahl der kursierenden Vorstellungen keine einhellige Meinung zu erzielen sein. Zugleich verdeutlicht die oben stehende Liste, dass viele der Fähigkeiten zwar über eine gezielte Didaktisierung des Hochschulunterrichts gefördert werden können (z. B. Bildung von Arbeitsgruppen, Einübung von Präsentations- und Moderationstechniken, anwendungsorientierte Übungsaufgaben), sie aber gleichzeitig immer in Abhängigkeit von der charakterlichen Anlage der Person zu sehen sind, der es nicht zuletzt selbst obliegt, ihre Eigenschaften und Qualitäten zu schulen.

Arbeitsfelder für Literaturwissenschaftlerinnen und Literaturwissenschaftler

| 3.2

Nach dem erfolgreichen Abschluss eines Bachelor-Studiums der Italianistik (bzw. der Italienischen Studien oder entsprechender anderer Studiengangsbezeichnungen) stehen den Absolventinnen und Absolventen prinzipiell vielseitige Orientierungsmöglichkeiten offen. Dabei ist jeweils zu beachten, ob ein direkter Berufseinstieg möglich ist oder ob noch eine zusätzliche Weiterqualifikation, z. B. in Form eines spezialisierten Master-Studiums benötigt wird. Ausschlaggebend ist das inhaltliche Anforderungsprofil der jeweiligen Tätigkeit (Stellenbeschreibung) bzw. der geforderte Grad des akademischen Abschlusses, häufig auch die vorberufliche Praxiserfahrung, die bei Praktika oder Volontariaten gesammelt wurde.

Praktikum und Volontariat

Abgesehen von der Möglichkeit eines nicht studienspezifischen Quereinstiegs zeichnen sich in erster Linie folgende Tätigkeitsfelder ab:

► Forschung

In diesem Bereich ist ein Aufbaustudium in Form eines Master- und meist auch eines anschließenden Promotionsstudiengangs Voraussetzung.

► Bildung

Voraussetzung für die Ausübung des Lehrberufs an staatlichen Schulen ist die Umstellung der Lehramtsstudiengänge auf ein zweistufiges BA- und MA-Studium. Auf dem Bildungssektor findet sich sonst lediglich der private Bereich der Erwachsenenbildung (z. B. Volkshochschulkurse), der Schülerbetreuung oder die Einstellung an einer Privatschule. Erfahrungen in der Erwachsenenbildung ermöglichen ferner die Übernahme von Aufgaben der innerbetrieblichen Weiterbildung (z. B. die Vermittlung der oben genannten Schlüsselqualifikationen).

► Übersetzerdienste

Neben der Vermittlung von Sprachkenntnissen oder Schlüsselqualifikationen können sprachpraktische Kompetenzen für Übersetzungstätigkeiten in unterschiedlichsten beruflichen Kontexten genutzt werden. Wiederum gilt, dass ohne qualifizierende Zusatzausbildung bzw. vorberufliches Engagement nur schwer eine Anstellung zu finden sein wird. Vor allem der Bereich des Dolmetschens bedarf unbedingt einer intensiven zusätzlichen Schulung.

► Archive, Bibliotheks- und Verlagswesen, Buchhandel
Der Bachelorgrad kann auf diesem Sektor als Vorstufe für eine Lehre oder eine spezialisierte Master-Ausbildung dienen. Auch Praktika oder Volontariate können den Berufseinstieg nach dem Bachelor ermöglichen.

► Journalismus
Analog zum letztgenannten Punkt gilt, dass eine über den Bachelorgrad hinausführende spezielle Qualifizierung in der Regel unerlässlich ist.

► Kulturabteilungen
Eine Vielzahl von öffentlichen oder privatrechtlichen Institutionen leistet sich auch heute noch spezielle Kulturabteilungen, die ein breites Spektrum an Betätigungsfeldern bieten. Zu denken ist an die Kulturabteilungen der Verwaltungen auf kommunaler, Landkreis-, Landes- oder Bundesebene (Kultus-/Bildungsministerium). Zahlreiche Stiftungen beschäftigen spezialisierte Geisteswissenschaftler, ebenso die Abteilungen für Kultur- und Öffentlichkeitsarbeit großer Konzerne.

Planungsunsicherheit

So groß und abwechslungsreich das Angebot der möglichen beruflichen Tätigkeiten für Bachelor- bzw. Master-Absolventen erscheinen mag, so wenig kann der Studierende letztendlich den genauen Verlauf seiner Karriere kontrollieren. Die Arbeitsmarktsituation ist zu unwägbar geworden, als dass Garantien möglich wären. Dennoch ist eine genaue Planung des Studienverlaufs und der begleitenden anderen Formen von Aus- bzw. Weiterbildung unerlässlich: Je früher Studierende sich ein geschärftes Ausbildungsprofil zulegen, desto aussichtsreicher sind die Chancen für den Erfolg im anvisierten Berufsfeld.

Notwendigkeit der Spezialisierung

Die Gestaltungsmöglichkeiten reichen dabei von der Auswahl des Bachelorstudienfaches (bzw. der Fachkombination aus Haupt- und Nebenfach) über die Kombination der möglichen Module, das Engagement in Praktika, Volontariaten, studentischen oder akademischen Programmen und sonstigen ehrenamtlichen Tätigkeiten bis zur Spezialisierung in einem Master-Studiengang.

Internet-Adressen zur Berufsorientierung auf www.bachelor-wissen.de

Daraus folgt im Besonderen für die Entscheidung, sich in einen literaturwissenschaftlichen Bachelor- oder Masterstudiengang der Italianistik einzuschreiben, dass die Studierenden unbedingt ein ausgeprägtes Interesse an der Sprache und Kultur Italiens aufweisen sollen, dass sie außerdem gerne und *viel* lesen (was leider nicht immer der Fall ist …) und dass sie die nötige Motivation und Fähigkeit zu selbständigem, teilweise ausdauerndem Arbeiten mitbringen.

Zum Wissenschaftsbegriff der Geisteswissenschaften

Ein jeder und eine jede, die ein literaturwissenschaftliches Studium beginnen, vor allem wenn dieses nicht auf eine Karriere im staatlichen Schuldienst abzielt, sieht sich früher oder später einem gewissen Rechtfertigungsdruck ausgesetzt. Die berufliche Ungewissheit im Verbund mit oftmals schlechter Bezahlung wird noch ergänzt durch das gängige Vorurteil, die Beschäftigung mit Literatur sei aus gesamtgesellschaftlicher Sicht mehr oder minder überflüssig, ein Luxus für Schöngeister, die lediglich klug über Phantasiegebilde daherzureden wüssten. Hinter dieser Fehleinschätzung verbirgt sich zunächst eine eklatante Unkenntnis der Studieninhalte und v. a. der im Studium erworbenen Kompetenzen. Darüber hinaus spiegelt sie allerdings ein noch viel tiefer reichendes Problem: die naive Gleichsetzung von 'Wissenschaftlichkeit' mit den 'Naturwissenschaften'.

Doch auch, wenn sich nicht experimentell 'beweisen' lässt, dass die höfische Epik des ausgehenden Mittelalters mit einem Wandel der sozio-kulturellen Gegebenheiten in Einklang steht oder dass eine Erzählung von Italo Svevo ein neuartiges Bild auf die zwischenmenschlichen Beziehungen wirft, so können die beiden genannten Thesen doch im Rahmen der literaturwissenschaftlichen Methodik belegt werden, und zwar im Sinne einer plausiblen Argumentation, die von anderen Kennern der Materie in der Diskussion ernst genommen werden kann (Intersubjektivität).

Insofern haben die Geisteswissenschaften Teil an einem allgemeinen Wissenschaftsbegriff, der mit folgenden Kriterien umrissen werden kann:

► die systematische Ordnung von Erkenntnissen auf einem bestimmten Gebiet, die in ihrem Aufbau den Gesetzen der Logik entspricht und auf der ein Lehrgebäude errichtet werden kann;

► die Verwendung einer wissenschaftlichen Fachsprache, deren genau definierte Terminologie eine eindeutige Beschreibung der untersuchten Gegenstände erlaubt;

► die Formulierung von rational begründbaren Thesen (Vermutungen), welche mit den bisherigen (am besten: gesicherten) Erkenntnissen des Wissensgebietes in einen systematischen Zusammenhang gebracht werden können, d. h. mit einer Theorie (wissenschaftlichen Modellen) erklärt werden können;

► die intersubjektive Stichhaltigkeit von Thesen und Theorien, d. h. ihre Nachvollziehbarkeit und rationale Überprüfbarkeit von Seiten kompetenter anderer Wissenschaftler, welche die gleiche Ansicht teilen – Wissenschaft lebt deshalb von der kritischen Diskussion, welche Thesen stützt oder verwirft.

Rechtfertigungsdruck

'Natur' vs. Geistestätigkeit

Intersubjektivität

Der Begriff der Geisteswissenschaften auf www.bachelor-wissen.de

Aufgabe 3.1 **?** Verschaffen Sie sich anhand eines Vorlesungsverzeichnisses oder der Internet-Präsentation der von Ihnen besuchten (oder in Zukunft zu besuchenden) Universität einen Überblick über die Fachbereiche bzw. Fakultäten. Welche Disziplinen werden gelehrt, wie werden sie gruppiert?

3.4 | Wissenschaftliche Hilfsmittel

Für die konkrete literaturwissenschaftliche Arbeit während des Studiums und danach steht eine unüberschaubare Zahl von Hilfsmitteln in Form von gedruckten oder digitalen Publikationen zur Verfügung, deren Gebrauch nicht nur das Verständnis, die Einschätzung und Interpretation literarischer Texte erleichtert, sondern mitunter erst ermöglicht. Die folgende Übersicht dient lediglich einer ersten Orientierung und muss nach und nach ausgeweitet und individuell angepasst werden.

Primärtexte   Das Untersuchungsobjekt liegt dem Literaturwissenschaftler heute, da sehr viele Texte durch die Arbeit früherer Forschergenerationen erschlossen sind, meist in Gestalt gedruckter, zuverlässiger Ausgaben vor. Insbesondere bei älteren Werken, die mitunter bruchstückhaft oder in verschiedenen Manu-

Textkritik   skriptfassungen überliefert wurden, bedurfte es hierfür der sog. Textkritik, die nach Sichtung der Fassungen und kritischem Vergleich sowie unter Rückgriff auf die Überlieferungs- und Rezeptionsgeschichte eine verlässliche Ausgabe erstellt und sämtliche Varianten in dem sog. kritischen Apparat festhält. Eine solche umfassende Referenzausgabe für alle wissenschaftlichen Zwecke, die freilich für eine einfache Lektüre schon aufgrund des Umfangs nicht sehr

Historisch-kritische geeignet ist, heißt *historisch-kritische Ausgabe*. Eine Stufe schlichter ist die
Ausgaben sog. *Studienausgabe*, die aber immer noch wissenschaftlich exakt ist, über die
Studienausgaben Quelle der abgedruckten Textfassung Rechenschaft ablegt und ausführliche Kommentare und ergänzende Informationen zu Entstehung und Rezeption bietet. Wie der Name andeutet, sind solche Ausgaben für das Studium ange-

Leseausgaben zeigt. Einfache *Leseausgaben* drucken lediglich eine Fassung des literarischen Textes ab, evtl. versehen mit einem Vor- oder Nachwort und gelegentlichen Anmerkungen. Solche Ausgaben sind allein normalerweise nur für eine erste Lektüre, nicht für die Arbeit am Text empfehlenswert, insbesondere nicht bei älteren oder sehr stark erforschten Texten. Bei neuerer Literatur stehen allerdings naturgemäß oft nur Leseausgaben zur Verfügung. Wichtige Primärtextreihen zur italienischen Literatur sind die folgenden:

Bekannte Primär- ► Die beim Mailänder Verlag Mondadori erscheinende Reihe *I meridiani*
textreihen bietet ausführlich kommentierte und mit bibliographischen Angaben versehene Referenzausgaben der kanonischen italienischen Autoren aller Jahrhunderte. Manche Titel der *Meridiani* sind als Taschenbuchausgaben in der Reihe *Oscar Grandi Classici* verfügbar. Auch bei Mondadori

gibt es mit den *Classici contemporanei italiani* eine Standardreihe zum 20. Jh.

► Unter den ebenfalls mit kritischem Apparat versehenen Studienausgaben verdient besonders die Reihe *Letteratura italiana* des Verlags Ricciardi Erwähnung. Manche ihrer Titel wurden bei Einaudi (Turin) in die etwas schlichtere, aber ebenfalls sehr bekannte Reihe *Nuova universale Einaudi* übernommen.

► Zu den chronologisch ersten großen Reihen, die aber, insbesondere hinsichtlich der Qualität des Textes, immer noch Referenzausgaben sind, gehören die *Scrittori d'Italia* (Laterza), die *Classici italiani* (UTET) sowie die *Classici Rizzoli* aus dem gleichnamigen Mailänder Verlag.

► Ältere Werke findet man in der *Biblioteca scolastica di classici italiani* (Sansoni).

► Die zuletzt 2001 aufgelegte CD-ROM *Letteratura italiana Zanichelli* stellt etwa 1.000 Volltexte vom Mittelalter bis zum frühen 20. Jh. elektronisch bereit.

Eine beträchtliche Zahl kanonischer Texte der italienischen Literatur sind online als Volltexte verfügbar, die man herunterladen und durchsuchen kann, was je nach Untersuchungsziel sehr hilfreich bis unentbehrlich sein kann:

Online-Primärtext-Ressourcen

► In der *Biblioteca Liber Liber* (*www.liberliber.it/biblioteca*) stehen weit über 1.000 'Klassiker' der italienischen Literatur als Volltexte in verschiedenen Formaten bereit, sortiert nach Autorennamen, Werktitel und anderen Kriterien (z. B. Gattung).

► Die *Biblioteca dei Classici Italiani* von Giuseppe Bonghi (*www.classicitaliani.it*) bietet eine umfangreiche, nach Jahrhunderten geordnete Zusammenstellung kanonischer Autoren mit Volltexten, aber auch biographischen Informationen und etlichen Sekundärtexten.

► Die *Biblioteca di Babele* stellt unter *digilander.libero.it/bepi* ein Portal mit Volltexten auch weniger bekannter Autoren zur Verfügung.

► Die erste Adresse für ganz Altes ist das *Progetto Duecento* (*www.silab.it/frox/200*), wo man Volltexte und Suchfunktionen zur Literatur von den Anfängen bis Dante findet.

Der Gebrauch von Übersetzungen ist, zumal bei eingeschränkter Kenntnis des Italienischen zu Beginn des Studiums, legitim, wenn sie nur als Verständnishilfe benutzt werden und berücksichtigt wird, dass Übersetzungen immer eine signifikante (auch inhaltliche) Abweichung vom Original, schlimmstenfalls eine entstellende Interpretation desselben mit sich bringen. Bei literaturwissenschaftlichen Arbeiten ist der Rekurs auf eine Originalausgabe unumgänglich und Übersetzungen sind nicht zitierfähig (es sei denn, es geht um Fragestellungen zu Übersetzung und Rezeption eines Werks).

Übersetzungen

Das primäre Interesse gilt bei einem literarischen Werk natürlich dem Primärverständnis des Wortlauts. Hierfür gibt es eine Reihe von einsprachigen Wörterbüchern der italienischen Sprache:

Wörterbücher

► Der erste Griff eines Studierenden der Romanistik geht üblicherweise zum *Zingarelli*. Dieses einsprachige Wörterbuch des Gegenwartsitalienischen, das aber auch ältere Sprachstufen in Maßen berücksichtigt, sollte man immer verfügbar haben, das heißt: selbst besitzen. Seit 1998 ist das Werk auch mit CD-ROM lieferbar.

► Wo schwierige Texte ein umfassenderes Wörterbuch erfordern, steht das 1961 begonnene, aber erst 2002 abgeschlossene *Grande dizionario della lingua italiana* in 21 Bänden zur Verfügung. Es zeichnet sich insbesondere durch die zahlreichen Verwendungsbeispiele aus der italienischen Literatur aus, die jeder Begriffsdefinition folgen.

► Für Texte älterer Epochen bietet sich der Rückgriff auf ein spezialisiertes Wörterbuch wie den online verfügbaren *Tesoro della Lingua Italiana delle Origini (tlio.ovi.cnr.it/TLIO)* an.

Geht es nicht um rein sprachliche Verständnisprobleme, sondern um fehlende Hintergrundinformationen allgemeiner Art, so ist zunächst ein Blick in enzyklopädische Nachschlagewerke angezeigt, zum Beispiel:

Enzyklopädien

► Das *Grande Dizionario Enciclopedico* des Verlags UTET, 20 Bände, 4. Auflage 1989–93,

► die *Enciclopedia Einaudi*, 16 Bände 1979–84,

► oder der deutsche *Brockhaus*.

Enzyklopädien sind, außer im erwähnten Fall historischen Interesses, normalerweise wirklich nur für Hintergrundinformationen und zur Orientierung verwendbar. Für detailliertere Informationen zu bestimmten Teilbereichen (wie antike Mythologie, Philosophie, Theologie usw.), die je nach Text große Relevanz besitzen können, stehen Fachlexika der Hilfswissenschaften zur Verfügung, die Sie zumindest in den entsprechenden Institutsbibliotheken finden können. Eigentlich literaturwissenschaftliche Informationen (etwa zu Werken, Autoren, Gattungen) sollten unbedingt aus entsprechender Fachliteratur und keinesfalls aus allgemeinen Enzyklopädien bezogen werden. Dazu gehören beispielsweise literarische Lexika, die überblicksartig und mit demgemäß geringer wissenschaftlicher Detailschärfe Informationen zu literarischen Texten bieten:

Fachlexika der Hilfswissenschaften

! Enzyklopädien nicht für Fachfragen benutzen

Literarische Lexika

► *Kindlers Neues Literaturlexikon*. 22 Bände, 1996ff. (auch auf CD-ROM verfügbar), bietet zu Tausenden von Werken der Weltliteratur Inhaltsangaben, Kontextualisierung (Bezüge, Rezeption, Forschung), Primärtextausgaben, Übersetzungen, Verfilmungen und einige einschlägige Sekundärliteraturangaben.

- Alberto Asor Rosa (Hg.): *Letteratura italiana*. Turin: Einaudi 1982–95, ist ein monumentales Nachschlagewerk zur italienischen Literatur in 19 Bänden, das in mehreren Teilen historische Darstellungen literarischer Produktion und gesellschaftlicher Kontexte, gattungsgeschichtliche Überblicke, Regionalliteraturen, biographische Einzeldarstellungen und von namhaften Autoren verfasste Essays zu ausgewählten Werken der italienischen Literatur vereinigt.
- Darüber hinaus gibt es auf einzelne Epochen oder Autoren spezialisierte Lexika wie die sechsbändige *Enciclopedia dantesca* (2. Auflage 1984) oder das *Dizionario critico della letteratura italiana del Novecento* von 1997.

Zum Zwecke der Orientierung, weniger zu einzelnen Werken als zu geschichtlichen, sozialen und literarästhetischen Kontexten, sind literaturgeschichtliche Darstellungen hilfreich, beispielsweise:

- Eugenio Malato (Hg.): *Storia della letteratura italiana*. 14 Bände. Rom 1994ff.   Literaturgeschichten
- Volker Kapp (Hg.): *Italienische Literaturgeschichte*. Stuttgart/Weimar ²1994.
- Giuseppe Petronio: *L'attività letteraria in Italia*, Palermo 1993, in deutscher Übersetzung unter dem Titel *Geschichte der italienischen Literatur*, Tübingen/Basel 1992/93 verfügbar.
- Die oben bereits erwähnte, von Alberto Asor Rosa herausgegebene Gesamtdarstellung *Letteratura italiana*.
- Neben vielen anderen Gesamtdarstellungen unterschiedlicher Ausrichtung gibt es zahllose monographische Epochendarstellungen, die je nach Einzelfall vertiefte Kontextinformationen bieten.

? Konsultieren Sie zu einem italienischen literarischen Text, den Sie, wenn möglich, aus eigener Lektüre kennen, ein literarisches Lexikon wie den 'Kindler' und eine Literaturgeschichte wie die von Volker Kapp herausgegebene. Zu welchen Aspekten des Textes erhalten Sie dort jeweils Informationen? Vergleichen Sie diese mit dem Textwissen, das Sie aus Ihrer Lektüre besitzen.   Aufgabe 3.2

Ein einzelnes literarisches Werk steht nicht nur in einem bestimmten epochalen Kontext, über den Überblicks-Literaturgeschichten Auskunft geben, sondern ist meist auch Teil einer thematischen Tradition, die eine (oft über die konstruierten Grenzen von Nationalliteraturen hinwegreichende) eigene Geschichte innerhalb der Literaturgeschichte bilden kann. Über sie informiert man sich in stoff- und themengeschichtlichen Nachschlagewerken wie:

- Die von der Komparatistin Elisabeth Frenzel erstellten Handbücher *Stoffe der Weltliteratur* (¹⁰2005) und *Motive der Weltliteratur* (⁵1999).   Stoff- und themengeschichtliche Wörterbücher

► Robert Laffont/Valentino Bompiani: *Dizionario letterario Bompiani degli autori di tutti i tempi e di tutte le letterature.* Nuova ed. riv. e integrata. 12 Bände. Milano 2005.

Stellen sich im wissenschaftlichen Umgang mit literarischen Texten dann Fragen zur Fachterminologie, zu (Gattungs-, Epochen-, Werk-)Konzepten sowie Theorien und Methoden der Literaturwissenschaft, so bieten Fachwörterbücher schnelle Orientierung – neben vielen anderen etwa die folgenden bekanntesten Vertreter:

Literaturwissenschaftliche Wörterbücher

► Rainer Hess/Gustav Siebenmann/Tilbert Stegmann: *Literaturwissenschaftliches Wörterbuch für Romanisten* (LWR). Tübingen/Basel ⁴2003. Das Werk bietet v. a. Epochen- und Gattungsübersichten zu den romanischen Literaturen und ist hierfür erste Wahl der Romanistik-Studenten.
► Gero von Wilpert: *Sachwörterbuch der Literatur.* Stuttgart ⁸2001. Ein 'klassisches' allgemeines Nachschlagewerk, brauchbar trotz der überwiegend germanistischen Ausrichtung.
► Zu literaturtheoretischen und methodischen Fragen bietet das von Ansgar Nünning herausgegebene *Metzler-Lexikon Literatur- und Kulturtheorie.* Stuttgart/Weimar ³2004, prägnante Kurzdarstellungen zu allen gängigen Konzepten und wichtigen Personen der Methodendebatten mit Verweisen auf Grundlagentexte.

Suche nach Sekundärliteratur: Bibliographieren

Allen genannten Informationsquellen ist gemeinsam, dass sie erste Orientierung und Überblick bieten. Für eine adäquate Beschäftigung mit und Teilnahme an Forschungsdebatten sind sie zu oberflächlich und sollten daher auch in Aufsätzen und Seminararbeiten (siehe unten) nicht oder sehr sparsam zitiert werden. Eine Ermittlung und Sichtung der speziellen Sekundärliteratur zum jeweiligen Thema ist daher unerlässlich. Die unüberschaubare Zahl von Fachpublikationen macht es erforderlich, mit System nach einschlägigen Arbeiten zu suchen, zu *bibliographieren*. Wie kann man hier vorgehen?

Bibliographische Hilfsmittel

► Monographische Publikationen (d. h. ganze Bücher zu einem Thema) kann man über *Online-Bibliothekskataloge* finden, deren wichtigster der *Karlsruher Virtuelle Katalog* (KVK) ist (*www.ubka.uni-karlsruhe.de/kvk.html*). Es handelt sich um einen Meta-Katalog, der nationale wie internationale Bibliotheken durchsucht und die Ergebnisse zusammenstellt. Für eine thematische Suche empfiehlt sich insbesondere das Suchfeld "Schlagwort", das den Inhalt einer Publikation erfasst, auch wenn der entsprechende Terminus nicht im Titel derselben auftaucht. Es empfiehlt sich, mit diesem Suchkriterium ein wenig zu experimentieren und bei bekannten 'passenden' Publikationen ggf. nachzusehen, unter welchen Schlagworten diese im Katalog rubriziert sind.

In den gefundenen monographischen Publikationen finden sich meist weitere Literaturangaben zum Thema. Sie sind zwar u. U. selektiv, dafür aber rasch ermittelt und zudem meist hochgradig relevant für ein Thema. Insbesondere Überblicksdarstellungen jüngeren Datums können eine große Hilfe beim Bibliographieren sein. Auch manche Primärtextausgaben beinhalten brauchbare Bibliographien, jedenfalls für eine erste Einführung in die Forschung zum jeweiligen literarischen Werk.

Thematische Literaturlisten in entsprechenden Monographien

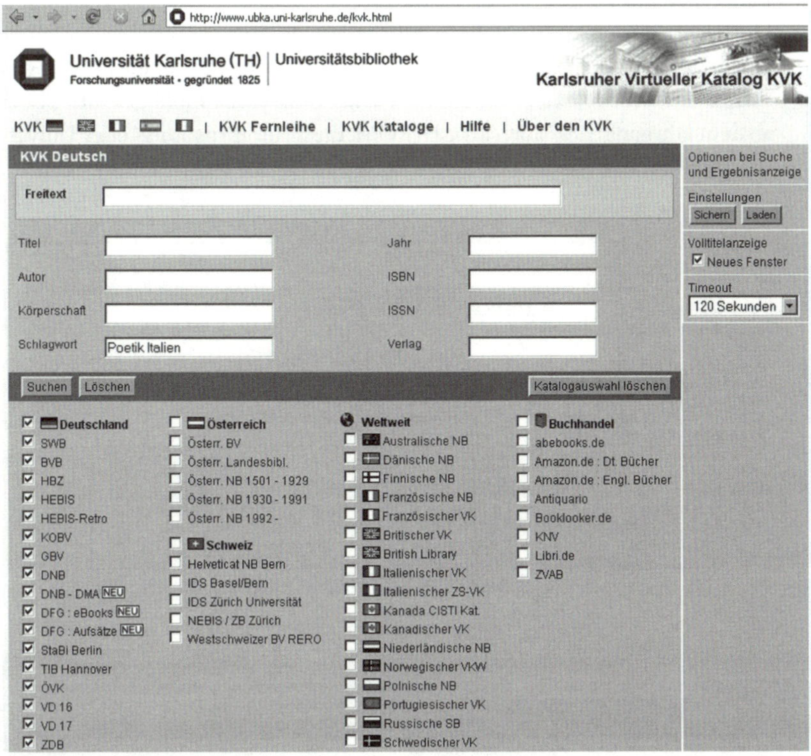

Abb. 3.4

Karlsruher Virtueller Katalog

Einen verlässlichen Überblick über die Forschungslage bieten nur Bibliographien, die sowohl Bücher als auch Aufsätze eines Forschungsgebiets verzeichnen. Für die italienische Literaturwissenschaft gehören folgende Hilfsmittel zur ersten Wahl:

► Die *Romanische Bibliographie*, die 1961 als eigenständiges Publikationsverzeichnis aus den Supplementheften der *Zeitschrift für Romanische Philologie* hervorging, verzeichnet jährlich mehrere tausend romanistische Fachpublikationen, ist also nicht auf das Italienische und auch nicht auf Literaturwissenschaft beschränkt. Sie werden nach Sprachen, Jahrhunderten und Forschungsgebieten geordnet und einzeln fortlaufend nummeriert. Das literaturwissenschaftliche Verzeichnis befindet sich jeweils in Teilband II,

Fachbibliographien

Teilband I enthält das *Autorenregister* (gemeint sind die Literaturwissen-schaftlerInnen, die publiziert haben), vor allem aber das *Personenregister* (Personen als Forschungsgegenstand, also für uns: SchriftstellerInnen) und das *Sachregister* (Forschungsthemen), die zu jedem Eintrag Kennziffern zu den ihn betreffenden Publikationen liefern.

Will man die Forschungslage zu einem Thema ermitteln, geht man die *Romanische Bibliographie* in dieser Weise, angefangen mit dem neuesten Band, Jahr um Jahr zurück. Da aufgrund der breiten Ausrichtung deutliche Lücken in einzelnen Spezialgebieten bestehen, sind grundsätzlich weitere Fachbibliographien hinzuzuziehen, z. B. die *Bibliografia generale della lingua e della letteratura italiana* (ab 1993). – Die Romanische Bibliographie gibt es ab dem Jahrgang 1997 auch als CD-ROM, die in Ihrer Instituts- oder Universitätsbibliothek sicherlich verfügbar ist, vielleicht sogar über Online-Zugriff.

Abb. 3.5|

In der *Romanischen Bibliographie* (2004) vom Sachregister zu den relevanten Publikationen am Beispiel des Themas 'Literaturverfilmung'

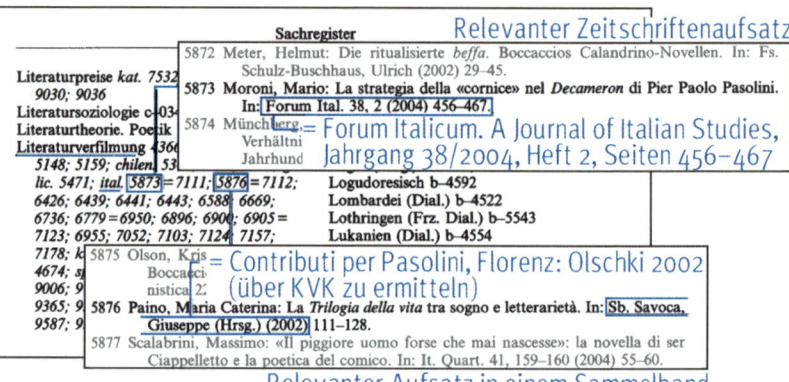

Abb. 3.6|

MLA International Bibliography

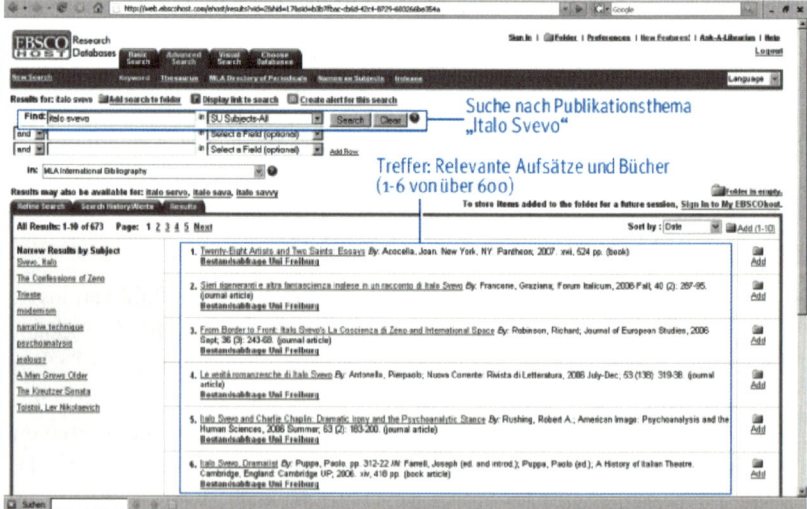

► Online steht die auf Sprach- und Literaturwissenschaften allgemein ausgerichtete *International Bibliography* der *Modern Language Association* (MLA) zur Verfügung. Sie hat den Bequemlichkeitsvorteil einer differenzierten Suchmaschine für den Zeitraum ab 1926, dabei aber den Nachteil einer Konzentration auf amerikanische Forschungsbeiträge. Der Zugriff ist nicht frei, aber über die Hochschule normalerweise möglich – suchen Sie am besten im Bibliothekskatalog Ihrer Universität nach "MLA International Bibliography".

► Aufsätze und Zeitschriftenartikel (aber keine Monographien) verzeichnet die fächerübergreifende Datenbank *SwetsWise* (früher *SwetScan*). Der Berichtszeitraum beginnt 1994, ältere Arbeiten werden nicht erfasst. Der Zugang ist, wie bei der MLA, beschränkt, aber auch hier haben die meisten Hochschulen einen Zugang (Suche über "SwetsWise").

► Eine beliebte, aber mit allergrößter Vorsicht anzuwendende Methode der Ermittlung von Sekundärliteratur ist die Websuche über Suchmaschinen. Man kann zwar auf Sekundärliteratur stoßen, etwa bei Homepages zu bestimmten Autoren, aber dies in sehr unsystematischer und unsicherer Weise. Der Inhalt von Webseiten selbst sollte als Sekundärliteratur extrem kritisch gelesen und Aussagen über literarische Texte sollten stets auf Plausibilität überprüft werden. *Zitier- und verwendbar sind in der Regel nur Seiten von akademischen Institutionen* wie beispielsweise des Dokumentenservers der Universität Freiburg i. Br. (*www.freidok.uni-freiburg.de*), auf dem nur Arbeiten von Lehrenden, Dissertationen/Habilitationen und ausgewählte studentische Abschlussarbeiten publiziert werden können, deren wissenschaftliches Niveau gesichert ist.

! Vorsicht bei Quellen im Internet

? Beantworten Sie mit Hilfe der genannten literaturwissenschaftlichen Hilfsmittel folgende Fragen:

Aufgabe 3.3

– Welche italienischen Dramatiker des 17. Jh. haben den Don-Juan-Stoff aufgegriffen? Welche anderen Texte dieser Stofftradition gibt es?
– Von wem wurde der Text *La cognizione del dolore* verfasst? Welcher Gattung wird er zugerechnet? Wo und wie ist er zuerst erschienen? In welchem Jahr erschien die erste deutsche Übersetzung?
– Wer hat wo im Jahr 2000 einen Aufsatz zu weiblicher Identität im Werk von Vittoria Colonna veröffentlicht?
– Wer oder was ist "Rondismo"?
– Welcher Dichter der Sizilianer Schule aus dem 13. Jh. schrieb ein Gedicht mit den Schlussworten "non si mostra"?
– Ermitteln Sie zwei grundlegende Publikationen zum literaturwissenschaftlichen Forschungsfeld Imagologie.

3.5 | Arbeitstechniken

Schriftliche Abhandlung

Die wissenschaftliche Auseinandersetzung um Literatur findet normalerweise über schriftliche Forschungsbeiträge statt; selbst die auf einer Tagung präsentierten Vorträge werden, wenn sie als wichtig erachtet werden, üblicherweise anschließend gedruckt. Es ist daher eine zentrale Kompetenz, Techniken und Standards der schriftlichen Darstellung wissenschaftlicher Befunde zu beherrschen, und sie wird aus diesem Grunde auch in Form von Seminararbeiten während eines Philologiestudiums mehrfach trainiert. Die Regeln einer solchen Arbeit entsprechen im Wesentlichen denen, die auch für 'echte' Forschungsbeiträge (Aufsätze oder Bücher) gelten.

Rahmenvorgaben: Fragestellung/These

Wissenschaftlichkeit

Ein Aufsatz behandelt ein umgrenztes literaturwissenschaftliches Problem, das in einer klar formulierten Fragestellung und/oder einer oder mehreren Thesen konkretisiert wird. Er richtet sich an einen Fachleser und setzt das entsprechende Grundwissen voraus. Das Thema wird wissenschaftlich abgehandelt (siehe Einheit 3.3), d. h. die getroffenen Feststellungen werden argumentativ hergeleitet sowie nachvollziehbar und überprüfbar gemacht. Hierzu sind durchgehend Verweise auf die untersuchten literarischen Texte, ggf. die theoretischen Prämissen und auf bereits vorliegende Arbeiten (Sekundärliteratur) erforderlich. Letztere dokumentieren den jeweiligen Diskussionsstand, der teils aus kontinuierlicher persönlicher Fachlektüre, gerade am Anfang des Studiums aber meist aus Seminarinhalten und v. a. gezielter bibliographischer Ermittlung (siehe 3.4) bekannt ist.

Wahrnehmung von Vorarbeiten

Vorgehensweise bei der Erarbeitung wissenschaftlicher Aufsätze: Themenfindung

1. Erster Schritt ist die *Themenfindung*. Bei Hausarbeiten kann man im Seminar behandelte Inhalte aufgreifen oder ausweiten, wissenschaftliche Aufsätze schließen meist an offene Fragen der bisherigen Forschung an oder eröffnen, angestoßen von einer Beobachtung oder einem neuen theoretischen Ansatz, ein neues Forschungsfeld. Das Erkenntnisinteresse (Frage, These) muss in jedem Fall klar formuliert werden.

Bibliographieren

2. Es wird zum gewählten Thema ausführlich *bibliographiert*. Da die Menge des bereits Publizierten in vielen Fällen zu groß für eine extensive Lektüre ist, kommt der Auswahl der relevanten Sekundärliteratur zentrale Bedeutung zu: Persönliche Sichtung der augenscheinlich passendsten Publikationen (Inhaltsverzeichnis, einzelne Kapitel oder Abschnitte querlesen), Markierung (und bei entliehenen Büchern Fotokopieren) der relevanten Abschnitte.

Lesen und Exzerpieren

3. *Lesen* und *Exzerpieren* der erhobenen Materialien. 'Exzerpieren' bedeutet, wichtige Aussagen möglichst im Originalwortlaut, evtl. durch eigene Kommentare ergänzt, und mit genauem Verweis zu notieren, am besten bereits in einer Textverarbeitung mit einer Datei pro Publikation. Die exzerpierten Stellen sollten im Sekundärtext markiert und dieser bis zum Abschluss der Arbeit geordnet zur Verfügung gehalten werden.

4. *Überprüfung* der Themenstellung und Eingrenzung. Sind weitere Klärungen nötig, neue Fragen, Ansätze, Termini usw., die für die Befriedigung des Erkenntnisinteresses unabdingbar sind? Wenn ja, dann nochmals zu Schritt 2.

Überprüfung der Themenstellung

5. Nun wird die Arbeit *gegliedert*. Hier ist darauf zu achten, dass jeder Teil bedeutsam für die Fragestellung ist und die Arbeit eine (kausale, hierarchische, logische …) Gedankenführung bekommt, die für den Leser jederzeit transparent ist. Meist formuliert eine Einleitung das Erkenntnisinteresse und ggf. den Forschungsstand, ein großer 'Hauptteil' (der in der konkreten Arbeit nicht diese Überschrift tragen sollte) beantwortet die gestellte Frage und ein Abschluss resümiert und reflektiert die Ergebnisse, bietet einen verallgemeinernden oder einschränkenden Ausblick oder hält offene Fragen und Aufgaben (sog. *Desiderate*) für weitere Forschungen fest.

Gliederung

6. Für die *Niederschrift* wird es sinnvoll sein, die Exzerptnotizen auf die einzelnen Kapitel und Unterkapitel zu 'verteilen' (etwa aus den Exzerptdateien in verschiedene Kapiteldateien zu kopieren), so dass jeweils die Grundlage, von der aus man argumentiert, zur Hand ist und Verweise schnell eingefügt werden können.

Niederschrift

7. Ein gerne unterschätzter letzter Schritt ist die mehrmalige genaue *Durchsicht* der Arbeit nach Stringenz und Stimmigkeit, Einhaltung wissenschaftlicher Standards, formaler Einheitlichkeit, aber auch Sprache und Stil (an die gerade in philologischen Fächern zu Recht ein hoher Anspruch gerichtet wird) sowie typographischer Korrektheit (Tippfehler, Satzkonventionen).

Mehrmalige Durchsicht

Zu den wissenschaftlichen Standards wurde oben schon Wesentliches gesagt. Eine besondere Bedeutung kommt hier dem Umgang mit fremden Erkenntnissen zu. Generell ist jeder fremde Gedanke (ausgenommen Allgemeinwissen) als solcher zu kennzeichnen und so mit einer Quellenangabe zu versehen, dass er vom Leser des Aufsatzes ohne großen Aufwand in der Originalpublikation zu finden ist. Korrekte Verweise haben beispielsweise folgende Form:

Zitieren und Verweisen

▶ Bei Monographien:
Verfasser: *Titel des Buchs. Untertitel.* Ersch.ort: Verlag ^Auflage^Jahr (Reihentitel, Nummer), zitierte Seite(n).
Z. B. Thomas Taterka: *Dante deutsch. Studien zur Lagerliteratur.* Berlin: Erich Schmidt 1999 (Philologische Studien und Quellen, 153), 155.

▶ Bei Aufsätzen in Sammelbänden und Lexika:
Verfasser: Aufsatztitel, in: Herausg. (Hg.), *Titel des Buchs. Untertitel.* Ersch. ort: Verlag ^Auflage^Jahr, Seite(Anf)–Seite(End), hier zitierte Seite(n).
Z. B. Tobias Leuker: Schreiben im Umkreis der Mächtigen – vier quattrocenteske Beispiele aus Rom und Florenz (Campano, Naldi, Ammannati, Scala), in: Daniel Büchel/Volker Reinhardt (Hg.), *Modell Rom? Der Kir-*

Beispiele für korrekte Sekundär-literaturverweise

chenstaat und Italien in der frühen Neuzeit. Köln/Weimar/Wien: Böhlau 2003, 151–184, hier 160f.

► Bei Zeitschriftenartikeln:

Verfasser: Aufsatztitel, *Name der Zeitschrift* Nummer/Jahrgang, Seite(Anf)–Seite(End), hier zitierte Seite(n).

Z. B. Mario Moroni: La strategia della "cornice" nel *Decameron* di Pier Paolo Pasolini, *Forum Italicum* 38/2004, 456–467, hier 456.

► Bei Online-Quellen:

Verfasser, Aufsatztitel, *URL* (Konsultationsdatum).

Z. B. Jörg Dünne, Forschungsüberblick "Raumtheorie", *www.raumtheorie. lmu.de/Forschungsbericht4.pdf* (07.02.07).

'Verfasser' meint bei Sekundärtexten den Verfasser der zitierten Stelle. Das bedeutet: Der Verweis auf einen Sammelband- oder Lexikonartikel trägt den Namen des Artikelautors (nicht des Herausgebers), der Verweis auf die Einleitung oder das Nachwort einer Primärtextausgabe den Namen des Verfassers dieser Einleitung oder dieses Nachworts, also in der Regel eines Literaturwissenschaftlers (nicht des Schriftstellers). Der Verweis erfolgt entweder in Fußnoten (beim ersten Mal ausführlich, ab dann kurz, z. B.: Spear: 1991, 360) oder im Fließtext (in Klammern, nur kurz). Alle zitierten Titel (und *nur* diese) werden am Ende der Abhandlung alphabetisch und nach Primär- und Sekundärliteratur getrennt im Literaturverzeichnis aufgeführt. Es gibt verschiedene, z. T. durch Herausgeber oder, im Falle der Hausarbeit, möglicherweise durch Dozenten vorgegebene Zitierformen; wichtig ist vor allem, dass *eine* Form konsequent durchgehalten wird. Hilfestellung in Sachen Zitieren und Verweisen bietet das *Arbeitsbuch Literaturwissenschaft* der Germanisten Burkhard Moennighoff und Eckhardt Meyer-Krentler (München: Fink ¹²2005, dort die Kap. 5 und 6).

Typographisches   Auch für die typographischen Vorgaben (Schriftstile, Interpunktionszeichen etc.) ist es empfehlenswert, sich einmal genau eine neuere Fachpublikation anzusehen. Grundlegendes ist der Zusammenstellung von Christoph Bier unter *www.zvisionwelt.de/typokurz.pdf* zu entnehmen.

Zusammenfassung

Das Bachelor-Studium hat das Ziel, grundlegende Kompetenzen zu vermitteln, die dank der internationalen Harmonisierung der Studienabschlüsse den Zugang zu einem der vielen geisteswissenschaftlichen Masterstudiengänge in Europa, aber auch zu zahlreichen außerakademischen Berufsfeldern öffnen. Die Qualifikation italianistischer Bachelor-Absolventen liegt in der vertieften Kenntnis der italienischen Kultur und der Fähigkeit, sie insbesondere anhand von Sprache und Literatur wissenschaftlich zu beschreiben, aber auch in der allgemeinen Fähigkeit zu kritischer Erschließung gedanklicher Sachverhalte und deren adäquater (fremd-)sprachlicher Präsentation im Mündlichen wie Schriftlichen. Für den wissenschaftlichen Austausch über Phänomene wie Literatur sind fachbezogene Hilfsmittel und Arbeitstechniken erforderlich, unter ihnen insbesondere die systematische Ermittlung von Forschungsergebnissen anhand von Bibliographien und die Präsentation eigener Befunde im Rahmen einer wissenschaftlichen Abhandlung.

Literatur

Philipp Eckart: *Der Bologna-Prozess. Entstehung, Strukturen und Ziele der europäischen Hochschulpolitik.* Norderstedt: Books on Demand 2005.

Soeren Kjoerup: *Humanities – Geisteswissenschaften – Sciences humaines.* Stuttgart/Weimar: J. B. Metzler 2001.

Rainer A. Müller: *Geschichte der Universität. Von der mittelalterlichen Universitas zur deutschen Hochschule.* Hamburg: Nikol 1996.

Grundlagen der Textanalyse am Beispiel Lyrik

	Inhalt	
4.1	Verstehen – Analysieren – Interpretieren	58
4.2	Ebenen der Strukturanalyse	61
4.3	Strukturanalyse: Vorgehensweise	68
4.4	Gattung Lyrik	69

Dieses Kapitel macht Sie mit verschiedenen Zugängen zu literarischen Texten im Allgemeinen vertraut, von denen der hier wichtigste derjenige der Strukturanalyse ist. Er bildet die Grundlage interpretatorischer Ansätze, die Sie ab Einheit 10 kennen lernen werden. Es werden die verschiedenen Ebenen und die praktische Vorgehensweise bei einer Strukturanalyse sowie sachliche und terminologische Grundlagen zur Beschreibung lyrischer Texte vorgestellt.

Überblick

4.1 | Verstehen – Analysieren – Interpretieren

Geisteswissenschaften unterscheiden sich, wie wir im vorigen Kapitel sahen, vor allem insofern von den Naturwissenschaften, als subjektives menschliches Verstehen ihr zentrales Moment ist, und dies in mehrfacher Hinsicht: Der Geisteswissenschaftler ist um eigenes Verstehen bemüht, nimmt bei der Arbeit vom eigenen Verstehen seinen Ausgang und hat im menschlichen Verstehen selbst seinen Untersuchungsgegenstand, denn Literatur beispielsweise ist entscheidend durch den Prozess des Verstehens geprägt: Erstens werden Texte normalerweise für ein um Verstehen bemühtes Publikum geschrieben, so dass Texte immer schon den Verstehensvorgang zu steuern versuchen – sei es mit dem Ziel der Erleichterung oder der Irritation; zweitens reagieren Schriftsteller stets auf vorherige Texte, die sie selbst verstanden haben, so dass die subjektive Aufnahme von Literatur Teil späterer Texte und damit der Literaturgeschichte wird. Diesen Zusammenhang hat die Konstanzer rezeptionsästhetische Schule systematisiert, von der in Einheit 11.2.2 die Rede sein wird. Wie aber vollzieht sich das Verstehen eines Textes?

Diese Frage ist Gegenstand der philosophischen Hermeneutik. Der Begriff bezeichnete von alters her zunächst die Ermittlung des 'wahren' Schriftsinns insbesondere der Bibel und diente u. a. dazu, nicht mehr verständliche kanonische Texte wieder lesbar zu machen, mithin zu 'übersetzen' und so die Kontinuität der Tradition zu gewährleisten. Seit dem Ende des 18. Jh. entwickelte sich Hermeneutik dann in einem ausgedehnteren Sinne zur Theorie menschlichen Verstehens noch vor jeglichem gezielten methodischen Zugriff, wobei das Augenmerk verstärkt dem verstehenden Subjekt und seiner Beteiligung am Sinnentstehungsprozess galt. Die Bedeutung eines Textes, so stellte man fest, wird nicht wie in einem Behälter vom Autor zum Leser transportiert und von diesem dann unverändert 'entnommen', sondern Bedeutung entsteht erst im Leseakt, indem Signale des Textes auf das Wissen, die Erwartungen und die Fragen (den 'Horizont') des jeweiligen Lesers treffen (vgl. Einheit 11.2.2). Menschliches Verstehen zielt generell auf die Erzeugung von Kohärenz, Widerspruchsfreiheit in einem Gesamtverständnis, das allen Teilen ihre Bedeutung zuweist. Stellen Sie sich vor, Sie beginnen einen Text zu lesen. In aller Regel wird der erste Satz, isoliert betrachtet, für Sie im Grunde kaum verstehbar sein: Wird beispielsweise ein Eigenname erwähnt, bleibt dieser Verweis völlig leer, da Sie über die fiktive Person, die sich dahinter verbirgt, zunächst keinerlei Informationen haben. Ähnliches gilt etwa für eine einsetzende Handlung, über deren Motivation, Kontext, Folgen, Ziel, Situation Sie noch nichts wissen. Wenn Sie dennoch bei den meisten Texten den Eindruck haben zu verstehen, dann liegt das daran, dass Sie diese ersten Sätze auf einen vermuteten Gesamtsinn des Textes beziehen und all das, was nicht in der Bedeutung der Einzelwörter liegt, aus diesem Gesamtverständnis heraus 'auffüllen'. Im Bestreben zu verstehen – und das gilt nicht nur für Texte, sondern für Verstehen schlechthin – bilden wir permanent Hypothesen, die wir in der Begegnung mit dem Einzelnen überprüfen. Am Beginn einer Lektüre wird die Bedeutungshypothese nicht dem Text entspringen, den Sie ja noch nicht kennen, sondern Ihrem allgemeinen Weltverständnis, Ihrem kulturellen Hintergrund, Ihrer Biographie und Ihrer Leseerfahrung. Im Laufe der Lektüre wird sich dieses Verständnis ändern, nämlich dann, wenn der Text Informationen liefert, die nicht in Ihr momentanes Gesamtverständnis passen und eine Modifikation, vielleicht auch radikale Umkehrung desselben erforderlich machen. Geschieht dies, so werden Sie nicht nur die folgenden Einzelheiten des Textes anders verstehen, sondern Sie werden auch rückblickend das bereits Gelesene neu bewerten, manches als irrelevant erkennen, was Ihnen zunächst bedeutsam schien, und umgekehrt sowie neue Zusammenhänge herstellen. Verstehen ist kein linearer Vorgang, der sich vom ersten bis zum letzten Satz vollzieht, sondern ein ständiges Hin- und Hergehen zwischen einem vorläufigen Gesamtverständnis, das der Leser permanent, dabei meist unbewusst, konstruiert, und den Einzelheiten, d. h. einzelnen Sätzen, Motiven, Figuren, Handlungsepisoden, die nur innerhalb eines solchen Gesamtverständnisses verstehbar sind. Dieses Modell nennt man den *hermeneutischen Zirkel*. Dieser ist prinzipiell unabschließbar: Ein 'absolutes' Verständnis von Literatur gibt es nicht, da Texte niemals den Sinn vollständig festlegen, sondern auch bei wiederholter Lektüre ein zwar durch den Text mitgestaltetes, aber immer auch subjektiv bestimmtes Gesamtverständnis besteht. Diese Wirkungsweise von Literatur zu begreifen ist von grundlegender Bedeutung, da sich zeigt, dass ein literarisches Werk eigentlich erst im Dialog mit dem Leser und seinem subjektiven Welt- und Textvorverständnis entsteht. Hier liegt der Grund dafür, dass auch Texte längst vergangener Epochen dem heutigen Leser 'etwas sagen' können, da er sie im Verstehensakt ein Stück weit in seinen persönlichen Horizont integriert.

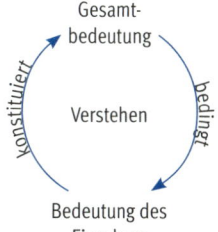

|Abb. 4.1

Der hermeneutische Zirkel als Kreismodell

Die Kehrseite des hermeneutischen Zirkels und der Wiederaneignung von Texten durch die Leser ist der Umstand, dass es damit keinen ein für allemal geschlossenen Textsinn gibt, an den man sich annähern könnte, sondern die Subjektivität des jeweiligen Betrachters unhintergehbarer Bestandteil des literaturwissenschaftlichen Objekts ist. Anders formuliert: In den auf Verstehen gründenden Geisteswissenschaften ist der Untersuchende immer Teil dessen, was er untersucht – es ist beispielsweise schlichtweg nicht möglich, restlos den 'Sinn' zu ermitteln, den ein Text zum Zeitpunkt seiner Entstehung gehabt hat, da die damaligen subjektiven Verstehensbedingungen (wessen überhaupt?) nicht vollständig ermittelbar sind und wir jeden Text notwendigerweise vom Standpunkt eines heutigen Betrachters aus wahrnehmen. Zwischen früheren Rezeptionen und heutigen sowie zwischen diesen und künftigen Lesarten liegt eine hermeneutische Differenz, die interpretatorisch

Unhintergehbare Subjektivität

Hermeneutische Differenz

annähernd beschrieben (siehe Einheit 11.2.2), aber nicht aufgelöst werden kann.

Ansatzpunkte der Objektivierung

Der Natur literarischer Kommunikation Rechnung zu tragen heißt indes nicht, der Beliebigkeit Tür und Tor zu öffnen und das Ziel einer überindividuellen Verständigung über Literatur ins Reich der Utopie zu verbannen. Wenngleich es absolute Objektivität nicht geben kann, so stehen uns doch an beiden Polen des hermeneutischen Zirkels Ansatzpunkte für eine *Objektivierung* zur Verfügung:

1) Der Text ist, sobald durch kritische Edition eine gesicherte Textgrundlage erarbeitet wurde, objektiv gegeben.

2) Der hermeneutische Hintergrund, vor dem ein Text verstanden wird, kann seinerseits annähernd transparent gemacht und entsubjektiviert und der Weg (gr. *methodos*, also die Methode) zur jeweiligen Ermittlung des Textsinns systematisiert und begründet werden.

Strukturanalyse

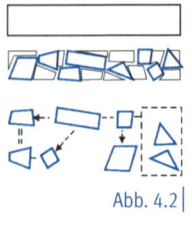

Abb. 4.2 |

Strukturanalyse (Schritt 1 und 2)

Abstraktes Modell textinterner Funktionen

Eine auf den erstgenannten Ansatzpunkt bezogene Herangehensweise an literarische Texte ist die *Strukturanalyse*. 'Struktur' bedeutet allgemein die Gesamtheit aller Teile eines Ganzen und ihre Beziehung untereinander (siehe Einheit 12.1.1). Der Begriff 'Analyse' geht in dieselbe Richtung: Er bezeichnet in der Philosophie die logische Auflösung, Zerlegung eines Begriffes in seine Merkmale, eines Bewusstseinsinhalts in seine Elemente; in Naturwissenschaften wie der Chemie etwa die Bestimmung der Einzelbestandteile eines Stoffs. Im Gegensatz zu letzterer kann eine literaturwissenschaftliche Strukturanalyse nicht bei den ermittelten Bestandteilen stehen bleiben, sondern besteht, um mit der *Struktur* die Beziehung der Teile zueinander deutlich zu machen, aus einer Zerlegung und Wieder-Zusammenfügung, was im Übrigen dem hermeneutischen Wechselspiel von Teil und Ganzem entspricht. Ziel einer Strukturanalyse ist es, ein Modell herauszuarbeiten, das zeigt, wie der Text 'funktioniert', wie er unterteilt ist, mit welchen sprachlichen und formalen Mitteln er Bedeutung erzeugt. Der Versuch, Strukturen eines Textes aufzudecken, ist nicht frei von Subjektivität, da es beispielsweise von der Fragestellung und dem Interesse des Betrachters abhängt, was als 'relevanter' Bestandteil im Hinblick auf die Gesamtbedeutung gelten kann und welche Strukturen man überhaupt erkennt; man erreicht aber größtmögliche Objektivität, wenn zwei Prinzipien befolgt werden:

Prinzipien der Strukturanalyse

1) Die Analyse von Textstrukturen sollte *textimmanent* bleiben, d.h. von allem Außertextuellen wie Autor, Realitätsbezug usw., sofern nicht innerhalb des Textes explizit darauf verwiesen wird, absehen. Hinsichtlich der Inhaltsebene beschränkt sie sich auf nachweisbare (etwa in Wörterbüchern verzeichnete) Wortbedeutungen und Konnotationen (Nebenbedeutungen).

2) Eine Strukturanalyse sollte interpretatorische Offenheit bewahren, also ein notwendiges anfängliches Leseverständnis nicht als zu erreichenden Zielpunkt setzen, sondern anhand der Sinn- und Formstrukturen des Textes kritisch hinterfragen und auch eine mögliche Widersprüchlichkeit oder Mehrdeutigkeit des Textes in Rechnung stellen.

Eine solche Ermittlung der Textstrukturen ist Grundgerüst und Vorbereitung einer *Interpretation*. Dieses Objektivierungsverfahren bezieht sich vor allem auf den zweiten der oben genannten Ansatzpunkte der Objektivierung: die Offenlegung des 'hermeneutischen Hintergrunds' sowie der spezifischen Methode. Dahinter steckt der Gedanke, dass ich mein Textverständnis objektivieren und damit wissenschaftlich validieren (gültig machen) kann, wenn ich (a) eine nicht von meinem subjektiven Weltverständnis abhängende Grundlage angebe, also z. B. mein Textverständnis in der nachweisbaren Biographie des Autors (produktionsästhetisch) oder der Erwartungshaltung der Leserschaft (rezeptionsästhetisch) verankere, und (b) die Methode angebe, der ich beim Textverstehen gefolgt bin, so dass andere meine Vorgehensweise nachvollziehen und ggf. kritisieren können. Eine korrekte Strukturanalyse steckt den Bedeutungsspielraum ab, den anschließende Interpretationen haben, da sie offenkundigen Sinnstrukturen des Textes natürlich nicht widersprechen dürfen; oft aber erschließen sich literarische Texte nicht rein strukturell und textimmanent, so dass die Interpretation eine wichtige literaturwissenschaftliche Arbeitstechnik für ein adäquates Textverständnis darstellt. Wir werden in den Einheiten 10–12 näher darauf eingehen.

> Analyse als erster Schritt zur Interpretation

? Grenzen Sie in Ihren eigenen Worten nochmals die Begriffe 'Verstehen', 'Analyse', 'Interpretation' voneinander ab. Wie ist es zu begründen, dass trotz wissenschaftlicher Objektivität verschiedene und nicht selten konträre Interpretationen zu einem Text existieren? Können Sie sich Kriterien vorstellen, aufgrund derer man Interpretationen qualitativ beurteilen kann?

> Aufgabe 4.1

Ebenen der Strukturanalyse

> 4.2

Sie haben im Zusammenhang mit der Medialität von Literatur als besondere Form geschriebener Sprache (Einheit 1) bereits Ferdinand de Saussures Gegenüberstellung von Ausdrucksseite (Signifikant) und Inhaltsseite (Signifikat) kennengelernt. Als Grundkomponenten jeglicher Art von Zeichen stecken diese beiden Begriffe natürlich Ebenen auch der literarischen Kommunikation und damit der Strukturanalyse literarischer Texte ab. Die Dichotomie von Ausdrucks- und Inhaltsseite ist, bezogen auf Einzelerscheinungen, keine absolute: Ein Element, sagen wir: das Konzept 'Hund', ist der Inhalt (Signifikat) der it. Zeichenfolge /ka:ne/ (Signifikant), kann aber zugleich als Ausdruck (Signi-

> Ausdrucksseite vs. Inhaltsseite

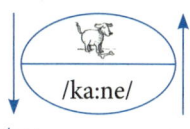

> Abb. 4.3
>
> Sprachzeichen: Ausdrucks- und Inhaltsseite

fikant) für andere Konzepte wie 'Unterwürfigkeit', 'Treue' u. ä. dienen. Hier zeichnet sich bereits ab, wie komplex sprachliche und insbesondere literarische Bedeutungsstrukturen sein können (und meistens auch sind). Bedenken wir dies mit, wenn wir im Sinne einer ersten Annäherung und eines Wegweisers für die Textbeschreibung dennoch sagen: Eine Strukturanalyse hat sich auf zwei Ebenen zu beziehen, die Ausdrucksebene mit der sprachlichen und gattungspoetischen Form und die Inhaltsebene mit dem Thema, den Motiven und Figuren, die ein Text entwickelt. Sehen wir uns das näher an.

Ausdrucksseite:
sprachliche Realisierung vom Laut bis
zu formalen
Gattungsregeln

Sprachliche Äußerungen sind dadurch gekennzeichnet, dass sie eine begrenzte Zahl kleiner sprachlicher Einheiten (etwa Phoneme, also Laute) zu größeren (etwa Morpheme, d. h. Wörter bzw. ihre bedeutungtragenden Teile) kombinieren und diese wiederum zu noch größeren (Sätze, Texte), wobei die Zahl der verfügbaren Ausdrucksmittel jeweils exponentiell ansteigt. Eine Beschreibung der sprachlichen Form (Ausdrucksseite) eines Textes berücksichtigt idealerweise jede dieser Ebenen, wobei freilich nicht alle möglichen Befunde auch relevant für das Funktionieren des Textes sind, auf das wir ja hinauswollen. In umgekehrter Reihenfolge formuliert gilt das Interesse der Formbeschreibung also

- ► der Verknüpfung von Sätzen und Absätzen zum Gesamttext,
- ► dem Satzbau (Syntax), d. h. der Komposition von Satzteilen,
- ► der Wortwahl und Wortbildung (Lexik, Morphologie),
- ► der Lautung.

Die antike Rhetorik (Theorie der Redekunst) hat zur Beschreibung und Vermittlung schmuckvoller Rede ein begriffliches Raster entwickelt, das als Hilfsmittel zur Beschreibung auch literarischer Texte als Sonderfall von 'Rede' dienen kann und das Ihnen sicherlich teilweise bereits bekannt ist. Wenn wir an dieser Stelle ausführlicher auf dieses Raster eingehen, dann liegt dies nicht allein an der Notwendigkeit, sich innerhalb einer Fachwissenschaft terminologisch korrekt ausdrücken zu können, sondern auch daran, dass man erfahrungsgemäß leichter einen Sachverhalt *erkennt*, wenn man einen *Begriff* dafür hat.

Beschreibung der
Ausdrucksseite

Die wichtigsten ausdrucksbezogenen rhetorischen Stilmittel – geordnet von der Laut- über die Wort- bis hin zur Satz(teil)ebene:

Rhetorische Stilmittel I:
Gestaltung des
Ausdrucks

Alliteration (*allitterazione, f.*): gleicher Anlaut aufeinanderfolgender Wörter. *Beispiel:* Amor, ch'a nullo amato amar perdona. (Dante, *Divina commedia*, I, V, 103)

Anapher (*anâfora, f.*): Wiederholung des gleichen Wortes oder mehrerer gleicher Wörter am Anfang mehrerer Sätze oder Satzteile (Gegenteil Epipher). *Beispiel:* Per me si va ne la città dolente,/per me si va ne l'eterno dolore,/per me si va tra la perduta gente. (Dante, *Divina commedia*, I, III, 1–3)

Assonanz (*assonanza, f.*): Gleichklang von Vokalen, bedeutsam insbesondere am Versende als assonantischer Reim. *Beispiel:* Altissimi, omnipresente Signore,/Tue so' le laude, la gloria et l'honore et onne/benedictione. (D'Assisi, *Cantico di frate sole*)

Homoioteleuton (*omotelèuto, m.*): Gleichklingender Wortauslaut (Vorform des Reims). *Beispiel:* Ma sedendo e mirando. (Leopardi, *L'Infinito*)

Paronomasie (*paronomasia, f.*): Zusammenstellung von gleich oder ähnlich klingenden Wörtern unterschiedlicher Bedeutung. *Beispiel:* Dalle stelle alle stalle, Volente o nolente. (Sprichwörter)

Onomatopöie (*onomatopèa, f.*): adj. onomatopoetisch: Klangnachahmende, lautmalende Wörter. *Beispiele:* fruscio, ticchettio, rimbombo, zanzara.

Anagramm (*anagramma, m.*): Buchstabenumstellung. *Beispiel:* navi / vani (Pascoli), valva / lava (Montale). Häufig bei Pseudonymen. *Beispiel:* Neri Tanfucio (= Renato Fucini).

Akkumulation (*accumulazione, f.*): Worthäufung; Aufzählung mehrerer Unterbegriffe anstelle eines Oberbegriffs. *Beispiel:* Dovete compatire: si è ragazze di campagna ... fuor che funzioni religiose, tridui, novene, lavori dei campi, trebbiature, vendemmie, fustigazioni di servi, incesti, incendi, impiccagioni, invasioni d'eserciti, saccheggi, stupri, pestilenze, noi non s'è visto niente. (Calvino, *Il cavaliere inesistente*)

Anadiplose (*anadiplosi, f.*): Wiederholung des letzten Wortes oder der letzten Wortgruppe eines Verses oder Satzes am Anfang des folgenden Verses oder Satzes zur semantischen oder klanglichen Intensivierung. *Beispiel:* Ma la gloria non vedo, / Non vedo il lauro ... (Leopardi, *All' Italia*)

Asyndeton (*asìndeto, m.*): Aneinanderreihung ohne Konjunktionen (vgl. → Polysyndeton). *Beispiel:* Bravi, don Rodrigo, Renzo, viottole, rupi, fughe, inseguimenti, grida, schioppettate ... (Manzoni, *I promessi sposi*)

Polysyndeton (*polisìndeto, m.*): Aneinanderreihung mit stetiger Setzung der Konjunktion (vgl. auch → Asyndeton). *Beispiel:* E pianto, ed inni, e delle Parche il canto. (Foscolo, *Dei sepolcri*)

Pleonasmus (*pleonasmo, m.*): Übertriebene und unnütze (redundante) Anhäufung von Wörtern gleicher oder ähnlicher Bedeutung, die keine neuen Merkmale hinzufügen. *Beispiel:* noi amiamo; di questo non ne voglio saper nulla; Le tue parole io l'ho sentite. (Manzoni)

Figura etymologica (*figura etimològica, f.*): Verbindung zweier oder mehrerer Wörter gleicher Wortherkunft (vgl. auch → Polyptoton). *Beispiel:* E li 'nfiammati infiammar sì Augusto ... (Dante, *Divina commedia*, I, XIII, 68)

Polyptoton (*polittoto, poliptoto, m.*): Wiederholung desselben Wortes in verschiedenen Flexionsformen (Abart der → Figura etymologica). *Beispiel:* Sono ambo stretti al palo stesso; e vòlto/è il tergo al tergo e 'l volto ascoso al volto. (Tasso, *Gerusalemme liberata*)

Chiasmus (*chiasmo, m.*): Überkreuzstellung der Konstruktion zweier Sätze oder Verse: Im zweiten Satz oder Vers stehen die inhaltlich und/oder grammatikalisch dem ersten entsprechenden Wörter in umgekehrter Reihenfolge. *Beispiel:* ... soave in terra, in Ciel felice nodo. (Colonna, *Rime amorose*)

Parallelismus (*parallelìsmo, m.*): Wiederkehr der gleichen Wort- oder Satzteilreihenfolge. *Beispiel:* ... né Sdegno il rallentò, né Morte il sciolse; la Fede l'annodò, Tempo lo strinse. (Colonna, *Rime amorose*)

Inversion (*inversione, f., anastrofe, f.*): Umstellung der regelmäßigen Wortfolge (Abart des → Hyperbatons). *Beispiel:* Allor che all'opre femmenili intenta / sedevi, assai contenta ... (Leopardi, *Canti*)

Hyperbaton (*ipèrbato, m.*): Sperrung, künstliche Trennung einer syntaktisch zusammengehörenden Wortgruppe (vgl. auch → Inversion). *Beispiel:* O belle agli occhi miei tende latine. (Tasso)

Anakoluth (*anacoluto, m.*): Herausfallen aus der Satzkonstruktion. *Beispiel:* Quelli che muoiono, bisogna pregare Iddio per loro. (Manzoni)

Ellipse (*ellissi, f.*): Auslassung eines Wortes oder Satzteiles; das Fehlende ist jedoch leicht ergänzbar. (vgl. auch → Aposiopese). *Beispiel:* A nemico che fugge, ponti d'oro. (Sprichwort)

Aposiopese (*aposiopesi, f.*): Bewusstes Abbrechen der Rede vor der entscheidenden Aussage, wobei entweder die syntaktische Konstruktion abgebrochen oder der Gedanke (in einem vollständigen Satz) nicht zu Ende geführt wird (Abart der → Ellipse). *Beispiel:* E questo padre Cristoforo, so certi ragguagli che è un uomo che non ha tutta quella prudenza, tutti quei riguardi ... (Manzoni, *I promessi sposi*)

Aufgabe 4.2 | **?** Ordnen Sie die genannten signifikantenbezogenen Figuren versuchsweise nach Wiederholungsfiguren, Umstellungsfiguren und Auslassungsfiguren, wobei Sie die Kategorien in verschiedenen Ecken eines Papierbogens zusammenstellen (nicht neben- oder untereinander schreiben) und evtl. farblich unterscheiden. Wiederholen Sie die Übung, ohne in obiger Zusammenstellung nachzusehen.

Aufgabe 4.3 | **?** Erfinden Sie frei deutsche Beispiele zu jeder der Figuren.

Inhaltsebene

Die zweite Hauptebene der Strukturanalyse ist die Inhaltsbeschreibung. Was aber ist 'Inhalt'? Sie würden wahrscheinlich sagen: Das, wovon der jeweilige Text spricht, das 'Was' des Textes – im Gegensatz zum 'Wie' der Darstellung, dem Ausdruck, um den es uns eben ging. Für das so Umschriebene gibt es

Makrostrukturell: Thema, Stoff

zunächst den Terminus *Thema* (zu Thema, Stoff, Motiv siehe auch Einheit 11.1.1). Analog zum alltäglichen Sprachgebrauch meint der Begriff den gedanklichen Kern, das Problem des Textes *innerhalb der Fiktion*. Davon zu unterscheiden ist das, was der Text vom *außerfiktionalen* Standpunkt aus behandelt, was er also beispielsweise für uns heute bedeutet – die Bedeutung oder *Signifikanz* eines Textes, die Sache der Interpretation ist und in diesen Zusammenhang gehört (siehe Einheiten 10–12). Ein Thema, das bereits vor dem untersuchten Text in weitgehend fixierter Form (mit bestimmter Handlung, Personen, Orten usw.) besteht, nennt man *Stoff*. Ein besonders altes und berühmtes Beispiel wäre der Ödipusstoff. Thema und Stoff betreffen Texte als ganze: Sie sind *makrostrukturelle* Kategorien. Unterhalb dieser Ebene, im

Mikrostrukturell: Motiv, Isotopie

Bereich der *Mikrostruktur*, haben wir mit den sog. *Motiven* zu tun. Damit sind in handlungsbetonten Texten einzelne Situationen oder Vorgänge und ihre Kausalverkettung (beispielsweise die Trennung der Liebenden, die Ankunft des Helden), in nichterzählenden Texten in Anlehnung an die Photographie bildhafte Vorstellungen gemeint. Diese Kategorien werden uns im Weiteren noch öfter beschäftigen, Handlungsanalyse in den Einheiten 6.5 (Drama) und 8.3.2 (Epik), Thema, Stoff und Motiv als diachrones (literarhistorisches) Forschungsfeld in Einheit 11.1.1.

Wegen ihrer besonderen Relevanz hinsichtlich lyrischer Texte bereits hier zu vertiefen ist eine noch unterhalb des Motivs angesiedelte Ebene der Inhaltsstruktur: die *Isotopie*. Der auf den litauisch-französischen Strukturalisten Algirdas Julien Greimas zurückgehende Begriff bezeichnet das mehrmalige Auftreten von semantischen (d.h. Bedeutungs-)Merkmalen in einem Text. Eine Isotopie bilden alle Wörter eines Textes oder Textausschnitts, die mindestens ein gemeinsames Bedeutungsmerkmal (ein 'Sem' in der Terminologie der Linguistik) besitzen. Dabei gibt es normalerweise immer mehrere solcher Isotopien, die sich auch überschneiden können, d.h. sich einzelne Wörter teilen. Ein Beispiel: Die Wortmenge "Reiter", "rachsüchtig", "Pferd", "Zofe", "Marmor", "gefiedert", "Schwert", "lügen" weist die Isotopien 'menschlich' (Reiter, rachsüchtig, Zofe, lügen) und 'tierisch' (Pferd, gefiedert) auf, die zusammengenommen als Isotopie 'belebt' der Isotopie 'unbelebt' (Marmor, Schwert) gegenübergestellt werden können:

Isotopie: mehrmaliges Auftreten von Bedeutungsmerkmalen

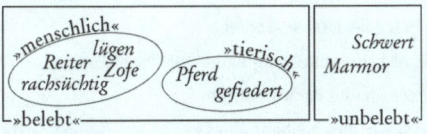

Abb. 4.4

Beispiel für Isotopien

Es wären weitere Isotopien, etwa 'Rittertum' (Reiter, Pferd, Schwert), denkbar. Die Bedeutungsmerkmale sind zwar nicht willkürlich, sondern weitgehend vom Gehalt und Kontext der Wörter bedingt – aber die Isotopien zu konstruieren und ihre Relevanz zu beurteilen, obliegt dem Leser im Zuge seiner Analyse. Hierbei spielt, wie sich an unserem Beispiel andeutet, auch das Verhältnis der möglichen Isotopien untereinander eine Rolle. Die Isotopie 'Rittertum' ist isoliert, während die Isotopien 'belebt' und 'unbelebt' sowie, eine Ebene tiefer, 'menschlich' und 'tierisch' einander gegenübergestellt werden können, *Oppositionen* bilden. Wie Sie sich erinnern, hatten wir oben Struktur als Gesamtheit aller Teile eines Ganzen und ihre Beziehung untereinander definiert; damit wird deutlich, dass diejenigen Isotopien eines Textes, die in Opposition zueinander treten können und damit eine sehr klare Beziehung aufweisen, grundsätzlich interessant für eine Strukturanalyse sind, wenngleich eine Letztentscheidung über die Bedeutung einer Isotopie freilich auch von ihrer Aussagekraft für das ermittelte Thema abhängt. Unser Beispiel zeigt, wie auf der untersten semantischen Ebene, nämlich anhand der Bedeutung einzelner Wörter, Strukturen ausgemacht werden können: Der Leitfaden ist hier die Suche nach Äquivalenzen und Gegensätzen. Dies kann auf größere Einheiten, etwa Sätze, ausgeweitet werden. Idealerweise treten so Sinnbezüge und ihre Entwicklung auch in Texten hervor, die auf den ersten Blick kaum Entwicklung, Handlung oder Kohärenz erkennen lassen, und machen sie 'lesbar'. Von der praktischen Arbeit mit Isotopien und Oppositionen werden Sie in der nächsten Einheit anhand der Strukturanalyse lyrischer Texte einen Eindruck bekommen.

Opposition

Natürlich hatte nicht erst die strukturalistische Sprach- und Literaturwissenschaft des 20. Jh. (vgl. Einheit 12.1) die Idee, inhaltliche Strukturen in
Texten zu systematisieren, sondern auch die antike Rhetorik hat sich für die
gedankliche Seite der Rede, die logischen Verbindungen zwischen Textteilen
interessiert und wiederum ein terminologisches Raster entwickelt, das Sie nun
als literaturwissenschaftliches Hilfsmittel in Grundzügen kennenlernen.

Die wichtigsten inhaltsbezogenen rhetorischen Stilmittel:

Allegorie (*allegoria, f.*): Veranschaulichung eines Begriffes durch ein rational fassbares Bild, oft in Form
der → Personifikation. *Beispiel:* ... ma non sì che paura non mi desse / la vista che m'apparve
d'un leone. / Questi parea che contra me venisse / con la testa alta e con rabbiosa fame ... [Löwe
= Hochmut und Gewalttätigkeit] (Dante, *Divina commedia*)

Personifikation (*personificazione, f.*): Übertragung einer menschlichen Eigenschaft oder Tätigkeit auf
eine Sache, ein nichtmenschliches Wesen. *Beispiel:* ... più chiaro si ascolta il susurro/dei rami
amici nell'aria ... (Montale, *Ossi di seppia*)

Periphrase (*perìfrasi, f.*): allg. Umschreibung eines Begriffs (vgl. auch → Antonomasie). *Beispiel:* il
romanziere milanese für Alessandro Manzoni.

Antonomasie (*antonomàsia, f.*): Umschreibung eines Eigennamens durch bestimmte Züge seines Trägers
oder einen anderen Eigennamen (Sonderform der → Periphrase). *Beispiel:* la Rotonda für das
Pantheon in Rom.

Euphemismus (*eufemismo, m.*): verhüllende Umschreibung (→ Periphrase) einer unangenehmen,
anstößigen oder unheilbringenden Sache durch einen mildernden oder beschönigenden Ausdruck. *Beispiel:* Il nonno non è più tra noi = Der Opa ist gestorben.

Metapher (*metàfora, f.*): Übertragung. Das eigentlich gemeinte Wort wird ersetzt durch ein anderes, das
eine sachliche oder gedankliche Ähnlichkeit oder dieselbe Bildstruktur aufweist. Quintilian definierte die Metapher als verkürzten Vergleich, bei dem die Vergleichspartikel weggefallen sei. Eine
der wichtigsten und häufigsten Sinnfiguren überhaupt. *Beispiel:* Un evidenza cristallina. – Es
existiert eine große Bandbreite von metaphorischen Redeweisen, von konventionellen oder ver-
blassten Metaphern, die durch häufigen Gebrauch kaum als solche wahrgenommen werden (la
prima radice del male), bis zu sog. absoluten Metaphern, bei denen die Ähnlichkeitsbeziehung
zwischen den Bildbereichen durch die Metapher selbst erst gesetzt ist. *Beispiel:* ... di scoprire
uno sbaglio di Natura, il punto morto del mondo, l'anello che non tiene / ... (Montale, *Ossi di
seppia*)

Metonymie (*metonìmia, f.*): Ersetzung des eigentlich gemeinten Wortes durch ein anderes, das in einer
realen geistigen oder sachlichen Beziehung (wie räumliche Nachbarschaft, Urheberschaft usw.)
zu ihm steht (→ Synekdoche). *Beispiel:* guadagnarsi il pane con il sudore.

Synekdoche (*sinèddoche, f.*): Ersetzung des eigentlichen Begriffes durch einen zu seinem Bedeutungsfeld
gehörenden engeren oder weiteren Begriff, z. B. Teil für das Ganze (pars pro toto) oder umgekehrt
(totum pro parte), die Art für die Gattung, Singular für Plural. Sonderform der → Metonymie.
Beispiel: "la vela" für "la nave".

Synästhesie (*sinestesia, f.*): Verschmelzung verschiedenartiger Sinnesempfindungen. *Beispiel:* Là, voci di
tenebra azzurra. (Pascoli, *Canti di Castelvecchio*)

Litotes (*litote, f.*): Abschwächung des Ausdrucks, die inhaltliche Verstärkung suggeriert, häufig durch Verneinung des Gegenteils. *Beispiel:* non è un genio [= è un cretino].

Hyperbel (*ipèrbole, f.*): Übertreibung. *Beispiel:* Lo amo da morire.

Antithese (*antìtesi, f.*): Pointierte Zusammenstellung entgegengesetzter Begriffe oder Aussagen. *Beispiel:* Pace non trovo e non ho da far guerra. (Petrarca)

Klimax (*gradazione, f., climax, m.*): Anordnung einer Wort- und Satzreihe nach stufenweiser Steigerung im Aussageinhalt. *Beispiel:* vai, corri, fuggi. – Entsprechend: Antiklimax (*degradazione, f.*).

Oxymoron (*ossimoro, m.*): Zusammenstellung zweier sich widersprechender Begriffe, die in pointierender Absicht eng miteinander verbunden werden. Liegt der Widerspruch im Beiwort, spricht man auch von **Contradictio in adiecto**. *Beispiel:* un reo buon uomo. (Manzoni, *I promessi sposi*)

Hypallage (*ipàllage, f.*): Verschiebung der Wortbeziehung, insbesondere eines Adjektivs oder einer adverbialen Ergänzung. *Beispiel:* Il divino del pian silenzio verde. (Carducci)

Hendiadyoin (*endìadi, f.*): Verbindung zweier inhaltlich benachbarter Begriffe zu einem Konzept (siehe auch → Pleonasmus). *Beispiel:* Amaro e noia / La vita, altro mai nulla (Leopardi). In der Antike oft Verbindung verschiedener Ausdrücke für einen Sachverhalt. *Beispiel:* timor et opinio (für: eingebildete Furcht).

Zeugma (*zèugma, m.*): Zuordnung eines Wortes zu zwei semantisch oder syntaktisch verschiedenen Satzteilen, oft mit komischer Wirkung. *Beispiel:* parlare e lagrimar vedrai insieme. (Dante, *Divina commedia*)

Apostrophe (*apòstrofe, f.*): Abwendung des Dichters vom Leser oder realen Publikum, (emphatische) Hinwendung zu anderen, meist abwesenden Personen, Gegenständen oder Abstrakta. *Beispiel:* Ahi serva Italia, di dolore ostello (Dante, *Divina commedia*)

Ekphrasis (*ecphrasis, f.*): Ausführliche, exkursartige Schilderung von etwas Sichtbarem. Im engeren Sinne: Beschreibung eines Bildkunstwerks im Text.

Rhetorische Frage (*domanda retorica, f., interrogazione, f.*): Frage, auf die keine Antwort erwartet wird. *Beispiel:* E tu degnasti assumere/questa creata argilla? (Manzoni, *Inni sacri*)

Praeteritio, auch **Paralepsis** (*preterizione, f., paralessi, f.*): Ausdrückliche Übergehung eines Gegenstandes, der dabei jedoch gerade genannt und u. U. hervorgehoben wird. *Beispiel:* Non ti dico cosa mi è successo ...

? Versuchen Sie, die genannten inhaltsbezogenen rhetorischen Stilmittel zu Klassen zu ordnen. | Aufgabe 4.4

? Benennen Sie die unterstrichenen rhetorischen Figuren des Gedichts "Meriggiare pallido e assorto" von Eugenio Montale. | Aufgabe 4.5

Meriggiare pallido e assorto
presso un rovente[1] muro d'orto
ascoltare tra i pruni e gli sterpi
schiocchi[2] di merli, frusci[3] di serpi.

Nelle crepe del suolo o su la veccia
spiar le file di rosse formiche
ch'ora si rompono ed ora s'intrecciano
a sommo di minuscole biche.

Osservare tra frondi[4] il palpitare
lontano di scaglie di mare
mentre si levano tremuli scricchi[5]
di cicale dai calvi picchi.

E andando nel sole che abbaglia[6]
sentire con triste meraviglia
com'è tutta la vita e il suo travaglio
in questo seguitare una muraglia
che ha in cima cocci aguzzi di bottiglia.
(Montale: 2002, 40)

1 rovente *glühend heiß* – 2 schiocchi *Schnalzen* – 3 fruscio *Rascheln* – 4 frondi
Laubwerk – 5 scricchi *Knirschen, hier: Zirpen* – 6 abbagliare *blenden*

4.3 | Strukturanalyse: Vorgehensweise

Kein Patentrezept

Es gibt keine eindeutige und für die gesamte Breite literarischer Texte gleichermaßen anwendbare Vorgehensweise bei einer Strukturanalyse. Nicht nur, dass verschiedenartige Texte unter Umständen andere Anforderungen an die Strukturanalyse stellen, es spielt gemäß den Grundsätzen der Hermeneutik auch eine Rolle, was ich als Leser bereits verstehe, mit welchen Fragen ich an den Text herantrete. Hierin liegt der erste Schritt, auch bei einer Strukturanalyse, die textfundierte Objektivität anstrebt. Die folgende Vorgehensweise soll der allgemeinen Orientierung im Umgang mit Texten dienen. Sie ist zunächst nicht gattungsspezifisch; mögliche Besonderheiten im Umgang mit Lyrik kommen gleich im Anschluss zur Sprache.

Vorschlag: Vorgehensweise bei der Strukturanalyse

1. Lesen Sie den Text oder Textauszug mehrmals. Klären Sie dabei evtl. unbekannte Wortbedeutungen und markieren Sie, ohne jeden systematischen Anspruch, inhaltliche und formale Eigenheiten, die Ihnen auffallen.

Erste Beobachtungen
Lesehypothese

2. Formulieren Sie eine Hypothese zum Thema des Textes und stellen Sie (schriftlich oder gedanklich) die vorkommenden Motive zusammen. Wenn möglich, formulieren Sie den mutmaßlichen Inhalt des Textes, d. h. die dargestellten Vorgänge und/oder Zustände, wie Sie sie aus den ersten Lektüren entnehmen.

Inhaltsseite: Thema,
Motive, Isotopien,
Entwicklung

3. Untersuchen Sie, welche Teile des Textes (Motive, Wortbedeutungen) zu Ihren inhaltlichen Hypothesen passen und welche nicht. Lassen sich etwaige Widersprüche in einer modifizierten Hypothese aufheben?

4. Suchen Sie die Isotopien des Textes und ordnen Sie sie nach Relevanz (Häufigkeit des Vorkommens im Text, Bezug zum Thema). Wo gibt es Überschneidungen (Elemente, die zwei oder mehreren Isotopien zugehören), wo Brüche (Elemente, die die Isotopie wechseln, also eine andere Bedeutung annehmen)? Welche der Isotopien entsprechen einander (Äquivalenz), sei es durch lebensweltlichen Zusammenhang, sei es durch gemeinsame Elemente? Welche stehen zueinander in Gegensatz (Opposition)?

Äquivalenzen, Oppositionen

5. Teilen Sie, wenn möglich, den Text vor diesem Hintergrund in inhaltliche Etappen ein und/oder beschreiben Sie die Entwicklung des Themas/der Themen.

6. Ermitteln Sie die formalen Einschnitte auf makro- und mikrostruktureller Ebene (Kapitel, Absätze, Sätze, Verse).

7. Suchen Sie nach Wiederholungen, Äquivalenzen und Oppositionen auf den verschiedenen Ausdrucksebenen: Syntax (z. B. Satzwiederholungen oder Parallelismen), Lexik (z. B. Wortverknüpfungen, Wortlänge), Lautung (z. B. Reim, Paronomasien oder Lautoppositionen).

Ausdrucksseite: Einschnitte, Wiederholungen, Äquivalenzen, Oppositionen

8. Setzen Sie die formalen Betrachtungen in Beziehung zum Inhalt des Textes. Welche Inhalte werden durch formale Mittel aneinander gekoppelt (z. B. Reimwörter) oder einander gegenübergestellt? Stützen die formalen Eigenschaften die Befunde der Inhaltsanalyse oder stehen sie ihnen entgegen?

Zusammenführung von Inhalt und Ausdruck

9. Kehren Sie zu Ihrer Lesehypothese zurück. Lässt sich durch die ermittelte Struktur des Textes dieser Leseeindruck erklären? Wenn nötig, ergänzen oder korrigieren Sie die erste Beschreibung.

Rückkehr zur Lesehypothese

Gattung Lyrik

|4.4

So sehr sich die Schritte für eine erste Strukturanalyse, die textintern bleibt und von historischen Faktoren, Werkzusammenhängen u. ä. absieht, bei verschiedenen Texten wiederholen: Die Unterscheidung von Gattungen ist auch hier relevant, denn die Kategorisierung von Texten in Form von Gattungszuordnung geschieht notwendigerweise auf der Basis wiederkehrender inhaltlicher oder formaler Eigenschaften (siehe Einheit 2.2). Diese bilden naturgemäß ein Orientierungsraster für die inhaltliche und formale Strukturanalyse und erfordern häufig ein in eine bestimmte Richtung verfeinertes terminologisches Instrumentarium der Textbeschreibung. Fragen wir uns also: Was ist für Lyrik kennzeichnend?

Rolle der Gattung für die Strukturanalyse

Es fehlt nicht an Versuchen, lyrische Texte oder gar eine hinter diesen stehende lyrische 'Haltung' zu definieren. Goethe hatte, wie Sie in Text 2.4 sahen, Lyrik als die "enthusiastisch aufgeregte" Form bezeichnet. Tatsächlich deckte sich diese heutzutage vielleicht etwas merkwürdig anmutende Formulierung mit der immer noch typischen Vorstellung, Lyrik drücke *Innerlichkeit*, *Emotionen* aus: Die Praxis, die Geliebte mit Gedichten zu umwerben, mag

Definitionen von 'Lyrik'

Innerlichkeit

heute nicht mehr verbreitet sein, fest steht, dass der Ausdruck von Gefühlen literarhistorisch das mit Abstand wichtigste Thema lyrischer Texte darstellt. Doch schon hier kommen Schwierigkeiten ins Blickfeld, die wir von der Diskussion des Literaturbegriffs in Einheit 1 her kennen, denn der Ausdruck von Emotionen ist nicht nur 'das' lyrische, sondern 'das' literarische Thema schlechthin und keineswegs nur in Gedichten präsent. Wie beim Literaturbegriff gibt es besonders typische Formen, die sich dann in Definitionen wie der Goethes wiederfinden, daneben jedoch eine Vielzahl von – je nach Epoche keineswegs randständigen – weniger typischen oder Mischformen: Auch Lyrik kann erzählen (etwa in der Untergattung Ballade), auch epische Texte wie Romane können eine Innerlichkeit des Sprechers ausdrücken (z. B. Briefroman), die einem Gelegenheitsgedicht völlig fehlt.

Poetizität und Strukturiertheit des Ausdrucks Mehr Aussicht auf Stimmigkeit als die inhaltliche Bestimmung von Lyrik scheint indessen eine formbezogene Definition zu bieten. Wenn man ein Gedicht (it. *poesìa*) etymologisch auf poetisches Sprechen/Schreiben und Poetizität zurückbezieht, dann wäre Lyrik mehr als andere literarische Gattungen durch einen besonderen Sprachgebrauch gekennzeichnet, welcher der Ausdrucksseite ebensoviel oder sogar mehr Bedeutung einräumt als dem 'Inhalt' (siehe Einheit 1, Poetizität). In der Tat gehen lyrische Texte häufig neue Wege der Sprachverwendung – etwa weil komplexe Inhalte in meist kurzen Texten

Verdichtung ausgedrückt und damit verdichtet werden –, streben bei teils sehr festgefügtem und konventionalisiertem Inhalt (z. B. dem Frauenlob in der Renaissance) gerade nach Originalität des Ausdrucks oder sind Schauplatz für Sprachexperimente (z. B. im Futurismus, vgl. Einheit 1). Leichter festzustellen – dieser Punkt wird Ihnen wahrscheinlich gleich als Merkmal von Gedichten eingefallen sein – ist freilich eine hochgradige Strukturiertheit des Ausdrucks

Vers und Strophe im Vers und in Strophenformen. Auch Vers und Strophe sind weder notwendiges noch hinreichendes Kriterium für Lyrik: Das Drama des 17. Jh. etwa ist häufig in (freien) Versen verfasst, während im 19. Jh. die Gattung des Prosa-

Poema in prosa gedichts (*poema in prosa*) entwickelt wurde. Diese u. a. von D'Annunzio sehr gepflegte Form zeichnet sich nicht mehr durch Verse, sondern durch eine weniger festgefügte, aber nachweisbare Strukturierung des Signifikanten und gedankliche Verdichtung aus. Wenn Lyrik also schwerlich über eindeutige Kriterien zu definieren ist, dann empfiehlt es sich, von typischen lyrischen Untergattungen und konventionellen Formen auszugehen. Zunächst einige wichtige feste Gedichtformen – zu Vers und Reim gleich mehr.

Feste Gedicht- und Strophenformen 1. Sonett (*sonetto*): Wichtigste Form vom 13. bis zum 16. Jh., wird dem Sizilianer Giacomo da Lentini (13. Jh.) zugeschrieben, hat sich aus der Kanzonenstrophe entwickelt (zweigeteilter Aufgesang, zweigeteilter Abgesang): Zwei Quartette (= Oktave), zwei Terzette (= Sextine). Das Reimschema (bei dem sich reimende Verse mit dem gleichen Buchstaben bezeichnet werden) der früheren Form ist der Kreuzreim in den Quartetten (abab) und der fortführende Reim (cde cde) bzw. das Schema (cdc dcc) in den Terzetten. Im *dolce stil nuovo* kommt es zu anderen Reimvarianten wie abba abba cde dce. Das Sonett besteht gewöhnlich aus einer einheitlichen Versart (isometrisch), nämlich dem Elfsilbler (*endecasillabo*). Ein Beispiel hierfür ist Text 1.4. In der folgenden Einheit wird das Sonett eingehender behandelt.

2. Ballade (*ballata*): ursprünglich Tanzlied provenzalischer Herkunft. Sie besteht aus einem vorangestellten ein- bis fünfzeiligen Refrain (*ripresa*), gefolgt von einer oder mehreren identisch gebauten Strophen (*strofa di ballata*). Diese werden ihrerseits aus zwei gleichartigen, je ein- bis vierzeilige Verse umfassenden Teilen (*mutazioni*) sowie einem Schlussteil (*volta*) dem Umfang des Refrains entsprechend (ein bis fünf Verse) gebildet. Im *Trecento* wurden nur Sieben- oder Elfsilbler oder eine Kombination aus beiden verwendet.

3. Kanzone (*canzone*): Die ältere Kanzone besteht meist aus fünf bis sieben Strophen mit einer Geleitstrophe (*commiato, congedo*). Ist die Gestaltung der Kanzonenstrophe in Bezug auf Umfang, Reimschema, Versart relativ frei, finden wir doch in der Regel Sieben- und Elfsilbler. Der Aufbau der Kanzonenstrophe ist traditionell zweigeteilt: in einen Aufgesang (*sirma*), bestehend aus zwei gleichgebauten Teilen (Stollen, it. *piedi*) und einem Abgesang (*sirma* oder *coda*), bestehend aus zwei gleichen oder freigebauten Gegenstollen (*volte*).

4. Sestine (*sestina*): Wurde aus der altprovenzalischen Kanzone entwickelt. Seit Dante besteht sie aus sechs isometrischen (gleich gestalteten) Strophen aus jeweils sechs Elfsilblern, deren sechs Reimwörter sich in allen Strophen wiederholen, und zwar nach der Ordnung 6-1-5-2-4-3. Am Ende steht eine dreizeilige Schlussstrophe (*commiato, congedo*), in welchem die Reimwörter in der Reihenfolge des ersten Sechszeilers wieder auftreten.

Beispiele für die Gedichtformen *ballata*, *canzone* und *sestina* finden Sie auf www.bachelor-wissen.de.

? Versuchen Sie, die genannten Strophenformen vereinfacht graphisch darzustellen (z. B. Umrissform). | Aufgabe 4.6

Auch jenseits solcherlei historisch herausgebildeter und fixierter Gedichtformen bedeutet die Verwendung von Versen und festen Strophenformen eine höhere Strukturierung des sprachlichen Signifikanten und schränkt die Ausdrucksmöglichkeiten durch eine Reihe von Zwängen ein. So ist – von experimentellen oder parodistischen Gedichten des 20. Jh. abgesehen – üblicherweise der Versanfang auch ein Wortanfang, das Versende zugleich Wort-

Vers und Strophe als Form- und Sinnebene

ende mit betonter Silbe, meist auch Satzteilende – ist es das nicht, d. h. geht die Syntax über den Vers hinweg, handelt es sich um einen Sonderfall, für den eigens der Terminus *Enjambement* eingeführt wurde. Die Vers- und Strophenstruktur bildet also eine weitere Ebene in Form – und Inhalt, denn es kann eine entscheidende inhaltliche Rolle spielen, wo im Vers oder in der Strophe ein Wort steht. Die Kenntnis des Versbaus, der Metrik, ist daher sehr relevant für die Strukturanalyse von Verstexten. Die Bedeutung metrischer Besonderheiten wird auch in der nächsten Einheit bei der Analyse eines Gedichts von Gabriele D'Annunzio (Text 5.5) deutlich werden.

Romanischer Vers durch Silbenzahl bestimmt In den romanischen Sprachen ist der Vers allein durch die Zahl seiner Silben bestimmt (*syllabierendes* oder *numerisches Prinzip*), es wird also nicht, wie in der Antike, zwischen langen und kurzen Versen (*quantitierendes Prinzip*) unterschieden. Für den italienischen Vers ist damit die Silbenzahl entscheidend, wenngleich die Position der Akzente für die Zählung der Silben eine Rolle spielt. Der Versakzent liegt entsprechend dem normalen Wortakzent der italienischen Sprache in der Regel auf der vorletzten Silbe des Verses. Bei längeren Versen kommt ein fester Versakzent vor der Zäsur (*cesura*) hinzu. Durch diese metrisch weitgehend unverplante Umgebung bleibt hier im Gegensatz etwa zur germanischen Metrik ein 'freier Sprechrhythmus' erhalten, d. h. nicht jede Silbe ist charakterisiert. Zur Beschreibung des *Rhythmus*, nicht aber des Metrums, sind also antike Versmaßbegriffe wie Jambus oder Trochäus, die Ihnen wahrscheinlich bereits bekannt sind, durchaus verwendbar. Wie bestimmt man italienische Verse?

Regeln der Versbestimmung Grundregeln der Silbenzählung:

1. Bei der Silbenzählung ist auf den Versschluss zu achten, denn je nach Wortakzent im letzten Wort eines Verses lassen sich im italienischen Versmaß drei Arten von Versen unterscheiden:
   - normale Akzentstellung auf der vorletzten Silbe (vita, dura) = *parole piane* → *versi piani*
   - Akzent auf der letzten Silbe (città, trovò) = *parole tronche* → *versi tronchi*
   - Akzent auf der drittletzten Silbe (intendevole, durabile) = *parole sdrucciole* → *versi sdruccioli*
2a. Bei Doppelvokalen (Diphthongen) ist der Normalfall die Synärese (it. *sinèresi*, f.), d. h. beide Vokale bilden eine einzige Silbe. Am Versende kommt es bei einem 'fallenden Diphthong' (Diphthong, in dem der betonte Vokal vorangeht) zur Diärese (it. *dièresi*, f.), wobei jeder Vokal eine Silbe für sich bildet. Beispiel:
   Forse perché della fatal quï-ete. (Foscolo)
2b. Aufeinandertreffen zweier Vokale (Hiat, it. *iàto*, z. B. in *cre-are*) wird beim Aufeinanderstoßen eines Auslautvokals mit dem Anlautvokal des fol-

genden Wortes als Missklang empfunden und deshalb mittels Synalöphe (it. *sinalèfe*, f.) umgangen.

- Synalöphe = Normalfall, bei dem die Vokale zwar gesprochen, aber miteinander verschliffen werden, so dass nur eine Silbe gezählt wird. Beispiel:

  Voi ch'as-col-ta-**te** in ri-me spar-**se** il suo-no (Petrarca)

    1   2   3 4   **5** 6   7 8   **9** 10 11

- Dialöphe (it. *dialèfe*, f.) = metrische Trennung der Vokale, ist jedoch selten. Beispiel:

  Chè la di-rit-ta **via e**-ra smar-ri - ta (Dante)

     1 2 3   4 5   **6 7** 8   9   10 11

2c. Weitere metrische Sonderverfahren beruhen auf dem Prinzip der Tilgung

- Elision (it. *elisione*, f.) = Tilgung eines auslautenden Vokals vor Vokal.
- Aphärese (it. *afèresi*, f.) = Tilgung eines anlautenden Vokals nach Vokal. Beispiel:

  Chè '**n** contr' al ciel non val difesa umana (Petrarca)

- Synkope (it. *sìncope*, f.) = Tilgung eines Vokals im Wortinnern. Beispiel:

  Sempre caro mi fu quest' **erm**o colle (Leopardi)

  (ermo für èremo = einsam)

- Apokope (it. *apòcope*, f.) = Tilgung eines auslautenden Vokals vor Konsonant. Beispiel:

  E pu**r** mi giova … (Leopardi)

3. Versarten

   Die Bezeichnung der verschiedenen Versarten richtet sich allein nach der Zahl ihrer Silben. Dabei unterscheidet man zwischen Versen mit ungerader Silbenzahl (*versi imparisillabi*): *ternario, quinario, settenario, novenario, endecasillabo* (dem im Italienischen am häufigsten verwendeten Vers) und denen mit gerader Silbenzahl (*versi parisillabi*): *quatenario, senario, ottonario, decasillabo*. Darüber hinaus unterscheidet man Zäsurverse (Verse mit fester Zäsur und zwei rhythmisch identischen Hälften): *doppio quinario, doppio senario, doppio settenario, doppio ottonario*.

? Trennen Sie mit einem senkrechten Strich die Silben dieser Gedichtstrophe aus den *Rime* der Gaspara Stampa:

Aufgabe 4.7

Voi, ch'ascoltate in queste meste rime,
in questi mesti, in questi oscuri accenti
il suon degli amorosi miei lamenti
e de le pene mie tra l'altre prime …
(Stampa: 1995, 67)

Reim

Verse stehen normalerweise nicht allein, sondern werden an andere Verse gekoppelt. Neben der Syntax, also der grammatischen Verbindung zweier oder mehrerer Verse zu einem Satz, ist hier vor allem der Reim (*la rima*) von Bedeutung. Darunter versteht man im Italienischen wie im Deutschen den Gleichklang zweier Wörter zumindest ab dem letzten betonten Vokal (Bsp.: amore – dolore). Während der Vers, mit der eingeschränkten Ausnahme des *poema in prosa*, als Charakteristikum der Lyrik gelten kann, ist der Reim nicht immer gegeben, vor allem nicht in der sehr alten und der modernen Lyrik.

Weiblicher/männlicher Reim

Je nach Wortakzent unterscheidet man zwischen dem weiblichen Reim (*rima piana*): sole – parole, dem gleitenden weiblichen Reim (*rima sdrucciola*): dubito – subito und dem männlichen Reim (*rima tronca*): più – giù. Vorherrschend, vor allem bei den älteren Dichtern, ist die *rima piana*.

Je nachdem, wie stark die Reimverse übereinstimmen, werden verschiedene Grade der Reimfülle unterschieden. Je mehr Laute und Silben in einem Wort übereinstimmen, umso 'reicher' ist der Reim. Darüber hinaus wird im Italienischen unterschieden:

Reimfülle

► Homonymer Reim (*rima equivoca*) = klangliche Übereinstimmung der Reimwörter bei inhaltlicher Verschiedenheit: l'auro – lauro.
► Grammatischer Reim (*rima derivata*) = Ableitungen desselben Wortstamms: intendi – attendi.
► Unsauberer Reim (*rima imperfetta*) = Reim, bei dem entweder nur die Vokale (Assonanz) oder nur die Konsonanten übereinstimmen: alto – pianto, stella – pupilla.
► Binnenreim (*rimalmezzo, rima interna*) = Fresca rosa novella, / piac*ente* primavera, / per prata e per rivera / gaiam*ente* cantando. (Cavalcanti, *Rime*)

Zu guter Letzt werden in der Abfolge der Reimverse verschiedene Grundtypen (*collocazione delle rime*) unterschieden:

Reimfolge

► Paarreim (*rima baciata, rima accoppiata)*: aabbcc … Beispiel: Text zu Aufgabe 4.5, Strophen 1 und 3.
► Umschlingender Reim (*rima abbracciata*): abba cddc … Beispiel: Text 5.1, Strophe 1 und 2.
► Kreuzreim (*rima alternata*): abab cdcd … Beispiel: Text 5.7, 1. Strophe.
► Kettenreim (*rima incatenata*): aba bcb cdc … Beispiel: Petrarca, *Canzoniere* 54, 1–10.
► Wiederholender Reim (*rime ripetute*): abc abc Beispiel: Text 5.1, 3. und 4. Strophe.
► Blankverse (*versi sciolti*): Verse ohne Reim. Lieblingsverse des Klassizismus und der Romantik.

Zusammenfassung

In der zurückliegenden Einheit haben Sie zunächst die allgemeinen Grundlagen der Strukturanalyse kennengelernt. Wie jeder Zugang zur Literatur geht auch sie vom Vorgang des Verstehens aus, der sich nicht linear, sondern vielmehr in Form eines hermeneutischen Zirkels vollzieht, bei dem die Subjektivität des Verstehenden entscheidend mitwirkt. Die Strukturanalyse strebt eine Objektivierung an, indem sie sich auf überindividuelle Bedeutungs- und Formmerkmale des Textes konzentriert und die textinternen Funktionen aufzeigt, die Sinn generieren. Zur Beschreibung der Ausdrucks- und Inhaltsseite stehen Begrifflichkeiten der antiken Rhetorik, aber v. a. auch eigentlich literaturwissenschaftliche Termini wie Thema, Stoff, Motiv und Isotopie zur Verfügung. In einem abschließenden Schritt wurde eine Annäherung an die Definition von Lyrik versucht und es wurden spezielle Instrumente zur Analyse von Verstexten erarbeitet.

? Songtexte heißen auf englisch 'lyrics'. Inwiefern passt dies zu unserer Bestimmung von Lyrik?

Aufgabe 4.8

Literatur

Eugenio Montale: *Ossi di seppia*. Milano: Mondadori ¹³2002.

Gaspara Stampa: *Rime*. Milano: Fabbri 1995.

Dizionario di retorica e stilistica. Milano: TEA 1995.

Jürgen Schutte: *Einführung in die Literaturinterpretation*. Stuttgart/Weimar: Metzler ⁵2005.

Lyrik analysieren – Beispiele und Übungen

Inhalt		

5.1   Petrarkistische Sonette   78

5.2   Die literarische Dekadenz: Gabriele D'Annunzio   85

5.3   Die hermetische Lyrik der Moderne: Eugenio Montale   88

Nach der theoretischen Auseinandersetzung mit Textanalysen bietet diese Einheit konkrete Anregungen für die Strukturuntersuchung von Gedichten. Anhand exemplarischer Texte werden Musteranalysen vorgestellt und es wird die wissenschaftliche Herangehensweise an Lyrik eingeübt. Ein Schwerpunkt liegt hierbei auf der literarhistorisch besonders wichtigen Gattung des Sonetts und seinen strukturellen Besonderheiten.

Überblick

5.1 | Petrarkistische Sonette

Zuerst einmal wollen wir uns einem Sonett Petrarcas zuwenden, der mit seinem Gedichtzyklus, dem *Canzoniere*, gleichsam modellbildend für Generationen von Dichtern gewirkt hat.

Francesco Petrarca wurde 1304 in Arezzo geboren und verbrachte ein Großteil seiner Jugend in Avignon, wo seit 1309 die Päpste residierten. Er kehrte zwar 1320 in die Toskana zurück, siedelte dann aber 1326, nach dem Tod seines Vaters, wieder nach Avignon über. Hier soll er 1327 in einer Kirche zum ersten Mal Laura begegnet sein, die er später in seinem Werk besang. 1341 wurde Petrarca in Rom zum Dichter gekrönt, doch kam er erst 1353 endgültig nach Italien zurück, wo er 1374 in Arquà starb. Petrarca verfasste Werke in Latein und im *volgare*. Von den Werken in der Volkssprache ist der *Canzoniere* das mit Abstand bedeutendste. Der *Canzoniere*, mit dem Untertitel *Rerum vulgarium fragmenta* (dt. Bruchstücke in der Volkssprache), kann auch als 'Liederbuch' übersetzt werden. Es handelt sich dabei um eine Lyriksammlung mit narrativer Komponente, die insgesamt 366 Gedichte umfasst, von denen 317 Sonette, 29 Kanzonen, 9 Sextinen, 7 Balladen und 4 Madrigale sind. In diesen Gedichten besingt Petrarca vor allem seine unerfüllte Liebe zu einer gewissen Laura, wobei der erste Teil des Zyklus der lebenden Laura (*in vita di Laura*) und der zweite der verstorbenen Laura (*in morte di Laura*) gewidmet ist. Zu Beginn des Zyklus steht ein Eingangssonett (*Proemialgedicht*), in dem der Dichter sein Projekt und dessen Form ("rime sparse" in "Vario stile") vorstellt und darüber hinaus seine Erfahrungen rückblickend als Jugendirrtum stilisiert. Der Reuegedanke und die religiöse Komponente erfahren am Ende, in der so genannten Marienkanzone, ihren Höhepunkt. Laura, über deren tatsächliche Existenz im Leben Petrarcas Unklarheit herrscht, wird insgesamt nur einmal beim Namen genannt. Ansonsten kommt er als Paronomasie in der Form von *Lauro* = Lorbeer, *L'aurora* = Morgenröte, *L'aura* = Lufthauch, *L'auro* = Gold vor. Dieses so genannte Laurasystem ergibt sich unter anderem aus dem leitmotivisch eingesetzten Vergleich Laura = Daphne aus den *Metamorphosen* von Ovid. Insgesamt gehorchen die Gedichte der Dialektik der Zerrissenheit, d. h. die unerwiderte Liebe zu Laura bedeutet zugleich Freude und Leid, was sich häufig auch auf der strukturellen Ebene niederschlägt. Der *Canzoniere* kann auch als lyrische Autobiographie bezeichnet werden, da die Selbstdarstellung des Dichters immer wieder in den Vordergrund rückt.

Im Folgenden wollen wir kurz den Daphne-Mythos, wie er in den *Metamorphosen* von Ovid erzählt wird, resümieren. Apollo hat sich unsterblich in die Nymphe Daphne verliebt, nachdem er von Amor mit dem goldenen Pfeil, dem Liebespfeil, getroffen wurde. Auf Daphne dagegen schoss Amor den bleiernen Pfeil, der die Liebe tötet. Daphne flieht deshalb vor Apollo und wird auf ihr Flehen hin von ihrem Vater, dem Flussgott Peneios, in einen Lorbeerbaum

Abb. 5.1| Porträt von Francesco Petrarca (1304–1374) nach Giuseppe Benaglia

Il Canzoniere (1342–1374)

Proemialgedicht

Marienkanzone

Laurasystem

Daphne-Mythos aus den *Metamorphosen* von Ovid

verwandelt. Zum Andenken an Daphne trägt Apollo einen Lorbeerkranz und eine mit Lorbeer geschmückte Leier, beides Attribute für den unsterblichen Dichter.

Wir wollen uns nun ein Sonett aus dem *Canzoniere* anschauen, in dem der Daphne-Mythos verarbeitet wird.

1 Apollo, s'anchor vive il bel desio
Che t'infiammava a le thesaliche onde,
e se non ài l'amate chiome bionde,
volgendo gli anni, già poste in oblio:

5 dal pigro gielo et dal tempo aspro et rio,
che dura quanto 'l tuo viso s'asconde[1],
difendi or l'onorata et sacra fronde,
ove tu prima, et poi fu' invescato[2] io;

9 et per vertù de l'amorosa speme,
che ti sostenne ne la vita acerba,
di queste impressïon' l'aere disgombra[3];

12 sì vedrem poi per meraviglia inseme
seder la donna nostra sopra l'erba,
et far de le sue braccia a se stessa ombra.
(Petrarca: 1996, 185)

| Text 5.1

Francesco Petrarca:
Sonett 34 (aus:
Il Canzoniere)

| Abb. 5.2

Gian Lorenzo Bernini:
Daphne und Apoll
(Skulptur)

1 ascondere (lit.) = nascondere – 2 invescato *hier: gefangen* – 3 disgombrare *hier: wegnehmen*

Dieses sehr bekannte Sonett eignet sich in zweierlei Hinsicht für einen Einstieg in die Gedichtanalyse: Es veranschaulicht gut die Bauprinzipien der Gattung Sonett, der mit Abstand wichtigsten lyrischen Form des *Canzoniere* und des Petrarkismus. So ist dieses Sonett im für die italienische Literatur typischen *endecasillabo* (Elfsilbler) gehalten. In den ersten beiden Strophen, den Quartetten, finden wir den umarmenden Reim (abba) und in den beiden Terzetten den wiederholenden Reim (cdecde), entsprechend einer Standardform der Gattung (vgl. 4.4). Darüber hinaus illustriert es exemplarisch die für Petrarca charakteristische Verbindung von Liebesklage und Selbstdarstellung des Dichters. Petrarca wendet sich mit seinem Sonett in Form einer Anrufung (Invokation) gleich zu Beginn der ersten Strophe direkt an Apollo und beschwört dessen Erinnerung an seine Liebe zu

Typisches Sonett

Endecasillabo

| Abb. 5.3

Petrarca und Apoll im Schatten eines Lorbeerbaums (Holzschnitt einer *Canzoniere*-Ausgabe von 1513)

Daphne. Der Rhythmus der Verse wird hier nach der dritten Silbe unterbrochen, um der Anrufung Nachdruck zu verleihen. Daphne wird allerdings namentlich nicht erwähnt, sondern mittels der Metonymie der "chiome bionde" evoziert, die bei Petrarca auch für Laura stehen. Es wird damit sogleich in der ersten Strophe eine Parallele zwischen Laura und Daphne zugrunde gelegt. An dieser Stelle lässt sich festhalten, dass das Gedicht erst im Kontext des *Canzoniere*, also auf der Makroebene des Gesamtzyklus, seine volle Bedeutung entfaltet. Die Parallele zwischen Laura und Daphne und damit natürlich zwischen Petrarca und Apollo wird erst in Vers 8 ("ove tu prima, et poi fu' invescato io") explizit.

Schauen wir das Sonett nun Strophe für Strophe an. Die erste Strophe beginnt, wie bereits erwähnt, mit der Invokation Apolls und der Anspielung auf den Daphne-Mythos von Ovid. Insgesamt handelt es sich bei der Strophe um eine Art Rückblick, der mittels eines hypothetischen Satzgefüges die Unvergänglichkeit der Liebe evoziert ("Apollo, s'anchor vive il bel desio […] et se non ài […] già poste in oblio"). In der zweiten Strophe wird nun das Bild Apolls um die Dimension des Sonnengottes vervollständigt. Der Parallelismus in Vers 5 ("dal pigro gielo et dal tempo aspro et rio") steht für das schlechte Wetter, das nur vertrieben werden kann, wenn die Sonne ihr Gesicht zeigt (Vers 6). In Vers 7 wird die Invokation von Vers 1 wieder aufgenommen, wenn Apollo durch den Imperativ "difendi" dazu aufgefordert wird, das "ehrwürdige und heilige Laub" zu schützen. "l'onorata et sacra fronde" ist wiederum eine Metonymie für die zum Lorbeer gewordene Daphne. Es sei darauf hingewiesen, dass diese Metonymie im 3. Vers der 2. Strophe parallelisiert werden kann mit der Metonymie "amate chiome bionde", die im 3. Vers der ersten Strophe für Daphne/Laura steht. Die erste Strophe handelt somit von der fliehenden Daphne bzw. der lebenden Laura, während sich die zweite Strophe auf die Daphne als Lorbeerbaum, bzw. die durch Petrarcas Dichtung unsterbliche Laura, bezieht. Wenn wir noch einen Schritt weitergehen, scheinen beide Strophen sogar die Makrostruktur des *Canzoniere* widerzuspiegeln: *in vita* und *in morte di Laura*. Die Verschmelzung von Laura und Daphne wird am Ende der 2. Strophe explizit, wenn Petrarca sich mit Apollo gleichsetzt ("Ove tu prima …", 8). Das erste Terzett greift eine weitere Komponente des Gottes Apoll auf, nämlich seine Erscheinung als Medizingott (vgl. 11: "di queste impressïon' …"). "Impressïon'" steht hier für den Pesthauch, den es zu vertreiben gilt. Im Zusammenhang mit der heilenden Kraft Apolls wird in den beiden vorangehenden Versen die Heil bringende Kraft der Liebe beschworen, die allein helfen kann, dem bitteren Leben standzuhalten. Das letzte Terzett greift nun ähnlich einer Zusammenfassung die Gleichsetzung von Petrarca und Apoll mit dem in der 1. Person Plural stehenden Verb "vedrem" und dem Possessivpronomen "nostra" wieder auf, wobei die letzten beiden Verse wiederum das Bild der Daphne/Laura in Gestalt des

Anrufung

Metonymie

Makroebene

Unvergänglichkeit

Apoll als Sonnengott

Parallelisierung Laura/Daphne

Abb. 5.4 |
Simone Martini (auch Simone Memmi): *Laura* (um 1336)

Apoll als Medizingott

Lorbeerbaums evozieren. Der sich selbst Schatten spendende Lorbeerbaum kann natürlich als Anspielung auf die einseitige Liebe der beiden Männer gesehen werden. Der Schatten schützt Daphne/Laura vor der Sonne, d. h. vor Apollo/Petrarca.

Zusammenfassend können wir festhalten, dass Petrarca sich in diesem Sonett durch die Parallelisierung mit Apoll zum unsterblichen Dichter, zum "poeta laureato", stilisiert. Das Besingen der Liebe wird damit zur unabdingbaren Quelle der Dichtung. Darüber hinaus müssen wir uns darüber im Klaren sein, dass sich uns die Gedichte Petrarcas ohne eine intertextuelle Verortung (s. Einheit 12.2.1) sowie ohne Einbettung in den Gesamtkontext des *Canzoniere* nicht in ihrer Gänze erschließen.

Intertextualität

Lesen Sie nun Sonett 60 des *Canzoniere* vor dem Hintergrund Ihrer bisherigen Kenntnisse über Petrarcas *Canzoniere* und beantworten Sie die folgenden Fragen.

1 L'arbor gentil che forte amai molt'anni,
  mentre i bei rami non m'ebber a sdegno[1]
  fiorir faceva il mio debil ingegno
  a la sua ombra, et crescer negli affanni[2].

5 Poi che, securo me di tali inganni[3],
  fece di dolce sé spietato legno,
  i' rivolsi i pensier' tutti ad un segno,
  che parlan sempre de' lor tristi danni[4].

9 Che porà dir chi per amor sospira,
  s'altra speranza le mie rime nove
  gli avessir data, et per costei la perde?

12 Né poeta ne colga mai, né Giove
   la privilegi, et al Sol venga in ira,
   tal che si secchi ogni sua foglia verde.
   (Petrarca: 1996, 308)

| **Text 5.2** |

Francesco Petrarca: Sonett 60 (aus: *Il Canzoniere*)

1 m'ebber a sdegno *hier: mich verachteten* – 2 affanni (pl.) *Sorgen, Nöte* – 3 inganni (pl.) *Täuschungen* – 4 danni *Schäden, Unglück*

? Analysieren Sie den Versbau und das Reimschema dieses Gedichtes.

| Aufgabe 5.1

? Wie wird oben beschriebener Daphne-Mythos von Petrarca formal und inhaltlich verarbeitet?

| Aufgabe 5.2

? Inwiefern unterscheidet sich dieser Text inhaltlich von Text 5.1?

| Aufgabe 5.3

Definition:

Petrarcas *Canzoniere* wurde in der bereits erwähnten Weise modellbildend für die gesamte europäische Lyrik. Der so genannte **Petrarkismus** folgt ihm insbesondere im Hinblick auf die Thematik (Liebesdichtung mit Überhöhung der körperlichen und geistigen Erscheinung der Geliebten, unerfüllbare Liebe und durch sie ausgelöster Schmerz und Todessehnsucht bei ungebrochenem Verlangen), die Gattungen (Sonett und Kanzone) sowie die verwendeten Ausdrucksmittel (Antithese, Oxymoron, Hyperbel, Anapher).

Vittoria Colonna und der weibliche Petrarkismus

Im 16. Jh. wird das Vorbild der petrarkistischen Liebeslyrik bevorzugt von Dichterinnen aufgenommen, die dieses Modell allerdings aus ihrer Position als Frau heraus umgestalten. Eine der bekanntesten italienischen Petrarkistinnen ist Vittoria Colonna (1490–1547). Nach dem frühen Tod ihres Ehemannes besingt sie diesen in ihren *Rime amorose* und begründet damit die Variante des *Ehepetrarkismus*. Ähnlich dem *Canzoniere* handelt es sich um einen Gedichtzyklus, analog zu Petrarca mit einem Proemialgedicht und einer Abschlusskanzone.

Text 5.3

Vittoria Colonna: Sonett 30 (aus: *Rime amorose*)

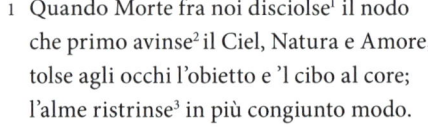

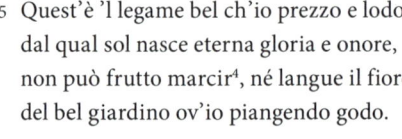

1 Quando Morte fra noi disciolse¹ il nodo
che primo avinse² il Ciel, Natura e Amore,
tolse agli occhi l'obietto e 'l cibo al core;
l'alme ristrinse³ in più congiunto modo.

5 Quest'è 'l legame bel ch'io prezzo e lodo,
dal qual sol nasce eterna gloria e onore,
non può frutto marcir⁴, né langue il fiore
del bel giardino ov'io piangendo godo.

9 Sterili i corpi fur, l'alme feconde
il suo valor qui col mio nome unito
mi fan pur madre di sua chiara prole,

12 la qual vive immortal, ed io ne l'onde
del pianto son, perch'ei nel Ciel salito,
vinse il duol la vittoria ed egli il sole.
(Colonna: 1982, 18)

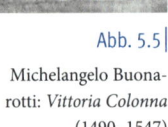

Abb. 5.5

Michelangelo Buonarotti: *Vittoria Colonna* (1490–1547)

1 disciogliere *lösen* – 2 avvincere *binden* – 3 ristringere *zusammenschnüren* – 4 marcire *hier: verfaulen*

Eine Übersetzung des Sonetts finden Sie auf www.bachelor-wissen.de.

Wenn wir die Sonette Colonnas mit denen Petrarcas vergleichen, müssen wir schon auf der Inhaltsebene feststellen, dass nicht das Thema der einseitigen, unerfüllten Liebe im Mittelpunkt steht, sondern vielmehr die Ehebeziehung. Das Leid des lyrischen Ichs resultiert nicht etwa aus der mangelnden Erwide-

Ehepetrarkismus

rung des Gefühls seitens des Ehegatten, sondern aus der Trennung der beiden durch den Tod. Dieser wird deshalb als Ursprung allen Übels allegorisch im 1. Vers unseres Sonetts erwähnt. Die Ehebeziehung wird in den ersten beiden Strophen durch zwei Isotopien beschrieben, während in den beiden Terzetten die Trauer und die Bewältigungsstrategien derselben angesprochen werden.

    Wir wollen uns nun erst einmal der Darstellung der Ehe zuwenden, einer Beziehung, die in der ersten Strophe mit der Metapher des unauflöslichen Knotens dargestellt wird. Die Elemente dieser Isotopie ("disciolse", "il nodo", "avinse", "ristrinse") werden von Verben dominiert, die semantisch den Gegensatz von Auflösen und Verbinden unterstreichen ("disciolse", 1, "ristrinse", 4). Löst der Tod diesen Knoten scheinbar auf, so wird er von der Seele nur noch fester gezogen. Die Ehe gilt damit über den Tod hinaus. In der zweiten Strophe wird die Ehe nun mittels der Gartenmetapher beschrieben ("sol", "frutto", "marcir", "langue", "fiore", "giardino"). Die anschließende antithetische Gerundiumskonstruktion in Vers 8 ("piangendo godo") verweist auf die Ambivalenz der Situation, in der sich das lyrische Ich befindet. Das Zerrissensein zwischen Leid und Lust wird erst im letzten Terzett aufgelöst.

    Das erste Terzett ist metapoetisch zu lesen und bedarf darüber hinaus der biographischen Kontextualisierung. Die Ehe der Vittoria Colonna blieb kinderlos, worauf die erste Hälfte des 9. Verses anspielt ("Sterili i corpi fur ..."). Der körperlichen Fruchtbarkeit wird aber in Form eines Chiasmus sogleich die Fruchtbarkeit der Seele gegenübergestellt, eine Antithese, die in den folgenden beiden Versen aufgelöst wird. Die Geburtsmetapher wird auf das dichterische Schaffen angewendet. Indem das lyrische Ich den verstorbenen Ehemann in der Dichtung preist, schenkt es ihm gleichsam Nachkommenschaft und lässt ihn so unsterblich werden. Dem Dichten wird hier also nicht mehr nur eine trostspendende Funktion zugeschrieben, wie Colonna in ihrem Prooemialgedicht vorgibt (Sonett 1, Vers 1: "Scrivo sol per sfogar l'interna doglia ..."), sondern hat auch die Ersatzfunktion für die unerfüllte Mutterrolle.

    Das zweite Terzett schließt mit einer Relativsatzkonstruktion direkt an das erste an und dient dazu, die Antithese von Vers 8 ("piangendo godo") aufzulösen. Der Ehemann im Himmel tritt metaphorisch als Sonne in Erscheinung und wird letztendlich die Trauer des lyrischen Ichs besiegen. Der hier angedeutete Hoffnungsschimmer bezieht sich natürlich im christlichen Sinne auf die Wiedervereinigung der Eheleute im Himmel.

    Für die formale Struktur der Verse können wir abschließend festhalten, dass diese häufig nach dem dualistischen Prinzip entweder der Antithese, wie in diesem Sonett mittels der Chiasmen in den Versen 3 und 9 ("tolse agli occhi l'obietto e 'l cibo al core", "Sterili i corpi fur, l'alme feconde") und in Vers 7 ("non può frutto marcir, né langue il fiore") gebaut sind. Inhaltlich spiegelt die dualistische Struktur die innere Zerrissenheit des lyrischen Ichs wider. Häufig bedient Colonna sich aber auch der dreigliedrigen Aufzählung, wie hier in

Isotopien

Knotenmetapher

Gartenmetapher

Biographischer Kontext

Formale Struktur

Vers 2 ("il Ciel, Natura e Amore"), die auf das göttliche Prinzip der Trinität anspielt. Im Sinne dieser Symbolik ist ebenfalls die Anordnung der Chiasmen in diesem Sonett zu deuten, die sich jeweils in den durch drei teilbaren Versen befinden (3, 9).

Zahlensymbolik

Zusammenfassung

> Zusammenfassend können wir festhalten, dass Colonna in diesem Sonett, wie auch in den anderen ihrer 89 Gedichte dieses Zyklus, die Ehe in ihrem christlichen Verständnis preist und sich selbst dabei als untadelige Ehefrau inszeniert. Auch die Tatsache, dass sie als dichtende Frau eine Sonderposition in der Gesellschaft einnimmt, legitimiert sie über ihre Rolle als Ehefrau.

Text 5.4

Vittoria Colonna: *Rime amorose*, Sonett 10

1 Chi può troncar quel laccio che m'avinse?
Se Ragion porse il stame[1] Amor l'avolse;
né Sdegno il rallentò, né Morte il sciolse;
la Fede l'annodò, Tempo lo strinse.

5 Il cor legò, poi l'alma, e intorno cinse;
chi più conobbe il ben più se ne tolse;
l'indissolubil nodo in premio volse
per esser vinta da chi gli altri vinse.

9 Convenne al ricco bel legame eterno
spreggiar[2] questa mortal caduca spoglia
per annodarmi[3] in più mirabil modo;

12 onde tanto obligò lo spirto interno
ch'al cangiar vita fermerò la voglia;
soave in terra, in Ciel felice nodo.
(Colonna: 1982, 8)

1 il stame *das Garn, der Faden* – 2 spreggiare *verachten* – 3 annodarsi *verknoten*

Eine Übersetzung des Sonetts finden Sie auf www.bachelor-wissen.de.

Aufgabe 5.4

? Analysieren Sie die Metaphorik dieses Sonetts vor dem Hintergrund Ihres bisherigen Wissens über den Gedichtzyklus Vittoria Colonnas.

Aufgabe 5.5

? Welches syntaktische Strukturprinzip herrscht auf der Versebene vor?

Aufgabe 5.6

? Versuchen Sie nun, den Inhalt des Sonetts in zwei Sätzen zusammenzufassen.

Die literarische Dekadenz: Gabriele D'Annunzio

|5.2

Literarische Dekadenz

Mit dem nächsten Textbeispiel vollziehen wir einen Sprung an das Ende des 19. Jh., in die Epoche der literarischen Dekadenz. Exemplarisch für diese Strömung, die die formale Erneuerung der modernen Lyrik begründet, steht der Romancier, Dramatiker und Lyriker Gabriele D'Annunzio. Der 1863 in Pescara geborene Autor veröffentlichte bereits während seiner Schulzeit in Prato (Toskana) eine Gedichtsammlung mit dem Titel *Primo vere* (1879). Nach dem Abitur 1881 ließ er sich in Rom nieder, wo er sich als Journalist, Schriftsteller und Lebemann einen Namen machte. In seinem Werk versuchte er den Widerspruch zwischen Kunst und Leben zu überwinden. Sein mondäner Lebensstil und seine ästhetisierende Lyrik ließen ihn zum Modeschriftsteller der besseren römischen Gesellschaft werden. Von seinen vielen Liebschaften ist vor allem die mit der berühmten Schauspielerin Eleonora Duse legendär, die er 1895 in Venedig kennen lernte. Aufgrund finanzieller Probleme begab D'Annunzio sich von 1910–1915 nach Paris in ein, wie er selbst formulierte, "freiwilliges Exil". In Frankreich begann er Dramen in französischer Sprache zu verfassen. Nach dem Ausbruch des I. Weltkrieges kehrte der Dichter nach Italien zurück, um für das 'Vaterland' zu kämpfen. Obwohl er bei einem Flugzeugunglück ein Auge verlor, stellte er die Erfahrung des Krieges verherrlichend dar und ließ sich in der Folge vom aufkommenden Faschismus verführen. Gegen Ende seines Lebens geriet D'Annunzio jedoch zunehmend in politische Isolation und zog sich ganz in seine Villa nach Gardone Riviera (Gardasee) zurück. Dort hatte er sich und seinem Werk bereits in den 1920er Jahren ein Denkmal in Form eines Mausoleums errichtet. 1938 starb er in seiner Villa. Neben seinen Romanen und Dramen hat er vor allem die Lyrik der Jahrhundertwende sowie die Nachfolgegeneration der *crepuscolari* maßgeblich geprägt.

|Abb. 5.6

Gabriele D'Annunzio (1863–1938)

|Abb. 5.7

Villa D'Annunzios in Gardone Riviera

> Die **literarische Dekadenz** kann als gesamteuropäisches Phänomen begriffen werden, das als Reaktion auf die technische Entwicklung und den Positivismus (s. 10.2) der zweiten Hälfte des 19. Jh. zu verstehen ist. Für Italien bezeichnet der *decadentismo* die Epoche der modernen Lyrik seit der Romantik, vor allem jedoch die Lyrik ab 1880, in der sich die Suche nach idealistischen Werten und ein praktizierter Ästhetizismus abzeichnen. Formal ist diese Lyrik u. a. von den französischen Symbolisten beeinflusst (vgl. Gröne/Reiser: 2007, 86ff.), d.h. von der Auflösung des traditionellen Verses und der traditionellen Metrik sowie einer verschlüsselten Sprache.
>
> Der Begriff ***crepuscolari*** wurde von Giuseppe Antonio Borgese (1882–1952) geprägt und umfasst eine Gruppe junger Dichter, die sich u. a. an D'Annunzios *Poema paradisiaco* anlehnen, um ihr Unbehagen an der Moderne zum Ausdruck zu bringen.

Definition: Literarische Dekadenz und die *crepuscolari*

Wir wollen uns nun einem Gedicht aus D'Annunzios *Poema paradisiaco* zuwenden, einer Gedichtsammlung, die erstmals zusammen mit den *Odi*

Poema paradisiaco (1893)

navali im Juli 1893 in einer Luxusausgabe bei dem Verlag Fratelli Treves Editori in Mailand erschienen ist. Die 54 Gedichte des Zyklus waren bereits vorab in Zeitschriften veröffentlicht worden und erhielten erst im Nachhinein durch ihre Anordnung eine narrative Struktur. Am Ende des *Poema* ist das Sonett "O Giovinezza!" eingeordnet, das wir nun näher betrachten wollen.

Text 5.5|

Gabriele D'Annunzio:
O Giovinezza! (aus:
Poema paradisiaco)

1 O Giovinezza, ahi me, la tua corona
   su la mia fronte già quasi è sfiorita.
   Premere sento il peso de la vita,
   che fu sì lieve, su la fronte prona[1].

5 Ma l'anima nel cor si fa più buona,
   come il frutto maturo. Umile e ardita,
   sa piegarsi[2] e resistere; ferita,
   non geme[3]; assai comprende, assai perdona.

9 Dileguan[4] le tue brevi ultime aurore,
   o Giovinezza; tacciono le rive
   poi che il tonante vortice[5] dispare[6].

12 Odo altro suono, vedo altro bagliore[7].
   Vedo in occhi fraterni ardere vive
   lacrime, odo fraterni petti ansare[8].
   (D'Annunzio: 1978, 198f.)

1 prona *gebeugt* – 2 piegarsi *sich beugen* – 3 gemere *hier: leiden* – 4 dileguan = si spengono – 5 vortice *Strudel* – 6 dispare *verschwinden* – 7 bagliore *Schein, Licht* – 8 ansare *keuchen*

Aufgabe 5.7|

? Auch bei diesem Gedicht handelt es sich um ein Sonett. Arbeiten Sie im Vergleich zu den Texten 5.1 bis 5.4 die formalen Neuerungen heraus.

Aufgabe 5.8|

? Analysieren Sie auf der Makro- wie auf der Mikroebene, wie das Thema der Jugend in diesem Sonett behandelt wird.

In diesem Sonett, das D'Annunzio mit Ende Zwanzig verfasste, setzt er sich ästhetisierend mit seiner sich dem Ende zu neigenden Jugendzeit auseinander. Strukturell gehorcht das Gedicht formal wie inhaltlich einem dualistischen

Dualistisches Prinzip

Prinzip. Schon die Form des Sonetts beinhaltet eine Zweiteilung in Auf- und Abgesang (Einheit 4). Die beiden Quartette stellen die zwei Facetten der verflossenen Jugendzeit dar, während die beiden Terzette eine synthetisierende Funktion erfüllen. Die dualistische Struktur wird auch innerhalb der einzelnen Strophen bzw. Verse wieder aufgenommen. So lassen sich die Quartette

Syntax

syntaktisch jeweils in zwei Teile, d.h. Sätze, gliedern. In der dritten Strophe wird die Zweiteilung insofern wieder aufgenommen, als der syntaktische Einschnitt in der Mitte der Strophe erfolgt: der 10. Vers ist syntaktisch und inhaltlich genau in zwei Halbverse geteilt. Im letzten Terzett nun wird der Dualismus spielerisch aufgehoben, indem Satzfiguren, die eigentlich auf einer dualistischen Struktur aufbauen, d.h. der Parallelismus und der Chiasmus, kunstvoll miteinander verflochten werden.

Parallelismus, Chiasmus

Das Sonett beginnt mit einer Invokation der Jugend als Allegorie ("O Giovinezza …"), verstärkt durch den Klageruf "ahi me", und entwickelt sich im Folgenden als Monolog des lyrischen Ichs, das sich an die Jugend richtet. In der ersten Strophe wird diese unter dem Aspekt der Vergänglichkeit behandelt. Auf der Ebene der Verben dominieren die Vergangenheitstempora. Semantisch wird die Jugend mit der Metapher der Krone verbunden, aber mit der Isotopie der Vergänglichkeit kontrastiert ("sfiorita", 2, "il peso de la vita", 3). Drückt die erste Strophe eher das Bedauern angesichts des Schwindens der jugendlichen Leichtigkeit aus, stellt die zweite Strophe nun den positiven Aspekt der Reife in den Vordergrund. Die antithetische Struktur dieser beiden Strophen wird durch das "Ma …" gleich zu Beginn der zweiten Strophe angekündigt. Mittels des Vergleichs der reifen Frucht ("come il frutto maturo", 6), der hier jedoch seiner ursprünglichen Bedeutung der Vergänglichkeit enthoben und damit positiv konnotiert ist, wird die Herzensgüte unterstrichen. Im Folgenden wird diese in Form einer asyndetischen Reihung von Parallelismen näher beschrieben, wobei die drei ersten Parallelismen wiederum antithetisch gestaltet sind. Diese Antithesen werden allerdings mit dem 4. Parallelismus wieder aufgelöst.

Reimschema
Invokation

Isotopie
Vergänglichkeit

Reife

Parallelismen

Im 2. Vers der dritten Strophe wird die Anrufung der ersten Strophe noch einmal aufgenommen und mit ihr in den Verben ebenfalls die Isotopie der Vergänglichkeit ("dileguan", "taccino", "dispare", 9–11). Der auf den ersten Blick auch hier negativ erscheinende Aspekt der Vergänglichkeit wird durch die nun einkehrende Ruhe relativiert, die im Bild des schwindenden Strudels ("il tonante vortice dispare", 11) verdeutlicht wird.

In der letzten Strophe dominieren das lyrische Ich und seine Wahrnehmung. Die Isotopie der Sinneswahrnehmungen ("odo", "vedo", "bagliore", "occhi", 12–13) erzeugt einen Eindruck von Vitalität, der ganz im Gegensatz zur Vergänglichkeit in der ersten Strophe steht. Dieser Eindruck wird noch durch das Enjambement von Vers 13 zu Vers 14 verstärkt; die Tränen ("ardere vive/lacrime") weisen auf noch vorhandene Leidenschaft hin. Diese erscheint durch das parallel geführte Adjektiv "fraterni" wiederum als abgemilderte, gleichsam reife Leidenschaft.

Vitalität

? Bevor Sie weiter lesen, versuchen Sie den Gebrauch von Chiasmen und Parallelismen in der letzten Strophe zu analysieren und schematisch darzustellen.

Aufgabe 5.9

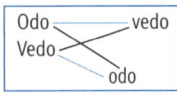

Abb. 5.8 |
Chiasmus der
Verbformen "odo" und
"vedo"

Zusammenfassung

Im letzten Terzett werden die Parallelismen auf der Versebene verbunden mit dem Chiasmus der Verbformen "odo" und "vedo" auf der Strophenebene. Das dualistische antithetische System, das dem Gedicht inhaltlich und formal zugrunde liegt, wird damit in einer Art Harmonie aufgelöst. Inhaltlich ließe sich diese Schlussfolgerung in etwa so formulieren: Der Verlust der Jugend steht zwar für die Vergänglichkeit, bedeutet aber nicht zwingend Verlust von Vitalität und Lebensfreude. Vielmehr ist die sich mit zunehmendem Alter einstellende Reife als Chance zu begreifen.

5.3 | Die hermetische Lyrik der Moderne: Eugenio Montale

Hermetismus

Die Zeit zwischen den Weltkriegen war von avantgardistischen Tendenzen in der Lyrik bestimmt. Das Interesse der breiten Leserschaft richtete sich zunehmend auf die Erzählliteratur, so dass die Dichter sich mit einer formal innovativen und inhaltlich sehr verschlüsselten Dichtung von diesem Publikum distanzierten. Zuweilen wurde dieser 'Hermetismus' auch eingesetzt, um unbemerkt Kritik am aufkommenden Faschismus zu üben. Zu den Dichtern des 'Hermetismus' zählen Giuseppe Ungaretti (1888–1970), Umberto Saba (1883–1957) und Eugenio Montale. Letzterem wollen wir uns nun zuwenden.

Abb. 5.9 |
Eugenio Montale
(1896–1981)

Freier Vers

Symbolik

Poetologische
Reflexion

Eugenio Montale wurde 1896 in Genua geboren und die Landschaft Liguriens wird für ihn und sein Werk zeitlebens eine fundamentale Rolle spielen. Geprägt ist seine Lyrik darüber hinaus von den Futuristen, den französischen Symbolisten und der gesamten Kunst und Literatur des späten 19. und des frühen 20. Jh. Spätestens nach seiner Teilnahme am I. Weltkrieg fühlte Montale sich in 'Disharmonie' mit der Welt. Dieses Lebensgefühl des *male di vivere* wird in seinem Werk immer wieder mit der Hoffnung kontrastiert, die Disharmonie zu überwinden. Stilistisch ist sein Werk geprägt vom Gebrauch des freien Verses, der Vermischung verschiedenster lexikalischer Ebenen und einer Dingsymbolik, die die Landschaften und die zu ihnen gehörenden Dinge, vor allem die Tiere und Pflanzen, zum Symbol der Situation der Menschheit werden lässt. Sein Werk ist begleitet von einer vielfältigen Reflexion über die Funktion des Dichters und der Dichtung.

Text 5.6 |
Eugenio Montale:
*Confessioni di scrittori,
Intervista con se stessi*
(Auszug)

L'argomento della mia poesia […] è la condizione umana in sé considerata: non questo o quello avvenimento storico. Ciò non significa estraniarsi da quanto avviene nel mondo; significa solo coscienza, e volontà, di non scambiare l'essenziale col transitorio […]. Avendo sentito fin dalla nascita una totale disarmonia con la realtà che mi circondava, la materia della mia ispirazione non poteva essere che quella disarmonia. (Montale: 1976, 569)

Aufgabe 5.10 |

? Wie beschreibt Montale in diesen Zeilen sein Verhältnis zur Welt und zur Realität? Belegen Sie Ihre Antwort.

Wir wollen uns nun Montales erster größerer Lyriksammlung zuwenden, den *Ossi di seppia*, erstmals erschienen 1925. Schon der Titel der Sammlung, auf Deutsch *Knochen des Tintenfischs,* löst bei den Lesern unterschiedliche Assoziationen aus. Zum einen verbinden wir den Sepiaknochen mit dem Mittelmeer, zum anderen handelt es sich um abgestorbene Materie. Der Titel steht also emblematisch für die Verschlüsselung der Texte. Exemplarisch wollen wir im Folgenden anhand der Lektüre des Gedichtes "Portami il girasole" aus den *Ossi di seppia* versuchen, einen solchen hermetischen Text zu entschlüsseln.

Ossi di seppia (1925)

1 Portami il girasole ch'io lo trapianti
nel mio terreno bruciato dal salino,
e mostri tutto il giorno agli azzurri specchianti[1]
del cielo l'ansietà[2] del suo volto giallino.

5 Tendono alla chiarità le cose oscure
si esauriscono[3] i corpi in un fluire[4]
di tinte[5]: queste in musiche. Svanire[6]
è dunque la ventura[7] delle venture.

9 Portami tu la pianta che conduce
dove sorgono bionde trasparenze[8]
e vapora la vita quale essenza[9];
portami il girasole impazzito[10] di luce.
(Montale: 1991, 45)

|Text 5.7

Eugenio Montale:
Portami il girasole (aus:
Ossi di seppia)

1 specchianti *hier: sich spiegelnd –* 2 l'ansietà *Ängstlichkeit, Bangigkeit –* 3 esaurirsi *sich erschöpfen, sich verbrauchen –* 4 un fluire *Fließen –* 5 tinte *Farben –* 6 svanire *hier: sich verlieren –* 7 la ventura *Schicksal –* 8 trasparenze *Durchsichtigkeiten, Transparenz –* 9 essenza *Wesen –* 10 impazzito *verrückt geworden*

? Arbeiten Sie im Sinne einer ersten Annäherung die Isotopien in Text 5.7 heraus. Lässt sich aus ihnen eine Struktur ermitteln?

|Aufgabe 5.11

? Versuchen Sie nun formale und inhaltliche Strukturmerkmale zu analysieren.

|Aufgabe 5.12

Anhand einer detaillierten Lektüre des Gedichtes lassen sich vier dominierende Isotopien ausmachen: die der Pflanzen ("girasole", "trapianti", "terreno bruciato", "la pianta"), die der Farben ("azzurri", "giallino", "tinte", "bionde", "trasparenze", "il giorno", "luce", "chiarità", "oscure"), die der Zustände ("bruciato", "l'ansietà", "esauriscono", "un fluire", "svanire", "vapora", "impazzito"), die des im weitesten Sinne Existenziellen ("le cose", "i corpi", "essenza", "ventura"). Die Isotopie der Pflanzen enthält das Dingsymbol des Gedichtes: die

Isotopien

Dingsymbol

Sonnenblume. Auf der semantischen Ebene lässt sich also das Strukturprinzip des Dualismus ausmachen: Wir erkennen Isotopien, die Konkretes zum Gegenstand haben, und Isotopien, die vornehmlich abstrakte Elemente beinhalten. Wenn wir uns nun den einzelnen Isotopien zuwenden, so lässt sich an der der *Oppositionen* Farben eine Struktur der Opposition ausmachen. Es dominiert der Kontrast zwischen hell und dunkel, wobei quantitativ der Eindruck von Helligkeit und Leuchten überwiegt. In Kombination mit der Isotopie der Pflanzen entsteht so der Eindruck von Lebendigkeit und Vitalität, der jedoch in Vers 2 ("nel mio terreno bruciato dal salino") sogleich untergraben wird, indem hier das Unbelebte, Abgestorbene in den Vordergrund rückt. In der ersten Strophe werden *Assoziationen* abwechselnd positive (Verse 1 und 3) und negative Assoziationen (Verse 2 und 4), die den Leser gleichsam verstören, geweckt. Auf die kontrastive Wirkung von Vers 2 wurde bereits hingewiesen. Dieser bildet nun wieder eine Opposition zu Vers 4, in dem die Sonnenblume personifiziert wird, wenn von ihrem Gesicht und ihrer Ängstlichkeit die Rede ist. Besonders das Element "ansietà" wirkt hier befremdend. In den beiden weiteren Strophen dominieren nun die abstrakten Isotopien. So weisen die Elemente der Isotopie 'Zustände' *Auflösung* auf das Phänomen der Auflösung und des Zerfließens hin, das auch Gegenstand der zweiten Strophe ist. Hier vermischen sich Körper und Dinge und lösen sich in den Sinneseindrücken ("tinte", "musiche", 7) auf. Am Ende der *Existenzielle Reflexion* Strophe wird dann auch das Verschwinden, das Sich-Auflösen als positives Schicksal in Form eines Superlativs ("la ventura delle venture", 8) formuliert. Diese Idee wird in der dritten Strophe wieder mit dem Dingsymbol der Sonnenblume verknüpft. In dieser Strophe dominiert darüber hinaus die Isotopie der Existenz, die gleichsam als Frage formuliert wird.

Aufgabe 5.13 | **?** Versuchen sie nun die Bedeutung des Symbols der Sonnenblume zu formulieren.

Symbolgehalt der Sonnenblume Das lyrische Ich richtet sich an ein nicht näher definiertes 'Du', das es bittet, ihm die Sonnenblume zu bringen, mit der der Leser positive Assoziationen wie Helligkeit und Leben verbindet. An der Sonnenblume lässt sich auch die Hoffnung festmachen, Antwort auf die Frage zu finden, was sich eigentlich hinter der menschlichen Existenz verbirgt. Den französischen Symbolisten ähnlich formuliert Montale die Frage nach einer höheren Wahrheit. Im Gegensatz zu ihnen scheint er jedoch keine Antwort zu finden. Durch die Elemente der Isotopie der Zustände, die hier mit der Sonnenblume in Verbindung gebracht werden, ("l'ansietà", 4, "impazzito", 12) wird der existenzielle Hoffnungsschimmer gleichsam zerstört.

Abschließende Lesehypothese Wir wollen jetzt abschließend versuchen, eine Lesehypothese zu formulieren. Zugegebenermaßen ist dies für einen solchen Text, der vielerlei Assoziationen und damit auch Lesarten zulässt, nicht ganz einfach. Vor dem Hintergrund des oben angeführten Zitats von Montale (Text 5.6) lässt sich das

Gedicht aber wohl, wie übrigens auch die meisten anderen seiner Gedichte, als Ausdruck der Empfindung der Disharmonie angesichts der Realität lesen, die der Dichter immer wieder zu überwinden sucht. Diese Versuche scheinen in Symbolen wie der Sonnenblume oder den Zitronen ("I limoni") gleichsam verdinglicht.

Den Text von "I limoni" finden Sie auf www.bachelor-wissen.de.

? Ermitteln Sie nun selbständig im Vergleich mit den bereits behandelten Gedichten die formalen Neuerungen in diesem Text und arbeiten Sie in Bezug auf Strophenform, Metrik und Reimschema die formale Struktur heraus. Wie lässt sich diese in Zusammenhang zu unserer inhaltlichen Analyse bringen? Begründen Sie Ihre Antwort.

|Aufgabe 5.14

In der zurückliegenden Einheit wurden die theoretischen Grundlagen der Lyrikanalyse anhand von fünf Beispielgedichten konkretisiert. Das besondere Augenmerk galt hinsichtlich des Sonetts zunächst der Gattungsform und ihrer Beziehung zu inhaltlichem Bau und Logik. Bei allen Beispielanalysen wurde das Zusammenwirken von Ausdrucks- und Inhaltsseite vorgeführt. Die Texte von Francesco Petrarca und Vittoria Colonna stehen im Kontext der petrarkistischen Liebeslyrik, während die modernen Gedichte Gabriele D'Annunzios und Eugenio Montales sich stärker existenziellen Fragestellungen widmen. An den Texten, die den Zeitraum vom *Trecento* bis zum 20. Jh. umfassen, lässt sich darüber hinaus die inhaltliche und formale Entwicklung der Gattung nachvollziehen.

Zusammenfassung

Literatur

Vittoria Colonna: *Rime.* Hg. A. Bullock. Roma/ Bari: Laterza 1982 (Scrittori d'Italia).

Gabriele D'Annunzio: *Poesie.* Hg. Federico Roncoroni. Milano: Garzanti 1978.

Eugenio Montale: *Ossi di seppia.* Hg. Giorgio Zampa. Milano: Mondadori ²1991 (Oscar Grandi Classici).

Eugenio Montale: *Sulla poesia.* Milano: Mondadori 1976, 569–574.

Francesco Petrarca: *Canzoniere.* Hg. Marco Santagata. Milano: Mondadori 1996 (I meridiani).

Maximilan Gröne/Frank Reiser: *Französische Literaturwissenschaft. Eine Einführung.* Tübingen: Narr 2007 (bachelorwissen).

Dramenanalyse

	Inhalt	
6.1	Drama als Text und Aufführung	94
6.2	Figuren	100
6.3	Figurenrede	103
6.4	Figurenkonstellation	105
6.5	Handlung	106
6.5.1	Aufbau und Untergliederung	107
6.5.2	'Offene' und 'geschlossene' Form des Dramas	109

Als zweite Hauptgattung soll das Drama im Hinblick auf seine literaturwissenschaftliche Analyse betrachtet werden. Ein entscheidendes Merkmal des Dramas ist das Nebeneinander von Lese- und Aufführungspraxis. Insofern die Handlung erst aus dem Zusammenspiel der Figuren entsteht, müssen diese zunächst auf ihre Charakterisierung, auf ihre Beziehungskonstellation und auf die Formen der Rede oder sonstige Ausdrucksmöglichkeiten hin untersucht werden. Im Anschluss können Struktur und Aufbau der Handlung erörtert werden.

Überblick

6.1 | Drama als Text und Aufführung

! Drama bedeutet Handlung

Der Begriff 'Drama' stammt aus dem Griechischen und bedeutet Handlung. Zum Ausdruck kommt dabei die Vorstellung, dass das Drama menschliches Handeln nachahmt oder darstellt. Die Figuren treten direkt auf die Bühne und können sogar mit dem Publikum eine wechselseitige Kommunikation aufnehmen. Die Präsenz der Figuren und ihre dialogische Rede steht somit im Gegensatz zur vermittelnden Erzählerfigur in der Epik. Nun liegen Dramen in der Regel in Form einer gedruckten Textvorlage vor, teilweise werden sie sogar in erster Linie nur für ein Lesepublikum verfasst (Lesedrama). Auf der anderen Seite gibt es Theaterstücke, denen überhaupt keine Textgrundlage vorausgeht und die eventuell auch nachträglich niemals schriftlich fixiert werden. Hierzu zählen die verschiedenen Formen des Stegreiftheaters, in dem der detaillierte Handlungsverlauf nicht im Vorfeld geplant wird, sondern auf der Bühne aus dem spontanen Agieren der Schauspieler und Schauspielerinnen heraus entsteht. Die wichtigste literaturhistorische Vertreterin dieser Spielform ist die aus den mittelalterlichen Jahrmarktsspielen hervorgegangene *commedia dell'arte*, die vor allem in der italienischen Renaissance eine Blütezeit erlebte und bis ins 18. Jh. hinein gepflegt wurde.

Lesedrama

Zusatzmaterial zur commedia dell'arte finden Sie im Internet unter www.bachelor-wissen.de

Abb. 6.1|
Figuren der commedia dell'arte auf einem Stich von Jacques Callot (1621)

Geistliches Schauspiel

Die Wurzeln des volkssprachigen italienischen Theaters liegen einerseits im antiken Drama, andererseits in den mittelalterlichen Schauspielen, die sich als eigenständige Formen ausprägten. Europaweit wurden Mysterien- und

Mirakelspiele (*misterio, miracolo*) zumeist zu besonderen Anlässen im Laufe des Kirchenjahrs auf öffentlichen Plätzen oder Straßen inszeniert (in Italien in erster Linie ab dem Ende des 15. Jh.). Zur Aufführung gelangten biblische Stoffe oder Heiligenlegenden, etwa die Bekehrung oder das Martyrium vorbildlicher Figuren. Als *sacra rappresentazione* wurde in Italien bspw. die Leidensgeschichte Christi im Passionsspiel auf die Bühne gebracht (Giulano Dati: *La passione di Cristo*, Ende 15. Jh.). Parallel dazu entstanden aus Jahr-marktsaufführungen kurze komische Szenen oder Stücke (etwa als Farce, *farsa*). Ihre Komik trug Züge der sozialkritischen Satire, wobei der derbe Witz

|Abb. 6.2

Das Martyrium der Heiligen als Schauspiel. Darstellung von Jean Fouquet (15. Jh.).

auf den ungehobelten Figuren niederen Standes, ihrer groben (dialektalen) Sprache, pantomimischen Einlagen, eingeschobenen Liedern, Prügelszenen etc. beruhte.

Die gelehrte Komödie

Abb. 6.3 |
Niccolò Macchiavelli
(1469–1527)

Von diesen künstlerisch eher einfach gehaltenen Formen setzte sich in der Renaissance unter dem Einfluss der erneut rezipierten antiken Überlieferung die *commedia erudita* ab, die auf Latein oder in der Volkssprache für ein gebildetes Publikum gegeben wurde. Neben Ludovico Ariosto (*La cassaria*, 1508) ist bspw. Niccolò Machiavelli (*La mandragola*, 1518) als maßgeblicher Autor zu nennen. Der Begriff 'Komödie' an sich bezeichnet im engeren Sinne eine der grundlegenden dramatischen Formen, ein Lustspiel mit einer meist auf Verwicklungen im Alltagsleben abzielenden komisch-persiflierenden Handlung, die ein glückliches Ende nimmt. Die Handlungsträger entstammen in der Regel mittleren oder niederen sozialen Schichten. Dem gegenüber steht die Tragödie, die u. a. durch ein Figureninventar von gehobenem Stand mit kunstvoll geformter Sprache, einen klar strukturierten Aufbau, eine ernste Thematik mit tragischem Konflikt und tragischem Ausgang gekennzeichnet ist.

Hirtendrama

Abb. 6.4 |
Torquato Tasso
(1544–1595)

Libretto

Zwischen Komödie und Tragödie gibt es eine große Anzahl von Mischgattungen, etwa die Tragikomödie, ein dramatischer Konflikt, der ein glückliches Ende nimmt. Das Hirtendrama (*dramma pastorale*) stellte Liebeskonflikte mit gutem Ausklang in einem ländlich-idyllischen Ambiente vor (Torquato Tasso: *L'Aminta*, 1573; Battista Guarini: *Il pastor fido*, 1585). Von den realen Alltagsproblemen losgelöst wurde hier eine Gegenwelt entworfen, die im Weiteren für die Entwicklung der Oper einflussreich werden sollte. Gerade in Italien spielt das *melodramma* als Musiktheater (auch: *opera lirica*, dt. Oper) in Form von Libretti (*libretto*, Textvorlage zu Singspielen, Opern etc.) ab dem ausgehenden *Seicento* ebenfalls für die Literaturgeschichte eine bedeutsame Rolle (so unter Pietro Metastasio, 1698–1782) und kann neben der bereits erwähnten *commedia dell'arte* als eine der großen Leistungen des italienischen Theaters gesehen werden. Viele der späteren Dramenformen lassen sich mit den genannten in Beziehung setzen. So führte Carlo Goldonis (1707–1793; vgl. Einheit 7.1) Werk zu einer Straffung der sprunghaften *commedia dell'arte*, während sein literarischer Kontrahent Carlo Gozzi (1720–1806) mit seinen *fiabe teatrali* (z. B. *L'amore delle tre melarance*, 1761) ein weniger von Regeln eingeschränktes Märchentheater vertrat.

Tragödie

Die Tragödie konnte als dramatische Gattung in der italienischen Literatur nur einen bescheidenen Platz einnehmen. Vittorio Alfieri (1749–1803) legte handlungsarme Tragödien vor, die unter strenger Beachtung der sog. drei Aristotelischen Einheiten (s. Abschnitt 6.5.2) vor allem einen in die Psyche der Figuren verlagerten Konflikt entfalten (*Saul*, 1782; *Mirra*, 1789). Alessandro Manzoni (1785–1873) stellte in historischen Dramen tragische Konflikte in geschichtlich zurückliegenden Epochen dar; der Einzelne und sein individuelles Streben wird dabei zum Opfer übergreifender Konstellationen und des Egoismus der Mächtigen (*Il conte di Carmagnola*, 1816; *Adelchi*, 1822). Bei Gabriele D'Annunzio (1863–1938) schließlich werden in der Tragödie *La città morta* (1899; italienische Uraufführung 1901) Leidenschaft und Tod mythisch überhöht und zum Zeichen eines Dekadenz-Bewusstseins, das im Angesicht einer verfallenden Gesellschaft nach unwiderlegbaren Idealen sucht.

| Abb. 6.5

Giuseppe Giacosa
(1847–1906)

Zuvor hatte der italienische Naturalismus, der *verismo*, sich darum bemüht, auch für das Theater die realitätsgetreue Darstellung einfacher Menschen und ihrer alltäglichen Nöte und Konflikte anzunehmen (z. B. Giuseppe Giacosa: *Tristi amori*, 1887).

Ein innovativer Schub ging Anfang des 20. Jh. von der italienischen Bühne aus. Vor allem Luigi Pirandello (1867–1936; vgl. Einheit 7.2) setzte mit der Selbstthematisierung des Theaters neue Akzente. Zugleich konzipierte Pirandello an anderer Stelle unter dem Vorzeichen des *verismo* Figuren, die realitätsnah in sizilianischer Mundart sprechen. Für die bis heute ungebrochene Anziehungskraft des italienischen Schauspiels steht nicht zuletzt Dario Fo (*1926), der in Zusammenarbeit mit seiner Lebensgefährtin Franca Rame (*1929) in seinen Produktionen immer wieder auf Stilelemente der antiken Komödie und der *commedia dell'arte* zurückgreift, die in den Dienst der politischen Satire gestellt werden.

Theater im
20. Jahrhundert

Ausgelöst von Dario Fos *Mistero buffo* (1969) entwickelte sich in den 1980er Jahren das *teatro di narrazione* als Absage an die Aufführung fiktionaler Handlungen durch künstlich geschaffene Figuren eine Art ausgeweiteter Monolog, in dem die Auftretenden gleichsam unter eigenem Namen Geschichten erzählen, anstatt sie darzustellen (ein Vertreter der sog. 'ersten Generation' ist bspw. Marco Paolini, *1956).

Dramen liegen wie gesagt in mindestens zweierlei medialen Kontexten vor, im Objekt Buch und in der individuellen Aufführung eines Stückes, welche noch ergänzt werden können durch die filmische Aufzeichnung einer Theaterinszenierung, weiterhin die eigentliche Verfilmung einer dramatischen Textvorlage oder ihre Hörspielfassung. Während sich die Literaturwissenschaft im Allgemeinen – aber nicht nur! – mit der Analyse des gedruckten Theaterstücktextes auseinandersetzt, ist die aus der Literaturwissenschaft hervorgegangene Theaterwissenschaft stärker mit den Aspekten der wechselnden Inszenierungen und der Aufführungspraxis befasst.

Der Unterscheidung von gedrucktem Text und Bühnenaufführung entspricht im gedruckten Text selbst gewissermaßen die Aufteilung in Haupt- und Nebentext. Der Haupttext (*testo principale*) umfasst dabei alle auf der Bühne geführten Redepassagen, d. h. in erster Linie die Dialogpartien und Monologe (s. Abschnitt 6.3). Der Nebentext (*testo secondario*) hingegen enthält alle zusätzlichen Informationen, welche die Verfasserin oder der Verfasser des Stückes für die Inszenierung (oder aber für das Lesepublikum) vorgesehen hat,

Haupt- und Nebentext

v. a. Bühnenanweisungen (auch: Regieanweisungen bzw. Didaskalien/*didascalia*).

Zum Nebentext, der typographisch und im Layout vom Haupttext deutlich abgesondert wird, gehören:

- Titel
- Angaben zum Schauplatz und Zeitpunkt der Handlung
- Personenverzeichnis
- Bezeichnung oder Nummerierung der Handlungsunterteilung in Akte, Szenen etc. (s. Abschnitt 6.5.1)
- Nennung der auftretenden Figuren, evtl. mit kurzer Beschreibung
- Bühnenanweisungen für die Gestaltung des Schauplatzes
- Bühnenanweisungen für das schauspielerische Agieren.

Als Beispiel für die Bedeutung der Bühnenanweisung kann ein kurzer Auszug aus Dario Fos *Morte accidentale di un anarchico* (1970) angeführt werden. In dieser Farce taucht ein "Verrückter" auf dem Polizeikommissariat auf, der sich als Psychoanalytiker ausgegeben hatte und unter krankhafter Schauspielsucht leidet. Schließlich wird er in einem unbeaufsichtigten Augenblick vor Ort in die Rolle eines Richters schlüpfen, um den unzureichend geklärten Todesfall eines 'zufällig' aus dem Fenster des Kommissariats gestürzten Anarchisten neu aufzurollen.

Text 6.1

Dario Fo: *Morte accidentale di un anarchico* (1970)

Si riaccende la luce e ci troviamo in un ufficio molto simile al primo. I mobili più o meno sono gli stessi, sono disposti solo diversamente. Sulla parete di fondo campegga[1] il ritratto del presidente, piuttosto grande. Ben evidente il requadro[2] di una finestra spalancata. In scena c'è già il matto, in piedi, impalato, faccia alla finestra, porge le spalle all'ingresso da dove entra dopo alcuni istanti un commissario con giacca sportiva e maglione giro collo.

COMMISSARIO SPORTIVO (*sottovoce[3] all'agente che se ne sta immobile a lato della porta*). E quello chi è? Che vuole! […]
MATTO (*lo squadra[4] impassibile, fa appena il cenno con la mano a sollevare il cappello*). Buon giorno. (*Sofferma il proprio sguardo sulla mano che il commissario continua a massaggiarsi*) Cosa s'è fatto alla mano?
COMMISSARIO SPORTIVO. Ah, niente … chi è lei?
MATTO. Non s'è fatto niente? E allora perché si massaggia? Così, per darsi un contegno[5]? Una specie di tic?

Il commissario comincia a spazientirsi.

COMMISSARIO SPORTIVO. Può darsi … le ho chiesto, con chi ho il piacere?! […]
MATTO. Una volta ho conosciuto un vescovo che si massaggiava come lei. Un gesuita.

COMMISSARIO SPORTIVO. Sbaglio o lei …!?

MATTO. Certo che si sbaglia! Sbaglia di sicuro, se cerca di insinuare che io abbia voluto alludere alla proverbiale ipocrisia[6] dei gesuiti … Io, se non le spiace, tanto per cominciare, ho studiato dai gesuiti, e con questo? Lei ha forse qualcosa da obiettare?

COMMISSARIO SPORTIVO (*impacciato*[7], *stordito*[8]). No, per carità … non … ma, ecco …

MATTO (*cambiando tono all'istante*). Però quel vescovo di cui le dicevo, quello sí, era proprio un ipocrita … un bugiardone … infatti si massaggiava sempre una mano …

COMMISSARIO SPORTIVO. Senta, ma lei …

MATTO (*senza manco considerarlo*). Lei dovrebbe andare da uno psicanalista. Quel massaggiarsi in continuazione è oltretutto sintomo di insicurezza… senso di colpa… e insoddisfazione sessuale. Ha forse difficoltà con le donne?

COMMISSARIO SPORTIVO (*perdendo le staffe*[9]). Ah, ma allora! (*Sferra*[10] *un pugno sul tavolo*).

MATTO (*indicando il gesto*). Impulsivo! Ecco la controprova! Dica la verità, non è un tic … lei ha dato un pugno a qualcuno non piú di un quarto d'ora fa, confessi!

COMMISSARIO SPORTIVO. Ma che, confesso? Piuttosto, mi vuole dire una buona volta con chi ho l'onore … e mi faccia il piacere di togliersi il cappello, fra l'altro!

MATTO. Ha ragione. (*Si toglie il cappello con studiata lentezza*) Ma, mi creda non lo tenevo in capo per villania[11] … è solo per quella finestra spalancata, soffro le correnti d'aria … specie alla testa. Lei no? Senta, non si potrebbe chiuderla? (Fo: [4]1996, 18ff.)

1 campeggiare *hier: hervorstechen* – 2 requadro *Rahmen* – 3 sottovoce *halb laut* – 4 squadrare *mustern* – 5 contegno *Haltung* – 6 ipocrisia *Scheinheiligkeit* – 7 impacciato *verlegen* – 8 stordito *verwirrt* – 9 perdere le staffe *aus der Fassung geraten* – 10 sferrare *versetzen* – 11 villania *Frechheit*

Aufgabe 6.1

? Weshalb ist die Beschreibung der Kulisse wichtig für die weitere Dramenhandlung? Inwiefern erleichtern die Didaskalien für Regie oder Leserschaft das Textverständnis und inwiefern kommen dadurch komische Effekte zustande? Welchen Hinweis enthält das Zitat darauf, dass es sich um eine Publikation in Buchform handelt?

Vom Haupt- und Nebentext, den der Autor bzw. die Autorin aufgesetzt hat, sind sämtliche weiteren Texte, die eine gedruckte Ausgabe eines Bühnenstücks enthalten kann, zu unterscheiden, etwa die Einleitung oder das Nachwort eines Herausgebers, die von ihm erstellten Anmerkungen (in Fuß- oder Endnoten),

Literaturhinweise, Angaben zur Rezeptions- oder Inszenierungsgeschichte oder die Kommentare, Zusammenfassungen und Schauspielerlisten in einem Programmheft.

Aufgabe 6.2 | **?** Wieso gibt es im Drama (normalerweise) keinen Erzähler? Wer könnte auf dem Theater dennoch seine Funktion einnehmen?

Aufgabe 6.3 | **?** Weshalb setzte sich die traditionelle Literaturwissenschaft mit gedruckten Dramentexten, selten jedoch mit deren einzelnen Aufführungen kritisch auseinander?

Aufgabe 6.4 | **?** Überprüfen Sie anhand einer beliebigen Ausgabe, welche Informationen der Nebentext in D'Annunzios *La città morta* bereithält.

6.2 | Figuren

Definition: Figur

Handlungsträger in einem Stück sind die Schauspieler, die als Darsteller historische oder fiktive Personen verkörpern. Sie spielen eine Rolle und werden auf der Bühne zu Figuren (*personaggio*) innerhalb eines Stückes, die vom Autor zumeist namentlich benannt werden (gerne spricht man aber auch von dramatischen Personen, wobei der Begriff 'Person' jedoch auf das lateinische

Protagonist = Hauptfigur

persona = 'Maske' zurückgeht). Zu unterscheiden sind Neben- und Hauptfigur (Protagonist/*protagonista*, m./f.), eine Unterteilung, die sich aus der Anzahl und Länge ihrer Auftritte, evtl. abweichend davon aber auch durch ihre besondere Funktion innerhalb des Handlungszusammenhangs ergibt. Erste Hinweise auf die Anlage und Deutung der einzelnen Figuren kann die Leserschaft eines Stückes in den Angaben des Nebentextes erhalten, falls der Verfasser entsprechende Hinweise vorgesehen hat (und sei es nur die Beschreibung ihres Kostüms). Weitere Informationen liegen häufig in der

Sprechende Namen

für die Figuren gewählten Namensgebung vor: Eindeutig sind die Kontexte im Falle von historischen Persönlichkeiten mit bekannter Biographie; ähnlich verhält es sich mit sprechenden Namen, die aus Berufsbezeichnungen oder Funktionen/Rollen abgeleitet werden oder die eine metaphorische bzw. symbolische Auslegung ermöglichen; als Beispiel sei auf die oben erwähnte Passage aus Dario Fos Farce verwiesen, in der die Figuren als "commissario sportivo" bzw. als "matto" bezeichnet werden. Auch die Anonymität

Abb. 6.6 |

Antike Theatermaske

oder der alleinige Gebrauch von Vor- oder Nachnamen kann aussagekräftig sein.

Der Haupttext eines Stückes hält seinerseits in Form der Figurenrede wichtige Elemente für die Einschätzung der dargestellten Personen bereit: So sind es neben den Charakterisierungen aus dem Munde der anderen an der Handlung Beteiligten die Figuren selbst, die sich in Rede (z. B. Selbstreflexion im Monolog) und Handeln vorstellen.

Bisweilen dient ein Monolog auch der Zusammenfassung von Geschehnissen, die nicht direkt auf der Bühne zur Aufführung gelangen können. Ein Beispiel hierfür gibt der Eingangsmonolog zum 5. Akt in Vittorio Alfieris Tragödie *Mirra* (1789). Mirras Vater, König Ciniro, blickt voller Schmerz auf den Tod seines Schwiegersohns Peréo, der sich aus Verzweiflung über die mangelnde Liebe Mirras das Leben nahm, und auf seine dem Wahnsinn (den Furien) verfallene Tochter.

Abb. 6.7

Vittorio Alfieri (1749–1803)

CINIRO.

Oh sventurato, oh misero Peréo!

Troppo verace[1] amante! … Ah! s'io più ratto[2]

al giunger era, il crudo acciaro[3] forse

tu non vibravi[4] entro al tuo petto. – Oh cielo!

Che dirà l'orbo[5] padre? ei[6] lo attendeva

sposo, e felice; ed or di propria mano

estinto[7], esangue corpo, innanzi agli occhi

ei recar sel vedrà.[8] – Ma, sono io padre

men[9] di lui forse addolorato[10]? è vita

quella, a cui resta, infra sue furie atroci,

la disperata Mirra? è vita quella,

a cui l'orrido suo stato noi lascia? […] (Alfieri: 1965, 849)

1 verace *wahrhaft* – 2 ratto *schneller* – 3 il crudo acciaro *der blanke Stahl* – 4 vibrare *hier: schmettern* – 5 orbo *blind* – 6 ei = egli – 7 estinto *verstorben* – 8 recare sel vedrà *wird er sehen, wie man ihn zu ihm bringt* – 9 men = meno – 10 addolorato *von Schmerzen heimgesucht*

Text 6.2

Vittorio Alfieri: *Mirra* (1789)

? Welche Ausdrucksmittel verwendet der Textauszug zur Kennzeichnung von Ciniros Verzweiflung?

Aufgabe 6.5

Zu den im Text erwähnten Hinweisen auf die Anlage der jeweiligen Figur kommen schließlich noch die Interpretation durch den Schauspieldirektor/ Regisseur (und in Abhängigkeit: durch den Kostümbildner und den Maskenbildner) sowie durch den Schauspieler selbst in Betracht. Festzuhalten bleibt, dass jede Figur im übergeordneten Zusammenhang der Dramenhandlung eine ganz bestimmte Funktion besitzt, die es in der Analyse zu benennen gilt. Dabei geht es im Allgemeinen um Kriterien wie ihre Charaktereigenschaften, ihre Handlungsmächtigkeit, ihr Recht oder Unrecht im Handeln, ihre Beziehung zu den anderen Figuren des Stücks (s. Abschnitt 6.4).

Figuren als Funktionsträger im Handlungsgefüge

Die Anlage der Figuren ist nicht zuletzt im Hinblick auf ihre psychologische Komplexität und ihre Realität suggerierende Überzeugungskraft hin interessant. Zwei Pole rahmen die Bandbreite der Möglichkeiten: die schematische und einseitige Konzeption von Figuren als *Typen* oder aber ihre Ausgestaltung zu komplex veranlagten *Individuen*.

Typen sind als festgelegte Rollen zu verstehen, denen ein ganz bestimmtes Charakterbild mit zugehörigen Verhaltensweisen, sozialem Status, spezifischem sprachlichen und gestischen Repertoire zugrunde liegen. Besonders die Rollen in der *commedia dell'arte* sind zum größten Teil als festgelegte Typen definiert, z. B. der gewitzte Diener, der geschwätzige Gelehrte, der prahlsüchtige Soldat oder der geizige Kaufmann. Eine zusätzliche Entindividualisierung von Figuren kann z. B. durch Masken erfolgen.

Im Gegensatz zu den Typen sind Individuen zu einer inneren Entwicklung fähig, wobei meist eine Verlagerung des dramatischen Konflikts auf die Ebene der Psyche der Protagonisten zu beobachten ist.

Abb. 6.8 |

Die Figur des *Pantalone* in der *commedia dell'arte*

Ständeklausel

Tragische Fallhöhe

Hybris

Mittlerer Held

Jedoch konnte bis zum ausgehenden 18. Jh. nicht beliebig mit den Figuren verfahren werden. Die aus der antiken Poetik tradierte und in der Renaissance wiederbelebte sog. Ständeklausel regelte das Figureninventar der Dramen hinsichtlich ihres sozialen Status (s. 2.1.2). Der tragische Held blieb dem adligen Geblüt vorbehalten, denn seine Fallhöhe (*altezza della caduta*), das heißt der Umschwung vom Glück in die Katastrophe, verstärkte den tragischen Effekt in ganz besonderem Maße. Auch musste der tragische Held sich insgesamt betrachtet ethisch lauter verhalten, mit Ausnahme eines aus Verblendung und Überheblichkeit (Hybris, *hybris*, f.) gegenüber den Göttern bzw. dem Schicksal begangenen schweren tragischen Fehlers (*hamartia*, f.), der das Verhängnis nach sich zieht. Im Sinne des Aristoteles handelte es sich daher um einen 'mittleren Helden' (*eroe medio*), der weder zu edel noch zu schlecht angelegt war, z. B. die Figur Ödipus in Sophokles' (496–406 v. Chr.) Tragödie *König Ödipus* (ca. 429–425 v. Chr.).

Dem Gelächter durfte im Gegenzug nur das einfache Volk bzw. später das sich formierende Bürgertum preisgegeben werden. Der sozialen Hierarchie entspricht insofern eine parallele Hierarchie der moralischen Qualitäten und zugleich eine Hierarchie der Gattungen, die sich bereits in der Aristotelischen Poetik abzeichnet. In ihr heißt es von Tragödie und Komödie: "Die eine ahmt edlere, die andere gemeinere Menschen nach, als sie in Wirklichkeit sind."

Ein Beispiel für den Heldenmut im Angesicht des drohenden Untergangs findet sich in Manzonis historischem Drama *Adelchi* (1822; Uraufführung 1843). Der Protagonist Adelchi kämpft aus Sohnestreue mit seinem Vater, dem langobardischen Gewaltherrscher Desiderio, gegen die Franken unter Karl dem Großen. Dessen Heer hat unerwartet die Alpen überquert und überfällt die unvorbereiteten Langobarden in ihrem Lager. Während die Soldaten in Panik die Flucht ergreifen wollen, ruft Adelchi zur Gegenwehr:

BAUDO.

         Morte e sventura! Il campo
È penetrato d'ogni parte: al dorso[1]
Piombano[2] i Franchi ad assalirci.
DESIDERIO.

            I Franchi!
Per qual via?
BAUDO.

             Chi lo sa?
ADELCHI.

                Corriamo; ei fia
Un drappello[3] sbandato[4].
(*in atto di partire*)
BAUDO.

             Un'oste[5] intera:
Gli sbandati siam noi: tutto è perduto.
DESIDERIO.

Tutto è perduto?
ADELCHI.

          Ebben, compagni; i Franchi?
Non siam noi qui per essi? Andiam: che importa
Da che parte sian giunti? I nostri brandi[6],
Per riceverli, abbiamo. I brandi in pugno!
Ei gli han provati: è una battaglia ancora:
Non v'è sorpresa pel[7] guerrier: tornate;
Via, Longobardi, indietro; ove correte,
Per Dio? La via che avete presa, è infame:
Il nemico è di là. Seguite Adelchi. (Manzoni: 1992, 132)

1 al dorso *von hinten* – 2 piombare *hier: herbeistürzen* – 3 drappello *Schar, Trupp* – 4 sbandare – *auseinanderfallen, die Orientierung verlieren* – 5 oste *Heer* – 6 brando *Schwert* – 7 pel = per il

|Text 6.3
Alessandro Manzoni:
Adelchi (1822)

? Welchen Vorteil könnte es aus Sicht des Autors/der Autorin haben, in einem Drama historische Persönlichkeiten als Figur auftreten zu lassen?

|Aufgabe 6.6

Figurenrede

|6.3

Die Handlung entwickelt sich in der abendländischen Tradition des Sprechtheaters vornehmlich aus der Rede der Figuren. Ihnen stehen mehrere Möglichkeiten des Ausdrucks zur Verfügung, die im Weiteren um die nichtsprachlichen Kommunikationsweisen (Gestik, Mimik) ergänzt werden. Grundsätzlich kann zwischen gebundener und ungebundener Sprache, also zwischen Vers und Prosa, unterschieden werden. Text 6.3 gibt ein Beispiel für in freien (reimlosen) *endecasillabi* gehaltene Verse.

Aufgabe 6.7 **?** Analysieren Sie die Verse aus Text 6.3 im Hinblick auf die Silbenzählung. Welche Verfahren der Tilgung finden sich in dem Beispiel?

Aufgabe 6.8 **?** Worin berühren und worin unterscheiden sich der Vortrag (die Deklamation) von Lyrik und das auf einem dramatischen Text beruhende Schauspiel?

Ungeachtet der diversen Untergattungen und Typen des Dramas stehen den Figuren verschiedene Formen der Rede zur Verfügung.

► Dialog

Dreipersonenregel

Der weitaus größte Teil der dramatischen Produktionen ist durch Dialoge (*dialogo*) gekennzeichnet, welche von mindestens zwei Personen auf der Bühne gehalten werden. In Anlehnung an die antike Theaterkunst erlaubte die klassizistische Normpoetik (von Komparsen [*comparsa*, f.] einmal abgesehen) sogar nur maximal drei gleichzeitig auf der Bühne präsente Handlungsträger, die einen Wortwechsel führen konnten. Unabhängig von der Anzahl der Dialogpartner ist es interessant zu verfolgen, welche Figur wieviel Anteil an dem Dialog erhält und wie Handeln und Sprechen im Stück miteinander verwoben werden (vor allem die Inszenierungspraxis durch einen Regisseur findet hier großen Spielraum). (Zusatzmaterialien zu Inszenierung und Regie finden Sie unter www.bachelor-wissen.de.) Ist der Dramentext in gebundener Rede verfasst, können Sprecherwechsel auch in rascher Folge stattfinden, wobei der Redeanteil der einzelnen Figuren auf einen oder zwei (maximal vier) Verse begrenzt ist. Dieses Verfahren, das sich vor allem zur Gestaltung einer erregten Wechselrede eignet, nennt man Stichomythie (*stichomitia*, f.). Sie kann sich sogar auf die Verkürzung der Figurenrede zu Halbversen erstrecken (vgl. in Text 6.3 die Sprecherwechsel zwischen Baudo, Desiderio und Adelchi).

Stichomythie

Im Gegensatz dazu kann der Redeanteil eines Dialogpartners einen Umfang erreichen, der einem längeren Monolog ähnelt; hierbei spricht man von einer Tirade (*tirata*).

► Monolog

Der Monolog (*monologo*) wird als längere zusammenhängende Redepartie von einer einzelnen Figur im Sinne eines Selbstgesprächs gehalten. Die Figur befindet sich zumeist alleine auf der Bühne oder aber isoliert am Rande einer den Hintergrund oder Rahmen der Szenerie bildenden Gruppe bzw. in Gegenwart einer stumm verharrenden Nebenfigur.

Wichtigste Funktion des Monologs ist es, dem Publikum einen Einblick in die Gedanken und Gefühle der Figur zu verschaffen, die für sich selbst formuliert, was sie im Inneren bewegt. Abgesehen davon kann ein solches Selbstgespräch als verknüpfendes Element die nächste Szene oder den nächsten Akt vorbereiten (Szenenverknüpfung im klassizistischen Theater). Schließlich kann ein Monolog als Auftakt zu einem gesamten Drama dienen wie im Prolog Amors zu Torquato Tassos *Aminta*.

> Beiseite-Sprechen (Aparte)

Wendet sich die Figur nur kurz von den anderen Darstellern auf der Bühne ab, um eine meist witzige und an das Publikum gerichtete Bemerkung 'beiseite' zu sprechen (*a parte*), so durchbricht sie für einen Moment die Illusion des Schauspiels und macht das Publikum zu komplizenhaften Mitwissern ihrer Gedanken (z. B. in Goldonis *Servitore di due patroni*, worin der gewitzte Diener und die mit ihm verbündete Beatrice das Publikum in ihre Verstellungen einweihen).

> Botenbericht und Mauerschau

Die im Vergleich zum Film sehr eingeschränkten Möglichkeiten des Bühnenraums zur Darstellung von Ereignissen haben zwei Techniken hervorgebracht, die es erlauben, in der erzählenden Rede von Figuren ein für die Zuschauer nicht sichtbares Geschehen zu beschreiben. Der Botenbericht (*racconto del messaggero*) dient der nachträglichen Bekanntgabe eines vergangenen und sich eventuell in weiterer Entfernung zugetragenen Geschehens, über das die auf der Bühne anwesenden Figuren in Kenntnis gesetzt werden. Gerne werden im Botenbericht wichtige Auskünfte im Hinblick auf das Schicksal des Protagonisten mitgeteilt, so dass er an strategischen Punkten der Dramenhandlung (Schürzung oder Lösung des dramatischen Knotens, Höhepunkt der Handlung, s. Abschnitt 6.5.1) eingesetzt werden kann. Spielt sich das erzählte Geschehen hingegen gleichzeitig zur Bühnenhandlung ab, kann oder soll aber nicht auf der Bühne dargestellt werden (z. B. aus Gründen der Schicklichkeit), so gestattet die sog. Mauerschau (Teichoskopie/*teicoscopia*) einer Figur, den anderen wie auch dem Publikum das nur von ihr Gesehene zu beschreiben. Beispielsweise findet im zitierten Auszug aus Manzonis *Adelchi* (vgl. Text 6.3) natürlich kein Schlachtengetümmel auf offener Bühne statt.

Figurenkonstellation | 6.4

Die Charakteranlage der Figuren, handele es sich nun um individuelle Charaktere oder schematisch gezeichnete Typen, gewinnt ihre Bedeutung für die Handlung des Stücks aus dem Zusammenspiel mit den anderen Figuren. Dabei entsteht ein Beziehungsgeflecht, das von Gemeinsamkeiten und Gegensätzen,

Gedankenmonolog

Rollenbruch

Botenbericht

Mauerschau

Konstellationsschema

von Allianzen, erwiderter oder einseitiger Liebe, Konkurrenz oder offener Auseinandersetzung gekennzeichnet ist. Die Figuren treten zueinander in eine Konstellation, aus der sich der dramatische Konflikt (ob Haupt- oder ein Nebenkonflikt) entwickelt.

Bevor die genaue Analyse erfolgen kann, sollte deswegen zunächst ein Überblick über die Gesamtkonstellation der Figuren in einem Drama geschaffen werden (bisweilen auch als 'Konfiguration' bezeichnet). Als sehr hilfreich erweist sich hierfür eine Skizzierung der Beziehungen zwischen den Figuren, die je nach Zugehörigkeit gruppiert werden. Den Helden eines Stücks stehen in der Regel Freunde, Vertraute, Berater oder Verbündete zur Seite, ihnen gegenüber finden sich die Widersacher, die ihrerseits Nebenfiguren um sich sammeln.

Im Falle von Gabriele D'Annunzios *La città morta* sähe diese Skizze für die zentralen Figuren wie folgt aus:

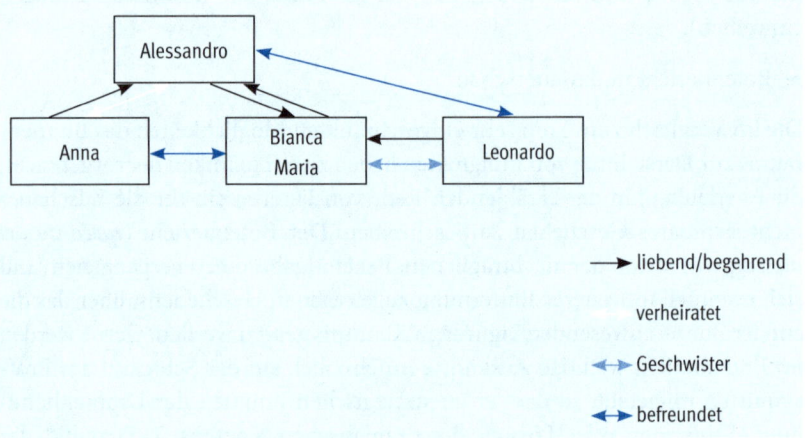

Abb. 6.9 |

Die Figurenkonstellation in D'Annunzios *La città morta*

Aufgabe 6.9 | **?** Welche Konflikte innerhalb des Dramas lassen sich bereits aus dieser Konstellation ablesen?

Aufgabe 6.10 | **?** Erstellen Sie eine Skizze der Figurenkonstellation zu Carlo Gozzis *Il re cervo* (1762) nach dem Muster in Abb. 6.9. Sie können sich dabei auf eine Zusammenfassung des Inhalts, beispielsweise in *Kindlers Literaturlexikon*, stützen.

6.5 | Handlung

Aus der Charakteranlage der Figuren, aus ihrer Motivation und aus ihrer Einbindung in ein Beziehungsgefüge mit anderen Figuren entwickelt sich die dramatische Handlung, die Intrige (*trama*, m.). Die Gattungsbezeichnung gibt hierbei einen ersten Hinweis auf ihren Verlauf: Tragödie, Komödie, Tragiko-mödie oder Hirtendrama geben bereits grundlegende Tendenzen vor.

Von der Anlage eines Stücks her betrachtet, kann im Weiteren zwischen dem Konfliktdrama, das aus der Entwicklung eines Konfliktes heraus entsteht (inne-rer Konflikt des Protagonisten, z. B. zwischen Pflicht und Neigung, oder Par-teien-Konflikt zwischen Gruppen von Figuren), und dem analytischen Drama (auch: Urteilsdrama) unterschieden werden. Das analytische Drama setzt mit einer problematischen Situation ein, deren Entstehung nachträglich aufgedeckt wird. Klassisches Beispiel für diesen Dramentyp ist *König Ödipus* von Sophokles (ca. 496–406 v. Chr.), in dem der Protagonist – im Gegensatz zu den Zuschau-ern – erst allmählich von seinem tragischen Los erfährt, das ihn dazu brachte, den Vater zu töten und die Mutter zu heiraten. Der Ausgestaltung und Lösung des Konflikts wurde in der antiken und in allen später sich auf sie berufenden Dramentheorien eine besondere Bedeutung zugemessen. Aristoteles, der die Literatur gegen Platons Vorwurf der Lügenhaftigkeit in Schutz nimmt, stellt speziell das Verdienst der Tragödie heraus. Hier erlebt der von Hybris geblen-dete Held den Umschwung (Peripetie/*peripezia*) des Schicksals vom hoffnungs-vollen Agieren in die unausweichlich werdende Katastrophe; in der Szene der Wiedererkennung (Anagnorisis/*agnizione*) erlangt der Protagonist das zuvor fehlende Bewusstsein; am Ende steht sein Scheitern (Katastrophe/*catastrofe*, f. oder *sciagura*). Indem das Publikum die tragische Heldin oder den tragischen Helden bemitleidet und von seinem Schicksal erschüttert wird, durchläuft es während der Aufführung 'Jammer' und 'Schauder' (auch: Furcht und Mitleid [*paura e pietà*]). Diese heftige emotionale Einbindung in das Bühnengesche-hen übt laut Aristoteles auf die Psyche der Betrachter eine läuternde Wirkung aus: Sie erfahren eine Reinigung von ihren Affekten (Katharsis, *catarsi*, f.), d. h. die angestaute emotionale Erregung wird abgeführt ('Affektabfuhr') und das Publikum kann das Theater innerlich gelöster wieder verlassen.

| Abb. 6.10
Ödipus und die Sphinx

Anagnorisis

Jammer und
Schaudern

Katharsis

Aufbau und Untergliederung

| 6.5.1

Gewöhnlich weisen längere szenische Darbietungen eine innere Untergli-derung auf, die Handlungseinheiten zusammenfasst. Sieht man einmal von der Sonderform des Einakters (*atto unico*) oder anderen kurzen Schauspiel-nummern ab, so orientierte sich der Großteil der dramatischen Texte an der bereits in der Antike angelegten Einteilung des Stückes in Akte, die voneinan-der durch Auftritte des Chors abgetrennt werden. Teilweise wurden zwischen Renaissance und Klassik derartige Akteinteilungen von den Herausgebern und Überarbeitern älterer Stücke sogar nachträglich eingefügt.

Ein Akt (*atto*) ist demnach ein in sich geschlossener Handlungsabschnitt, der in sich noch einmal in Szenen (*scena*) untergliedert werden kann. Häu-fig entspricht den Aktgrenzen ein Schauplatzwechsel, der ggf. hinter einem

! In der antiken
Tragödie begleitete
der Chor als Gruppe
von Schauspielern,
Tänzern und Sängern
die Handlung

Akte und Szenen
als traditionelle
Untergliederung der
Handlung

heruntergelassenen Vorhang als Umbau des szenischen Dekors vorgenommen werden kann. Auch entsprechen Akte oftmals eigenen Schwerpunkten in der Figurenkonstellation eines Dramas, so dass im Verlauf des Stückes in den einzelnen Akten unterschiedliche Konfrontationen durchgespielt werden. Üblich

Fünfaktschema/ Dreiaktschema

für die an der Antike orientierten Dramenformen sind Einteilungen in drei oder fünf Akte, wobei die Komödie vorzugsweise drei Akte, die Tragödie fünf Akte umfasst. Die Abfolge der Akte entspricht schließlich der Entwicklung des Handlungsverlaufs. Im Fünfaktschema ist der erste Akt der Exposition (*esposizione*) vorbehalten, in der die wichtigsten Figuren (zumindest mündlich durch anwesende Figuren) vorgestellt werden und der Konflikt sich bereits abzeichnet. Im zweiten Akt erhält dieser Konflikt sodann seine eindeutige Form und wird entfaltet ('Schürzung' des dramatischen 'Knotens' [*nodo del dramma*]), wonach er im dritten Akt auf seinen Höhepunkt zusteuert. Bereits hier kann

Peripetie

die Peripetie, das jähe Umschlagen der Handlung, einsetzen. Normalerweise aber erhält der vierte Akt diese Funktion, wobei sog. retardierende Momente den Ausgang der Handlung noch hinauszögern. Auch kann ein Drama mehrere Peripetien enthalten. Im fünften Akt erfolgt schließlich die Lösung des Konflikts (bzw. des Knotens), in der Tragödie in Form eines tragischen Ausgangs, der Katastrophe. Entsprechend gerafft stellt sich die Handlungsentwicklung nach dem Dreiaktschema dar: Der erste Akt führt in den Konflikt ein, der zweite Akt zeigt den Höhepunkt der Verwicklung, der dritte Akt ist der Lösung gewidmet.

Abb. 6.11|

Handlungsentwicklung der klassischen Tragödie als Kurvendiagramm

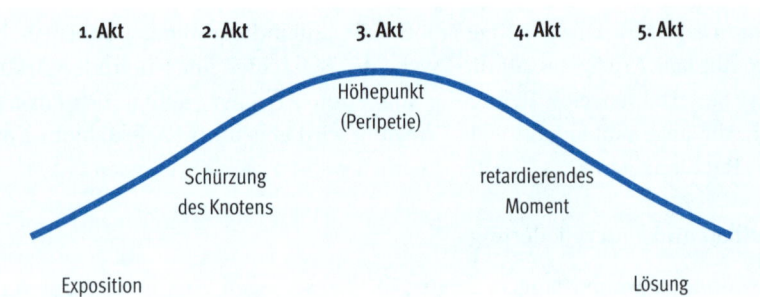

Die Handlungsentwicklung verläuft allerdings nicht so schematisch, wie die obige, an Gustav Freytags *Technik des Dramas* (1863) angelehnte Skizze suggeriert: In der Realität setzt sie sich vielmehr aus einer ganzen Reihe 'kleinerer' Peripetien zusammen, die für einen kontinuierlichen Wechsel der dramatischen Spannung sorgen.

Szenenverknüpfung

Die Szene (auch: der 'Auftritt') als untergeordnete dramaturgische Einheit wird einerseits durch den Auftritt oder Abgang einer Figur begrenzt, kann aber zusätzlich auch durch einen Ortswechsel motiviert werden. Was die Verknüpfung der Szenenabfolge anbelangt (*collegamento delle scene*), so wurde andererseits ein Verbot der leeren Bühne verfügt, d.h. zwischen einzelnen Szenen (nicht zwischen Akten) durften nicht alle Figuren gleichzeitig den Schauplatz des Geschehens verlassen. Dadurch werden Übergangsauftritte erforderlich, bei denen die Abgehenden und die Hinzukommenden für kurze Zeit vereint sind.

'Offene' und 'geschlossene' Form des Dramas

| 6.5.2

Die klassizistische Regelpoetik verdichtete Strukturmerkmale der antiken Dramen und erhob eine auf 'Geschlossenheit' und Symmetrie beruhende Bauform des Stückes zum Ideal, wie sie sich vor allem in der Tragödie verwirklichte. Hier sollte die Handlung nicht nur den Ansprüchen der Wahrscheinlichkeit und Schicklichkeit entsprechen, sondern sie sollte ein in sich geschlossenes Gesamtbild bieten.

Dazu bedarf es eines ausgewogenen Dramenaufbaus mit Exposition, Höhepunkt und Lösung des Konflikts, einer überschaubaren und durchgängigen Figurenkonstellation, einer übergeordneten thematischen Einheitlichkeit des Stückes sowie seiner sprachlichen Stimmigkeit. Hinzu kommen grundlegende Vorschriften, die als Lehre von den drei Aristotelischen Einheiten ihren festen Platz in der Theatergeschichte eingenommen haben.

Die drei Einheiten: Handlung, Ort und Zeit

In seiner Poetik stellte Aristoteles bereits die Forderung nach der Einheit der Handlung (*unità d'azione*), die sich nicht in Parallel- und Nebenhandlungen verlieren darf und eine schlüssige Entwicklung nehmen soll, und nach der Einheit der Zeit (*unità di tempo*) auf, wonach die dargestellten Ereignisse nicht die Zeitspanne eines Sonnenumlaufs überschreiten sollten. Sie ist unter anderem den Erfordernissen der Aufführungspraxis geschuldet, da ein Stück sich nicht endlos in die Länge ziehen durfte. Aus der Einheit der Zeit leitete man später auch die Einheit des Schauplatzes (*unità di luogo*) ab, welche dem festen Bühnenstandort entspricht und somit – wie die beiden anderen Einheiten – der Wahrscheinlichkeit des Dargestellten entgegenkommt. In der Theaterpraxis späterer Epochen genügte es jedoch oftmals, verschiedene Schauplätze innerhalb ein und derselben Stadt als Wahrung der Einheit des Ortes zu betrachten.

? Welchen Effekt ruft die Wahrung der Einheiten von Ort, Zeit und Handlung in den modernen Medien Film und Fernsehen hervor?

|Aufgabe 6.11

Den Gegensatz zur 'geschlossenen' Form (*forma 'chiusa'*), die wegen ihres fest gefügten Charakters auch als 'tektonischer' Aufbau bezeichnet wird, bildet die 'offene' Form bzw. der 'atektonische' Aufbau (*forma 'aperta'*). Hier stehen die einzelnen Teile des Stückes nur in einem lockeren Zusammenhang, nicht in einem zwingenden Entwicklungsverlauf. Die strenge Abfolge der Akte und

Tektonischer und atektonischer Bau

Verknüpfung der Szenen wird durchbrochen, die Handlung zerfällt in einzelne Fragmente und wird nicht mehr von einer grundlegenden Figurenkonstellation und Konfliktsituation getragen, der Dramenausgang bleibt offen. Auch die Hauptfiguren erhalten nur noch bedingt eine Kontinuität innerhalb des Stückes aufrecht, da ihre Handlungsmotive und stilistischen Ausdrucksmittel wechseln können, wobei ohnehin auf die strenge metrische Form verzichtet wird.

In Dario Fos *Mistero buffo* (1969) beispielsweise werden neun Bilder in lockerer Reihung vereint und nur durch die verknüpfende Erzählung des *giullare*, eines mittelalterlichen Gauklers, zusammengehalten. Auch gibt es mehrere Versionen unterschiedlichen Umfangs dieser Szenen, die als Gegenmodell zu den *rappresentazioni sacre* nun aus der Perspektive des gemeinen Volkes angelegt sind.

Aufgabe 6.12 | **?** Sind Einakter durch einen tektonischen oder atektonischen Aufbau gekennzeichnet?

Zusammenfassung

Da das Drama in erster Linie als Aufführungspraxis anzusehen ist, gibt die gedruckte Fassung eines Stückes aufgrund der ihr eigenen medialen Beschränkung die Vielschichtigkeit einer Inszenierung nur ungenügend wieder. Nebentexte können in dieser Hinsicht die Intentionen des Autors andeuten. Die Konzeption der Figuren, des Handlungsverlaufs oder die Inszenierung unterliegen epochenbedingten Konventionen, wie sie etwa in poetologische Schriften eingegangen sind (vgl. Einheit 2.1). Vor allem das klassizistische Theater versuchte über die Ständeklausel oder die Regel der drei Einheiten der Bühnenkunst ein hohes Niveau zu sichern. Die Durchformung der Bühnenrede, v.a. in der sorgfältigen Ausgestaltung der verwendeten Verse, muss in diesem Zusammenhang besonders berücksichtigt werden.

Die Handlung eines Dramas beruht auf der Anlage der Figuren und ihrem Zusammenspiel im Rahmen des dramatischen Konflikts. Zu beachten sind in diesem Zusammenhang die Frage der Gattung (Komödie, Tragödie, Tragikomödie etc.) und der gewählten 'offenen' oder 'geschlossenen' Form des Stückes, die ihrerseits dazu beitragen, dass es eine bestimmte dramatische Wirkung auf der Bühne entfalten kann, welche durch die interpretierende Leistung des Regisseurs und der Schauspieler noch weiter ausgestaltet wird.

Literatur

Vittorio Alfieri: *Mirra*, in: Ders., *Opere*. Hg. Vittore Branca. Milano: Mursia 1965, 805–856.

Aristoteles: *Poetik*. Hg. Manfred Fuhrmann. Stuttgart: Philipp Reclam Jr. ²1994.

Dario Fo: *Morte accidentale di un anarchico*, in: Ders., *Le commedie di Dario Fo*, Band VII. Torino: Einaudi ⁴1996, 3–83.

Alessandro Manzoni: *Adelchi*. Hg. Gilberto Lonardi. Venezia: Marsilio 1992.

Manfred Pfister: *Das Drama*. München: Fink ¹¹2001.

Elke Platz-Waury: *Drama und Theater. Eine Einführung*. Tübingen: Narr ⁵1999.

Übungen zur Dramenanalyse

	Inhalt	
7.1	*La locandiera*	114
7.1.1	Carlo Goldoni	114
7.1.2	Goldonis Theaterreform	116
7.1.3	Inhaltsangabe	116
7.1.4	Analyse ausgewählter Passagen	118
7.2	*Sei personaggi in cerca d'autore*	121
7.2.1	Luigi Pirandello	121
7.2.2	Pirandellos *meta-teatro*	122
7.2.3	Inhaltsangabe	124
7.2.4	Analyse ausgewählter Passagen	126

Die in Einheit 6 eingeführten Kriterien der Dramenanalyse sollen im Weiteren an zwei Beispielen zur Anwendung gelangen. Zur Veranschaulichung werden dazu aufgrund ihrer besonderen literaturgeschichtlichen Bedeutung – auch im internationalen Vergleich – eine Komödie des Theaterreformers Carlo Goldoni (*La locandiera*) wie auch das bekannteste meta-theatralische Stück von Luigi Pirandello (*Sei personaggi in cerca d'autore*) herangezogen.

Überblick

7.1 | *La locandiera*

7.1.1 | Carlo Goldoni

Abb. 7.1 |

Alessandro Longhi (1733–1813): *Portrait Goldonis*

Goldoni (1707–1793), dessen Werk stellvertretend für die Erneuerung des italienischen Theaters im *Settecento* steht, hatte zunächst eine juristische Ausbildung und Laufbahn eingeschlagen. Seine Begeisterung für die Bühne wurde von einer Liebhabertätigkeit jedoch zur Hauptbeschäftigung, nachdem er sich 1734 – wohl in Folge einer heiklen Liebesaffäre – einer fahrenden *commedia dell'arte*-Truppe angeschlossen hatte. Für sie verfasste er *libretti*, also die Texte für gesungene Bühnenstücke, und *canovacci*, das sind skizzenhafte Vorlagen für Aufführungen des gesprochenen Stegreiftheaters. In Verona konnte er *intermezzi* (kurze, zwischen die Akte einer Aufführung eingeschobene Zwischenstücke) verfertigen. Seinen ersten größeren Erfolg feierte er in Venedig mit *Belisario* 1734 am Theater San Samuele. Schließlich wurde er wiederum in Venedig am Opernhaus S. Giovanni Grisostomo engagiert, wo er die Textvorlagen für zahlreiche *opere serie* (*opera seria*: ernsthafte Oper) einzurichten half. Auch gelangten Goldonis eigene in der Tradition der *commedia dell'arte* verfasste Dramen zur Aufführung. 1743 musste Goldoni Venedig auf der Flucht vor seinen Gläubigern verlassen und wieder den Anwaltsberuf auf-

Abb. 7.2 |

Gabriel Bella: *Teatro San Samuele* (18. Jh.)

|Abb. 7.3

Die *Comédie italienne* wurde 1653 in Paris etabliert, 1697 zeit- weilig vertrieben (hier im Bild), um erst 1716 zurückzukehren.

nehmen. Bald suchte er erneut die Zusammenarbeit mit einer Theatertruppe, diesmal dem Ensemble von Girolamo Medebac, mit dem er im Jahr 1748 an das Teatro Sant'Angelo nach Venedig zurückkehrte. 1753 wechselte er an das Teatro San Luca. Mit einem Zehn-Jahres-Vertrag und einem Gehalt von jähr- lich 900 Dukaten gelang ihm nunmehr die Absicherung seiner Existenz als 'Berufsautor'. Insgesamt handelte es sich um eine höchst produktive Lebens- phase, unter anderem entstanden in jenen Jahren die Komödien *Il servitore di due padroni* (1745), *La bottega del caffè* (1750), und *Le baruffe chiozzotte* (1762). Zudem verfasste er gemeinsam mit mehreren Komponisten erfolg- reiche *opere buffe* (*opera buffa*: komische Oper), wie etwa mit Baldassare Galuppi das unterhaltsame Stück *Il mondo della luna* (1750). Als die Perspekti- ven sich indes für Goldoni in Italien allmählich wieder verschlechterten, folgte er einer Einladung nach Paris. Dort versorgte er ab 1762 die in der Tradition der *commedia dell'arte* stehende *comédie italienne* mit Stücken, brachte eigene Dramen zur Aufführung (darunter französischsprachige wie *Le bourru bien- faisant*, 1771) und schrieb 1784–87 seine Memoiren nieder. Vom französischen König Louis XVI großzügig unterstützt, dessen Töchtern er Italienischunter- richt erteilte, musste Goldoni auf dem Theater allerdings einem Publikums- geschmack entgegenkommen, der an seinen eigenen Reformen oftmals nicht interessiert war. Durch die Revolution in Not geraten, starb Goldoni 1793 in Paris. Er hinterließ ca. 140 Komödien und 60 *canovacci*, die z. T. auch auf Adaptationen französischer Dramen oder Romane beruhten.

7.1.2 | Goldonis Theaterreform

Das Kernstück von Goldonis Theaterschaffen bildete die Ablösung der wenig kultivierten, aber vom Publikum geschätzten Stegreifkomödie. An die Stelle der Improvisation traten vollständig ausformulierte Dialoge und geplante Auf- und Abtritte, eine Szenenfolge, die auch nicht mehr von ungeplanten Späßen und akrobatischen Einlagen unterbrochen wurde. Die Masken wurden auf- gegeben, an die Stelle der sich immer gleich bleibenden Figurentypen (*Arlec- chino*, *Pantalone* etc.) traten Schauspieler, deren Rollen zum Teil stark an der Alltagsrealität orientiert waren und psychologisch differenzierte Charakter- züge aufwiesen. Diese Ausrichtung an der gesellschaftlichen Wirklichkeit, die im weiteren Kontext der Aufklärung verortet werden kann, brachte Goldoni in Konflikt mit anderen zeitgenössischen Theaterautoren, die mit ihm um die Gunst des Publikums konkurrierten: Pietro Chiari (1711–1785) als Vertreter der herkömmlichen *commedia dell'arte* und Carlo Gozzi (1720–1806), der sich am freien Spiel und an den schematischen Figurenzeichnungen dieser Theaterform orientierte und seine *fiabe teatrali* als märchenhafte Eskapaden jenseits der Alltagsrealität anlegte.

Abb. 7.4 |
Carlo Gozzi
(1720–1806)

7.1.3 | Inhaltsangabe

La locandiera

La locandiera (1752) gilt als herausragendes Beispiel für das neue Theater Goldonis. Bereits der Ort der Handlung ist Programm: Es handelt sich um einen in Florenz gelegenen Gasthof, der das Zusammentreffen von Reisenden unterschiedlicher sozialer Herkunft ermöglicht. Im Mittelpunkt der Handlung steht die unverheiratete Herbergswirtin Mirandolina, die seit dem Ableben ihres Vaters den Gasthof in eigener Regie führt. Der Wahl des Schauplatzes entsprechend unterhalten sich die Figuren auf Florentinisch (die meist in Venedig spielenden Komödien Goldonis bevorzugen im Gegenzug das Vene- zianische).

Die Herbergswirtin Mirandolina kann sich rühmen, von allen Männern begehrt zu werden. Dies trifft nicht nur für ihren Hausdiener Fabrizio zu, der ihr einst vom Vater als zukünftiger Ehemann anempfohlen wurde, sondern gerade auch für die Gäste. Zu ihnen zählen zwei Edelleute, die sich eigens im Hause einquartiert haben, um der hübschen Wirtin den Hof zu machen: Der Marchese di Forlipopoli ist ein verarmter Angehöriger eines ehrwürdigen Adelsgeschlechts, der nur noch stolz auf seinen Titel und seine Beziehungen verweisen kann, ansonsten aber aus finanziellen Nöten zur äußersten Spar- samkeit gezwungen ist und sich bei seinen Bekannten unter einem Vorwand

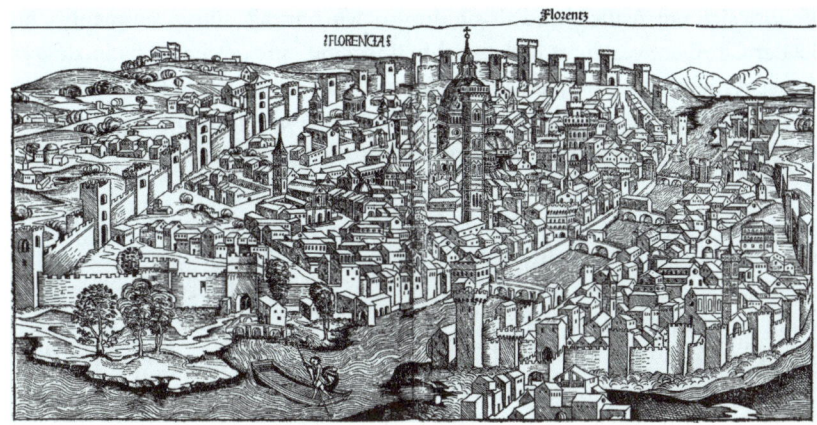

Abb. 7.5

Florenz um 1490

immer wieder Geld zu leihen weiß. Sein Konkurrent ist der Conte d'Albafiorita, der seinerseits zwar über keinen beeindruckenden Stammbaum, dafür jedoch über einen schier unerschöpflichen Reichtum verfügt. Während der Marchese also Mirandolina nur mit dem Versprechen seiner 'Protektion' umgarnen kann, ist der Conte zu den luxuriösesten Geschenken bereit. Die Umworbene lässt sich dies wohl gefallen, ist indes zu sehr auf die Wahrung ihrer Unabhängigkeit bedacht, als dass sie dem einen oder anderen nachzugeben bereit wäre. Als der Cavaliere di Ripafratta als neuer Gast in der Herberge absteigt, erweist er sich im Gegensatz zu den beiden präsenten Adeligen zunächst gegenüber Mirandolinas Reizen als unempfindlich, mehr noch, er bekennt sich als überzeugter Frauenverächter, für den die eigene Freiheit das höchste Gut darstellt. Die abschätzige Behandlung, die er der jungen Wirtin zuteil werden lässt, stachelt allerdings erst recht deren Ehrgeiz an. Sie beschließt, den misogynen (d.h. frauenverachtenden) Gast eines Besseren zu belehren.

Abb. 7.6

Eleonora Duse als
Mirandolina (1891)

Planvoll setzt sie die Verführung ins Werk: Sie lässt dem Cavaliere eine bevorzugte Behandlung zuteil werden, sucht seine Nähe und lobt ihn aufgrund seiner Selbstbeherrschung gegenüber der Liebe als einzig aufrichtigen, da interesselosen Gesprächspartner.

Während der Cavaliere in der Folge zusehends dem Charme Mirandolinas erliegt, treffen gegen Ende des I. Aktes zwei Schauspielerinnen, Ortensia und Dejanira, im Gasthaus ein. Sie geben sich zunächst als feine Damen aus. Mirandolina durchschaut schnell ihr falsches Spiel, lässt sie aber gewähren, um die weiteren Entwicklungen abzuwarten, da sowohl der Marchese als auch der Conte von den Neuankömmlingen angetan sind. Als die Komödiantinnen sich dem Conte zu erkennen geben, überredet er sie, den Cavaliere auf die Probe zu stellen. Der weist die beiden Frauen jedoch grob zurück. Zudem erkennt er, dass Mirandolina immer mehr Macht über sein Herz erlangt, und beschließt, sich allem Weiteren durch eine hastige Abreise zu entziehen. Die Herbergswirtin gibt sich untröstlich, und als sie vor ihm wie ohnmächtig zusammenbricht, ist der Cavaliere von ihrer Liebe zu ihm überzeugt und gesteht sich ein, dass er in sie verliebt ist. Damit geht Mirandolinas Plan in die zweite Runde. Sie gibt sich von nun an unnahbar, verschmäht das kostbare Präsent des Cavaliere, ein goldenes Riechfläschchen, und schmeichelt vor seinen Augen dem Hausdiener Fabrizio.

Im III. Akt ist die Liebesleidenschaft des Cavaliere di Ripafratta offenkundig. Rasend vor Eifersucht, wird er sogar so zudringlich, dass Mirandolina ihr eigener Plan nicht mehr geheuer ist. Um sich dem liebestollen Bewerber endgültig zu entziehen, gibt sie Fabrizio in aller Öffentlichkeit das längst ausstehende Jawort. Der Cavaliere fühlt sich dadurch vor den anderen Pensionsgästen als verschmähter Liebhaber bloßgestellt und reist verbittert auf der Stelle ab. Die beiden anderen Adligen verlassen die Herberge freiwillig, um das junge Paar nicht weiter zu stören.

Aufgabe 7.1 | **?** Erstellen Sie auf Grundlage der Inhaltsübersicht eine Skizze der Personenkonstellation im Stück. Welche inhaltlichen Elemente gehören zur Exposition des Dramas, an welcher Stelle wird der 'dramatische Knoten' geschürzt und worin dürfte der Höhepunkt der Handlung bestehen?

7.1.4 | Analyse ausgewählter Passagen

Werfen wir zur Vertiefung einen Blick auf ausgewählte Handlungspassagen. Die zentralen Figuren werden in traditioneller Weise im I. Akt vorgestellt und miteinander in die Dramenhandlung verwoben. Die drei Adeligen treffen in der 4. Szene aufeinander.

7.1.4.1 | *Ein überheblicher Verächter der Frauen*

Text 7.1 | Il Cavaliere di Ripafratta *dalla sua camera, e detti*[1].

La locandiera I,4

CAVALIERE. Amici, che cos'è questo romore[2]? Vi è qualche dissensione[3] fra di voi altri?

CONTE. Si disputava sopra un bellissimo punto.

MARCHESE. Il Conte disputa meco[4] sul merito della nobiltà. (*Ironico.*)

CONTE. Io non levo[5] il merito alla nobiltà: ma sostengo, che per cavarsi[6] dei capricci, vogliono esser denari.

CAVALIERE. Veramente, Marchese mio …

MARCHESE. Orsù[7], parliamo d'altro.

CAVALIERE. Perché siete venuti a simil contesa[8]?

CONTE. Per un motivo il più ridicolo della terra.

MARCHESE. Sì, bravo! il Conte mette tutto in ridicolo.

CONTE. Il signor Marchese ama la nostra locandiera. Io l'amo ancor più di lui. Egli pretende corrispondenza, come un tributo alla sua nobiltà. Io la spero, come una ricompensa alle mie attenzioni. Pare a voi che la questione non sia ridicola?

Marchese. Bisogna sapere con quanto impegno io la proteggo.

Conte. Egli la protegge, ed io spendo. (*Al Cavaliere.*)

Cavaliere. In verità non si può contendere per ragione alcuna che io meriti meno. Una donna vi altera[9]? vi scompone[10]? Una donna? che cosa mai mi convien sentire? Una donna? Io certamente non vi è pericolo che per le donne abbia che dir con nessuno. Non le ho mai amate, non le ho mai stimate, e ho sempre creduto che sia la donna per l'uomo una infermità insopportabile.

Marchese. In quanto a questo poi, Mirandolina ha un merito estraordinario.

Conte. Sin qua il signor Marchese ha ragione. La nostra padroncina[11] della locanda è veramente amabile.

Marchese. Quando l'amo io, potete credere che in lei vi sia qualche cosa di grande.

Cavaliere. In verità mi fate ridere. Che mai può avere di stravagante costei, che non sia comune all'altre donne?

Marchese. Ha un tratto nobile, che incatena.

Conte. È bella, parla bene, veste con pulizia, è di un ottimo gusto.

Cavaliere. Tutte cose che non vagliono un fico. Sono tre giorni ch'io sono in questa locanda, e non mi ha fatto specie veruna[12].

Conte. Guardatela, e forse ci troverete del buono.

Cavaliere. Eh, pazzia! L'ho veduta benissimo. È una donna come l'altre.

Marchese. Non è come l'altre, ha qualche cosa di più. Io che ho praticate[13] le prime dame, non ho trovato una donna che sappia unire, come questa, la gentilezza e il decoro.

Conte. Cospetto di bacco[14]! Io son sempre stato solito trattar donne: ne conosco li difetti ed il loro debole. Pure con costei, non ostante il mio lungo corteggio e le tante spese per essa fatte, non ho potuto toccarle un dito.

Cavaliere. Arte, arte sopraffina[15]. Poveri gonzi[16]! Le credete, eh? A me non la farebbe. Donne? Alla larga tutte quante elle sono.[17]

Conte. Non siete mai stato innamorato?

Cavaliere. Mai, né mai lo sarò. Hanno fatto il diavolo per darmi moglie, né mai l'ho voluta.

Marchese. Ma siete unico della vostra casa: non volete pensare alla successione?

Cavaliere. Ci ho pensato più volte ma quando considero che per aver figliuoli mi converrebbe soffrire una donna, mi passa subito la volontà.

Conte. Che volete voi fare delle vostre ricchezze?

Cavaliere. Godermi quel poco che ho con i miei amici.

Marchese. Bravo, Cavaliere, bravo; ci goderemo[18].

Conte. E alle donne non volete dar nulla?

CAVALIERE. Niente affatto. A me non ne mangiano sicuramente.

CONTE. Ecco la nostra padrona. Guardatela, se non è adorabile.

CAVALIERE. Oh la bella cosa! Per me stimo più di lei quattro volte un bravo cane da caccia.

MARCHESE. Se non la stimate voi, la stimo io.

CAVALIERE. Ve la lascio, se fosse più bella di Venere[19]. (Goldoni 1969: 786f.)

1 detti *die Vorgenannten, hier: der Marchese und der Conte* – 2 romore = rumore – 3 dissenso = dissenso – 4 meco *mit mir* – 5 levare *hier: wegnehmen, bestreiten* – 6 cavarsi *ein Bedürfnis stillen* – 7 orsù *nun aber!* – 8 contesa *Streit* – 9 alterare *verändern* – 10 scomporre *durcheinander bringen* – 11 padroncina *junge Herrin* – 12 veruno, -a = nessuno, -a – 13 praticare *hier: mit jmdm. verkehren* – 14 cospetto di bacco *hier: Potzblitz!* – 15 sopraffino, -a *raffiniert* – 16 gonzo *Schwachkopf* – 17 alla larga (…) *man muss sich alle vom Halse halten* – 18 godere *genießen* – 19 Venere *Venus*

Aufgabe 7.2 | **?** Wie werden die drei Figuren in Selbst- und Fremdaussagen gezeichnet? Auf welcher Isotopieebene (vgl. Einheit 4.2) bewegt sich jeweils ihre Argumentation und welchem sprachlichen Register gehört diese an? Welche Funktion erhalten die Figuren dadurch im Hinblick auf die gesamte Dramenhandlung?

7.1.4.2 | *Die gewitzte Herbergswirtin*

Abb. 7.7 |

Maurice Sand:
Columbina (1683)

Die Protagonistin des Stücks, Mirandolina, nimmt die Herausforderung an. Ihre Rolle ist im Übrigen eine Weiterentwicklung der *Columbina*, der gewitzten Dienerin aus dem Repertoire der *commedia dell'arte*. Dort tritt Columbina stets als Begleiterin einer Herrin auf, welche sich in einen Partner ihres Standes verliebt (das Paar tritt als maskenlose *innamorati* auf) und der sie hilft, diese Liebe gegen den Widerstand der Alten (der *vecchi*, das sind in erster Linie die Figuren *Pantalone* und der *Dottore*) zu verwirklichen. Für die Dienerin selbst kommt in diesem Fall nur ein anderer Diener als Partner in Frage, etwa der ebenfalls gerissene *Arlecchino* oder der trottelige *Pulcinella*.

Text 7.2 |

La locandiera I,9

MIRANDOLINA *sola.*

Uh, che mai ha detto! L'eccellentissimo signor Marchese Arsura[1] mi sposerebbe? Eppure, se mi volesse sposare, vi sarebbe una piccola difficoltà. Io non lo vorrei. Mi piace l'arrosto[2], e del fumo non so che farne. Se avessi sposati tutti quelli che hanno detto volermi, oh, avrei pure[3] tanti mariti! Quanti arrivano a questa locanda[4], tutti di me s'innamorano, tutti mi fanno i cascamorti[5]; e tanti e tanti mi esibiscono[6] di sposarmi a dirittura[7]. E questo signor Cavaliere, rustico[8] come un orso, mi tratta sì bruscamente? Questi è il primo forestiere[9] capitato[10] alla mia locanda, il quale non abbia avuto piacere di trattare[11] con me. Non dico che tutti in un salto s'abbiano a innamorare: ma disprezzarmi così? è una cosa che mi muove la bile[12] terribilmente. È nemico delle donne? Non le può vedere? Povero pazzo! Non avrà ancora trovato quella che sappia fare. Ma la troverà. La troverà. E chi sa che non l'abbia trovata? Con questi per l'appunto[13] mi ci metto di picca[14]. Quei che mi corrono dietro, presto presto mi annoiano. La nobiltà non fa per me. La ricchezza la stimo e non la stimo. Tutto il mio piacere consiste in vedermi servita, vagheggiata[15], adorata. Questa è la mia debolezza, e questa è la debolezza di quasi tutte le donne. A maritarmi non ci penso nemmeno; non ho bisogno di nessuno; vivo onestamente, e godo la mia libertà. Tratto con tutti, ma non m'innamoro mai di nessuno. Voglio burlarmi[16] di tante caricature di amanti spasimati[17]; e voglio usar tutta l'arte per vincere, abbattere e conquassare[18] quei cuori barbari e duri che son nemici di noi, che siamo la miglior cosa che abbia prodotto al mondo la bella madre natura. (Goldoni: 1969, 791f.)

1 Marchese Arsura *ein weiterer Verehrer Mirandolinas* – 2 l'arrosto *Braten* – 3 pure *doch, wirklich* – 4 la locanda *Herberge* – 5 il cascamorto *Verehrer* – 6 esibire *anbieten* – 7 a dirittura *geradewegs* – 8 rustico *rüpelhaft* – 9 il forestiere *Fremder* – 10 capitare *hier: zufällig kommen* – 11 trattare *hier: Umgang pflegen* – 12 la bile *Galle* – 13 per l'appunto *ganz genau* – 14 la picca *Groll, Trotz* – 15 vagheggiare *herbeisehnen* – 16 burlarsi *verspotten* – 17 spasimato *schmachtend* – 18 conquassare = conquistare

? Um welche Form der dramatischen Rede handelt es sich beim voranstehenden Auszug? Welche rhetorischen Figuren finden sich darin? Vergleichen Sie die 'Schwäche' Mirandolinas mit den 'Schwächen' der drei zuvor betrachteten Figuren und erörtern Sie, inwiefern sich hieraus für das Bühnenstück eine didaktische Absicht ableiten lässt.

| Aufgabe 7.3

Weitere Textauszüge und Aufgaben zu *La locandiera* finden Sie unter www. bachelor-wissen.de.

Sei personaggi in cerca d'autore | 7.2

Luigi Pirandello | 7.2.1

Luigi Pirandello wurde im Jahre 1867 in Grigenti (heute: Agrigento) geboren. Das Elternhaus zeichnete sich durch sein Engagement für die nationalstaatliche Einigungsbewegung Italiens aus; der Betrieb einiger Schwefelminen ermöglichte Bildung und bürgerlichen Wohlstand. Nach Studienjahren in Palermo und Rom wechselte Pirandello als Fremdsprachenlektor an die Universität Bonn, wo er 1891 mit einer sprachwissenschaftlichen Arbeit zum Dialekt seiner sizilianischen Heimat promoviert wurde. Zurück in Italien heiratete er Maria Antonietta Portulano, die Tochter eines Mitgesellschafters

Motivkreis: Identität und Wahn

Abb. 7.8 |

Luigi Pirandello
(1867–1936)

Motivkreis Identität,
Wahn und Paradoxie

seines Vaters. Als dieser aufgrund der Überflutung einer seiner Minen in den Ruin getrieben wurde, war dem Paar die Existenzgrundlage entzogen. Noch schwerer wurde das Leben von Luigi Pirandello dadurch, dass seine Frau, bei der zuvor erste Symptome wahrgenommen worden waren, psychisch ernsthaft erkrankte. Erst 1919 sollte sie in eine psychiatrische Klinik eingewiesen werden. Pirandello bestritt seinen Lebensunterhalt von 1897 bis 1922 als Lehrer für Stilistik an einer römischen Mädchenrealschule, durch Zeitungsmitarbeit (v. a. beim *Corriere della sera*) und literarische Veröffentlichungen, die mit der Zeit das Interesse des Publikums fanden.

Das Gesamtwerk des Autors umfasste schließlich vier Gedichtbände, sieben Romane, über zweihundert Novellen, über vierzig Theaterstücke und zwei Essaybände. 1934 wurde es mit dem Nobelpreis für Literatur geehrt. Die Anfangsphase von Pirandellos Schaffen stand im Zeichen des *verismo*. Die realistischen Schilderungen neigen allerdings im Weiteren zur Beschäftigung mit außergewöhnlichen Individuen, zudem zu einer Überhöhung der Handlung ins Paradoxe oder Übernatürliche, die in einen systematischen Zweifel an der Wirklichkeit (bzw. ihrer Wahrnehmung durch die literarischen Figuren) mündet. Als Beispiel sei der erste Romanerfolg des Schriftstellers genannt, *Il fu Mattia Pascal* (1904), in dem die Titelfigur die Meldung ihres vermeintlichen Todes nutzen möchte, um ein völlig neues, nicht vorbelastetes Leben zu beginnen, später jedoch gerade an ihrer Biographie- und Statuslosigkeit scheitert. Zu nennen wären darüber hinaus zahlreiche Novellen aus den ab 1922 als Sammlung erschienenen *Novelle per un anno* oder der Roman *Uno, nessuno e centomila* (1926), in dem die Frage nach einer brüchig gewordenen Identität erneut gestellt wird. Pirandello starb 1936.

7.2.2 | Pirandellos *meta-teatro*

Theater auf dem
Theater

Weltweite Beachtung fand Pirandello nicht zuletzt durch sein dramatisches Werk, das in einer ersten Phase traditionelle Gattungsvorbilder wie die Vaudeville-Komödie umwandelt und zu paradoxen inhaltlichen Wendungen führt. Im Zentrum der Resonanz stand jedoch eine Trilogie von sog. 'meta-theatralischen' Stücken, d. h. von Dramen, die das Schauspiel bzw. das Theater-Spielen selbst zum Thema erheben und reflektieren. Es handelt sich um *Sei personaggi in cerca d'autore* (1921), *Ciascuno a suo modo* (1924) und *Questa sera si recita a soggetto* (1930). Stehen im ersten Stück die Konflikte zwischen Figuren, Schauspielern und Regisseur im Vordergrund, so sind es im zweiten die Diskrepanzen zwischen Zuschauern, Autor und Schauspielern; das drittgenannte Stück behandelt das Verhältnis zwischen einem Regisseur und seinen Schauspielern, die sich mit den von ihnen dargestellten Figuren gänzlich identifizieren.

In den drei Dramen bündeln sich Entwicklungslinien aus dem gesamten Werk Pirandellos: die Auflösung traditioneller literarischer Formen, die in überraschend-neuer Weise gehandhabt werden; die Problematisierung des psychischen Relativismus (jeder nimmt die Umwelt und sich selbst gemäß seiner Perspektive anders wahr); die Profilierung nicht auflösbarer zwischenmenschlicher Konflikte; die Angewiesenheit des Menschen auf die anderen und deren Wahrnehmung oder Deutung seiner Persönlichkeit; schließlich das Hinterfragen der menschlichen Existenz nach Wahrheit und Trug, nach Sein und Schein.

In seinem Vorwort zur 2. Auflage der *Sei personaggi in cerca d'autore* schildert Pirandello den ursprünglichen Anstoß zu diesem Stück wie folgt als Besuch einer Dienerin seiner Kunst, der Phantasie:

Orbene questa mia servetta[1] Fantasia ebbe, parecchi anni or sono, la cattiva ispirazione o il malaugurato[2] capriccio di condurmi in casa tutta una famiglia, non saprei dire dove né come ripescata[3], ma da cui, a suo credere, avrei potuto cavare[4] il soggetto per un magnifico romanzo.

Mi trovai davanti un uomo sulla cinquantina, in giacca nera e calzoni chiari, dall'aria aggrottata[5] e dagli occhi scontrosi[6] per mortificazione[7]; una povera donna in gramaglie[8] vedovili, che aveva per mano una bimbetta di quattr'anni da un lato e con un ragazzo di poco più di dieci dall'altro; una giovinetta ardita[9] e procace[10], vestita anch'essa di nero ma con uno sfarzo[11] equivoco e sfrontato[12], tutta un fremito[13] di gajo[14] sdegno mordente contro quel vecchio mortificato e contro un giovane sui vent'anni che si teneva discosto[15] e chiuso in sé, come se avesse in dispetto tutti quanti. Insomma quei sei personaggi come ora si vedono apparire sul palcoscenico[16], al principio della commedia. E or l'uno or l'altro, ma anche spesso l'uno sopraffacendo[17] l'altro, prendevano a narrarmi i loro tristi casi, a gridarmi ciascuno le proprie ragioni, ad avventarmi in faccia le loro scomposte[18] passioni, press'a poco come ora fanno nella commedia al malcapitato[19] Capocomico.

Quale autore potrà mai dire come e perché un personaggio gli sia nato nella fantasia? Il mistero della creazione artistica è il mistero stesso della nascita naturale. [...]

Nati vivi, volevano vivere.

Ora bisogna sapere che a me non è mai bastato rappresentare una figura d'uomo o di donna, per quanto speciale e caratteristica, per il solo gusto di rappresentarla; narrare una particolar vicenda[20], gaja o triste, per il solo gusto di narrarla; descrivere un paesaggio per il solo gusto di descriverlo.

Ci sono certi scrittori (e non pochi) che hanno questo gusto e, paghi[21], non cercano altro. Sono scrittori di natura più propriamente storica.

Ma ve ne sono altri che, oltre questo gusto, sentono un più profondo bisogno spirituale, per cui non ammettono figure, vicende, paesaggi che non s'imbevano[22], per così dire, d'un particolar senso della vita, e non acquistino con esso un valore universale. Sono scrittori di natura più propriamente filosofica.

| Text 7.3

'Prefazione' zu den *Sei personaggi in cerca d'autore* (1921)

Io ho la disgrazia d'appartenere a questi ultimi. [...]

Ora, per quanto cercassi, io non riuscivo a scoprir questo senso in quei sei personaggi. E stimavo perciò che non mettesse conto[23] farli vivere. [...] (Pirandello: 1937, 5ff.)

1 servetta *Dienerin* – 2 malaugurato *unglückselig* – 3 ripescare *auffischen* – 4 cavare *entnehmen* – 5 aggrottato, -a *die Stirn runzelnd* – 6 scontroso *mürrisch* – 7 mortificazione *Demütigung* – 8 in gramaglie *in Trauerkleidung* – 9 ardito, -a *forsch* – 10 procace *aufreizend, unverschämt* – 11 sfarzo *Aufmachung* – 12 sfrontato *schamlos* – 13 un fremito di sdegno *ein Sturm der Entrüstung* – 14 gaja = gaia – 15 discosto, -a *abseits* – 16 palcoscenico *Bühne* – 17 sopraffacere *beiseite drängen* – 18 scomposto, -a *wirr* – 19 malcapitato, -a *unglücklich* – 20 vicenda *Ereignis* – 21 pago, -a *zufrieden* – 22 imbeversi *in sich aufnehmen, sich vollsaugen* – 23 non mette conto fare qcs. *es lohnt sich die Mühe nicht etw. zu tun*

Aufgabe 7.4 | **?** Um welches Stilmittel handelt es sich bei Pirandellos "servetta Fantasia"? Wie werden die Figuren im Hinblick auf eine Figurenkonstellation vorgestellt? Inwieweit gibt Pirandello in der zitierten Passage Aufschluss über seine persönliche Auffassung von Literatur, seine Poetik?

7.2.3 | Inhaltsangabe

Die theatralische Illusion

Das nicht in Akte oder nummerierte Szenen eingeteilte Stück, das gleichwohl durch zwei aus dem Bühnengeschehen heraus motivierte Pausen unterbrochen wird, setzt ganz unter dem Vorzeichen des 'Theaters auf dem Theater' ein: "Troveranno gli spettatori, entrando nella sala del teatro, alzato il sipario[1], e il palcoscenico com'è di giorno, senza quinte[2] né scena[3], quasi al buio e vuoto, perché abbiano fin da principio l'impressione d'uno spettacolo non preparato." (1 sipario *Vorhang* – 2 le quinte *Kulissen* – 3 la scena *hier: Dekoration*)

Im Folgenden betreten ein Schauspieldirektor, Schauspieler und diverse Theaterangestellte die Bühne, um mit den Proben an Pirandellos Stück *Gioco delle parti* zu beginnen (zum Text-im-Text siehe Einheit 12.2.1 'Intertextualität'). In dieses fiktive Geschehen brechen nun unvermutet sechs Personen ein, die sich selbst als Figuren eines Dramas ausweisen, die von ihrem Autor zwar konzipiert, sodann aber verworfen wurden. Seitdem sind sie von dem verzweifelten Bemühen getrieben, das nicht fertig gestellte Stück, das sich aus ihren Rollenvorgaben ergeben muss, auf dem Theater verwirklicht zu sehen. Diese sechs Personen (oder: Rollen) bieten nun dem Schauspieldirektor an, ihm ein neues Stück zu liefern – ein anderes als dasjenige des für die Berufsakteure undurchsichtigen Pirandello –, nämlich ihre eigene Geschichte. Während der Vorschlag zunächst auf völliges Unverständnis stößt, gelingt es den Figuren dennoch im Laufe ihrer Bemühungen und dank der von ihrem persönlichen Drama preisgegebenen Details, den Direktor in ihren Bann zu schlagen, nicht zuletzt, weil er selber gerne die Rolle des 'Autors' für ihre Tragödie übernehmen möchte.

Verbunden werden die sechs Figuren durch eine melodramatische Familiengeschichte: Der Vater hatte einst die Ehefrau, mit der er einen Sohn zusammen hatte, in die Beziehung zu einem anderen Mann gedrängt, angeblich, weil er erkannt hatte, dass er ihrem Glück nur im Wege stand. Während der Sohn also beim Vater blieb, gründete die Mutter eine neue, zweite Familie, aus der zwei Töchter und ein Sohn hervorgingen. Nach dem Tod des zweiten Mannes geriet die Mutter jedoch in finanzielle Not und sah sich gezwungen, in die Stadt umzuziehen, in der ihr erster Mann immer noch wohnte, ohne dass dieser etwas von der Rückkehr wusste. Sie fand Arbeit bei einer vermeintlichen Damenschneiderin, die inkognito jedoch ein Bordell betrieb und die älteste Tochter der Mutter heimlich zur Prostitution zwang. Einer der Freier im Bordell war wiederum der Vater, der sich unwissentlich mit seiner Stieftochter auf ein Zimmer zurückzog. Bevor es zu einer quasi inzestuösen Handlung kommt, fuhr die alarmierte Mutter mit einem Aufschrei dazwischen. Alle Beteiligten jedoch tragen die Spuren eines Traumas davon: Der Vater wird von seinem Gewissen geplagt, die Stieftochter provoziert die von ihr verachteten Männer, die Mutter zerbricht an der Last des Schicksals, die jüngere Stieftochter ertrinkt (oder ertränkt sich?) in einem Teich, der Stiefsohn erschießt sich kurz darauf.

Während der Direktor hinter diesen nur allmählich zu Tage kommenden Zusammenhängen ein Erfolgsstück wittert, bleiben die Figuren in ihren familiären Spannungen verstrickt, aus denen sie sich gemäß ihrer Anlage niemals werden befreien können. Als die Schauspieler der Theatertruppe schließlich daran gehen, die erläuterte und teils vorgespielte Tragödie ihrerseits professionell umzusetzen, sind die Figuren über das Resultat entsetzt und fühlen sich zutiefst miss- bzw. unverstanden.

Pirandellos *Sei personaggi* endet für das Publikum in Konfusion: Als der kleine Stiefsohn sich zum Schluss der Handlung erschießt, weiß niemand mehr, ob es sich um Spiel oder Wirklichkeit handelt. Der Theaterdirektor beklagt den 'verlorenen' Probentag und verlässt fluchtartig die Bühne, als die 'überlebenden' Figuren abermals auftauchen. Die Stieftochter reißt sich von ihnen los und rennt durch den Zuschauerraum davon.

Ein trivialer Familienkonflikt

? Begründen Sie auf Grundlage der Inhaltsangabe, weshalb weder die Schauspieler noch die 'sechs Personen' Eigennamen tragen (mit Ausnahme der noch hinzu kommenden Bordellbetreiberin *Madame Pace*, deren Name von vornherein als zynisch anmutendes Pseudonym angelegt ist) und statt dessen lediglich durch ihre Funktion oder Stellung im Theaterbetrieb bzw. in der Familienkonstellation definiert sind (*il padre*, *la figliastra*, *la bambina*, *il direttore-capocomico*, *la prima attrice*, *il suggeritore* etc.).

Aufgabe 7.5

Aufgabe 7.6 | **?** Wieso lässt der Autor Pirandello die Figuren seines Stückes ein anderes seiner Werke (*Gioco delle parti*, 1918) für eine Theateraufführung proben? Beschreiben Sie diese inhaltliche Konstruktion mit eigenen Worten.

Aufgabe 7.7 | **?** Betrachten Sie soweit möglich die kompositorische Anlage des Stückes, v. a. sein Ende, im Hinblick auf die gewählte dramatische Form.

7.2.4 | Analyse ausgewählter Passagen

Die allgemeinen Vorbemerkungen sollen nun am Beispiel zweier Auszüge aus dem Drama veranschaulicht werden. Das 1921 in Rom uraufgeführte Stück löste zu seiner Zeit heftige Diskussionen zwischen enthusiastischen Anhängern und nicht minder überzeugten Gegnern Pirandellos aus, wobei die Reaktion der Letzteren aus der heutigen Sicht eindeutig im Jaußschen Sinne (vgl. Einheit 11.2.2) als Irritation zu sehen ist, die auf einer enormen 'ästhetischen Distanz' beruhte, d. h. auf einer Kluft zwischen der an traditionellen Mustern geschulten Erwartungshaltung des Publikums und der Innovationskraft des Stückes.

7.2.4.1 | *Ein verheißungsvolles Stück*

Der *padre* bemüht sich, den *capocomico* davon zu überzeugen, das Drama der *personaggi* aufzuführen.

Text 7.4 |
Sei personaggi in cerca d'autore, Auszug 1

IL CAPOCOMICO. Benissimo, sì! E le assicuro che tutto questo m'interessa, m'interessa vivamente. Intuisco[1], intuisco che c'è materia da cavarne[2] un bel dramma!

LA FIGLIASTRA (*tentando d'intromettersi*). Con un personaggio come me!

IL PADRE (*scacciandola[3], tutto in ansia[4] come sarà, per la decisione del Capocomico*). Stai zitta, tu!

IL CAPOCOMICO (*seguitando senza badare[5] all'interruzione*). Nuova, sì …

IL PADRE. Eh, novissima, signore!

IL CAPOCOMICO. Ci vuole un bel coraggio però – dico – venire a buttarmelo[6] davanti così …

IL PADRE. Capirà, signore: nati, come siamo, per la scena …

IL CAPOCOMICO. Sono comici dilettanti?

IL PADRE. No: dico nati per la scena, perché …

IL CAPOCOMICO. Eh via, lei deve aver recitato!

IL PADRE. Ma no, signore: quel tanto che ciascuno recita nella parte che si è assegnata, o che gli altri gli hanno assegnato nella vita. E in me, poi, è la passione stessa, veda, che diventa sempre, da sè, appena si esalti[7] – come in tutti – un po' teatrale …

IL CAPOCOMICO. Lasciamo andare, lasciamo andare! – Capirà, caro signore, che senza l'autore … – Io potrei indirizzarla a qualcuno …

IL PADRE. Ma no, guardi: sia lei!

IL CAPOCOMICO. Io? Ma che dice?

IL PADRE. Sì, lei! lei! Perché no?

IL CAPOCOMICO. Perché non ho mai fatto l'autore, io!

IL PADRE. E non potrebbe farlo adesso, scusi? Non ci vuol niente. Lo fanno tanti! Il suo compito[8] è facilitato dal fatto che siamo qua, tutti, vivi davanti a lei.

IL CAPOCOMICO. Ma non basta!

IL PADRE. Come non basta? Vedendoci vivere il nostro dramma …

IL CAPOCOMICO. Già! Ma ci vorrà sempre qualcuno che lo scriva!

IL PADRE. No – che lo trascriva, se mai, avendolo così davanti – in azione – scena per scena. Basterà stendere in prima, appena appena, una traccia[9] – e provare!

IL CAPOCOMICO (*risalendo, tentato, sul palcoscenico*). Eh … quasi quasi, mi tenta … Così, per un gioco … Si potrebbe veramente provare …

IL PADRE. Ma sì, signore! Vedrà che scene verranno fuori! Gliele posso segnar subito io!

IL CAPOCOMICO. Mi tenta … mi tenta. Proviamo un po' … Venga qua con me nel mio camerino[10]. (*Rivolgendosi agli Attori*) – Loro restano per un momento in libertà; ma non s'allontanino di molto. Fra un quarto d'ora, venti minuti, siano di nuovo qua. (*Al Padre*): Vediamo, tentiamo … Forse potrà venir fuori veramente qualcosa di straordinario …

IL PADRE. Ma senza dubbio! Sarà meglio, non crede? far venire anche loro. *Indicherà gli altri Personaggi.*

IL CAPOCOMICO. Sì, vengano, vengano! (*S'avvierà; ma poi tornando a volgersi agli Attori*): – Mi raccomando, eh! puntuali! Fra un quarto d'ora.

Il capocomico e i Sei Personaggi attraverseranno il palcoscenico e scompariranno. Gli Attori resteranno, come storditi[11], a guardarsi tra loro.

IL PRIMO ATTORE. Ma dice sul serio? Che vuol fare?

L'ATTOR GIOVANE. Questa è pazzia bell'e buona!

UN TERZO ATTORE. Ci vuol fare improvvisare un dramma, così su due piedi?

L'ATTOR GIOVANE. Già! Come i Comici dell'Arte!

LA PRIMA ATTRICE. Ah, se crede che io debba prestarmi a simili scherzi …

L'ATTRICE GIOVANE. Ma non ci sto neanch'io!

UN QUARTO ATTORE. Vorrei sapere chi sono quei là. (*Alluderà[12] ai Personaggi*).

IL TERZO ATTORE. Che vuoi che siano! Pazzi o imbroglioni[13]!

L'ATTOR GIOVANE. E lui si presta a dar loro ascolto?

L'ATTRICE GIOVANE. La vanità! La vanità di figurare da autore …

IL PRIMO ATTORE. Ma cose inaudite! Se il teatro, signori miei, deve ridursi a questo …

Un quinto attore. Io mi ci diverto!

Il terzo attore. Mah! Dopo tutto, stiamo a vedere che cosa ne nasce.

E così conversando tra loro, gli Attori sgombreranno[14] il palcoscenico, parte escendo dalla porticina in fondo, parte rientrando nei loro camerini.

Il sipario resterà alzato.

La rappresentazione sarà interrotta per una ventina di minuti. (Pirandello: 1937, 61ff.)

1 intuire *erahnen* – 2 cavare *entnehmen, verwenden* – 3 scacciare *beiseite schieben* – 4 ansia *Erregung* – 5 badare *achten auf* – 6 buttare *hier: vorsetzen* – 7 esalto *leidenschaftlich* – 8 compito *Aufgabe* – 9 stendere una traccia *einen Entwurf machen* – 10 camerino *hier: Büro* – 11 stordito *verblüfft* – 12 alludare *anspielen, hinweisen auf* – 13 imbroglione *Betrüger* – 14 sgombrerare/sgombrare *abgehen*

Aufgabe 7.8 | **?** Wie soll sich den Äußerungen des *padre* zufolge das Schauspiel realisieren lassen? Welche Rolle hat im Speziellen das Schreiben in diesem Zusammenhang? Welches Interesse hat der *capocomico* an dem Stück? Weshalb protestieren die Schauspieler?

7.2.4.2 | *Der Standpunkt des Regisseurs*

Die *personaggi* haben die Schlüsselszene ihres Familiendramas vorgeführt, in welcher der Vater sich mit der Stieftochter im Bordell der *Madame Pace* einlässt. Die Wiederholung derselben Szene durch die Schauspieler stieß bei den *personaggi* auf Unverständnis bzw. Spott, da sie sich missverstanden und falsch interpretiert fühlten. Der *capocomico* versucht nun, die Wogen zu glätten.

Text 7.5 |

Sei personaggi in cerca d'autore, Auszug 2

Il capocomico. Dunque: quando lei dice: "Non badi[1] la prego, a quello che ho detto ... Anche per me – capirà!" – (*rivolgendosi al Padre*) bisogna che lei attacchi subito: "Capisco, ah capisco ..." e che immediatamente domandi –

La figliastra (*interrompendo*). – come! che cosa?

Il capocomico. La ragione del suo lutto[2]!

La figliastra. Ma no, signore! Guardi: quand'io gli dissi che bisognava che non pensassi d'esser vestita così, sa come mi rispose lui? "Ah, va bene! E togliamolo, togliamolo via subito, allora, codesto[3] vestitino[4]!"

Il capocomico. Bello! Benissimo! Per far saltare così tutto il teatro?

La figliastra. Ma è la verità!

Il capocomico. Ma che verità, mi faccia il piacere! Qua siamo a teatro! La verità, fino a un certo punto!

La figliastra. E che vuol fare lei allora, scusi?

Il capocomico. Lo vedrà, lo vedrà! Lasci fare a me adesso!

La figliastra. No, signore! Della mia nausea[5], di tutte le ragioni, una più crudele e più vile dell'altra, per cui io sono "questa", "così", vorrebbe forse

cavarne un pasticcetto[6] romantico sentimentale, con lui che mi chiede le
ragioni del lutto, e io che gli rispondo lacrimando che da due mesi m'è
morto papà? No, no, caro signore! Bisogna che lui mi dica come m'ha detto:
"Togliamo via subito allora, codesto vestitino!". E io, con tutto il mio lutto
nel cuore, di appena due mesi, me ne sono andata là, vede? là, dietro quel
paravento, e con queste dita che mi ballano[7] dall'onta[8], dal ribrezzo[9], mi sono
sganciato[10] il busto[11], la veste …

IL CAPOCOMICO (*ponendosi le mani tra i capelli*). Per carità! Che dice?

LA FIGLIASTRA (*gridando, frenetica*). La verità! la verità, signore!

IL CAPOCOMICO. Ma sì, non nego, sarà la verità … e comprendo, comprendo
tutto il suo orrore, signorina; ma comprenda anche lei che tutto questo sulla
scena non è possibile!

LA FIGLIASTRA. Non è possibile? E allora, grazie tante, io non ci sto!

IL CAPOCOMICO. Ma no, veda …

LA FIGLIASTRA. Non ci sto! non ci sto! Quello che è possibile sulla scena ve lo
siete combinato insieme tutti e due, di là, grazie! Lo capisco bene! Egli vuol
subito arrivare alla rappresentazione (*caricando*) dei suoi travagli[12] spirituali;
ma io voglio rappresentare il mio dramma! il mio!

IL CAPOCOMICO (*seccato, scrollandosi*[13] *fieramente*). Oh, infine, il suo! Non
c'è soltanto il suo, scusi! C'è anche quello degli altri! Quello di lui, (*indicherà
il padre*) quello di sua madre! Non può stare che un personaggio venga, così,
troppo avanti, e sopraffaccia[14] gli altri, invadendo la scena. Bisogna contener
tutti in un quadro armonico e rappresentare quel che è rappresentabile! Lo
so bene anch'io che ciascuno ha tutta una sua vita dentro e che vorrebbe
metterla fuori. Ma il difficile è appunto questo: farne venir fuori quel tanto
che è necessario, in rapporto con gli altri; e pure in quel poco fare intendere
tutta l'altra vita che resta dentro! Ah, comodo, se ogni personaggio potesse
in un bel monologo, o … senz'altro … in una conferenza venire a scodellare[15]
davanti al pubblico tutto quel che gli bolle in pentola[16]! (*Con tono bonario,
conciliativo*) Bisogna che lei si contenga, signorina. E creda, nel suo stesso
interesse, perché può anche fare una cattiva impressione, glielo avverto, tutta
codesta furia dilaniatrice[17], codesto disgusto esasperato, quando lei stessa, mi
scusi, ha confessato di essere stata con altri, prima che con lui, da Madama
Pace, più di una volta! (Pirandello: 1937, 93ff.)

1 badare *achten auf* – 2 lutto *Trauer* – 3 codesto = questo – 4 vestitino *Kleid-
chen* – 5 nausea *Ekel* – 6 pasticcetto *Schmarren* – 7 ballare *schlottern* –
8 onta *Scham* – 9 ribrezzo *Abscheu* – 10 sganciare *aufhaken* – 11 busto *Korsett*
– 12 travaglio *Qual, Sorge* – 13 scrollarsi *sich schütteln, sich einen Ruck geben* –
14 sopraffare *überwältigen* – 15 scodellare *(Lügen) auftischen* – 16 bollire in
pentola *etwas auskochen (fig.)* – 17 dilaniatrice *quälerisch, zernagend*

Aufgabe 7.9 | **?** Weshalb kann der Schauspieldirektor die von den *personaggi* gegebene Szene in dieser Form nicht für seine Inszenierung übernehmen? Welche Dramenauffassung ist hinter dieser Position erkennbar? Um welche Form der Rede handelt es sich bei seiner längeren Antwort auf die Vorwürfe der Schwiegertochter?

Einen zusätzlichen Textauszug und weitere Aufgaben zu *Sei personaggi in cerca d'autore* finden Sie unter www.bachelor-wissen.de.

Zusammenfassung

Goldonis Theater markiert einen Höhepunkt in der Entwicklung der italienischen Komödie. Sein umfangreiches Gesamtwerk steht am Übergang zwischen der *commedia dell'arte* und der regelmäßigen Theaterform. Durch die erkennbare Realitätsnähe und psychologisierende Handlungsführung gelang es Goldoni in seiner zweiten Schaffensphase, europaweit Maßstäbe für eine neue Ausprägung des Lustspiels zu setzen, was man u. a. an seinem Einfluss auf die Stücke Molières erkennen kann. Basiert Goldonis Komik auf der kunstvollen Konfrontation von Figuren, die unterschiedliche Bereiche des gesellschaftlichen Lebens verkörpern, so wechselt das Meta-Theater Pirandellos auf eine übergeordnete Ebene der Handlung. In einer selbstreflexiven Wendung wird die Aufführungspraxis selbst zum Inhalt des Stückes, die Probleme der Darstellungsweise treten an die Stelle des Dargestellten.

Literatur

Carlo Goldoni: *La locandiera*, in: Ders., *Tutte le opere*. Hg. Giuseppe Ortolani. Milano: Mondadori ⁴1969, 773–858.

Luigi Pirandello: *Sei personaggi in cerca d'autore*, in: Ders., *Maschere nude*. Band III. Milano: Mondadori ⁹1937.

Odoardo Bertani: *Goldoni. Una drammaturgia della vita*. Milano: Garzanti 1993.

Siro Ferrone: *Carlo Goldoni. Vita, opere, critica, messinscena*. Firenze: Sansoni ²1990.

Epik und Erzähltextanalyse

	Inhalt	
8.1	Gattung Epik	132
8.2	Erzählerische Gestaltung oder Diskurs (*discorso narrativo*)	138
8.2.1	Stimme (*la voce narrante*)	138
8.2.2	Zeit	140
8.2.3	Distanz	142
8.2.4	Fokalisierung (*focalizzazione*)	143
8.3	Struktur des Erzählten oder der *fabula*	144
8.3.1	Figuren (*personaggi*)	145
8.3.2	Handlung, Geschehen und 'Plot'	146

Diese Einheit befasst sich neben einem Überblick über die epischen Textformen mit den spezifischen Merkmalen, die diese gegenüber den bereits behandelten Gattungen Lyrik und Dramatik auszeichnen. Davon ausgehend wird das terminologische und sachliche Instrumentarium für die Analyse von Erzähltexten sowohl hinsichtlich ihrer Darstellung durch die Erzählerinstanz als auch der dargestellten Welt, des Inhalts von Erzählungen, erarbeitet und seine Verwendung eingeübt.

Überblick

8.1 | Gattung Epik

'Epik' vom Wort her

Der naheliegende Ansatz, dass es auf der Suche nach der Definition eines Begriffs sinnvoll ist, ihn von seinem Wortursprung her zu betrachten, führt bei den bereits behandelten Gattungen zu durchaus informativen Ergebnissen: Die Lyra, die Leier, zu der in der griechischen Antike gesungen wurde, weist auf den musikalischen Kontext und die Präsenz einer individuellen Stimme in der Lyrik hin; die Dramatik ihrerseits erhält ihren Namen vom griechischen Wort für 'Handlung' – zu Recht, denn dramatische Texte werden durch das Spiel von meist mehreren Akteuren (hier wiederholt sich, auf Lateinisch, die

Epos

Handlung) getragen. Gehen wir nun entsprechend vor, so finden wir das *Epos* (*èpica, poema epico*) als Grundform der Epik. In der Tat ist das Epos nicht nur die älteste, sondern (was wohl damit zu tun hat) auch lange Zeit die prestigeträchtigste epische Form der europäischen Literatur. Es handelt sich hierbei

Definition

um eine für den mündlichen Vortrag bestimmte Verserzählung von beträchtlicher Länge, die Heldentaten von nationalhistorischer und -mythischer Bedeutung schildert. Das erste und zugleich berühmteste antike Beispiel ist die *Odyssee* Homers. Einer der bedeutendsten italienischen Repräsentanten der Gattung ist der zwischen 1516 und 1532 von Ludovico Ariosto (1474–1533) verfasste und mehrfach überarbeitete *Orlando furioso* (*Der rasende Roland*). In 46 Gesängen mit der Oktave als Strophenform wird vor dem Hintergrund der Kreuzzüge und dem Krieg zwischen Karl dem Großen und dem Sarazenen Agramante die Geschichte Rolands erzählt, der wegen seiner Liebe zu der chinesischen Prinzessin Angelica den Verstand verliert. Der *Orlando furioso*

Abb. 8.1 |
Ludovico Ariosto
(1474–1533)

ist eigentlich die Fortsetzung des unvollendeten *Orlando innamorato* von Matteo Boiardo (1441–1494) aus dem Jahr 1483 und verbindet die Tradition des

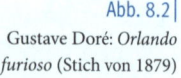

Abb. 8.2 |
Gustave Doré: *Orlando furioso* (Stich von 1879)

antiken Heldenepos mit der vulgärsprachlichen Tradition des Ritterepos. Der *Orlando furioso* zeichnet sich durch eine komplexe Handlungsstruktur aus, wobei die zahlreichen Handlungsstränge es nahezu unmöglich machen, das Geschehen zu resümieren, das darüber hinaus vielerlei komische und parodistische Elemente enthält.

Gehen wir zur Literaturgeschichte nachmittelalterlicher Zeit über, stellen wir fest, dass das 'älteste' Verständnis eines Begriffs wie 'Epik' doch nicht im allgemeinen Sinne das sachdienlichste ist, denn die vielfältigen epischen Formen weisen nur wenige der genannten epenspezifischen Merkmale auf:

Neuere epische Formen

► Für die italienische Literatur ist die Novelle (*novella*) eine der bedeutendsten und vor allem frühesten epischen Formen. Die Novelle gehört zu den epischen Kurzformen und kann durch eine klare einsträngige Handlung und ein eingeschränktes Personeninventar charakterisiert werden. Ihren Ursprung hat die Gattung in der Antike mit dem *Satyricon* des Petronius oder dem *Goldenen Esel* des Apuleius. Im späten Mittelalter ist die erste italienischsprachige Novellensammlung verzeichnet: der von einem anonymen toskanischen Autor verfasste *Novellino* (auch: *Le ciento novelle antiche*) aus der zweiten Hälfte des 13. Jh., in der antike, mittelalterliche und biblische Themen behandelt werden. Häufig haben die einzelnen Novellen auch einen moralischen bzw. erzieherischen Gehalt. Die bedeutendste italienische Novellensammlung ist Boccaccios *Decameron*. 'Decameron' bedeutet so viel wie 'Zehntagewerk', in Anlehnung an das Werk des Kirchenvaters Ambrosius, das *Hexameron*, ein sechsteiliges Gedicht über die Erschaffung der Welt in sechs Tagen. Das Werk Boccaccios beginnt mit einer Rahmenerzählung, die den zeitlichen Kontext des Geschehens vor der großen Pestepisode von 1348 in Florenz situiert. Sieben junge Frauen haben in der Kirche Santa Maria Novella Zuflucht gefunden. Die Älteste empfiehlt, vor der Pest auf das Land zu fliehen und sich dort zu vergnügen, ohne jedoch das Maß der Vernunft zu überschreiten ("segno della ragione"). Es treten daraufhin drei junge Männer hinzu, die sich dem Unternehmen anschließen möchten. Schauplatz des Geschichtenerzählens ist dann ein auf einem grünen Hügel vor der Stadt gelegenes Haus, dessen Idylle paradiesartig anmutet. Eingangs erklärt Boccaccio in einem relativ kurzen Vorwort, das vor allem an seine Leserinnen gerichtet ist, den Zweck seines Werkes ganz nach Horaz: *aut prodesse volunt aut delectare poetae* – Dichter wollen ebenso nützen wie erfreuen. Die zehn jungen Menschen werden fortan an zehn Tagen jeder je eine Novelle, also insgesamt hundert, vortragen. Pampinea als Königin des ersten Tages erklärt das Vorgehen: Jeder Erzähltag steht unter der Leitung einer Königin bzw. eines Königs, die bzw. der das Thema des Tages bestimmt und die einzelnen Erzähler aufruft. Thematisch behandeln die Novellen menschliche Stärken und Schwächen, die Beziehungen zwischen den Geschlechtern. Die Protagonisten stammen

Summarischer Überblick: Novelle

Novellino

|Abb. 8.3

Giovanni Boccaccio: *Decameron* (Illustration aus einer Ausgabe von 1492)

aus den unterschiedlichsten gesellschaftlichen Schichten, auch dem Klerus, der teilweise in besonders kritischem Licht erscheint. Insgesamt bietet Boccaccio mit dem *Decameron* ein umfassendes Bild der Gesellschaft seiner Zeit. Die Gattung der Novelle ist auch im 19. Jh. bei den Veristen oder im 20. Jh. bei Autoren wie Pirandello, Moravia, Morante, Tabucchi oder Calvino von Bedeutung.

Überblick: Roman

► Der *Roman* (*romanzo*) ist die wichtigste neuzeitliche epische Form, hat aber in Italien eine kürzere Tradition als zum Beispiel in Frankreich. Nach dem Vorbild von Boccaccios *Ninfale d'Ameto* erscheint 1504 die *Arcadia* von Iacopo Sannazaro, ein *Schäferroman* (*romanzo pastorale*) in Prosa und Versen, in der die bukolische Landschaft Arkadiens zur Kontrastfolie der höfischen und städtischen Realität wurde. Die folgenden Jahrhunderte haben in Italien keine bedeutenden Romane hervorgebracht, erst zu Beginn des 19. Jh. kommt es zum Durchbruch dieser Gattung. Die *Ultime Lettere di Iacopo Ortis* (1800) von Ugo Foscolo stehen in der Tradition des *Briefromans* (*romanzo epistolare*) Der Briefroman vermittelt die Illusion von Authentitzität der Gefühle und des Geschehens durch Briefe fiktiver Figuren, welche wiederum unterschiedliche Perspektiven und Stile wiedergeben können. Im Laufe des 19. Jh. setzt sich dann vor dem Hintergrund sich wandelnder Rezeptions- und Produktionsbedingungen der Roman als dominierende Gattung durch. Zunächst zeugt hiervon der Erfolg des *historischen Romans* (*romanzo storico*) in der Nachfolge Walter Scotts, der Fiktion und wissenschaftliche Geschichtsschreibung miteinander zu verbinden sucht, wie *I promessi sposi* von Alessandro Manzoni (1826/1840, siehe Einheit 9.1). Um die Abbildung gesellschaftlicher und psychischer Wirklichkeit geht es im *veristischen Roman* (Luigi Capuana: *Giacinta*, 1879; Giovanni Verga: *I Malavoglia*, 1881), der in der Tradition des französischen Realismus sowie des Naturalismus steht. Verbreitet wird der Roman nun zunehmend als Fortsetzungsroman in Zeitschriften (*Feuilletonroman*), die sich vorwiegend an ein breites Publikum richten und so die Untergattung des *Unterhaltungsromans* mitbegründen, der sich häufig in seiner Form als *Liebesroman* (*romanzo rosa*) an ein weibliches Publikum richtet (Romane der Neera oder Lialas). Zum Unterhaltungsroman zählt auch, wenigstens teilweise, der *Kriminalroman*, auf Italienisch *giallo*, der nach der in den 1930er Jahren bei Mondadori herausgegebenen Reihe von Kriminalliteratur in gelbem Einband benannt wurde (Augusto de Angelis, 1888–1944). Der Kriminalroman schildert in der Regel ein Verbrechen und dessen Auflösung. In der zweiten Hälfte des 20. Jh. tritt der Kriminalroman häufig in der kombinatorischen Variante auf, d. h. als metaliterarisches Spiel mit der Gattung wie bei Umberto Eco (*Il nome della rosa*, 1980) oder aber als engagierte Literatur, die gesellschaftliche Missstände aufzeigt, wie bei Leonardo Sciascia (*Il giorno della civetta*, 1961). Mit den Erfahrungen des

Schäferroman
Briefroman

Abb. 8.4 |
Ugo Foscolo
(1778–1827)

Historischer Roman

Veristischer Roman

Feuilletonroman

Unterhaltungsroman
Liebesroman

Kriminalroman (*giallo*)

Kombinatorischer Roman

II. Weltkriegs setzt sich unter anderem der neorealistische Roman auseinander, dessen unterschiedliche Ausformungen im Thema der *resistenza* und
dem damit einhergehenden Bewusstsein der Autoren ihren gemeinsamen
Bezugspunkt haben (Elio Vittorini: *Uomini e no*, 1945; siehe hierzu auch
Einheit 9.2).

Abgesehen von zahlreichen weiteren Untergattungen (Detektivroman,
Schauerroman, Science-Fiction-Roman) bestanden und bestehen viele der
genannten Romantypen mit ihren Formen und Themen bis heute weiter
– ob Utopie, Fantastik, Realismus oder historischer Roman – und tragen
dazu bei, den Roman zur reichsten epischen Form zu machen.

► Eine seit dem 16. Jh. produktive Gattung ist die *Autobiographie*, also der
Bericht eines Autors über sein Leben und die Herausbildung seiner Persönlichkeit, die normalerweise referenziellen Anspruch erhebt, also, wenngleich in der Gestaltung dem Roman durchaus ähnlich, nicht-fiktional ist
(z. B. Benvenuto Cellini: *Vita*, 1558–1566; Carlo Gozzi: *Memorie inutili*,
1780–98). Ähnlich, aber als Gattung weniger bedeutsam ist die literarische
Biographie (z. B. Boccaccio: *Trattatello in laude di Dante*, 1351/60/72).

► Der Novelle nicht unähnlich, aber meist formal wie inhaltlich schlichter
gebaut und mit fantastischen Elementen durchzogen ist die ursprünglich
volkstümliche und mündlich überlieferte Gattung *Märchen* (*fiaba*; Giam-
battista Basile: *Lo cunto de li cunti*, 1634–1636; Italo Calvino: *Fiabe italiane*,
1956).

► Der *Dialogtraktat* (*diàlogo*) ist ein fiktives Gespräch zwischen zwei oder
mehreren Personen zu einem moralischen, philosophischen, politischen o. ä.
Problem mit dem Ziel, Reflexion im Fortschritt und Nachvollzug des Lesers
zu erreichen. Diese Form der apologetischen Literatur verbindet fiktive
Mündlichkeit mit Schriftlichkeit und hat seinen Höhepunkt in der Renaissance (Pietro Bembo: *Gli Asolani*, 1505; *Prose della volgar lingua*, 1525).

Worin besteht angesichts einer solchen (keineswegs erschöpfenden) Aufzählung epischer Formen das Merkmal, das sie von anderen Gattungen unterscheidet? Die besondere Länge des Textes, die sich angesichts des Epos sowie
der sprichwörtlich gewordenen "epischen Breite" als Kriterium aufdrängt,
ist kein Kennzeichen der Novelle und anderer 'kleiner Formen'. Da wir in
Einheit 4 die Lyrik in Ermangelung eines besseren Kriteriums über Vers und
Strophe identifizierten, kommt für die Epik *Prosa* in Betracht. Tatsächlich
wird 'Prosa' nicht selten als Gattungsbezeichnung gebraucht, obwohl der
Begriff lediglich nicht-gebundene Sprache bezeichnet. Selbst wenn wir igno-
rieren, dass eben noch mit dem Epos eine Verstextsorte als Urform der Epik
vorgestellt wurde, und wir im *Trecento* bei Dante das Prosimetrum, also eine
Mischform aus Lyrik und Erläuterungen in Prosa, in der Gedichtsammlung
Vita Nova finden, bleibt darüber hinaus das Problem, dass die Mehrheit der

Dramen seit dem 18. Jh. auch in Prosa verfasst sind. Tatsächlich erweist sich ein Vergleich von Epik und Drama als nicht unproblematisch.

Schauen wir uns hierfür den Beginn von Luigi Capuanas veristischem Roman *Giacinta* (1879) an:

Text 8.1

Luigi Capuana:
Giacinta (1879)

Abb. 8.5

Luigi Capuana
(1839–1915)

– Capitano, – disse Giacinta.

E, presogli il braccio, lo tirava verso la vetrata della terrazza con vivacità fanciullesca. – È vero che il tenente Brodini ha un'amante vecchia e brutta che talvolta lo picchia?

Il capitano Randelli cessò di sorridere e si fece serio serio.

– Perdoni, signoria: ma …

– Al solito, gli scrupoli! – esclamò Giacinta con una piccola mossa di dispetto.

– È una scommessa[1]; me lo dica, mi faccia questo piacere. Dopo, se vorrà, potrà sgridarmi.

– Io non la sgrido; non ne ho il diritto né l'autorità, – rispose il capitano. – Però ho tanta stima di lei e le voglio …

– Tanto bene! – lo interruppe Giacinta, ridendo.

– Sì, tanto bene, che non posso vederle commettere, senza dispiacere, une leggerezza da nulla.

– Ho fatto male?

– Almeno qui, dinanzi a questa gente che suol dare une maligna interpretazione anche alle cose più innocenti.

– Com'è severo! Oh! Oh!

– Non dica così. Spesso spesso le apparenze valgono più della realtà, e il mondo …

– È vero o no che il tenente Brodini …? – ripeté Giacinta spazientita.

Il Ranzelli fece girare sulle rotelle la poltrona vicina, prese una seggiola e, appoggiate le mani sulla spalliera, chinandosi un po' in avanti, soggiunse:

– Segga, dieci minuti,

Vedendola sdraiata lì, con la testa buttata indietro e la faccia rivolta verso di lui, stette a osservarla, in piedi, dondolando la seggiola. Quella personcina, minutina, rannicchiata tra le soffice imbottitura della poltrona[2] e così ben modellata dalle pieghe dell'abito, gli richiamava alla mente l'immagine d'un gioiello tra la bambagia carnicina[3] e il raso azzurro dell'astuccio[4]; mentre Giacinta, vistagli apparire negli occhi la forte commozione che gli agitava il cuore in quel momento, sorrideva a fior di labbra.

Il capitano sedutosele di fronte, molto accosto, cominciò a parlare sotto voce; e stando ad ascoltarlo attentamente, colle sopracciglia un po'corrugate, ella intanto girava gli occhi attorno, da un gruppo all'altro del salotto. (Capuana: 1972, 41f.)

1 scommessa *Wette* – 2 le soffice imbottitura della poltrona *das weiche Polster des Sessels* – 3 la bambagia carnicina *die fleischfarbene Watte* – 4 il raso azzurro dell'astuccio *der azurblaue Atlasstoff des Futterals*

Wir wollen uns diesem Romanauftakt nun unter kommunikationstheoretischen Aspekten zuwenden. Dem Drama ähnlich beginnt der Roman *Giacinta* mit einem längeren Part von Figurenrede (vgl. Einheit 6.3). Wird diese im Vergleich zum Drama zwar meistens von Redebegleitsätzen (sog. *Inquit-Formeln*) flankiert ("… disse Giacinta"), erscheint der Dialog zwischen Giacinta und dem Capitano Ranzelli doch in der Folge zunehmend verwirrend, da gegen Ende ("Sì, tanto bene, che non posso vederle commettere …") die Redebegleitsätze wegfallen und wir, die Leser, Schwierigkeiten haben nachzuvollziehen, wer eigentlich spricht. Genauso problematisch erscheint es dem Leser zu erfassen, worum es hier überhaupt geht. Fielen die Redebegleitsätze und die wenigen beschreibenden Partien des Textes weg ("E, presogli il braccio, lo tirava …"), würde dies für das Textverständnis kaum einen Unterschied ergeben. Der Roman beginnt also mit einer eigentlich für das Drama typischen szenischen Darstellung. Im Gegensatz zum Drama ist eine körperliche Präsenz von Akteuren in einer Aufführung hier nicht intendiert, so dass der Text notwendigerweise in der Folge auf eine traditionellere Form des Erzählens zurückgreift, um den Leser in die Ausgangssituation des Textes einzuführen ("Vedendola sdraiata lì, …"). Hier sprechen nicht mehr die fiktiven Figuren, sondern eine für den Leser auf den ersten Blick nicht zu identifizierende Person, die uns das Geschehen aus ihrer spezifischen Sicht erzählt und dabei – das ist für die Verständlichkeit entscheidend – ordnet. Die Abläufe und die Rede der anderen Figuren werden nicht direkt dargestellt, sondern mittelbar durch diese Erzählerfigur *berichtet* ("Il capitano […] cominciò a parlare"). Diesen ersten wichtigen Unterschied hat die Erzählforschung in verschiedenen gleichbedeutenden Begriffsoppositionen terminologisch erfasst: "Zeigen" vs. "Erzählen" bzw. "Showing" vs. "Telling", "Mimesis" (im Sinne von Abbildung, Adj. mimetisch) vs. "Diegese" (Bericht, Adj. diegetisch) – oder gemäß der in Text 2.4 wiedergegebenen Formulierung Goethes "persönlich handelnde" vs. "klar erzählende" Form. Den gattungskonstitutiven Unterschied in der Vermittlung von Handlung hat bereits Aristoteles in seiner Poetik erkannt:

> Nun zum dritten Unterscheidungsmerkmal dieser Künste: zur Art und Weise, in der man alle Gegenstände nachahmen kann. Denn es ist möglich, mit Hilfe derselben Mittel dieselben Gegenstände nachzuahmen, hierbei jedoch entweder zu berichten – in der Rolle eines anderen, wie Homer dichtet, oder so, daß man unwandelbar als derselbe spricht – oder alle Figuren als handelnde und in Tätigkeit befindliche auftreten zu lassen. (Aristoteles: 1994, 9)

Der letztgenannte Fall ist freilich das Drama, der erste die Epik, wobei Aristoteles zwischen den Möglichkeiten unterscheidet, entweder als Dichter direkt oder "in der Rolle eines anderen" zu sprechen. Man erkennt bereits an der etwas unbeholfenen Formulierung, dass dem antiken Theoretiker hier eine wichtige, heute geläufige Kategorie fehlt: der *Erzähler*.

Kommunikationstheoretische Aspekte

Szenische Darstellung

Zeigen vs. Erzählen

|Text 8.2

Aristoteles: *Poetik*

Erzählerinstanz

Definition

> Der **Erzähler** ist die innerfiktionale Instanz, die das Geschehen in einem epischen Text berichtend wiedergibt. Sie kann als Figur bis zur scheinbaren Abwesenheit hinter das Geschehen zurücktreten, ist jedoch auch in diesen Fällen vom realen Autor zu unterscheiden, da der Bericht eines epischen Texts nicht mit den Meinungen, dem Wissen oder dem Blickwinkel des Autors übereinstimmen muss, der Erzähler außerdem innerhalb der fiktiven Welt auftreten, seine Funktion an eine andere Figur abgeben kann usw.

Mittelbarkeit als Gattungsmerkmal

Es zeichnet sich jetzt das entscheidende Gattungsmerkmal der Epik ab: Das Geschehen eines epischen Textes wird durch eine Erzählerinstanz vermittelt, epische Texte sind durch *Mittelbarkeit* bestimmt. Wenn eine Handlung, wenn Figuren nicht unmittelbar gezeigt werden, dann besteht ein gewisser Spielraum in der Art der Vermittlung. Damit wird die Notwendigkeit deutlich, bei Erzähltexten zwischen der

Geschichte vs. Erzählung

▶ *Geschichte (fabula)*: dem 'Erzählten', d.h. den handlungsrelevanten Teilen der fiktiven Welt in ihrem chronologischen, örtlichen und kausalen Zusammenhang,

und der

▶ *Erzählung (discorso narrativo/intreccio)*: dem 'Erzählen', d.h. der spezifischen Präsentation des Geschehens durch die jeweilige(n) Erzählerfigur(en)

Narratologie

zu unterscheiden. Die Untersuchung der Art und Weise der erzählerischen Darbietung, der zeitlichen Anordnung von Ereignissen bzw. des Verhältnisses zwischen Geschichte und Erzählung ist die zentrale Aufgabe der Erzähltheorie oder *Narratologie*. Ein besonders flexibler und nicht nur im französischen Sprachraum populärer Ansatz ist der von Gérard Genette (1983), den die nun folgenden Erläuterungen in den wichtigsten Zügen wiedergeben.

8.2 | Erzählerische Gestaltung oder Diskurs (*discorso narrativo*)

8.2.1 | Stimme (*la voce narrante*)

Erzähler als 'Ursprung' der Erzählung

Es liegt nahe, für eine Beschreibung der spezifischen Präsentation der Geschichte durch einen Text zunächst bei der Erzählerinstanz anzusetzen, die wir ja eben als das wichtigste Gattungsmerkmal epischer Texte herausgestellt haben. Manche Texte führen eine Erzählerfigur derart ein, dass sie für den Leser die Konturen einer Person bekommt, etwa weil sie über sich selbst spricht. In anderen Texten erfahren wir nichts über den Erzähler. Dennoch ist klar, dass es selbst in diesen Fällen einen Erzähler gibt, denn die sprachlichen Äußerungen, die den epischen Text bilden, haben notwendigerweise einen

Ursprung – schließlich gibt es, von Wahnzuständen einmal abgesehen, keine Rede ohne jemanden, der redet, und das gilt auch für solche Texte. Eine erste narratologische Frage gilt also diesem Ursprung: Wer spricht? Wer sagt 'Ich' oder könnte 'Ich' sagen?

Abgesehen von möglichen Details zur Figur des Erzählers, die jeder Text beliebig setzen oder offen lassen kann, hat die Erzählforschung eine erste abstrakte Kategorisierung von Erzählertypen mit entsprechender Terminologie erarbeitet, die das Verhältnis des Erzählers zur erzählten Handlung erfasst. Es geht dabei zunächst um die Frage, wie sehr er an den Geschehnissen beteiligt ist. Folgende Möglichkeiten sind hier zu differenzieren:

► *Heterodiegetischer Erzähler* (*il narratore eterodiegetico*): Der Erzähler ist nicht Teil der erzählten Welt. Das Geschehen wird also in der dritten Person geschildert, was allerdings nicht ausschließt, dass der Erzähler als 'Ich' hervortritt, etwa um seine Meinung zum Verhalten der fiktiven Figuren kundzutun – nur gehört dieses 'Ich' nicht zur selben Welt wie die anderen Figuren.

► *Homodiegetischer Erzähler* (*il narratore omodiegetico*): Der Erzähler ist Teil der erzählten Welt. Hier sind verschiedene Abstufungen denkbar: Der Erzähler kann unbeteiligter Beobachter des Geschehens sein, er kann daran als Nebenfigur beteiligt sein oder die Hauptfigur der Geschichte darstellen. Diese Unterscheidung ist keine absolute; ein Erzähler kann beispielsweise am Beginn seiner Schilderung unbeteiligter Beobachter sein, im weiteren Verlauf die Rolle einer Nebenfigur annehmen und am Ende zur Hauptfigur werden. Für letztgenannten Fall existiert aufgrund seiner besonderen Relevanz ein eigener Terminus, nämlich

► *Autodiegetischer Erzähler* (*il narratore autodiegetico*): Der Erzähler ist Protagonist (Hauptfigur). Dies ist nicht nur in vielen Romanen, sondern typischerweise in autobiographischen Texten der Fall.

Ein homo- oder autodiegetischer Erzähler ist Teil der erzählten Welt, aber er wendet sich wie der heterodiegetische Erzähler an den Leser des Textes. Davon zu unterscheiden sind diejenigen Figuren innerhalb der Geschichte, die ihrerseits erzählen, sich aber an andere Figuren wenden. Dieser Fall ist eher die Regel als die Ausnahme: Sehr häufig ergreifen fiktive Figuren das Wort und berichten innerhalb der Geschichte von ihren Erlebnissen. Es kann also passieren, dass eine andere Figur die Erzählung leitet. Solche sog. *intradiegetischen* oder *Binnenerzählungen* situieren sich allerdings auf einer anderen Ebene als die *extradiegetische* oder *Rahmenerzählung*, da sie einschließlich ihrer Adressaten Teil der erzählten Welt sind. Normalerweise sind diese Ebenen strikt getrennt: Im Gegensatz zum extradiegetischen Erzähler (*il narratore extradiegetico*) 'wissen' die intradiegetischen Erzähler (*il narratore intradiegetico*) wie alle anderen Figuren nicht, dass sie Teil einer (gedruckten) Geschichte sind,

Stimme: Wer spricht?

Verhältnis des Erzählers zur erzählten Handlung

| Abb. 8.6

Heterodiegetischer Erzähler

| Abb. 8.7

Homodiegetischer Erzähler (Typ 1 und 2)

| Abb. 8.8

Autodiegetischer Erzähler

Homodiegetischer vs. intradiegetischer Erzähler

die ein anderer Erzähler erzählt und ein Leser liest. Dennoch bieten fiktionale Texte die Möglichkeit, diese kategoriale Grenze zu überschreiten und damit einen kalkulierten Bruch der Ebenen zu erzeugen, der häufig auf eine Zerstörung der Illusion oder spielerisch-parodistische Effekte abzielt. Eine solche *Metalepse* (*metalèssi*, f.) liegt beispielsweise vor, wenn die Ebenen zwischen Autor, Leser und Erzähler aufgebrochen werden, wie z. B. in Italo Calvinos *Se una notte d'inverno un viaggiatore* (1979). Verfahren wie diese sind im Grunde nicht auf epische Texte beschränkt, sondern können auch und – durch die physische Begegnung von Publikum und Figuren – mit besonders starker Wirkung im Theater eingesetzt werden, wie dies Bertolt Brecht getan hat, der den illusionszerstörenden *Verfremdungseffekt* zum zentralen Bestandteil seines sog. *epischen Theaters* erhob. Ein italienisches Beispiel ist das aus Einheit 7.2 bekannte Drama *Sei personaggi in cerca d'autore* (1921) von Luigi Pirandello, in dem der Leser zum Zeugen einer Theaterprobe wird.

Kategoriale Grenze zwischen Ebenen

Metalepse

Verfremdungseffekt

8.2.2 | Zeit

Die Erzählerinstanz hat, wie wir oben feststellten, normalerweise Freiheit bei der Gestaltung der Geschichte, kann diese also beispielsweise bei ihrer Präsentation ordnen, Teile weglassen oder resümieren. Sehen wir uns nun den Beginn der Erzählung *Tempo di pace* (1947) von Elsa Morante an.

Text 8.3 |

Elsa Morante: *Tempo di pace* (1947)

Abb. 8.9 |

Elsa Morante (1912–1985) und Alberto Moravia (1907–1990) auf Capri

I giorni si succedono, e la mia vita procede, regolare, onorata, comoda, in questa città di provincia dove sono nato. […]

Il mio male mi fu rivelato una notte, pochi anni fa, nel pieno della guerra. Da allora, s'io ripenso alla mia vita, la vedo separata in due zone distinte. La prima, anteriore a quella notte, è una specie di limbo nel quale io mi aggiro incosciente, frivolo, e presuntuoso, tanto che non posso, oggi, non vergognarmene: seconda nella quale mi muovo tuttora, non chiude in sé altro che finzione, oscuro disordine, e vigliaccheria[1].

L'una di notte, ricordo era già suonato, ma io non potevo ancora dormire. M'inquietavano angoscia, paure, e domande senza risposta; ma, non senza pena, mi sforzavo di rimanere calmo e immobile, per non turbare il sonno di mia moglie, che dormiva al mio fianco. Ero sposato da pochi mesi; e, soprattutto negli ultimi tempi, mia moglie, di cui fin dall'infanzia conoscevo l'indole[2] sensibile, mi appariva tanto mutata, da farmi temere per la sua salute. (Morante: 2002, 208f.)

1 vigliaccheria *Feigheit, Gemeinheit* – 2 l'indole *Wesensart*

Ordnung

Die Erzählung, die zu Beginn auch auf thematischer Ebene das Phänomen 'Zeit' zum Gegenstand hat, beginnt in der Gegenwart des Erzählers, welcher dann seine Erinnerungen an die Nacht wiedergibt, seit der sich sein Leben in zwei Teile gliedern lässt: einem Vorher und einem Nachher. Die folgende Episode wird nun in Form einer 'Rückblende', wie Sie sie vermutlich zumindest vom Film her bereits kennen, erzählt, wobei es sich quasi um eine Verschachtelung von Rückblenden handelt, die es dem Erzähler erlauben, sich immer weiter in die Vergangenheit zurückzubegeben. Für diese Ordnung der Zeitebenen in einem Erzähltext haben sich die folgenden Termini eingebürgert:

Rückblende

► *Anachronie*: Oberbegriff für den Bruch der chronologischen (also den realen Abläufen innerhalb der Geschichte entsprechenden) Ordnung. Man unterscheidet weiter zwischen

Formen achronologischen Erzählens

  ► *Analepse*: 'Rückblende', nachträgliche Darstellung des Früheren (also bspw. B–C–A–D), und
  ► *Prolepse*: Vorschau, erzählerische Vorwegnahme des Späteren (also bspw. A–B–D–C).

Wenn wir nun den Beginn des Romans von Capuana (Text 8.1) mit dem von Morante vergleichen (Text 8.3), so stellen wir fest, dass sich im erstgenannten Text, der einer szenischen Darstellung folgt, die dargestellte Zeit mit der Zeit der Darstellung deckt, während der Rückblick in der Erzählung Morantes die Ereignisse der Vergangenheit gleichsam zusammenfasst. Der Zeit, welche die Ereignisse der erzählten Welt jeweils für ihren Ablauf benötigen, der sog. *erzählten Zeit* (*il tempo della storia*), entsprechen unterschiedlich große Zeiträume, die der Vorgang des Erzählens bzw. Lesens in Anspruch nimmt, die sog. *Erzählzeit* (*il tempo del racconto*). Geht man davon aus, dass dramatische Darstellungen grundsätzlich die Echtzeit abbilden und damit die Erzählzeit gleich der erzählten Zeit ist (erste Hälfte von Text 8.1), dann erweist sich Text 8.3 als geraffte erzählerische Darstellung, da die Erzählzeit kürzer als die erzählte Zeit ist.

Erzählte Zeit vs. Erzählzeit

Für das Verhältnis von Erzählzeit (die man angesichts unterschiedlicher individueller Lesegeschwindigkeiten objektiv nach dem Seiten- bzw. Wortumfang eines *discorso narrativo* bemisst) und erzählter Zeit bestehen fünf terminologisch unterschiedene Möglichkeiten:

Verhältnis der Zeiten

|Abb. 8.10
Möglichkeiten des Zeitverhältnisses

► *Zeitdeckendes Erzählen* liegt vor, wenn, wie etwa in der dramatisch-dialogischen Darstellung, Erzählzeit und erzählte Zeit übereinstimmen.
► Ist die Erzählzeit, wie in Text 8.3, kürzer als in einer zeitdeckenden Erzählung, so spricht man von einer *Raffung* (*accelerazione*).
► Im Extremfall wird die Erzählzeit so verkürzt, dass Vorgänge der erzählten Welt nicht mehr wiedergegeben, sondern übersprungen werden. Man spricht hier von einer *Ellipse* (*elissi*).
► Ist die Erzählzeit länger als in einer zeitdeckenden Erzählung, liegt eine narrative *Dehnung* (*rallentamento*) vor.
► Der Extremfall ist hier eine Erzählerrede, die keine Vorgänge der erzählten Welt mehr beschreibt, d.h. der Ablauf auf der Ebene des Geschehens oder der *fabula* steht gleichsam still. Dieser Fall heißt daher *Pause* (*pausa*).

Aufgabe 8.1 | **?** Wie könnten Ihrer Meinung nach konkret erzählerische Mittel aussehen, die zu einer Raffung, einer Dehnung und einer Pause führen?

8.2.3 | ### Distanz

Reduktion der Mittelbarkeit

Oben wurde bereits die Möglichkeit erwähnt, dass der Erzähler bis zur scheinbaren Abwesenheit hinter die erzählte Geschichte zurücktritt: In der Tat kann eine längere Passage eines Erzähltextes das Gespräch zweier oder mehrerer Figuren in direkter Rede wiedergeben, ohne dass irgendeine erkennbare Intervention seitens eines Erzählers erfolgt. Die für epische Texte charakteristische Mittelbarkeit ist in solchen Fällen aufgehoben, der Text geht

Dramatischer Modus

zum *dramatischen Modus* über, *stellt* wie in einem Theaterstück *dar*, statt im eigentlichen Sinne zu *berichten* (Text 8.1). Es sind also verschiedene Grade von Mittelbarkeit möglich, je nachdem, wie präsent der Erzähler ist und wie stark

Distanz als Grad der Mittelbarkeit

er die Darstellung kontrolliert. Dieser Grad der Mittelbarkeit heißt *Distanz*.

Verfahren der Distanzierung

Minimale Distanz liegt also im dramatischen Modus vor. Sie nimmt zu, je mehr der Text die Präsenz des Erzählers markiert. Dies ist beispielsweise der Fall, wenn der Erzähler als 'Ich' auftritt, eventuell Einzelheiten zu seiner Person erkennen lässt oder gar die narrative Situation selbst thematisiert, sei es explizit durch Kommentare zu seiner Erzählerrede, sei es implizit, etwa indem er die Hauptfigur als "unseren Helden" bezeichnet und so nicht nur auf die Fiktionalität des Erzählten, sondern auch auf die Kommunikation mit dem Leser hinweist. Derart offensichtliche Distanznahme ist freilich, von bestimmten Kontexten wie dem veristischen Roman des 19. Jh. abgesehen, eher selten. Verhältnismäßig leicht zu ermitteln ist die Distanz indes anhand

Figurenrede

der *Figurenrede*, für deren erzählerische Präsentation ein breites Spektrum an Ausdrucksmöglichkeiten besteht. Die direkte Rede (*discorso diretto*) ohne Einleitung entspricht dem dramatischen Modus und stellt die unmittelbarste Form der Redewiedergabe dar. Sie kann aber auch stärker durch den Erzähler, also mit größerer Distanz, geleistet werden.

Direkte – indirekte – resümierte Rede

Die Präsenz des Erzählers wird stärker, wenn die Figurenrede nicht mehr direkt 'gehört', sondern 'aus zweiter Hand' wiedergegeben wird. Dies ist zunächst der Fall bei Formen der indirekten Redewiedergabe (*discorso indiretto*), schließlich bei resümierender Präsentation, die den Wortlaut der ursprünglichen Rede nicht mehr erkennen lässt. So berichtet das Erzähler-Ich aus Morantes Text über das Gespräch mit seiner Ehefrau:

Text 8.4 |

Beispiel indirekter Rede aus *Tempo di pace*

> E alla mia risposta appassionata, chiudeva gli occhi e coprendosi di pallore mi supplicava di stringerla forte, di baciarla, di farle dimenticare la sua vita.
> (Morante: 2002, 211)

142

In Text 8.1 dagegen dominiert die direkte Rede, also der unmittelbare drama- | Direkte Rede
tische Modus. Wir finden im Roman Capuanas aber auch Formen indirekter
Redewiedergabe, zu der neben der klassischen indirekten Rede die sog. *erlebte* | Erlebte Rede
Rede (*discorso indiretto libero*) zählt, einer Form von Erzählerbericht (hier
erkennbar durch 3. Person sowie Vergangenheitstempus), in dem die direkte
Rede durch Syntax (hier Frage ohne Redeeinleitung) noch spürbar ist. Sie ist
zwar Erzählerrede, aber mit geringerer Distanz als indirekte oder resümie-
rende Rede. So wird die folgende Beschreibung der Abendgesellschaft vom
heterodiegetischen Erzähler geführt, die (Gedanken-)Stimme der Protagonistin ist aber noch spürbar:

> Giacinta aveva risposto chinando lievemente il capo, senza interrompere la | **Text 8.5**
> sua rassegna.
>   Dal sedile a foggia di un'esse posto nel centro del salotto, la signora Rossi, | Luigi Capuana: *Giacinta* (1879)
> che ragionava col Merli – parlava sempre lui quel buratto! – li spiava di sbieco,
> con la sua aria maligna di magra stecchita, storcendo più del solito gli occhi sul
> faccione da mula. (Capuana: 1972, 43)

Diese unterschiedlichen Verfahren der Redewiedergabe und damit Distanzierung (direkte Rede – erlebte Rede – indirekte Rede – resümierte Rede) sind
freilich nicht nur für Gesprochenes, sondern, wie in diesem Fall, ganz analog
auch für Gedanken (also 'unausgesprochene' Rede) möglich.

? Wenden Sie die unterschiedlichen Verfahren der Redewiedergabe, die Sie kennen- | **Aufgabe 8.2**
gelernt haben, auf den Dialog Giacintas mit dem Capitano aus Text 8.1 an.

Fokalisierung (*focalizzazione*) | **8.2.4**

Mit den Kategorien Stimme und Distanz haben wir uns bislang mit dem Stand- | Blickwinkel ≠ Sprecherposition
ort des Erzählers und seiner Präsenz in der Erzählung befasst. Im Gegensatz
zur realen Welt ist in der Fiktion damit aber noch nicht alles über den *Blickwinkel* (*il punto di vista*) gesagt, aus dem ein Geschehen berichtet wird: Der
Einblick in und das Wissen um die Vorgänge in der erzählten Welt sind nicht
zwangsläufig identisch mit dem 'natürlichen' Kenntnisstand der erzählenden
Person. Auch wenn es in der literarischen Praxis oft zutrifft, dass ein außerhalb der erzählten Welt stehender, also heterodiegetischer Erzähler alles weiß,
also etwa in die Köpfe der Figuren sehen kann, ist das dennoch nicht zwangsläufig der Fall, ebensowenig wie eine in der ersten Person erzählende Figur
der erzählten Welt (homodiegetischer Erzähler) notwendigerweise auf ihren
Standpunkt festgelegt ist: Es spricht nichts dagegen, dass sie im Unterschied
zu den Möglichkeiten der realen Welt genauen Einblick in das Innenleben der
übrigen Figuren hat. Von der Frage, wer spricht, ist also die Frage nach dem
Wissenshorizont oder dem Blickwinkel zu unterscheiden: *Wer sieht?* | Wer sieht?

Fokalisierung

Um die Spielarten der *Fokalisierung*, die als narratologische Kategorie auf diese Frage antwortet, genauer zu umreißen, sehen wir uns noch einmal unsere beiden Textbeispiele an, die sich durch den jeweiligen Einblick, das Wissen des Erzählers voneinander unterscheiden.

Externe Fokalisierung

Im Roman *Giacinta* spricht größtenteils eine nicht näher lokalisierbare Figur, wobei der Blickwinkel sowie die Distanz variieren. Das Geschehen wird zunächst, wie in Text 8.1, gleichsam kameragleich 'von außen' dargestellt. Wir erfahren nur, was die beteiligten Personen auch sehen und hören können, Bewusstseinsvorgänge werden meistens ausgespart. Der Erzähler sagt also *weniger*, als jede einzelne Figur weiß. Diese erzählerische Einstellung nennt man *externe Fokalisierung*.

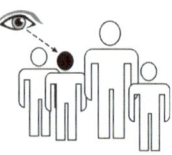

Interne Fokalisierung

Im weiteren Verlauf der Erzählung erleben wir dann die Beschreibung Giacintas aus der Perspektive des Capitano und in Text 8.5 wird uns die Abendgesellschaft aus dem Blickwinkel Giacintas dargestellt. Das Geschehen wird aus dem Blickwinkel und dem Wissenshorizont – nicht aber mit der Stimme (!) – einer der Figuren, nämlich wechselnd der beiden Protagonisten geschildert. Dies zeigt sich deutlich daran, dass wir ihre Gedanken erfahren (erlebte Rede). Der Erzähler sagt hier *genau so viel*, wie eine der Figuren weiß. Diese erzählerische Einstellung nennt man *interne Fokalisierung*. Ist die interne Fokalisierung bei Morante (Text 8.3) im Bericht des Erzähler-Ichs konsequent durchgehalten, trifft dies bei Capuana nicht immer zu. Manche Erzählpassagen weisen vielmehr auf einen Erzähler hin, der den Überblick hat, der mehr weiß als die Protagonisten, indem er zugleich die Gedanken mehrerer Figuren oder die Zukunft kennt. Er hat keinen Fokus, keine eingegrenzte Wahrnehmung. Man nennt diese Einstellung daher *Nullfokalisierung*.

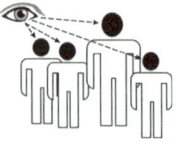

Nullfokalisierung

Abb. 8.11 |

Die Fokalisierung gibt *grosso modo* an, welcher Figur das Interesse des Erzählers gilt, und steuert die Wahrnehmung und Bedeutungskonstruktion des Lesers. Anders als bei der Kategorie Stimme ist ein Wechsel der Fokalisierung insbesondere innerhalb längerer Texte durchaus häufig. Die Kategorien Stimme, Distanz und Fokalisierung sind die wesentlichen Merkmale narrativer Präsentation im Erzählvorgang, sie bestimmen die sog. *Erzählsituation*, ihre Entwicklung im Laufe eines Textes das sog. *Erzählprofil*. Bestimmte Erzählsituationen können typisch für literarische Epochen und Strömungen werden. Wir werden dies in Einheit 9 am Beispiel sehen.

Fokalisierungswechsel

Erzählsituation

Erzählprofil

8.3 | Struktur des Erzählten oder der *fabula*

Inhaltsanalyse bei epischen und dramatischen Texten

Auf der Ebene des erzählten Inhalts besteht kein grundsätzlicher Unterschied zwischen epischen und dramatischen Texten – das sie unterscheidende Merkmal ist ja, wie wir oben sahen, das der Vermittlung, also die *Erzählung*. Daher stellt auch die Strukturanalyse der Inhaltsseite epischer Texte ähnliche Fragen und benutzt vergleichbare Verfahren wie die Dramenanalyse. Die hier dargestellten Ansätze sind also nicht nur für Erzähltexte, sondern auch für Theaterstücke verwendbar und umgekehrt (siehe Einheit 6). Auch hier ist Aufgabe einer Strukturanalyse, wie bereits in den Grundüberlegungen in Einheit 4 skizziert wurde, die Teile des Erzählten zu ermitteln und ihre Beziehung zueinander herauszuarbeiten. Dies ermöglicht, von der nacherzählbaren 'Textoberfläche' zu einer Beschreibung der abstrakten Funktionen zu gelangen. Die offensichtlichen und wichtigsten Teile eines Erzähltextes sind die Figuren/Personen und die Handlung/Ereignisse.

Figuren (*personaggi*)

|8.3.1

Unter Figuren versteht man die fiktiven Personen, d. h. Menschen oder vermenschlichte Wesen (etwa die Tiere in Fabeln), die in einem Text auftreten und die Handlung tragen. In aller Regel liegt diesen Figuren ein mehr oder weniger kohärentes Muster von Handlungsweisen und Eigenschaften zugrunde, das man in Analogie zu demjenigen realer Menschen ihren Charakter nennen kann. Für eine Figurenanalyse ist eine Charakterisierung ein möglicher erster Schritt. Sie kann sich, besonders häufig etwa im historischen Roman des 19. Jh., auf explizite Kommentare des Erzählers stützen, der seine Figuren eigens in die Geschichte 'einführt', oder aber den impliziten Weg einer Rekonstruktion aus dem Verhalten einer Figur in der fiktiven Welt gehen. Je nach Fall kommt unter Umständen auch ein Blick auf die Stoffgeschichte in Betracht, wenn es sich nämlich um eine Figur handelt, die nicht nur im vorliegenden Text entwickelt wird, sondern eine literarhistorische Vergangenheit hat, wie z. B. der Arlecchino bei Goldoni. Insbesondere solche über einen einzelnen Text hinausgehenden Figuren scheinen ein Eigenleben zu entwickeln und machen einen Hinweis vonnöten, der bei der Charakterisierung fiktiver Figuren grundsätzlich beachtet werden sollte:

Fiktive Personen

Charakterisierung

Explizit

Implizit

Stoffgeschichte

► Literarische Figuren sind nicht Menschen aus Fleisch und Blut, sondern Zeichensysteme innerhalb eines Textes und auf diesen beschränkt. Die Konstruktion eines Charakters, einer 'Psyche' wird, mit einer gewissen Steuerung durch den Text, vom Leser geleistet, in einer Weise, die im Idealfall wissenschaftlich zu beschreiben ist. Eine Charakteranalyse überschreitet aber die Grenze zu unzulässiger Spekulation, wenn Aussagen über die 'Psyche' ohne Textgrundlage oder 'nach' dem Text (z. B. zukünftiges Weiterleben) getroffen werden, denn *es gibt* – im Falle fiktiver Figuren – *nur den Text.*

! Hinweis: Gefahr der Psychologisierung fiktiver Figuren

Für ein Verständnis der Struktur der erzählten Welt ist es zentral zu wissen, welche Funktion und ggf. symbolische Bedeutung eine Figur im System der Figuren hat. Hierbei spielt u. U. die Charakterisierung eine wichtige Rolle,

Figurenkonstellation

weil sie die Handlungsmöglichkeiten und -motivationen vorgibt, es geht hier aber um eine *abstraktere* und *relationale* Beschreibung einer Figur. Der Weg dorthin führt normalerweise über die Personenkonstellation (*il sistema dei personaggi*), einer (beispielsweise graphischen) Übersicht über die Figuren und ihre Konflikte und Allianzen, bei der die folgenden Fragen als Leitfaden dienen können:

Leitfragen für die Erstellung einer graphischen Personenkonstellation

► Welche Figuren gibt es im Text?

► Auf welchen Ebenen (emotional, rechtlich, wirtschaftlich …) stehen sie in Beziehung zueinander? (Hier werden bei komplexen Geschichten ggf. mehrere Schemata vonnöten sein.)

► Sind sie eigenständig oder treten sie nur mit anderen Figuren auf?

► Wo bestehen – auf den verschiedenen Interaktionsebenen – Oppositionen zwischen den Figuren?

► Beruhen die jeweiligen Beziehungen auf Gegenseitigkeit oder bestehen sie nur in einer Richtung?

► Welchen Wert hat eine Figur für die andere?

► Welche anderen beeinflusst jede Figur im Lauf der Handlung?

Greimas' Aktantenschema

Eine Übersicht über die Personenkonstellation kann den Platz einer Figur im System und damit ihre Funktion für das Geschehen verdeutlichen. Diese und die symbolische Bedeutung sind je nach Text und erzählter Welt verschieden; es gibt aber Ansätze, um solche Funktionen ganz abstrakt zu beschreiben. So hat der Strukturalist Algirdas Julien Greimas, von dem auch der Isotopie-Begriff stammt (siehe Einheit 4.2), vorgeschlagen, die sog. 'Tiefenstruktur' von Erzähltexten mit Hilfe von 6 Aktantenkategorien zu beschreiben, die in drei Oppositionspaare gegliedert sind und die jeweils eine Funktion in der Handlung definieren: Subjekt (Held) vs. Objekt, Adressant (Sender) vs. Adressat (Empfänger), Adjuvant (Helfer) vs. Opponent (Gegenspieler). Eine Figur kann dabei im Laufe der Handlung verschiedene Aktanten realisieren (beispielsweise vom Opponenten zum Adjuvanten werden) oder ein Aktant kann von mehreren Figuren (oder aber durch Nichtpersonales oder Abstrakta wie die Natur, u. U. auch gar nicht) realisiert werden (siehe Einheit 9.1). Greimas' sehr allgemeines, weil für die Analyse aller Arten von Erzähltexten bestimmtes Modell kann und muss sicherlich für den Einzelfall angepasst oder durch alternative Kategorien ergänzt werden; es zeigt aber, wie prinzipiell eine von der Textoberfläche abstrahierende Strukturanalyse aussehen kann, die die Charakterisierung der Figuren erhellt und umgekehrt.

8.3.2 | Handlung, Geschehen und 'Plot'

Motiv als 'Mini-Ereignis'

Folgt man dem Programm der Strukturanalyse und zerlegt die Handlung bis zu ihren kleinsten Bestandteilen, also gewissermaßen den Atomen der Geschichte, hat man es mit Mikroereignissen zu tun, die wir in Kapitel 4.2

bereits unter dem Begriff *Motiv* (it. *motivo*) eingeführt haben. Im Grunde ist jeder Satz, der einen (absichtsvollen oder sich von selbst vollziehenden) Vorgang beschreibt, ein solches Motiv. (Die Motivgeschichte allerdings verwendet den Begriff nur für größere Kontexte, siehe 11.1.1.) Die Handlung eines Textes setzt sich aus diesen Motiven zusammen, aber allein die Summe der Motive macht noch nicht die Handlung aus. Der zweite Teil des Strukturanalyse-Programms besteht, wie Sie sich erinnern, darin, die Beziehung der ermittelten Teile eines Ganzen zu klären. Die Beziehung zwischen Motiven ist zunächst natürlich eine *chronologische*: Die Vorgänge eines Erzählstrangs (von dem es mehrere geben kann) folgen in der Zeit der erzählten Welt aufeinander – in der Zeit der erzählten Welt, die nicht unbedingt mit der Chronologie des *discorso narrativo*, der erzählerischen Vermittlung übereinstimmt (siehe Abschnitt 8.2.2). Die Motive in ihrer zeitlichen Ordnung nennt man *Geschehen*. Die meist wichtigere Art von Beziehung zwischen Motiven ist jedoch die *kausale*: Bestimmte Motive folgen nicht nur zeitlich auf frühere, sondern gehen auch ursächlich auf sie zurück, werden von ihnen ausgelöst, sind *verknüpft*. Andere, die sog. *freien* Motive, hängen kausal nicht mit den übrigen zusammen, sie dienen allein der Gestaltung der erzählten Welt und ihrer Figuren, können beispielsweise deren Plausibilität erhöhen, dienen mit den Worten Roland Barthes' dem 'Realitätseffekt'. Innerhalb des Geschehens gibt es nun eine oder mehrere Ketten von Ereignissen, die zueinander in einem Verhältnis von Ursache und Wirkung stehen. Diese Ketten nennen wir *Plot*.

> ! Geschehen: chronologische Abfolge der Motive

> Freie Motive und 'Realitätseffekt' (Barthes)

> ! Plot: kausale Abfolge von Motiven

Eine Strukturanalyse der Handlungsebene wird in aller Regel darauf abzielen, den oder die Plots eines Erzähltextes herauszuarbeiten. Hier sind – wiederum analog zur Dramenanalyse – folgende Fragen interessant:

> Strukturanalyse der Handlung

- ► Wie ist die Gesamtgestalt des Plots: linear, zirkulär, episodisch, …?
- ► Wenn es mehrere Handlungslinien gibt: Sind die Plots unabhängig voneinander oder interferieren sie? Auf welche Weise?
- ► Wo liegen die Wendepunkte eines Plots? – das heißt:
- ► Wo verändert sich der Konflikt (steigert oder entspannt sich)?
- ► Wo verändert sich die Personenkonstellation? Wo nehmen die Figuren etwa neue Aktantenrollen an?

> Leitfragen für die Plotbeschreibung

Für die Suche nach den entscheidenden Ereignissen innerhalb eines Plots kann der Ansatz des estnischen Strukturalisten Jurij M. Lotman (1993) hilfreich sein, der abschließend skizziert werden soll. Er geht davon aus, dass die entscheidenden Ereignisse eines Plots diejenigen sind, bei denen eine Grenze überschritten wird – streng genommen macht für Lotman diese Grenzüberschreitung erst den Gehalt (das 'Sujet') eines Erzähltextes aus, sind seine notwendige Bedingung, im Unterschied etwa zu Empfindungslyrik. Die Grenze ist dann relevant, wenn sie die erzählte Welt in zwei Teilräume (evtl. bei mehreren Grenzen mehr als zwei Teilräume) teilt, die einander in verschiedener

> Ereignis und Grenzüberschreitung (Jurij M. Lotman)

Hinsicht entgegengesetzt sind: Sie sind als Räume, d. h. *topographisch* (z. B. Wald vs. Zivilisation) und ggf. *topologisch* (z. B. links vs. rechts), aber vor allem auch *semantisch* getrennt, also mit bestimmten gegensätzlichen Bedeutungen assoziiert (z. B. gut vs. böse):

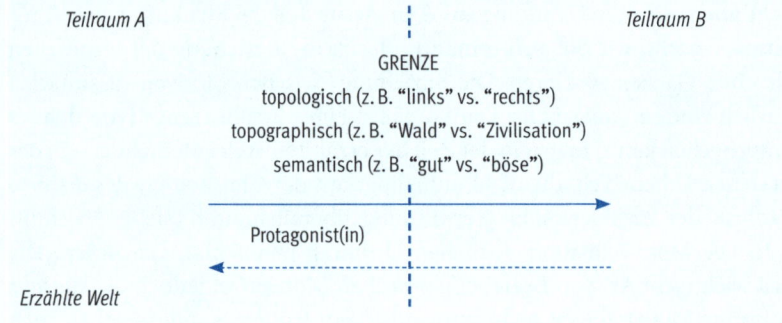

Abb. 8.12|

Grenzüberschreitung
in Erzähltexten nach
Lotman

Teilraum A — GRENZE — Teilraum B
topologisch (z. B. "links" vs. "rechts")
topographisch (z. B. "Wald" vs. "Zivilisation")
semantisch (z. B. "gut" vs. "böse")
Protagonist(in)
Erzählte Welt

Unüberschreitbarkeit der Grenze

Entscheidend für die Handlung ist, dass diese Grenze von der betreffenden Figur (in der Regel dem Helden) normalerweise nicht überschritten werden kann. Der oder die zentralen Momente eines Erzähltextes sind die versuchten oder geglückten Übergänge zwischen den Teilräumen. Lotmans Ansatz weist darauf hin, dass die Frage der Räume innerhalb fiktiver Welten und ihre Beziehung zur Handlung von entscheidender Bedeutung sein können, wenn es darum geht zu beschreiben, wovon ein Text eigentlich 'handelt'.

Bedeutung des erzählten Raums

Aufgabe 8.3|

? Wählen Sie, wie die frühen Strukturalisten, einen ihnen bekannten einfachen Text (etwa Elsa Morantes Erzählung *La matrigna* aus *Racconti dimenticati*, 2002) und versuchen Sie ihn mithilfe der Greimasschen Aktantenkategorien und der Lotmanschen Sujettheorie zu beschreiben.

Zusammenfassung

Die vielfältigen Formen epischer Texte sind im Unterschied zu Dramen durch die Mittelbarkeit der von einem Erzähler getragenen Darstellung bestimmt. Der Erzähler ordnet, rafft oder dehnt die Erzählung in zeitlicher Hinsicht. Er steht zum Geschehen in einem bestimmten Beteiligungsverhältnis, das durch die narratologische Kategorie der Stimme beschrieben wird. Seine Präsenz schafft eine mehr oder minder große Distanz des Lesers zum Geschehen, die sich besonders deutlich an Formen der Redewiedergabe ablesen lässt. Die Darstellung kann unabhängig vom Standort des Erzählers auf unterschiedliche Wissenshorizonte ausgerichtet, d. h. fokalisiert sein. Die Beschreibung der Inhaltsseite von Erzähltexten hat v. a. die Charakterisierung, Aktantenrolle und Konstellation der Figuren sowie die entscheidenden Momente der Handlungsentwicklung, Wendepunkte des Plots zum Gegenstand. Strukturalistische Ansätze wie diejenigen Greimas' und Lotmans bieten Kategorien für eine funktionsbezogene, abstrakte Beschreibung erzählter Personen und Handlungen.

Literatur

Luigi Capuana: *Giacinta*. Novara: Edizioni per il club del libro 1972.

Elsa Morante: Tempo di pace, in: Dies., *Racconti dimenticati*. Torino: Einaudi 2002, 208–222.

Aristoteles: *Poetik*. Hg. Manfred Fuhrmann. Stuttgart: Reclam ²1994.

Gérard Genette: *Nouveau discours du récit*. Paris: Seuil 1983.

Algirdas Julien Greimas: *Strukturale Semantik*. Braunschweig: Vieweg 1971.

Jurij M. Lotman: *Die Struktur literarischer Texte*. München: Fink ⁴1993.

Matias Martinez/Michael Scheffel: *Einführung in die Erzähltheorie*. München: Beck ⁴2003.

Epik analysieren – Beispiele und Übungen

Inhalt	
9.1 Manzoni und seine *Promessi sposi*	152
9.2 Elio Vittorini und der Neorealismus	160

Diese zweite Einheit zur Epik und Erzählanalyse hat das Ziel, die Konzepte und Hilfsmittel aus der zurückliegenden theoretischen Einführung in ihrer Anwendung zu zeigen und ihre Relevanz für das Verständnis epischer Texte zu verdeutlichen. In Anbetracht der Fülle epischer Texte ab dem 19. Jh. sind wir exemplarisch vorgegangen und haben jeweils ein relevantes Beispiel aus dem 19. und aus dem 20. Jh. gewählt, um die formale Entwicklung der Gattung 'Roman' hier zumindest andeutungsweise zu skizzieren. Es werden Analysebeispiele auf makrostruktureller (Ganztext-)Ebene auf der Grundlage von Inhaltsangaben sowie mikrostrukturelle Analysen anhand von Textauszügen demonstriert und in Übungen vertieft.

Überblick

9.1 | Manzoni und seine *Promessi sposi*

Kontext eines literarischen Werkes

Zur Person

Abb. 9.1|
Alessandro Manzoni
(1785–1873)

Alessandro Manzoni:
I promessi sposi

Inhaltsangabe zu
I promessi sposi

Historischer Roman

Als Sohn der Giulietta Beccaria und des Pietro Manzoni wurde Alessandro Manzoni 1785 in Mailand geboren. Giulietta Beccaria ihrerseits war die Tochter des Aufklärers Cesare Beccaria, des ersten modernen italienischen Rechtsgelehrten, der sich gegen die Todesstrafe und Folter ausgesprochen hatte. Die Lektüre der Schrift Beccarias *Dei delitti e delle pene* erschloss Manzoni die französische Aufklärung, deren Eindruck auf den Dichter noch verstärkt wurde, als er seiner Mutter nach Paris folgte, wo er u. a. Freundschaft mit dem französischen Historiker Fauriel schloss, der die deutsche Romantik in Frankreich propagiert hatte. Die französische Aufklärung bestimmte Manzonis Denken und Schaffen auch noch nach seiner 1810 erfolgten Konversion zum katholischen Glauben, welche mit der Rückkehr in die italienische Heimat einherging.

In der Zeit zwischen 1821 und 1823 widmete sich Manzoni der Komposition eines Romans, dessen erste vorläufige Fassung den Titel *Fermo e Lucia* trug und der nach zwei weiteren Fassungen erst 1915 unter seinem endgültigen Titel *I promessi sposi* veröffentlicht werden sollte.

Die langwierige Entstehung spiegelt u. a. die Bedeutung des Werkes für die immer noch nicht abgeschlossene *Questione della lingua* (Einheit 2.1.4) wider. In *Fermo e Lucia* herrscht eine Mischung aus literarischen und lombardischen, umgangssprachlichen Elementen vor und es finden sich auch französische Entlehnungen. In der Folgefassung von 1827 dominiert das Toskanische, und in der Endfassung schließlich gewinnt das Florentinische und lombardische Anklänge werden ganz zurückgedrängt.

Manzoni situiert die Handlung des Romans in der Lombardei zur Zeit des Dreißigjährigen Krieges, also des frühen 17. Jh., das insbesondere für diese der spanischen Besatzungsmacht unterstellten Region eine dunkle und demütigende Zeit gewesen ist. Der Autor reiht sein Werk damit in die Tradition des historischen Romans à la Walter Scott ein, d. h. wie er selbst in seiner Abhandlung ("Sul romanzo storico") zu dieser Romanform definiert: als "Mischung von Geschichte und Erfindung". Die Handlung basiert auf einem fiktiven Manuskript aus dem 17. Jh., welches Manzoni mittels eines sehr präsenten heterodiegetischen Erzählers neu gestaltet, der hier praktisch die Rolle des Historikers übernimmt. In der Endfassung des Romans wechselt somit die Wiedergabe der Handlung mit historischen Einschüben ab. Diese werden als solche akzentuiert, indem Manzoni sie mit einem umfangreichen Fußnotenapparat, in dem er seine Quellen preisgibt, versieht. Analog dazu lässt sich das Personeninventar formal in zwei Gruppen einteilen: die Personen mit historischem Hintergrund wie Federigo Borromeo, der Innominato oder die Nonne von Monza sowie zahlreiche Nebenfiguren einerseits und die rein fiktiven

Personen andererseits, zu denen Renzo und Lucia gehören, deren 'kleine Geschichte' er mit der 'großen Geschichte' verflicht. Dabei wählt Manzoni ganz bewusst eine nicht zu weit zurückreichende historische Epoche, um das Interesse der Leser zu gewährleisten.

In der 'kleinen Geschichte' geht es um das Schicksal von Renzo und Lucia, eines bäuerlichen Brautpaares, dessen Eheschließung durch den von einem spanischen Edelmann, Don Rodrigo, eingeschüchterten Dorfpfarrer, Don Abbondio, verhindert wird. Das Paar muss aus dem Dorf (Lecco am Comer See) fliehen, diverse Prüfungen bestehen, bis es am Ende zusammenfindet und die ersehnte Familie gründen kann. Das Personeninventar des Romans lässt sich grob, analog zur vorrevolutionären Ständeordnung, in drei Gruppen teilen: die *potenti*, die Gruppe der Machthabenden, zu einem Großteil repräsentiert von den spanischen Adeligen, die Gruppe der Geistlichen in ihrer ganzen Bandbreite sowie die der Bauern und kleinen Handwerker, zu denen Renzo und Lucia sowie deren Mutter Agnese zählen. Die Gruppe der *potenti* spielen überwiegend den Part des Bösen, indem sie die Macht, über die sie verfügen, ausnutzen. Paradebeispiel ist hier Don Rodrigo, der Auslöser der Handlung. Er hat sich in Lucia verliebt, möchte die Hochzeit von ihr und Renzo verhindern und schickt seine Häscher, die *bravi*, aus, um den Dorfpfarrer, Don Abbondio, so einzuschüchtern, dass dieser mittels diverser Ausflüchte versucht, die Hochzeit zu verzögern. Macht Don Rodrigo im Laufe des Romans keinerlei Charakterentwicklung durch und wird deshalb auch quasi aus Strafe am Ende Opfer der Pest, so wird sein Pendant, der Innominato, durch seine Begegnung mit Lucia, welche als eine der Schlüsselepisoden des Romans gelten kann, hingegen geläutert und verwandelt sich in einen guten, gläubigen Menschen. Lucia kommt auf ihrer Flucht vor Don Rodrigo in ein Kloster in Monza, aus dem sie jedoch mit Hilfe einer Nonne entführt und dann auf die Burg des Innominato verschleppt wird, der Don Rodrigo bis dato in seinen dunklen Machenschaften unterstützt hat. Die Geschichte der Nonne von Monza, die in einer Binnenerzählung eingeschoben wird und übrigens auch in erweiterter Fassung als eigenständiges Werk von Manzoni publiziert wurde (*La monaca di Monza*), dient ebenfalls dazu, die Schwarz-Weiß-Malerei der Charaktere zu relativieren. Ihr schweres unverschuldetes Schicksal erklärt wenigstens teilweise ihre Handlungsweise. In der Gruppe der Geistlichen sind Don Abbondio und Fra Cristoforo zu erwähnen. Während Don Abbondio den Dorfpfarrer par excellence repräsentiert, der sich aus rein pragmatischen Gründen dem geistlichen Stand zuwendet und dessen menschliche Schwächen bei weitem seinen Glauben dominieren, steht Fra Cristoforo für den aus persönlicher Erfahrung geläutert zum Geistlichen Gewordenen, dessen Verhalten nahezu 'heilig' anmutet. Lucia erfährt im Laufe des Romans eigentlich keine Entwicklung, sie ist tief religiös und trägt marienhafte Züge, die eine Entwicklung der Protagonistin per se unnötig machen. Sie dient vielmehr als Regulativ

|Abb. 9.2
Renzo und Lucia:
I promessi sposi

Schlüsselepisode

Binnenerzählung

für Renzo, der jugendlich ungestüm und oft unbedacht handelt, außerdem an der Religion zweifelt und daher immer wieder in problematische Si'uationen gerät, so während des Brotaufstandes in Mailand oder während der Pestepisode, aus denen er sich jedoch aus eigener Kraft zu befreien vermag. Sie dienen ihm als Quelle der Erfahrung und Läuterung. Letztendlich findet er zum Glauben, u. a. mit Hilfe von Fra Cristoforo und Lucia, was die Ehe mit dieser dann auch ermöglicht. Die beiden gründen eine Familie in Bergamo, wobei der Schluss des Romans nur auf den ersten Blick als Happy-End erscheint, um sich dann als banal zu erweisen. Lucias von Renzo anfänglich empfundene Schönheit sowie die Ehe werden in ihrer Banalität und Alltäglichkeit entlarvt.

Im Kontext der Romantik sind noch die Landschaftsbeschreibungen zu erwähnen, die die Handlung jeweils maßgeblich untermalen, teilweise kontrastiv, teilweise aber auch rein deskriptiv, so die Beschreibung des bedrohlichen Umfeldes der Burg des Innominatos. Die Beschreibungen des Comer Sees besonders beim Aufbruch Lucias und ihrer Mutter Agnese, die berühmte Szene des *Addio ai monti*, die praktisch jedes italienische Schulkind irgendwann einmal auswendig gelernt hat, steht darüber hinaus für das Heimatbewusstsein, das die *Promessi sposi* auch zu einem Werk werden lassen, das ganz im Kontext der Ausbildung eines Nationalbewusstseins zu lesen ist.

Abb. 9.3|
Michele Fanoli:
*La partenza dei promessi
sposi* (“Addio ai monti”)

Aufgabe 9.1| **?** Wenden Sie das Aktantenmodell von Greimas auf den Roman, soweit Sie ihn nun kennen, an. Wie stellt sich Ihrer Meinung nach die Personenkonstellation dar?

Wenn man von den historischen Digressionen und den Nebenhandlungen absieht und sich außerdem auf die Person Renzos konzentriert, kann man auf die inhaltliche Makrostruktur des Textes das Modell des sog. Bildungsromans (*romanzo di formazione*) anwenden. Diese Untergattung ist inhaltlich bestimmt durch die Darstellung eines jugendlichen Individuums, das die ersten eigenständigen Erfahrungen in der Welt macht und seinen sozialen Platz sucht, häufig im Sinne eines Strebens nach Aufstieg und Erfolg. Im Falle Renzos geht es allerdings vor allem darum, den Häschern des Don Rodrigo zu entgehen, die Braut wieder zu finden und sie zu heiraten. Dabei wird der Protagonist vor allem von der Mutter Lucias, Agnese, und Fra Cristoforo unterstützt, während die wichtigsten Gegenspieler Renzos und Lucias sowohl von Don Rodrigo und Don Abbondio, wenngleich in unterschiedlicher Qualität, als auch anfangs vom Innominato repräsentiert werden. Dieser entwickelt sich im Laufe des Geschehens vom Opponenten zum Helfer. Die meisten Hauptpersonen des Romans – für diese schematische Ansicht müssen wir uns auf eine Auswahl der bedeutendsten beschränken – sind ambivalent, so ist beispielsweise Renzo gleichzeitig Adressant und Adressat, Lucia Subjekt und Objekt. Nach Greimas wäre die Konstellation der Hauptfiguren in einem Schema folgendermaßen abbildbar:

Bildungsroman

Bedeutung der Figuren für den Protagonisten

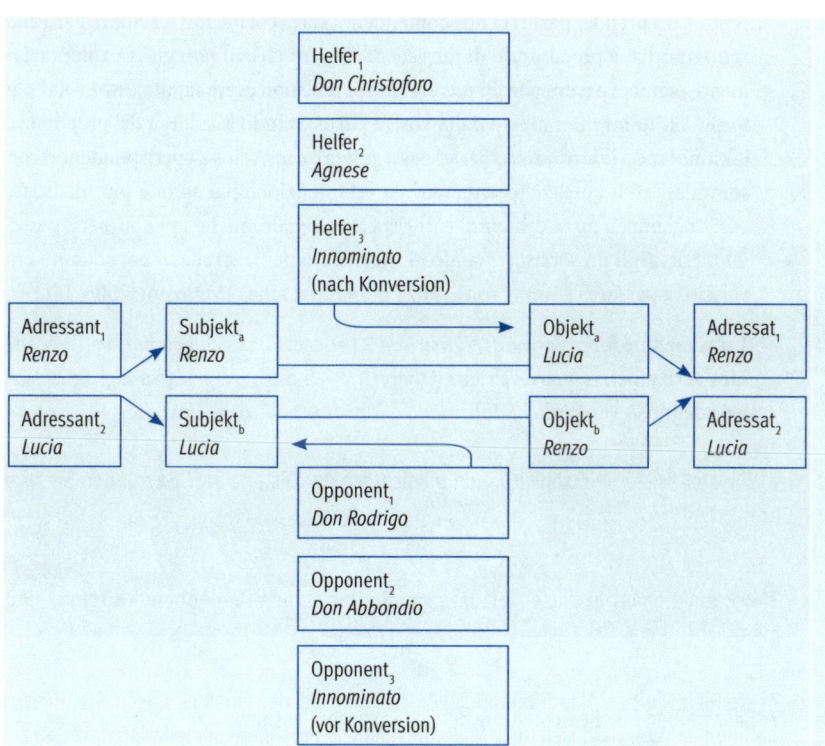

|Abb. 9.4

Mögliches Aktantenmodell zu *I promessi sposi*

Sehen wir uns nun Passagen des Textes für exemplarische Mikroanalysen an. Im ersten Auszug stellt der Erzähler die Figur Don Abbondios vor.

Text 9.1
I promessi sposi
(Auszug)

Il nostro Abbondio, non nobile, non ricco, coraggioso ancor meno, s'era dunque accorto, quasi prima di toccar gli anni della discrezione[1], d'essere, in quella società, come un vaso di terra cotta, costretto a viaggiare in compagnia di molti vasi di ferro. Aveva quindi, assai di buon grado, ubbidito ai parenti, che lo vollero prete. Per dir la verità, non aveva gran fatto pensato agli obblighi e ai nobili fini del ministero al quale si dedicava: procacciarsi[2] di che vivere con qualche agio, e mettersi in una classe riverita e forte, gli eran sembrate due ragioni più che sufficienti per una tale scelta. Ma una classe qualunque non protegge un individuo, non lo assicura, che fin a un certo segno: nessuna lo dispensa dal farsi un suo sistema particolare. Don Abbondio, assorbito continuamente ne' pensieri della propria quiete, non si curava di que' vantaggi, per ottenere i quali facesse bisogno d'adoperarsi molto, o d'arrischiarsi un poco. Il suo sistema consisteva principalmente nello scansar[3] tutti i contrasti, e nel cedere, in quelli che non poteva scansare. Neutralità disarmata in tutte le guerre che scoppiavano intorno a lui, dalle contese, allora frequentissime, tra il clero e le podestà laiche, tra il militare e il civile, tra nobili e nobili, fino alle questioni tra due contadini, nate da una parola, e decise coi pugni, o con le coltellate. Se si trovava assolutamente costretto a prender parte tra due contendenti, stava col più forte, sempre però alla retroguardia, e procurando di far vedere all'altro ch'egli non gli era volontariamente nemico: pareva che gli dicesse: ma perché non avete saputo esser voi il più forte? Ch'io mi sarei messo dalla vostra parte. Stando alla larga da' prepotenti, dissimulando le loro soverchierie[4] passeggiere e capricciose, corrispondendo con sommissioni a quelle che venissero da un'intenzione più seria e più meditata, costringendo, a forza d'inchini e di rispetto gioviale, anche i più burberi[5] e sdegnosi[6], a fargli un sorriso, quando gl'incontrava per la strada, il pover'uomo era riuscito a passare i sessant'anni, senza gran burrasche[7]. (Manzoni: 2005, 16f.)

1 discrezione *hier*: *Vernunft, Einsicht* – 2 procacciarsi *sich beschaffen* – 3 scansare *vermeiden* – 4 soverchierie *Übergriffe* – 5 burbero *griesgrämig, mürrisch* – 6 sdegnoso *verächtlich, ablehnend* – 7 burrasca *Sturm, Unwetter*

Aufgabe 9.2
? Wie stellt sich die Erzählsituation hinsichtlich der Distanz dar? Begründen Sie Ihre Antwort.

Aufgabe 9.3
? Wie funktioniert in dieser Textpassage die Darstellung Don Abbondios formal und inhaltlich?

Aufgabe 9.4
? Beschreiben Sie die Gestaltung der Zeit in dieser Passage.

|Abb. 9.5

Bartolomeo Pinelli:
*Begegnung Don
Abbondios mit den
"bravi"* (1830)

Wir haben es im vorliegenden Auszug mit einer klassischen narrativen Pause (vgl. Einheit 8.2.2) zu tun: Während die Erzählerrede, der *discorso narrativo*, voranschreitet, steht die Zeit innerhalb der *fabula*, der erzählten Welt, still. Diese Pause ist Teil der Exposition des Romans, also der Einführung in die fiktive Welt. Dieser Textausschnitt befindet sich in der Tat am Beginn des Romans, der nach einer Ortsbeschreibung direkt in die Handlung einführt: Don Abbondio spaziert durch eben diese idyllisch anmutende Landschaft und wird dabei von den *bravi* Don Rodrigos angegriffen, die ihm verbieten, Renzo und Lucia zu vermählen. Der Darstellung des Konflikts Don Abbondios, der einerseits seiner Pflicht als Pfarrer und Seelsorger gehorchen müsste, anderrerseits aber von den Ängsten um seine eigene Person gequält wird, wird nun vom Erzähler die explizite Charakterisierung (vgl. Einheit Einheit 8.3.1) des Dorfpfarrers vorausgeschickt, der gleichsam eine erklärende Funktion für den weiteren Handlungsverlauf zukommt. Der Erzähler, der sich im Roman häufig als 'Erzähler-Wir' manifestiert ("Il nostro Abbondio, …"), täuscht eine Art Komplizenschaft mit den Lesern vor, die er allerdings sehr bestimmt durch den Text führt. Die Distanz ist damit sehr groß. Mit solchen Formulierungen gibt er sich darüber hinaus als heterodiegetischer Erzähler (vgl. Stimme, Einheit 8.2.1) eines fiktionalen Textes zu erkennen, der einen großen Überblick

Narrative Pause für
Beschreibung

Exposition

Charakterisierung

Distanz des Erzählers

Heterodiegetischer
Erzähler

Nullfokalisierung

über die Personen und das Geschehen hat, so dass wir von einer Nullfokalisierung sprechen können. Er kennt Details der Vergangenheit Don Abbondios ("prima quasi di toccar gli anni della discrezione …"), die er mit allgemeinen Weisheiten verknüpft ("Ma una classe qualunque …"), welche zu der sarkastisch-ironischen Darstellung des Typus des schwachen, opportunistischen und auf eigene Interessen bedachten Durchschnittsmenschen führt, der angesichts seiner Schwächen durchaus Sympathien beim Leser wecken kann.

Ironischer Grundton

Gleich zu Beginn erfolgt die Zusammenfassung der Charakterdarstellung Don Abbondios in der pointierten Aneinanderreihung von Adjektiven ex negativo, die in der durch die Litotes ("coraggioso ancor meno") betonten Feigheit gipfelt, welche zugleich den ironischen Grundton dieser Darstellung einführt. Diese wird mit dem metaphorischen Vergleich Abbondios mit dem Terrakottatopf inmitten von Eisentöpfen fortgeführt, die seine gesellschaftliche Stellung versinnbildlichen soll. In seiner Position muss der Dorfpfarrer ständig darauf achten, inmitten der Eisentöpfe nicht selbst "zu Bruch zu gehen". Diese Metapher wird im Folgenden gleichsam aufgelöst, wenn nun Abbondios opportunistisches Verhalten in allgemein gehaltenen Konfliktsituationen, mittels wiederum asyndetischer Reihung von gegensätzlichen Konfliktpartnern ("tra il clero e le podestà, …") sowie Verhaltensweisen (Stando …, corrispondendo …, costringendo …") beschrieben wird. Scheint die oben genannte Metapher zwar ein hinreichender Grund für den Opportunismus des Pfarrers, so wird dieser durch den ironischen Grundton sogleich wieder in Frage gestellt und löst beim Leser ambivalente Gefühle gegenüber der dargestellten Figur aus. Aufgelockert wird dieser Darstellungsmodus auch durch die Wiedergabe der fiktiven Reaktion Abbondios in einer solchen Konfliktsituation in Form

Direkte Rede
Zeitdarstellung

einer durch den Erzähler vermittelten direkten Rede ("pareva che gli dicesse: …"). Am Ende der Textstelle gibt der Erzähler die zeitliche Dimension seiner Personendarstellung preis, die in der Vergangenheit beginnt ("prima quasi di toccar gli anni della discrezione, …") und in der Gegenwart endet. In der Form eines Rückblicks (Analepse) erklärt der Erzähler die Charakterdarstellung als extrem geraffte Synthese von Abbondios bisherigem Leben ("… il pover'uomo era riuscito a passare i sessant'anni, senza gran burrasche") und auch dies mit ironischem Unterton.

Aufgabe 9.5

? Lesen Sie vor dem Hintergrund Ihrer bisherigen Kenntnis des Romans Manzonis den folgenden zweiten Auszug und beantworten Sie die anschließenden Leitfragen.

Text 9.2

I promessi sposi
(Auszug)

Appena infatti ebbe Renzo passata la soglia del lazeretto, e preso a diritta, per ritrovar la viottola di dov'era sboccato la mattina sotto le mura, principiò come una grandine[1] di goccioloni radi e impetuosi, che, battendo e risaltando sulla strada bianca e arida, sollevavano un minuto polverìo; in un momento diventaron fitti; e prima che arrivasse alla viottola, la veniva giù a secchie.

Renzo, in vece d'inquietarsene, ci sguazzava[2] dentro, se la godeva in quella rinfrescata, in quel susurrìo, in quel brulichìo[3] dell'erbe e delle foglie, tremolanti, gocciolanti, rinverdite, lustre; metteva certi respironi[4] larghi e pieni; e in quel risolvimento[5] della natura sentiva come più liberamente e più vivamente quello che s'era fatto nel suo destino.

Ma quanto più schietto e intero sarebbe stato questo sentimento, se Renzo avesse potuto indovinare quel che si vide pochi giorni dopo: che quell'acqua portava via il contagio; che, dopo quella, il lazzeretto, se non era per restituire ai viventi tutti i viventi che conteneva, almeno non n'avrebbe quasi più ingoiati altri; che, tra una settimana, si vedrebbero riaperti usci e botteghe, non si parlerebbe quasi più che di quarantina[6]; e della peste non rimarrebbe se non qualche resticciolo qua e là; quello strascio che un tal flagello[7] lasciava sempre dietro a sè per qualche tempo.

Andava dunque il nostro viaggiatore allegramente, senza aver disegnato nè dove, nè come, nè quando, nè se avesse da fermarsi la notte, premuroso soltanto di portarsi avanti, d'arrivar presto al suo paese, di trovar con chi parlare, a chi raccontare, sopratutto di poter presto rimettersi in cammino per Pasturo, in cerca d'Agnese. Andava, con la mente tutta sottosopra dalle cose di quel giorno; ma di sotto le miserie, gli orrori, i pericoli, veniva sempre a galla un pensierino: l'ho trovata; è guarita; è mia! E allora faceva uno sgambetto[8], e con ciò dava un'annaffiata[9] all'intorno, con un can barbone uscito dall'acqua; qualche volta si contentava d'una fregatina di mani; e avanti, con più ardore di prima. Guardando per la strada, raccatava, per dir così, i pensieri, che ci aveva lasciati la mattina e il giorno avanti, nel venire; e con più piacere quelli appunto che allora aveva più cercato di scacciare, i dubbi, le difficoltà, trovarla, trovarla viva, tra tanti morti e moribondi! – E l'ho trovata viva! – concludeva. Si rimetteva col pensiero nelle circostanze più terribili di quella giornata; si figurava con quel martello in mano: ci sarà o non ci sarà? e una risposta così poco allegra; e non aver nemmeno il tempo di masticarla, che addosso quella furia di matti birboni[10]; e quel lazzeretto, quel mare! lì ti volevo a trovarla! E averla trovata! (Manzoni: 2005, 515f.)

1 grandine *Hagel* – 2 sguazzare *planschen* – 3 brulichìo *Übersprudeln* – 4 respironi *Atemzüge* – 5 risolvimento *hier: Veränderung* – 6 quarantina *(etwa) vierzig* – 7 flagello *Geißel* – 8 fare un sgambetto *ein Bein stellen* – 9 annaffiata *Nieselregen* – 10 matti birboni *aufgedrehter Spitzbub*

? Beschreiben Sie die Fokalisierung unter Berücksichtigung der Redewiedergabe. Wie funktioniert die Gestaltung der Zeit in dieser Textpassage? Welche symbolische Bedeutung kommt dem Unwetter zu? Begründen Sie Ihre Antwort.

Aufgabe 9.6

9.2 | Elio Vittorini und der Neorealismus

Zur Person

Abb. 9.6 |

Elio Vittorini
(1908–1966)

Der 1908 in Syrakus (Sizilien) als Sohn eines Eisenbahners geborene Elio Vittorini begründet seinen literarischen Namen nicht nur als Autor von Romanen und Erzählungen, sondern auch als Übersetzer, Journalist und Herausgeber. Seiner Kindheits- und Schuljahre auf Sizilien überdrüssig, reist der junge Vittorini 1921 erstmals in einer Art Ausbruchsversuch auf das italienische Festland, nach Mailand und Florenz. 1924 bricht Vittorini seine technische Ausbildung ab, um sich ganz seinen Vorlieben für Kunst und Literatur zu widmen. Seinen Lebensunterhalt verdient er sich dennoch zunächst bei einem Bauunternehmen in Gorizia. Beeindruckt von der Lektüre Curzio Malapartes *L'Italia barbara* tritt der junge Vittorini in Kontakt mit dem faschistisch orientierten Literaten und veröffentlicht Aufsätze in der von Malaparte herausgegebenen Zeitschrift *La conquista dello Stato*. 1929 zieht er endgültig nach Florenz, wo er Druckfahnen der Tageszeitung *La Nazione* korrigiert. Tendiert Vittorini in den frühen 20er Jahren zu einem linksgerichteten Faschismus, publiziert er bereits 1929 für die Literaturzeitschrift *Solaria*, ein unparteiisches, europäisch ausgerichtetes Organ. Diese ideologische Spannung wird über Jahre sein Werk bestimmen. 1927 heiratet Vittorini Rosa Quasimodo, die Schwester des gleichnamigen Dichters. Aus der Ehe, die 1950 annuliert wird, gehen zwei Kinder hervor (Giusto, geb. 1928, und Demetrio, geb. 1934). 1931 erscheint Vittorinis erster Erzählband *Piccola borghesia*, er betätigt sich als Übersetzer von D. H. Lawrence und 1933/34 werden erste Teile seines Romans *Il garofano rosso* in der *Solaria* abgedruckt, die jedoch der faschistischen Zensur zum Opfer fallen. Der Roman wird erst 1948 bei Mondadori in Mailand in einer vollständigen Ausgabe in Buchform erscheinen. 1936 entsteht auch das Romanfragment *Erica e i suoi fratelli*, dessen Niederschrift durch den Ausbruch des Spanischen Bürgerkrieges unterbrochen wird. Ein Jahr später beginnt Vittorini mit seinem wohl bekanntesten Roman *Conversazione in Sicilia*, der zunächst 1937/38 unter dem Titel *Nome e Lagrime* in der Zeitschrift *Letteratura* abgedruckt wird. In ihm begibt sich der dreißigjährige Silvestro, getrieben von einer "abstrakten Wut", auf eine mythische Kindheitssuche zu seiner Mutter in das heimatliche Sizilien, um sich über seine Rolle in der Welt Klarheit zu verschaffen. Sind die autobiographischen Elemente vielen Werken Vittorinis gemein, zeichnet sich dieser Roman jedoch durch seine sprachliche Kunstfertigkeit und seinen symbolisch-metaphorischen Erzählstil aus.

Vittorini hegt den Plan, auf Seiten der Republikaner in den Spanischen Bürgerkrieg einzutreten, wird 1936 von der faschistischen Partei ausgeschlossen und engagiert sich ab dem Ausbruch des II. Weltkrieges in der *resistenza*. 1941 tritt Vittorini in die PCI ein und beginnt für die Mailänder Ausgabe der kommunistischen Zeitschrift *L'Unità* zu schreiben, deren Chefredakteur er 1945 wird. Nach dem Waffenstillstand vom 8. September 1943 nimmt Vittorini in seinem Versteck die Arbeit an dem neorealistischen Roman *Uomini e no* auf, in dem es um die Widerstandskämpfer geht. 1945 bis 1947 leitet er die Kulturzeitschrift *Politecnico*, die sich mit dem Verhältnis von Literatur und Politik befasst. Allerdings entsprechen Vittorinis Ansichten nicht denen der kommunistischen Partei, so dass es 1947 in der *Politecnico* zu einer brieflichen Auseinandersetzung zwischen Vittorini und Togliatti, dem Vorsitzenden der kommunistischen Partei Italiens, und daraufhin zum Austritt Vittorinis aus der Partei kommt. Deshalb wird dieses Werk Vittorinis ebenfalls zu den neo-realistischen Produktionen gezählt, die sich trotz formaler Vielfalt unter dem inhaltlichen Schwerpunkt der *resistenza* und der kritischen Auseinanderset-zung mit dem Faschismus bündeln lassen.

Der Neorealismus manifestiert sich als umfassende kulturelle Bewe- | Neorealismus
gung, die sich auf Literatur, Film und Malerei erstreckt und vor allem in den 50er Jahren des 20. Jh. seine Wirkung entfaltet. Trotz ihrer formalen und inhaltlichen Vielfalt lassen sich die Produktionen dieser Bewegung über die Auseinandersetzung mit der Zeit des Faschismus definieren, wobei sie ideolo-gisch der *resistenza* zuzuordnen sind. In der Literatur dominiert die Gattung des Romans, der, ähnlich wie im Verismus, der regionalen und dialektalen Vielfalt Italiens Rechnung trägt. Dabei sind ein offenes Ende, häufiger Per-spektivenwechsel und der Gebrauch der Alltagssprache dominierend.

Die exemplarische Analyse im Rahmen dieser Einheit soll nun am Beispiel der *Conversazione in Sicilia* erfolgen.

Im ersten Teil des Romans erfahren wir von dem Unbehagen des Ich- | Inhaltsangabe zu
Erzählers namens Silvestro angesichts der aktuellen politischen Situation ("il | *Conversazione in*
mondo offeso"), die dieser als unbestimmte Wut ("astratti furori") beschreibt. | *Sicilia*
Bleibt die historische Kontextualisierung zwar mehr als vage, so errät der Leser doch, dass es sich um die Zeit des Faschismus handeln muss. Als Silvestro aus einem Brief seines Vaters erfährt, dass dieser seine Mutter Concezione ver-lassen hat, beschließt er, sie an ihrem Namenstag in Sizilien aufzusuchen. Er hatte die Insel bereits im Alter von 15 Jahren verlassen und seitdem nie wieder besucht. Im Folgenden schildert Silvestro seine Reise vom Norden Italiens in den Süden. Begegnungen mit quasi allegorischen Personen, wie z.B. dem Gran Lombardo, führen ihn immer weiter zurück in die Vergangenheit bzw. Kindheit. Im Zentrum des zweiten Teils steht die Begegnung mit der Mutter, bei der vorwiegend dialogisch die gemeinsame Vergangenheit und die für sie bestimmenden Personen evoziert werden. In diesem weitgehend statischen Teil – Ort der Gespräche ist das Haus der Mutter – geht es vor allem um die beiden Männer, die das Leben der Mutter maßgeblich geprägt haben: ihren Vater und ihren Ehemann. Während der Vater dem Idealtypus des handelnden und mutigen "Gran Lombardo" entspricht, erscheint der Ehemann als feige und als 'Drückeberger', wobei die beiden Männerfiguren sich in der Erinne-

rung der Mutter immer wieder vermischen. Leitmotivisch verwendet wird auch das Thema des 'Essens', das gleichsam als sozio-kulturelle Kontextualisierung dient. Im dritten Teil begleitet Silvestro die Mutter, die sich als eine Art Krankenschwester ein Zubrot verdient, auf ihrem Rundgang zu den Kranken durch das Dorf. Die Topographie des Dorfes lässt den Abstieg in die ärmlichen und dunklen Behausungen der Kranken gleichsam zu einem Abstieg in die Hölle werden. Zentrales Thema ist hier wieder die 'verletzte Welt' ("il mondo offeso"), das Leiden der Menschen an Armut und Krankheit. Im vierten Teil macht sich Silvestro, getrieben von Kindheitserinnerungen, ohne die Mutter auf den Weg durch das Dorf. Dabei begegnet er dem Messerschleifer Calogero. Die beiden begeben sich in die Kneipe Colombos. Auf dem Weg dorthin treffen sie auf den Tuchmacher Porforio und den Sattler Ezechiele. In der Kneipe, die gleichsam für das Herz Siziliens steht, entspinnt sich eine Diskussion über den 'Menschen' bzw. die Menschlichkeit angesichts der 'verletzten Welt', in der die anwesenden Personen unterschiedliche menschliche Grundhaltungen repräsentieren. Im fünften und letzten Teil begibt sich Silvestro auf den Friedhof, wo ihm sein jüngerer Bruder erscheint, der drei Wochen zuvor im Krieg gefallen ist, wie Silvestro und die Mutter im Anschluss aus einem Brief erfahren. Thema dieses Romanteils ist somit der Krieg als weitere Dimension der 'verletzten Welt'. Die Frage nach der Rolle des Individuums in dieser Welt, egal ob Mutter oder Sohn, Mann oder Frau, bleibt am Ende des Romans unbeantwortet.

Conversazione in Sicilia kann demnach als eine Art philosophischer Roman gelten, der mittels der Kindheitssuche die Frage nach der 'Menschlichkeit' aufwirft. Der realhistorische sowie der geographische Kontext treten dabei hinter die Allgemeingültigkeit der Fragestellung zurück.

Aufgabe 9.7 | **?** Wie lässt sich die inhaltliche Makrostruktur des Romans, soweit Sie ihn aus dieser Zusammenfassung ersehen, charakterisieren – linear, repetitiv, zirkulär, episodisch?

Aufgabe 9.8 | **?** Beschreiben Sie die Raumstruktur der erzählten Welt. Versuchen Sie dabei, den Ansatz Lotmans (Einheit 8.3.2) anzuwenden.

Der Roman *Conversazione in Sicilia* schildert zuerst einmal eine Reise, die Fahrt Silvestros an den Ort seiner Kindheit, d.h. also von Mailand nach Sizilien, in das Dorf, in dem sich seine Mutter befindet. Im ersten Teil des Romans wird die Reise mit ihren Stationen, unterschiedlichen Transportmitteln und Begegnungen detailliert geschildert, so dass wir in Bezug auf Linearität die Handlung von einer linearen Struktur sprechen können. Einmal im Heimatdorf angekommen, steht die 'Handlung' gleichsam still. Hier rückt nun gemäß dem Titel des Romans das Gespräch in den Vordergrund. Die Unterhaltungen mit der Mutter und die Begegnungen mit den anderen Personen des Dorfes dienen jetzt vielmehr dazu, exemplarisch die verschiedenen menschlichen Grundhaltungen angesichts der 'verletzten Welt' zu erörtern. Die Makrostruktur könnte in diesen Teilen deshalb als episodisch beschrieben werden.

Episodische Struktur

Die Raumstruktur der erzählten Welt muss analog zu der Makrostruktur des Romans verstanden werden. Auf dieser übergeordneten Ebene steht topographisch Sizilien als Zentrum dem Rest der Welt gegenüber. Es handelt sich hier aber weniger um eine bipolare Raumdarstellung nach Lotman, sondern um eine zentrifugale Bewegung. Sizilien bildet topologisch das Zentrum, dem semantisch die Kindheit zugeordnet werden kann. Darüber hinaus wird mit Sizilien eine mythische Dimension verbunden, während der 'Rest der Welt' für die bloße Realität steht. Auf der Mikroebene dominiert vor allem in den Teilen 2–4 des Romans eine Opposition zwischen Außen- und Innenräumen, wobei sich eine eindeutige generalisierende semantische Polarität nicht ohne Weiteres feststellen lässt. Das Haus der Mutter sowie die Kneipe erscheinen dabei wiederum als Zentrum; in ihnen finden die maßgeblichen Gespräche statt, während die Häuser der Kranken vor allem Armut und Krankheit versinnbildlichen und damit für die 'verletzte Welt' stehen. Der Friedhof in Teil 5 dagegen ist Ort des Gesprächs und Ausdruck der 'verletzten Welt' zugleich. Zusammenfassend können wir festhalten, dass in diesem Roman ein 'Ereignis' im Sinne von Lotman schwer auszumachen ist. Wie bereits erwähnt, tritt die philosophische Dimension gegenüber der Handlung in den Vordergrund.

Topographie

Topologie

|Abb. 9.7

William Stanley Haseltine: *Ruinen des Römischen Theaters in Taormina, Sizilien* (1889)

Schauen wir uns nun den Beginn des Romans an:

163

Text 9.3

Conversazione in Sicilia, 1. Teil, Kap. 1 (Auszug)

Io ero, quell'inverno, in preda ad astratti furori. Non dirò quali, non di questo mi son messo a raccontare. Ma bisogna dica ch'erano astratti, non eroici, non vivi; furori, in qualche modo, per il genere umano perduto. Da molto tempo questo, ed ero col capo chino. Vedevo manifesti di giornali squillanti e chinavo il capo; vedevo amici, per un'ora, due ore, e stavo con loro senza dire una parola, chinavo il capo; e avevo una ragazza o moglie che mi aspettava ma neanche con lei dicevo una parola, anche con lei chinavo il capo. Pioveva intanto e passavano i giorni, i mesi, e io aveva sempre le scarpe rotte, l'acqua che mi entrava nelle scarpe, e non vi era più altro che questo: pioggia, massacri sui manifesti dei giornali, e acqua nelle mie scarpe rotte, muti amici, la vita in me come un sordo sogno, e non speranza, quiete.

Questo era il terribile: la quiete nella non speranza. Credere il genere umano perduto e non aver febbre di fare qualcosa in contrario, voglia di perdermi, ad esempio, con lui. Ero agitato da astratti fuori, non nel sangue, ed ero quieto, non avevo voglia di nulla. Non mi importava che la mia ragazza mi aspettasse; raggiungerla o no, o sfogliare un dizionario era per me lo stesso; e uscire e vedere gli amici, gli altri, o restare in casa era per me lo stesso. Ero quieto; ero come se non avessi mai avuto un giorno di vita, né mai saputo che cosa significa esser felici, come se non avessi nulla da dire, da affermare, negare, nulla di mio da mettere in gioco, e nulla da ascoltare, da dare e nessuna disposizione a ricevere, e come se mai in tutti i miei anni di esistenza avessi mangiato pane, bevuto vino, o bevuto caffè, mai stato a letto con una ragazza, mai avuto dei figli, mai preso a pugni qualcuno, o non credessi tutto questo possibile, come se mai avessi avuto un'infanzia in Sicilia tra i fichidindia[1] e lo zolfo[2], nelle montagne; ma mi agitavo entro di me per astratti furori, e pensavo il genere umano perduto, chinavo il capo, e pioveva, non dicevo una parola agli amici, e l'acqua mi entrava nelle scarpe. (Vittorini: 2000, 131ff.)

1 fichidindia *Kaktusfeige* – 2 zolfo *Schwefel*

Aufgabe 9.9

? Analysieren Sie die Stimme, die Distanz und die Fokalisierung im vorliegenden Textauszug. Worin unterscheiden sie sich von denjenigen in den Texten 9.1 und 9.2?

Aufgabe 9.10

? Versuchen Sie, anhand dieses Textauszugs den Erzähler, der hier mit der Hauptperson identisch ist, zu charakterisieren.

Aufgabe 9.11

? Arbeiten Sie die Leitmotive der Textpassage heraus und analysieren Sie diese in Bezug auf ihre Funktion.

Analepse

Der Textauszug, d. h. das erste Kapitel des Werkes, führt uns in die Befindlichkeiten des Erzähler-Ichs ein, die rückblickend, als Analepse (Einheit 8.2.2) ("Io ero quell'inverno …"), geschildert werden. Da das Erzähler-Ich auch der Protagonist der Schilderungen ist, sprechen wir hier von einem autodiegetischen Erzähler (Einheit 8.2.1). Dieser verfügt über einen verhältnismäßig hohen Grad an Wissen über sich selbst und seine Situation, weshalb es sich in Bezug auf den Blickwinkel um eine interne Fokalisierung handelt. Gleich zu Beginn der Passage gibt der Erzähler sich klar als solcher zu erkennen: "Non dirò quali, non di questo mi son messo a raccontare" und vermittelt so erst einmal den Eindruck von Distanz. Dieser wird im Folgenden aufgehoben, da das Erzähler-Ich beginnt, in einer Art innerem Monolog seine Befindlichkeit angesichts der "verlorenen Menschheit" zu schildern. Diese Schilderung erfolgt assoziativ, mittels leitmotivisch eingesetzter Metaphern. Durch die permanenten Wiederholungen der Motive erhält der Monolog quasi den Charakter eines Klagegesangs, der dazu dient, den ersten Satz des Textes zu erläutern, welcher wiederum die Befindlichkeit des Erzähler-Ichs zu einem relativ unbestimmten Zeitpunkt der Vergangenheit ("in jenem Winter") resümiert. Dieser war Opfer einer unbestimmten Wut, die sich mittels der folgenden Verkettung der Leitmotive als Wut über die Unfähigkeit erklären lässt, angesichts der 'verletzten Welt' zu handeln bzw. zu reagieren. Der gebeugte Kopf ("il capo chino", "Chinavo il capo" 5-mal), die Ruhe in der Hoffnungslosigkeit ("la quiete nella non speranza"), Metaphern, die grammatikalisch noch durch den durchgehenden Gebrauch des Imperfekts verstärkt werden, stehen für die Unfähigkeit des Erzähler-Ichs zu handeln. Die Metapher des Regens und der mit Wasser durchnässten löchrigen Schuhe wie auch die Zeitungen repräsentieren dagegen die 'verletzte Welt'.

Im Vergleich mit dem Roman Manzonis können wir festhalten, dass die Charakterisierung des Protagonisten nur durch Andeutungen vollzogen wird. Es ist uns nicht möglich, das Erzähler-Ich exakt in einen räumlichen oder zeitlichen Kontext einzuordnen. Nur in der Aufzählung der Dinge, die vor dieser 'abstrakten Wut' für den Erzähler von Bedeutung waren, erfahren wir von seiner Kindheit in Sizilien. Vittorini war sich der Offenheit seines Textes wohl bewusst, hat er doch in den 1950er Jahren eine neue, mit Fotos illustrierte Edition herausgegeben. Die Leerstellen (Einheit 11.2) der Erstausgabe müssen zum einen im historischen Kontext betrachtet werden, d. h. als Strategie gegen die Zensur, zum anderen unterstreichen sie die Allgemeingültigkeit des Textes. Der Roman funktioniert dabei, ähnlich wie der Film, als Montage von Bildern und Szenen, was auf Vittorinis Auseinandersetzung mit den Medien Film und Bild in den 1930er Jahren zurückzuführen ist. Trotz seiner intermedialen Darstellungsweise bedarf es für Vittorini des Mediums der Literatur, um zu einer *realtà maggiore* zu gelangen.

Wir wollen uns nun einer Episode auf der Reise Silvestros zuwenden, die eine seiner Begegnungen beschreibt. Lesen Sie den Ausschnitt vor dem Hintergrund Ihrer bisherigen Kenntnis des Werkes und beantworten Sie die anschließenden Fragen.

Marginalien:
Autodiegetischer Erzähler

Interne Fokalisierung

Distanz

Wiederholung

Leitmotive

Metaphorik

Offenheit

Intermedialität

Text 9.4|

*Conversazione in
Sicilia*, 1. Teil, Kapitel V
(Auszug)

M'ero appena gettato sul sedile di legno, nel treno in moto, che udii due voci nel corridoio, parlare tra loro dell'accaduto.

Non era accaduto nulla che fosse un vero accaduto, nessun fatto, nemmeno un gesto; solo che un uomo, quel piccolo siciliano, mi aveva gridato dietro le sue ultime parole, la fine del suo racconto mentre non c'era piú tempo e il treno era in moto. Solo questo; delle parole. Ed ecco due voci parlare dell'accaduto.

– Ma che voleva quel tipo?
– Sembrava che protestasse …
– Con qualcuno ce l'aveva.
– Direi che ce l'aveva con tutti …
– Lo direi anch'io; era un morto di fame …
– Se fossi stato giú l'avrei fermato.

Erano due voci da sigaro, forti, e strascicate[1], dolci in dialetto. Parlavano in siciliano, in dialetto.

Affacciai la testa sul corridoio e li vidi al finestrino, due uomini di persona massiccia, tarchiati[2], in cappello e cappotto, uno coi baffi, l'altro no, due siciliani di tipo carrettiere, ma ben messi, floridi, presuntuosi nella nuca e la schiena, eppur con qualcosa di simulato e goffo[3] che, forse, in fondo, era timidezza.

"Due baritoni", io dissi tra me. E uno, in effetti, quello senza baffi, aveva voce piuttosto da baritono, cantante e sinuosa.

– Non avresti fatto che il tuo dovere, – egli disse.

L'altro aveva solo la voce rauca di sigaro, dietro i suoi baffi, ma dolce nel dialetto.

– Naturalmente, – egli disse. – Non avrei fatto che il mio dovere.

Io ritirai il capo dentro lo scompartimento ma rimasi in ascolto pensando, col variar delle voci, baritono e rauco, le due facce di loro, senza baffi, coi baffi.

– I tipi cosí sono sempre da fermare, – disse Senza Baffi.
– Effettivamente, – disse Coi Baffi. – Non si sa mai.
– Ogni morto di fame è un uomo pericoloso, – disse Senza Baffi.
– Come no? Capace di tutto, – disse Coi Baffi.
– Di rubare, – disse Senza Baffi.
– Questo va da sé, – disse Coi Baffi.
– Tirare coltellate, – disse Senza Baffi.
– Indubbiamente, – disse Coi Baffi.
– E di darsi anche alla delinquenza politica, – disse Senza Baffi.

Si guardarono negli occhi, si sorrisero, io lo vidi dalla faccia dell'uno e dalla schiena dell'altro, e cosí continuarono a parlare, Coi Baffi, Senza Baffi, di quello che intendevano per delinquenza politica. Pareva intendessero la mancanza di rispetto, di considerazione, dissero, e accusarono, senza risentimento, l'umanità intera, dissero che l'umanità era nata per delinquere. (Vittorini: 2000, 149f.)

1 strascicato *schleppend* – 2 tarchiati *kräftig, breit gebaut* – 3 goffo *grob*

? Wie lässt sich dieser Textausschnitt an den historischen Kontext rückkoppeln? |Aufgabe 9.12

? Erläutern Sie die erzählerische Gestaltung in Bezug auf die Personendarstellung. |Aufgabe 9.13

? Analysieren sie den Ausschnitt unter dem Aspekt der Intermedialität. |Aufgabe 9.14

Auf www.bachelor-wissen.de steht Ihnen ein weiterer Text mit Übungsaufgaben zu dem Roman *L'isola di Arturo* von Elsa Morante zur Verfügung.

Mit dem Roman *I promessi sposi* von Alessandro Manzoni wurde ein Beispiel für die im 19. Jh. bedeutende Gattung des historischen Romans vorgestellt. Der Rückgriff auf die Vergangenheit dient vorrangig dazu, sich mit der Gegenwart auseinanderzusetzen, die im Kontext der Ausbildung eines italienischen Nationalbewusstseins gesehen werden muss. Formal wechselt das Werk zwischen historischen, erzählenden und beschreibenden Passagen. Dabei zeugt die erzählerische Darstellung insgesamt von einer großen Distanz. Die Mittelbarkeit des Erzählens ist in Elio Vittorinis *Conversazione in Sicilia* dagegen stark zurückgenommen. Die offene Struktur des Werkes, die ähnlich wie im Film montierten Szenen und die vielen Leerstellen ermöglichen unterschiedliche Lesarten und reihen den Roman damit in die eher experimentelle Erzähltradition des 20. Jh. ein. | Zusammenfassung

Literatur

Alessandro Manzoni: *I promessi sposi*. Milano: Garzanti 2005.

Elsa Morante: *L'isola di Arturo*. Torino: Einaudi 1995.

Elio Vittorini: *Conversazione in Sicilia*. Milano: Rizzoli 2000.

Text und Autorschaft

	Inhalt	
10.1	Literarische Kommunikation und Interpretationsansätze	170
10.2	Positivismus	171
10.3	Psychoanalyse	174
10.4	Literatursoziologie	180
10.4.1	Marxistische Literaturwissenschaft	181
10.4.2	Erich Köhler und die Vermittlung	182
10.4.3	Feldtheorie	183

In diesem ersten Kapitel zu den literaturwissenschaftlichen Interpretationsmethoden lernen Sie Ansätze kennen, die literarische Texte im Hinblick auf ihren Entstehungskontext erklären. Literatur spiegelt, so die Prämisse, ihren Ursprung wider und bezieht aus ihm ihre Bedeutung, sei es auf individueller Ebene, wie biographistische und psychoanalytische Deutungen meinen, sei es auf überindividuell-gesellschaftlicher Ebene, wie die Literatursoziologie in ihren verschiedenen Ausprägungen annimmt.

Überblick

10.1 | Literarische Kommunikation und Interpretationsansätze

Objektivierung von Verstehen

Will man sich über die Bedeutung von literarischen Texten verständigen, wie es eine der Aufgaben der Literaturwissenschaft ist, so bedarf es einer Objektivierung des prinzipiell subjektiven Verstehensprozesses. In Einheit 4 wurden zwei Ansatzpunkte für eine solche Objektivierung genannt. Der erste ist der Text als vorgegebene Menge sprachlicher Zeichen mit einem idealerweise auszumachenden überindividuellen Bedeutungsgehalt, wie er etwa in Wörterbüchern fixiert wird, sowie ihrer Beziehung untereinander. Auf diesen Ansatz-**Strukturanalyse** punkt stützt sich die Strukturanalyse, die ein Modell der Funktionsweise eines Textes zu erarbeiten und dabei weitestmöglich von textexternen Faktoren abzusehen versucht. Sie wurde in den zurückliegenden sechs Einheiten anhand der drei Großgattungen vorgeführt. Der zweite Ansatzpunkt der Objektivierung besteht darin, die theoretischen Voraussetzungen (Prämissen) und den Weg (Methode), die zu den jeweiligen Befunden geführt haben, offenzulegen und einer kritischen Überprüfung zugänglich zu machen. Eine Aussage über **Interpretation** die Bedeutung des Textes, die diesen Ansprüchen genügt, heißt *Interpretation*. Sie ist unabdingbar, um über das Potenzial und den literarhistorischen Stellenwert eines Textes zu urteilen, und stellt eines der zentralen Aufgabengebiete der Literaturwissenschaft dar.

Pluralität der Interpretationen

Die Bandbreite verschiedener, teilweise konträrer Interpretationen eines Textes rühren von den unterschiedlichen Prämissen und methodischen Zugängen her, die ihnen jeweils zugrunde liegen. Eine gültige Interpretation ist dann gegeben, wenn die Prämissen und der Wortlaut des interpretierten Werks schlüssig zu einer Feststellung über seine Bedeutung vereint werden. Die Prämissen aber werden erst vom jeweils Untersuchenden an den Gegenstand herangetragen; sie müssen ihrerseits natürlich plausibel sein, aber zwingend sind sie in aller Regel nicht. Aus diesem Grund gibt es zu einem bestimmten Zeitpunkt, insbesondere aber auch in verschiedenen Entwicklungsphasen der Literaturwissenschaft, mehrere unterschiedliche Annahmen darüber, worauf sich eine Textdeutung stützen sollte. Da im Gegenstandsbereich der Geisteswissenschaften der (auch 'professionell') Verstehende mit seinen Fragen und Vorerwartungen stets an seinem Untersuchungsobjekt teilhat, können konträre Forschungsmeinungen nebeneinander bestehen und beide gleichermaßen 'objektiv' und gültig sein (was nicht bedeutet, dass die jeweiligen Vertreter nicht auch energisch um ihre Thesen streiten). Die Vielfalt möglicher Ansätze, die sich im Laufe der Fachgeschichte herausgebildet haben, sollen in den nun folgenden Einheiten ein wenig umrissen werden. Da es sich nicht selten um recht komplexe Theoriegebäude und Methoden handelt, bleiben die Ausführungen notwendigerweise summarisch.

Literarische Kommunikation

Versteht man Literatur als einen Sonderfall sprachlicher Kommunikation, in der von einem Sender eine Botschaft auf einem Trägermedium über einen

Kanal an einen Empfänger übermittelt wird, der sich, wie wir im Zusammenhang mit der Hermeneutik bereits sahen, dialogisch mit der Botschaft auseinandersetzt und sie mitgestaltet, so zeigen sich eine Reihe möglicher Faktoren,
die eine Interpretationsmethode in den Mittelpunkt rücken kann.

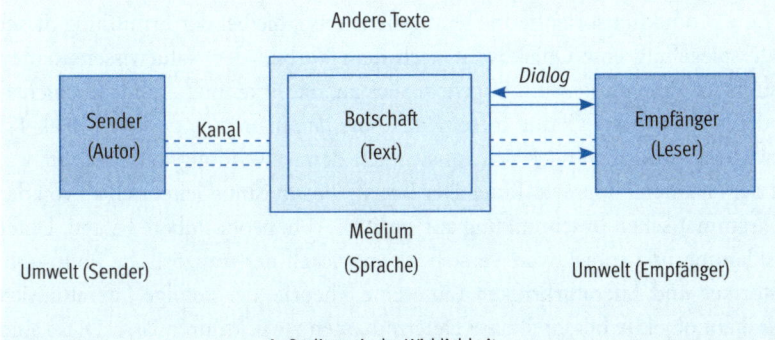

Abb. 10.1

Vereinfachtes
Modell literarischer
Kommunikation

Eine auf den Text bezogene, also textimmanente Herangehensweise haben
Sie bereits mit der Strukturanalyse in Theorie und Praxis kennengelernt. Da
jegliche Interpretation sich zwangsläufig auf den Text bezieht, auf diesem also
immer der Fokus liegt, bildet die Strukturanalyse auch eine sinnvolle Vorar-
beit für Textinterpretation allgemein. Interessiert man sich nicht nur für eine
sprachliche Äußerung als solche, liegt es wohl am nächsten, nach ihrem Urhe-
ber zu fragen – schließlich gilt ihm auch im Alltag oft der erste Blick, etwa bei
einem Brief, den man bekommt, oder beim Stöbern in einer Buchhandlung.
Eine fachgeschichtlich besonders frühe Frage ist daher die nach dem Autor.
Produktionsorientierte Interpretationsmodelle, die also von der Prämisse aus-
gehen, dass es für den Sinn und die Relevanz eines Textes entscheidend ist,
von wem und aus welchem Kontext heraus er verfasst wurde, haben, in sehr
unterschiedlicher Ausprägung und mit wechselnder Konjunktur, bis heute
ihren Platz im literaturwissenschaftlichen Instrumentarium.

Autorschaft als
Interesse der Interpre-
tation: Produktions-
orientierte Interpreta-
tionsmodelle

Positivismus

10.2

Literarische Texte zeichnen sich meist dadurch aus, dass sie ihre Gegenstände
selbst erzeugen und sich auch, im Unterschied zu Sachtexten, nicht daran
messen lassen (müssen), inwieweit sie mit realen, überprüfbaren Gegebenheiten übereinstimmen. Jedoch erschöpft sich ein Text nicht in der von ihm
dargestellten Textbedeutung, sondern besitzt darüber hinaus eine bestimmte
Botschaft, Aussageabsicht, ein Ziel oder einen *Textsinn*. Dieser Sinn ist immer
Sinn für jemanden, und es erscheint durchaus plausibel, sich hier auf den
Autor und seine lebensweltliche und intellektuelle Umgebung zu konzen-

trieren und literarische Werke als Verweis auf Wirklichkeit (*mimetisch*) oder Autorpersönlichkeit (*expressiv*) zu lesen. Wenngleich es durchaus Texte gibt, die ihren eigenen literarischen Ursprungsstandort und ihren Zweck explizit thematisieren (Autobiographien beispielsweise), haben wir es doch zumeist mit einer indirekten Form der Widerspiegelung zu tun.

Positivismus: Objektivität der Fakten

Abb. 10.2 |

Hippolyte Taine (1828–1893)

Race, milieu, moment

Literatur: Verismus

⌕

Zur Editionsphilologie vgl. die Zusatzmaterialien zu Einheit 2 unter www.bachelorwissen.de

Eine produktionsorientierte Herangehensweise, die bei der Ermittlung dieser Widerspiegelung eine Objektivität nach dem Vorbild der Naturwissenschaften anstrebt, ist der *Positivismus*. Er geht zurück auf das Erkenntnis- und Geschichtsmodell, das Auguste Comte in seinem *Cours de philosophie positive* (1830–42) entwickelte, und verbindet sich hinsichtlich der Anwendung auf Literatur v.a. mit dem Namen Hippolyte Taine. Der Begriff 'Positivismus' leitet sich ab von der programmatischen Beschränkung auf 'positive', d.h. beobachtbare Fakten. Unter Ausklammerung subjektiven Verstehens entwickelt der französische Philosoph, Historiker und Literaturkritiker Taine eine Theorie, der zufolge Literatur sich kausal auf objektiv beschreibbare Determinanten zurückführen lässt. Diese sind für ihn *race*, *milieu* und *moment*: *Race* bezeichnet im Unterschied zu den unguten Assoziationen des Begriffs im Deutschen nicht nur Ererbtes, sondern auch soviel wie 'Nationalcharakter', *moment* den geschichtlichen Zeitpunkt einer kulturellen Erscheinung bzw. ihres Urhebers, *milieu* als der wichtigste Terminus deren soziale Ursprungsumgebung. Als *literarisches* Konzept hat Taines Positivismus sich v.a. im französischen Naturalismus des 19. Jh. und seinem italienischen Pendant, dem Verismus (*verismo*) niedergeschlagen. Als *literaturwissenschaftlicher* Zugang widmete sich der Positivismus einem ausgiebigen Quellenstudium, das insbesondere den biographischen Fakten zum jeweiligen Autor und seinem Umfeld sowie dem jeweiligen Text und seinen mutmaßlichen Vorgängern galt, wobei man sich zuallererst mit einer genauen Ermittlung der Textgestalt im Rahmen der Editionsphilologie und dem Vergleich mit Werken der literarischen Tradition im Rahmen der sog. Einflussforschung (vgl. auch Einheit 11) beschäftigte. Das Ziel war die Schaffung einer möglichst großen Basis belegbarer außertextueller, aber den Textsinn determinierender Fakten und der Verzicht auf eine wie auch immer geartete 'ideologische' oder systematisierende Interpretationsperspektive seitens des Untersuchenden. Maßgeblich für die Begründung des literaturwissenschaftlichen Positivismus in Italien war die sog. *Scuola storica*, der zahlreiche Philologen mit unterschiedlichen Tätigkeitsfeldern angehörten, darunter auch sehr namhafte wie z.B. der berühmte Boccaccio-Spezialist Vittore Branca (1913–2004). Diese Schule war bis in die 1950er Jahre produktiv – wenngleich sie ab der Jahrhundertwende zunehmend von ästhetizistischer Seite und namentlich von Benedetto Croce (1866–1952) kritisiert wurde, der in der Kunst ein Erkenntnisobjekt eigener Art und damit etwas nicht durch objektive Fakten Fassbares erkannte. Ihr Organ hatte die positivistische *Scuola storica* in der 1883 von Arturo Graf, Francesco Novati und Rodolfo Renier gegründeten Zeitschrift *Giornale storico della letteratura italiana*, in deren programmatischem erstem Vorwort ihre Geburtsurkunde.

Literaturwissenschaft: *Scuola storica*

Abb. 10.3 |

Arturo Graf (1848–1913)

Text 10.1

Vorwort der ersten
Ausgabe des *Giornale
storico della letteratura
italiana* (1883)

E valga il vero: che cosa sono, generalmente parlando, […] le storie della nostra letteratura? O esposizioni superficiali e manchevoli, o sintesi più o meno geniali, in cui, più assai che allo studio dei fatti, si badò ad alcuni preconcetti estetici, politici, filosofici, con l'aiuto de' quali si pretese d'interpretare e ordinare fatti male sceverati[1] e mal noti, ossia di ricostruire sistematicamente la storia. Ond'è che esse, e più particolarmente quelle che corrono per le scuole, o sono al tutto insufficienti, o dànno dello svolgimento e delle vicende delle nostre lettere un assai falso concetto. Il disfavore, in che quest'opere sono venute, cresce di giorno in giorno; ma perché possano essere sostituite da altre, egli è mestieri anzi tutto di compiere un ben lungo lavoro di preparazione, in cui tutte le forze e tutte le attitudini sieno chiamate ad esercitarsi. La nuova storia della letteratura italiana bisogni che poggi[2] esenzialmente sullo studio diretto dei monumenti, e che rifuggia da ogni costruzione sistematica. Le biblioteche e gli archivii nostri riboccano[3] di documenti, o ignoti affatto, o intraveduti appena; la lezione della massima parte dei nostri testi è da assoggettare a nuovo ed accurato esame; le relazioni delle lettere con quelle delle altre nazioni di Europa, ed i molteplici rapporti delle lettere con la politica, con la scienza e con le arti figurative sono, come s'esce dal medio evo, a mala parte avvertiti; infiniti punti di storia biografica, di storia della lingua, di bibliografia, sono da discutere e da chiarire; v'è insomma tutto uno sterminato materiale da vagliare e da ordinare prima che altri possa, in modo degno della scienza, accingersi[4] all'ingente fatica di scrivere una storia generale della letteratura italiana. (Graf/Novati/Renier: 1883, 2f.)

1 sceverare *unterscheiden, differenzieren* – 2 poggiare *sich stützen auf* – 3 riboccare *überquellen* – 4 accingersi *sich etwas vornehmen*

Aufgabe 10.1

? Mit welchen Argumenten kritisieren die Verfasser die vorpositivistische Literaturbetrachtung? Worauf zielt demgegenüber ihre eigene Arbeit ab?

Problematik des literaturwissenschaftlichen Positivismus

Der Positivismus ist in seiner Reinform aus heutiger Sicht unhaltbar, da er etwa Einsichten der Hermeneutik in die Eigengesetzlichkeit kultureller Untersuchungsgegenstände und damit der Geisteswissenschaften (vgl. Einheit 3.3) nicht berücksichtigt. Die in obigem Textauszug genannte Suche nach Dokumenten unter Verzicht auf jede theoretische oder systematische Voraussetzung ist, so unentbehrlich die Arbeit an den in Archiven liegenden Quellen auch ist, als alleinige Herangehensweise hochproblematisch, denn der Glaube an die Objektivität des Faktums darf nicht darüber hinwegtäuschen, dass jede Suche ihre eigenen Voraussetzungen hat und die Literaturgeschichte, die das erklärte Ziel der *Scuola storica* ist, immer einer Konstruktion auf Grundlage bestimmter Vorannahmen seitens der Forscher gleichkommt: Die Entscheidung etwa, was überhaupt als Faktum gilt, welches Faktum relevant ist, wird vom Leserinteresse gesteuert, ebenso wie das Verständnis von 'Literatur' oder vom künstlerischen Schaffensprozess unhintergehbar eines der Jetztzeit ist, das sich nicht zwingend mit dem früherer Epochen deckt. Einwände wie diese haben dazu geführt, dass der Begriff 'Positivismus' spätestens seit den 1960er Jahren mithin eher als Schimpfwort für theoretisch unbedarfte und unkritische Faktensammlung gebraucht wird. Der Positivismus ist insbesondere aus drei Gründen dennoch bedeutsam:

Leistungen positivistischer Literaturwissenschaft

▶ Im Unterschied zu vielen vorpositivistischen Auseinandersetzungen mit Dichtung bedeutete er eine nicht-normative Herangehensweise, die den Gegenstand verstehen, beschreiben, erforschen will, ohne ihn sogleich an poetologischen Normen zu messen.

▶ Der Positivismus hat mit der Berücksichtigung des Milieus eine wichtige Kategorie der produktionsorientierten Literaturinterpretation eingeführt. Sie wird zwar bei Taine entgegen seinem Anspruch nicht 'objektiv' genutzt, sondern bleibt spekulativ, u. a. weil die Soziologie noch nicht weit genug entwickelt war, wird aber später von der Literatursoziologie (siehe Abschnitt 10.4) in methodisch reflektierter Form und mit Erkenntnisgewinn aufgegriffen.

▶ Er hat gegen Ende des 19. Jh. zu einem Quellen- und Faktenstudium geführt, durch das zahllose Texte genau erschlossen und ediert wurden – eine wertvolle Forschungsleistung, auf der vielfach noch heutige Textausgaben und andere Hilfsmittel beruhen.

10.3 | Psychoanalyse

Abb. 10.4 |
Sigmund Freud
(1856–1939)

Psychische Qualitäten: bewusst, vorbewusst, unbewusst

Psychischer Apparat

Mit der von Sigmund Freud etwa ab der Jahrhundertwende entwickelten und vertretenen Psychoanalyse wird das Bild vom Individuum und den psychischen Bedingungen seines – auch künstlerischen – Handelns revolutioniert. Identifizierte man bis dato ein Individuum in geistiger Hinsicht mit der Gesamtheit seiner aktuellen Bewusstseinsvorgänge (Gedanken, Absichten usw.) und Erinnerungen, so bemerkte Freud in seiner klinischen Arbeit, dass die beobachteten 'abnormen' psychischen Symptome und Verhaltensweisen sich nicht mit den bewussten, von den Patienten wahrnehmbaren Prozessen erklären ließen; sie rührten vielmehr von seelischen Strukturen und Kräften her, die sich dem Bewusstsein entziehen, *unbewusst* waren, im Gegensatz zu den *bewussten* Wahrnehmungen und Gedanken im jeweiligen Moment und denjenigen, die durch einen Aufwand des Individuums wieder bewusst werden können und die er *vorbewusst* nennt – wie etwa Erinnerungen. Freud postulierte die Existenz unbewusster psychischer Prozesse nicht nur für diejenigen Fälle, wo sie zu behandlungsbedürftigen Verhaltensweisen führen, sondern in der menschlichen Psyche schlechthin, was eine differenzierte Darstellung des *psychischen Apparats* notwendig machte. Hier erkennt Freud drei sog. Instanzen:

► Den bisher mit der Psyche allein identifizierten Teil, der bewusst wahr-nimmt, fühlt, Bewegungen auslöst etc., nennt Freud das *Ich*.

► Die unbewussten Vorgänge, die manchen Handlungen des Ichs zugrunde liegen, haben ihren Ort im sog. *Es*. Darunter versteht Freud die Sphäre der ererbten, physiologischen Bedürfnisse, der *Triebe*. Sie ist der älteste, sozu-sagen 'primitivste' Teil des psychischen Apparats.

► Im Heranwachsen bildet sich durch den Einfluss der sozialen Umgebung, insbesondere der Eltern, eine innere Instanz der Normenkontrolle und des Verbots heraus, die *Über-Ich* genannt wird.

In der psychoanalytischen Theorie erweisen sich die Psyche eines Individu-ums und die auf ihr gründenden Handlungen also nicht als einheitliches und stimmiges Ganzes, sondern als Zusammenspiel mehrerer Instanzen mit radi-kal entgegengesetzten Zielen.

Instanzen:
Ich–Es–Über-Ich

Psyche als Ort von
Konflikten

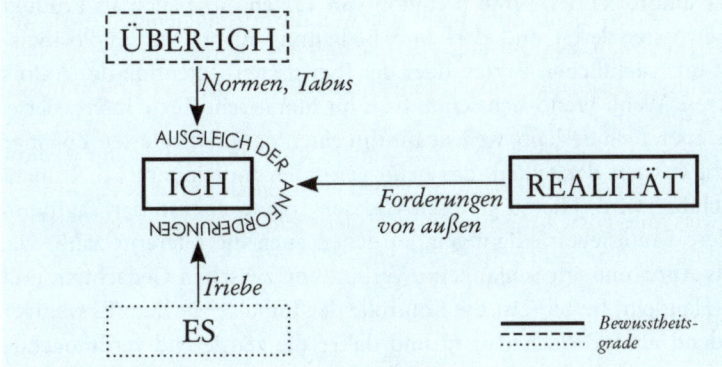

Abb. 10.5

Psychischer Apparat
nach Freud

Das Es fordert als unbewusste, vorrationale Sphäre die Befriedigung von Trieben, ohne Rücksicht auf Machbarkeit in der Realität und Anpassung an sittliche Normen; es folgt allein dem *Lustprinzip*. Unter den Trieben ist nach Freudscher Vorstellung der *Sexualtrieb* (die sog. *Libido*) der wichtigste. 'Sexu-ell' ist hier in einem weiten psychoanalytischen Sinne zu verstehen, denn die Quelle des Sexualtriebs sind nicht etwa immer die Genitalien, sondern auch andere erogene Zonen wie der Mund (weshalb die 'orale' Befriedigung eines lutschenden Säuglings 'sexuell' genannt wird, wenn sie nicht allein der Nahrungsaufnahme dient), und das Objekt ist meist variabel, also nicht etwa immer nur ein Sexualpartner, sondern evtl. ein beliebiges Ersatzobjekt. Die Ansprüche des Es stehen häufig in Konflikt mit den – teils unbewussten, teils vorbewussten – Normen und Tabus, deren Einhaltung das Über-Ich fortwährend einfordert. Dem Ich als dem bewussten und handelnden Teil der Psyche kommt die Aufgabe zu, zwischen den konträren Anforderungen zu vermitteln: zulässige Triebe (etwa Nahrungsaufnahme) zu befriedigen, verbotene zu *verdrängen*, also in unbewusstem Zustand zu halten, oder aber

Es und Lustprinzip

Sexualtrieb

Über-Ich, Normen und
Tabus

Verdrängung

175

maskiert, d. h. durch Zensur unkenntlich gemacht oder auf akzeptable Ersatz-

Sublimation befriedigungen (darunter künstlerisches Schaffen) umgeleitet (*sublimiert*), zuzulassen. Zudem muss das Ich sein Handeln mit den Gegebenheiten der

Realitätsprinzip äußeren Umwelt abstimmen, ist also im Gegensatz zum Es dem *Realitätsprinzip* verpflichtet. Es gibt gemäß der psychoanalytischen Theorie keine ruhende Psyche, kein absolut stimmiges Handeln – jede psychische Äußerung ist das

Kompromiss Ergebnis dynamischer Prozesse, ist potenziell spannungsreicher Kompromiss. Eine Handlung ist in diesem Sinne dann 'korrekt', wenn sie den Ansprüchen des Über-Ichs und der Realität genügt, dabei verbotene Triebe auf akzeptablen Umwegen befriedigt und Triebverzicht und die daraus resultierende Unlust-spannung in möglichst engen Grenzen hält.

Bezug zu Literatur Was hat all dies mit Literatur zu tun? Zunächst einmal ist die Psychoana-lyse ihrem Anspruch nach eine Theorie über die mentale Seite des Menschen insgesamt und damit auch über die von ihm geschaffene Kunst. Demgemäß muss eine autororientierte Interpretation von Texten diese auch als Produkt des Unbewussten lesen und darf ihre Bedeutung nicht, wie im Positivis-mus, mit offensichtlichen Fakten oder der (bewussten) Intention des Autors gleichsetzen. Wenn Freud sich schon früh für literarische Texte interessierte, dann v. a. aber auch deshalb, weil sie für ihn einen der privilegierten Zugänge zum Unbewussten darstellten, das beim gesunden Individuum i. d. R. nicht

Literatur als Fantasie- direkt sichtbar wird. Hierzu gehören v. a. der Traum, ebenso der Tagtraum
befriedigung im und andere Fantasiebefriedigungen, zu denen auch die Literatur zählt. Da,
abgekoppelten Raum so Freuds Annahme, im Schlaf keine Verbindung zwischen Gedachtem und Realität (Handeln) besteht, ist die Kontrolle der Impulse aus dem Es weniger entscheidend als im Wachzustand und daher die zensierend-verdrängende Ichfunktion schwächer, weshalb sich im Traum unbewusste Gedanken und Wünsche in maskierter Form artikulieren können. Tagtraum und künstleri-sche Aktivitäten vollziehen sich zwar im Wachzustand und unter 'regulärer' Zensur, sie sind aber ebenfalls als Fantasien von der Realität abgekoppelt,

Abb. 10.6 |

Traumarbeit und
Kunstarbeit

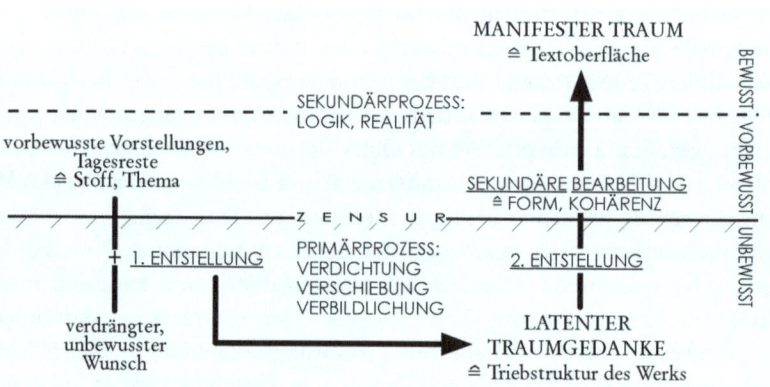

176

haben keinen äußeren Nutzwert, sondern folgen dem Lustprinzip. Es besteht für Freud eine strukturelle Analogie zwischen Traum und Kunstwerk, zwischen Traumentstehung und künstlerischer Produktion, wodurch Letztere mit den am Traum erprobten Methoden entschlüsselt, *interpretiert* werden kann.

Traum-Analogie

Durch seine Beobachtungen an Patienten ging Freud davon aus, dass ein verdrängter, unbewusster Wunsch, der in das Bewusstsein gelangen will, sich zunächst mit vorbewussten Inhalten verknüpft – etwa jenen Erinnerungen an kürzlich oder am zurückliegenden Tag Erlebtes (Tagesreste), die erkennbar in Träumen wieder auftauchen. Dadurch entstellt (maskiert) sich der Wunsch ein erstes Mal. Er ist jetzt latenter Traumgedanke, jenes verbotene Substrat eines Traums, das die Traumanalyse aufzudecken sucht. Um die Zensurschranke, die das Ich infolge der Ansprüche des Über-Ichs errichtet, zum Bewusstsein hin passieren zu können, muss sich der latente Traumgedanke erneut entstellen, bis gewährleistet ist, dass das Bewusstsein den anstößigen Gehalt des Traums nicht mehr aus eigener Kraft zu entschlüsseln vermag. Beide Entstellungen vollziehen sich nach den alogischen Prinzipien des Unbewussten (Primärvorgang), insbesondere der *Verdichtung* (Zusammenführung mehrerer Wünsche oder Gedanken zu einem), *Verschiebung* (Übertragung der Triebintensität auf ein anderes, im Traum möglicherweise nebensächlich scheinendes Objekt) und *Verbildlichung* (Darstellung abstrakter Sachverhalte als Bild, etwa sexuelle Anziehung als Zug an einem Seil). Passiert der latente Traumgedanke die Zensur und erreicht die Qualität des Vorbewussten, wird er vom Ich noch nach den Regeln des Sekundärvorgangs (Realitätsprinzip), also gemäß der Logik, Chronologie usw. geordnet, bevor er vom Träumer als manifester Traum geträumt wird, von dem er berichten, den er aber nicht eigentlich verstehen kann. Beim literarischen Text verläuft der Weg analog, wobei die vorbewussten Inhalte seinem Stoff oder Thema entsprechen, der latente Traumgedanke dem unbewussten, durch das Werk befriedigten Wunsch, die sekundäre Bearbeitung der sprachlichen Gestaltung und Anpassung an Gattungsregeln (z. B. Verse, Erzählstruktur) und der manifeste Traum dem 'manifesten Text', also der Textoberfläche, wie sie der Lektüre direkt zugänglich ist. Wie die psychoanalytische Traumdeutung mit Hilfe der Assoziationen des Patienten, seiner Reaktionen auf die Analysesituation und biographischer Informationen den Weg vom manifesten Traum zurück zum latenten Traumgedanken zu gehen versucht, verfolgt eine psychoanalytische Textdeutung das Ziel, die unbewussten Anteile des Werks herauszuarbeiten, mithin die verdrängten Wünsche, die der Autor mit dem jeweiligen Text zu befriedigen sucht, die Konflikte, aus denen er hervorgegangen ist – und die in der Psyche des Lesers wiederum entsprechende Abwehr- oder Befriedigungsreaktionen hervorrufen können. Sie kann daher ebenso zum Verständnis der Textentstehung wie der Bedeutungskonstitution oder der Rezeption (Wirkung) eines Werks beitragen.

Marginalien (rechter Rand):

Entstehung eines Traums nach Freud

Erste Entstellung

Latenter Traumgedanke

Zweite Entstellung

Sekundäre Bearbeitung

Traumdeutung – Textinterpretation

In Italien setzte sich erstmals Italo Svevo (Pseudonym für Aaron Hector Schmitz, 1861–1928) literarisch mit der Psychoanalyse nach Freud auseinander. So entstand sein Roman *La coscienza di Zeno* (1923) vor dem Hintergrund seiner Übersetzung (1918) von Freuds *Traumdeutung*.

Aufgabe 10.2 |

? Lesen Sie folgenden Textauszug aus *La coscienza di Zeno* und arbeiten Sie Elemente der Psychoanalyse darin heraus. Wie wird diese im Roman dargestellt?

Text 10.2 |
Italo Svevo:
La coscienza di Zeno
(1923), Preambolo

Abb. 10.7 |
Italo Svevo (1861–1928)

Vedere la mia infanzia? Più di dieci lustri[1] me ne separano e i miei occhi presbiti[2] forse potrebbero arrivarci se la luce che ancora ne riverbera non fosse tagliata da ostacoli d'ogni genere, vere alte montagne: i miei anni e qualche mia ora.

Il dottore mi raccomandò di non ostinarmi a guardare tanto lontano. Anche le cose recenti sono preziose per essi e sopra tutto le immaginazioni e i sogni della notte prima. Ma un po' d'ordine pur dovrebb'esserci e per poter cominciare *ab ovo*, appena abbandonato il dottore che di questi giorni e per lungo tempo lascia Trieste, solo per facilitargli il compito, comperai e lessi un trattato di psico-analisi. Non è difficile d'intenderlo, ma molto noioso.

Dopo pranzato, sdraiato comodamente su una poltrona Club, ho la matita e un pezzo di carta in mano. La mia fronte è spianata perché dalla mia mente eliminai ogni sforzo. Il mio pensiero mi appare isolato da me. Io lo vedo. S'alza, s'abbassa... ma è la sua sola attività. Per ricordargli ch'esso è il pensiero e che sarebbe suo compito di manifestarsi, afferro[3] la matita. Ecco che la mia fronte si corruga perché ogni parola è composta di tante lettere e il presente imperioso risorge ed offusca il passato.

Ieri avevo tentato il massimo abbandono. L'esperimento finì nel sonno più profondo e non ne ebbi altro risultato che un grande ristoro e la curiosa sensazione di aver visto durante quel sonno qualche cosa d'importante. Ma era dimenticata, perduta per sempre.

Mercé la matita che ho in mano, resto desto, oggi. Vedo, intravvedo delle immagini bizzarre che non possono avere nessuna relazione col mio passato: una locomotiva che sbuffa[4] su una salita trascinando delle innumerevoli vetture; chissà donde venga e dove vada e perché sia ora capitata qui!

Nel dormiveglia ricordo che il mio testo asserisce[5] che con questo sistema si può arrivar a ricordare la prima infanzia, quella in fasce[6]. Subito vedo un bambino in fasce, ma perché dovrei essere io quello? Non mi somiglia affatto e credo sia invece quello nato poche settimane or sono a mia cognata e che ci fu fatto vedere quale un miracolo perché ha le mani tanto piccole e gli occhi tanto grandi. Povero bambino! Altro che ricordare la mia infanzia! Io non trovo neppure la via di avvisare te, che vivi ora la tua, dell'importanza di ricordarla a vantaggio della tua intelligenza e della tua salute. Quando arriverai a sapere che sarebbe bene tu sapessi mandare a mente la tua vita, anche quella tanta parte di essa che ti ripugnerà? E intanto, inconscio, vai investigando il tuo piccolo organismo alla ricerca del piacere e le tue scoperte deliziose ti avvieranno al dolore e alla malattia cui sarai spinto anche da coloro che non lo vorrebbero. Come fare? È impossibile tutelare la tua culla. Nel tuo seno – fantolino! – si va facendo una combinazione misteriosa. Ogni minuto che passa vi getta un reagente. Troppe probabilità di malattia vi sono per te, perché non tutti i tuoi minuti possono essere puri. Eppoi – fantolino[7]! – sei consanguineo di persone ch'io conosco. I minuti che passano ora possono anche essere puri, ma, certo, tali non furono tutti i secoli che ti prepararono.

Eccomi ben lontano dalle immagini che precorrono il sonno. Ritenterò domani. (Svevo: 1985, 14f.)

1 lustro *Jahrfünft* – 2 occhi presbiti *weitsichtige Augen* – 3 aferrare *ergreifen* – 4 sbuffare *schnauben* – 5 asserire *behaupten, versichern* – 6 fascia *Windel* – 7 fantolino *Kind*

? Elio Gioanola ist einer der italienischen Literaturwissenschaftler, der die Psycho-analyse nach Freud auf die Interpretation literarischer Texte anwendet. Im Vordergrund steht dabei die Beziehung von Autor und Werk im Sinne der Beziehung von Krankheit und literarischer Produktion. Einer der von ihm bevorzugt untersuchten Autoren ist Italo Svevo. Lesen Sie im Folgenden seine Analyse der *Coscienza di Zeno* und arbeiten Sie die Freudschen Kategorien heraus. Wie dienen diese als Analysehilfen für die Interpretation eines literarischen Textes?

| Aufgabe 10.3

[…] *La coscienza di Zeno* è ancora "un romanzo di famiglia" e i suoi moventi psicologici sono da ricercare nella circolazione affettiva[1] che lega il protagonista ai familiari antichi e acquistati. Forse il vero fatto nuovo di questo romanzo rispetto agli altri è il matrimonio del protagonista, in esatta corrispondenza con quanto si è detto essere avvenuto sul piano dell'esistenza per l'uomo Svevo. Ma anche l'analisi dei rapporti col padre costituisce un approfondimento importantissimo della tematica psicologica incontrata fin dalle origini della scrittura sveviana. […] Il maggiore psicoanalista italiano, Cesare Musatti, ha detto che Zeno-Svevo identifica, in questo medico, come in generale in tutti i numerosi medici che presenta nella sua opera, la figura del padre; nell'autoanalisi che Zeno conduce indipendentemente dall'intervento del medico è arrivato tanto a fondo da creare la necessità del *transfert*, cioè del trasferimento su un'altra persona dei sentimenti ostili inconsci rivolti ad un familiare, in questo caso il padre. Ma c'è un altro motivo: il risentimento verso l'analista si fa più acuto quando questi denuncia la presenza di un complesso edipico; certo nessun analista che si rispetti è così "selvaggio" da fermarsi a un diagnosi tanto grossolanamente imperfetta, ma la colpa evidentemente è dello scrittore che non possiede strumenti analitici più articolati[2]. In ogni modo la menzione dell' "Edipo" è estremamente significativa e che Zeno si arrabbi

| Text 10.3
Elio Gioanola:
*L'esistenza alienata:
Svevo e Pirandello*
(Auszug)

non è dovuto meno alla paura di aver toccato un tasto delicato[3] che al dispetto per gli ingiuriosi e impudichi[4] sospetti della psicoanalisi. Cosa avviene infatti nella *Coscienza di Zeno*? Detto in termini estremamente bruschi, il protagonista uccide suo padre e sposa sua madre. (Gioanola: 1976, 73f.)

1 la circolazione affettiva *hier: Gefühlsbeziehungen* – 2 articolato *hier: differenziert* – 3 un tasto delicato *ein heikles Thema* – 4 impudico *unanständig, schamlos*

10.4 | Literatursoziologie

Marxismus

In den 1950er und 1960er Jahren kommt es unter dem Einfluss des Marxismus zu einer Erneuerung der literaturwissenschaftlichen Theorie- und Methodenbildung. Sie beruht auf einer kritischen Auseinandersetzung mit der ethisch-ideologischen Kritik alla Francesco De Sanctis oder der akademisch humanistischen Literaturkritik alla Giosuè Carducci und in Deutschland mit der textimmanenten Literaturbetrachtung der Nachkriegszeit. So geht es nicht mehr darum, ein literarisches Werk als individuelles Produkt eines Autors aufzufassen, sondern die Literatur als in erster Linie gesellschaftliches Produkt

Soziale Funktion

in ihrer spezifischen *sozialen Funktion* zu begreifen. Ansätze einer solchen literatursoziologischen Betrachtungsweise wurden in Italien zuerst von Anto-

Antonio Gramsci und die *Quaderni del carcere*

nio Gramsci (1891–1937) formuliert. Seine im Gefängnis verfassten Schriften (*Quaderni del carcere*, 1926–1937), die erst nach dem Krieg veröffentlicht wurden (1947), enthalten erste Ansätze einer marxistischen Literaturkritik.

Text 10.4 |

Antonio Gramsci: *Letteratura e vita nazionale*

[...] Se non si può pensare l'individuo fuori della società, e quindi se non si può pensare nessun individuo che non sia storicamente determinato, è evidente che ogni individuo, e anche l'artista, e ogni sua attività, non può essere pensata fuori della società, di una società determinata. [...] Il carattere "aristocratico" del cattolicismo manzoniano appare dal "compatimento"[1] scherzoso verso le figure di uomini del popolo [...] Ma non si tratta di volere che il Manzoni "aduli[2] il popolo"; si tratta del suo atteggiamento[3] psicologico verso i singoli personaggi che sono "popolani": questo atteggiamento è nettamente di casta pur nella sua forma religiosa cattolica; i popolani, per Manzoni, non hanno "vita interiore", non hanno personalità morale profonda; essi sono "animali", e il Manzoni è "benevolo"[4] verso di loro, proprio della benevolenza di una cattolica società di protezione degli animali. (Gramsci: 1975, 90, 99f.)

Abb. 10.8 |

Antonio Gramsci (1891–1937)

1 compatimento *Mitleid* – 2 adulare *schmeicheln* – 3 atteggiamento *hier: Haltung, Einstellung* – 4 benevolo *hier: gnädig*

Aufgabe 10.4 |

? Was wirft Gramsci Manzoni in Bezug auf seine Darstellung der niederen Schichten in den *Promessi sposi* vor? Wie bewerten Sie dieses Urteil vor dem Hintergrund Ihrer bisherigen Kenntnis des Romans (vgl. Einheit 9)?

Die These der sozialen Bedingtheit literarischer Texte ist natürlich nichts Neues; auch die positivistische Methode hatte für sich in Anspruch genommen, den sozialen Entstehungskontext eines Werks mit zu bedenken, tat dies aber unkritisch und ohne eine theoretische Reflexion über Gesellschaft und ihren Bezug zum Werk.

'Gesellschaft' in der Literatur

Marxistische Literaturwissenschaft

|10.4.1

Ein Modell für eine kritische Literatursoziologie fand die neuere Literaturwissenschaft beim Marxismus. Karl Marx (1818–1883) hatte zwischen der ökonomischen *Basis* einer Gesellschaft, d.h. den miteinander verschränkten Produktionsverhältnissen (z.B. Arbeitsteilung, Entlohnung, Konsum) und Produktivkräften (z.B. den am Produktionsprozess beteiligten Menschen), und dem sog. *Überbau*, der 'geistigen' Seite, der Ideologie und ihrer Bereiche (z.B. Recht, Religion, Kunst), unterschieden. Der Stand und die Entwicklung einer Gesellschaft sind für Marx bedingt durch das Wechselspiel (Dialektik) dieser beiden Pole, wobei letztlich die ökonomische Basis der bestimmende Faktor sei. So werden beispielsweise die materiellen Eigentumsverhältnisse in einer Gesellschaft durch die Gesetze geregelt, die 'Eigentum' definieren, es vor bestimmten Formen der Aneignung (Diebstahl) schützen und seinen Transfer (Verkauf) ordnen; zugleich wird die Rechtsordnung einer Gesellschaft von den materiellen Machtverhältnissen an der Basis bestimmt – also, sehr vereinfacht gesagt, die Gesetze werden von denjenigen gemacht, die das Geld haben, was letztlich aus marxistischer Sicht der entscheidende Faktor ist. Der für die Literaturwissenschaft folgenreichste Aspekt dieses *dialektischen, basisbegründeten Determinismus* ist die These, dass Kunst als Überbauschicht – und damit auch Literatur – von der ökonomischen Basis bestimmt wird und diese widerspiegelt, wenn nicht in ihrer Gesamtheit, so doch ausschnittsweise (etwa je nach der Klasse, der der Autor zugehört, und ihrer Partizipation an den Produktionsmitteln): Ein Autor des Großbürgertums, so die Überlegung, reflektiert in seinen Werken die Basis anders als ein schreibender Proletarier und wählt hierfür andere Formen (Gattungen).

Marxismus

Kunst	
Religion	ÜBERBAU (IDEOLOGIE)
Wissenschaft	
Recht	
Produktions- → verhältnisse ← Produktiv- kräfte	BASIS

|Abb. 10.9

Marxistisches Gesellschaftsmodell

Dialektischer, basisbegründeter Determinismus

Vermittelte Widerspiegelung in Literatur

Die Prämisse einer weitgehenden Determination von Literatur durch die ökonomische Basis birgt insofern ein methodisches Problem, als in vielen literarischen Texten nicht direkt von Produktionsverhältnissen die Rede ist. Die Widerspiegelung lässt sich also häufig nicht, wie noch in den interpretatorischen Arbeiten von Georg Lukács, einem der Wegbereiter marxistischer Literaturbetrachtung, durch einen Blick auf den ideologischen Gehalt eines Textes und seine Übereinstimmung mit dem gesellschaftlichen Entwicklungsstand aufzeigen; vielmehr ist der Zusammenhang sehr viel vermittelter.

|Abb. 10.10

Georg Lukács (1885–1971)

10.4.2 | Erich Köhler und die Vermittlung

Vermittlung durch Gattung

Abb. 10.11 |
Erich Köhler (1924–1981)

Der Romanist Erich Köhler (1924–1981) hat den marxistischen Ansatz aufgegriffen und weiterentwickelt, indem er der Individualität des Autors, der ja bei aller geschichtlichen und sozialen Bedingtheit das Werk erst realisiert, einen größeren Stellenwert einräumte und zudem das Abbildungsverhältnis zwischen Basis und Literatur auf der Ebene des *Gattungssystems* (und nicht im offensichtlichen Inhalt eines einzelnen Werks) ansiedelte. Einzelne Gattungen, so Köhlers These, haben einen spezifischen 'Sitz im Leben', werden getragen von bestimmten Gruppen oder Klassen und repräsentieren deren Blick auf die Basis – aber nicht unmittelbar, sondern durch ihren Platz im System der Gattungen, das in seiner Gesamtheit dem gesellschaftlichen Leben homolog ist: Gesellschaftliche Rivalitäten und historische Veränderungen, insbesondere an Wendepunkten der Geschichte (Revolutionen etwa), zeigen sich nach Köhler also durch Umbesetzungen im Gattungssystem: Einzelne Gattungen sterben aus oder erfahren formale oder inhaltliche Modifikationen, wenn die sie tragenden Klassen bedeutungslos werden oder aber aufsteigen. Besondere Blütephasen führt Köhler dabei weniger auf einzelne Gruppen als auf vorübergehende Allianzen rivalisierender sozialer Klassen zurück.

Aufgabe 10.5 |

? Der italienische Literaturkritiker Giuseppe Petronio übt in folgendem Text Kritik an seinen Vorläufern. Lesen Sie den Text und reformulieren Sie die Kritikpunkte Petronios in eigenen Worten.

Text 10.5 |
Giuseppe Petronio:
L'autore e il pubblico
(1976)

La critica letteraria marxista – dagli accenni[1] di Marx ed Engels a Goldmann, a Gramsci, ai nostri tentativi degli anni Quaranta, Cinquanta, Sessanta – ha peccato soprattutto di una limitazione: è stato solo o quasi solo una "sociologia dell'autore". […] Ma noi sappiamo bene, oggi, che questa non basta, e che operando così si resta all'esterno dell'opera d'arte, non la si comprende in quella sua specificità che – piaccia on non piaccia a certi eversori[2] totali – è un dato inconfutabile[3] di tutta la nostra civiltà occidentale (e non soltanto nostra!), ed è un dato dunque di cui dobbiamo tener conto, non solo per capire la letteratura, ma per capire questa nostra civiltà e società. […] L'analisi letteraria allora non può essere che "integrale", identificazione e studio di tutti gli elementi che concorrono alla nascita dell'opera: autore, messaggio, contesto, codici; ognuno dei quali va'esaminato, analizzato, giudicato nella sua storicità e socialità, cioè nella sua rispondenza[4] a una società e a una età. Da questo punto di vista la tradizione critica marxista mi appare oggi carente, anche nei suoi saggi più alti. […] A parer mio […] la critica marxista pecca ancora di una carenza. Nella critica marxista tradizionale, contrariamente a quanto le hanno rimproverato gli avversari, è stata sempre vivissima la coscienza e quasi

182

il senso della "grande" opera, [...]. Però difetta spesso a questa critica [...] il senso della funzione sociale che è proprio della letteratura e dell'arte: non solo di quella "grande" [...], ma di quella quotidiana e mediocre, di quella che è voce e consumo di gruppi sociali "inferiori". Mi spiegherò meglio, forse, con altre parole. Difetta spesso a quella critica il riconoscimento della possibile positività sociale (e quindi del possibile uso sociale) della "letteratura di consumo". Un termine con cui intendo qui tutta quella letteratura che in tutte le età, con tecniche diversissime di volta in volta, rivolgendosi a gruppi sociali di volta in volta diversi, traduce nei codici letterari gradi medi di cultura e di gusto, e viene incontro dunque a esigenze di acculturazione, di intrattenimento[5], di svago[6], di evasione, di soddisfazione di modeste richieste estetiche. Tutte cose che a me non paiono da disprezzarsi, e che non credo possano essere disprezzate o trascurate[7] dal critico, tanto più se questi è un sociologo, tanto più se questi, "marxista", vede nell'arte uno strumento di natura e di effetti sociali. (Petronio: 1976, 76ff.)

1 accenno *Andeutung, Hinweis* – 2 eversori *Zerstörer* – 3 inconfutabile *unwiderlegbar* – 4 rispondenza *hier: Auswirkung* – 5 intrattenimento *Unterhaltung* – 6 svago *Zerstreuung, Ablenkung* – 7 trascurate *von* trascurare *hier: vernachlässigt*

Feldtheorie

| 10.4.3

Auch der Ansatz des Soziologen Pierre Bourdieu (1930–2002) beleuchtet den Zusammenhang zwischen sozialen Strukturen und kultureller Produktion, lehnt aber den Totalitätsanspruch einer letztlich die gesamte Gesellschaft bestimmenden ökonomischen Basis zugunsten eines differenzierteren Modells ab. Er greift hierfür auf die – in verschiedenen Ausprägungen auch bei anderen Soziologen wie Niklas Luhmann formulierte – Beobachtung zurück, dass sich die moderne Gesellschaft in verschiedene Bereiche untergliedert, die er 'Felder' nennt: u. a. Ökonomie, Recht, Politik, aber auch Kunst und Literatur. Innerhalb dieser Felder spielen durchaus Determinanten wie das *Kapital* eine Rolle; in Abgrenzung vom Materialismus marxistischer Ansätze betont Bourdieu allerdings, dass nicht allein ökonomisches Kapital (Geld), sondern auch andere Formen wie Prestige oder fachliche Autorität auschlaggebend sind, die er unter dem Begriff des *symbolischen Kapitals* zusammenfasst. Die Felder besitzen zwar Anknüpfungspunkte und geben sich gegenseitig Impulse – allein schon dadurch, dass jeder von uns notwendigerweise in mehreren Feldern agiert, aber auch durch institutionelle Verbindungen wie die zwischen Recht und Ökonomie –, müssen aber getrennt betrachtet werden, da sie *autonom* sind, also verschiedenen Regeln gehorchen und verschiedene Zustände kennen: Jemand, der innerhalb des Feldes der Politik eine dominante Position einnimmt (sagen wir: die Regierungschefin), ist dadurch innerhalb

Differenzierung:
Gesellschaftliche
Felder

Kapital als
Determinante

Symbolisches Kapital
Relative Autonomie
der Felder

eines anderen Feldes (etwa der Kultur) nicht automatisch bedeutsam, verfügt dort nicht über vergleichbares Kapital (selbst wenn immer wieder der Versuch zu beobachten ist, die Dominanz innerhalb eines Feldes für den Erfolg in anderen, zumal im ökonomischen, nutzbar zu machen, etwa durch den Absatz von Politikermemoiren).

Konkurrenz innerhalb der Felder

Dominierender und dominierter Pol

Die Felder definieren nicht nur gesellschaftliche Teilräume, sondern sind Macht- und Konkurrenzbereiche, innerhalb derer die beteiligten Individuen und Gruppen rivalisieren. Ihr jeweiliges Kapital bestimmt die Position innerhalb eines feldinternen Koordinatensystems zwischen dominierendem und dominiertem Pol, wobei der dominierende Pol sich dadurch auszeichnet, dass hier überwiegend die Normen und Zugangskriterien des Feldes definiert werden. Welche Form(en) von Kapital (ökonomisch, kulturell, symbolisch etc.) ausschlaggebend sind, hängt vom jeweiligen Feld ab: So ist im literarischen Feld der Besitz von ausschließlich ökonomischem Kapital (durch Absatz von 'Bestsellern') eher ungünstig, das durch die Anerkennung kleinerer intellektueller Kreise (etwa Kritiker oder akademische Literaturwissenschaft) erlangte symbolische Kapital hingegen oft entscheidend für Aufstieg und Annäherung an den dominierenden Pol, auch (und u. U. gerade) ohne kommerziellen Erfolg. Hier zeigen sich für Bourdieu die Unzulänglichkeiten eines marxistischen Ansatzes, der die materielle Basis generell zum bestimmenden Faktor erhebt. Vielmehr steht Literatur in einem breiteren feldinternen institutionellen Kontext, bei dem neben kommerziellen Faktoren auch die durch Kritiker, Verlage, Wissenschaft, Autoren usw. vermittelte Anerkennung und das daraus bezogene symbolische Kapital zu berücksichtigen sind.

Literarische Texte auf Position im literarischen Feld hin lesen

Literarische Texte werden also auch mit Bourdieus Feldtheorie auf ihren sozialen Entstehungskontext hin untersucht, dabei aber innerhalb des – seit Mitte des 19. Jh. weitgehend eigengesetzlichen – literarischen Feldes mit seinen spezifischen Determinanten betrachtet. So sind beispielsweise nicht allein das Klassenbewusstsein eines Autors und die materielle Situation seiner sozialen Gruppe soziale Determinanten für Form (z. B. Gattung) und Inhalt seiner Werke, sondern die Situation im literarischen Feld: Ein junger, aufstrebender Autor wird v. a. die Genres und Inhalte meiden, die von etablierten, mit hohem Kapital ausgestatteten Literaten vertreten werden, und stattdessen die 'Lücken' im Feld suchen, die er besetzen kann, die Möglichkeiten der Subversion und Innovation ausloten. Innerhalb dieser Möglichkeiten fließen dann die individuelle soziale Prägung, der im Herkunftsmilieu in anderen Feldern (etwa der

Individueller Habitus

Familie) erworbene 'Stil' und die Wertigkeiten, die Bourdieu als den 'Habitus' einer Person bezeichnet, durchaus in das einzelne Werk ein, sind aber nicht der maßgebliche Faktor. Die externen Impulse (wie Klassengegensätze) werden also im autonomen literarischen Feld nicht direkt wirksam, sondern reinterpretiert.

184

? Wie lässt sich die von Petronio angesprochene "letteratura di consumo" in der Theorie des literarischen Feldes einordnen?

Aufgabe 10.6

Literaturwissenschaftliche Interpretationsmethoden zielen auf objektiviertes Textverstehen ab, das erreicht werden kann, wenn der Erkenntnisweg (Methode) und die Prämissen (Vorannahmen über eine sinnvolle 'Frage an den Text', über das bedeutungsrelevante Moment der literarischen Kommunikation) offengelegt und plausibel gemacht werden. Die jeweiligen Prämissen ermöglichen eine Klassifizierung von Interpretationsansätzen. Autor- und produktionsorientierte Zugänge gehören mit dem Positivismus Taines und der historisch-positivistischen Philologie der *Scuola storica* zu den fachgeschichtlich ersten Interpretationsmodellen. Das durch Freuds Psychoanalyse radikal veränderte Bild vom Individuum führte zu Literaturauffassungen, die nunmehr weniger auf die bewusste als die unbewusste psychische Leistung des Autors abhoben. Freud sieht den künstlerischen Schaffensprozess analog zur Fantasiebefriedigung im Traum und postuliert die Übertragbarkeit entsprechender Deutungsmethoden auf den literarischen Text. Freuds Einsichten sind auch auf der Ebene literarischer Sujets selbst hervorgetreten, etwa bei Italo Svevo. Literatursoziologischen Ansätzen ist demgegenüber gemeinsam, dass sie Literatur als zwar durch ein Individuum realisiert, aber letztlich durch gesellschaftliche Gegebenheiten bedingt sehen. Die marxistische Literaturwissenschaft geht von einer letztinstanzlichen Determinierung des literarischen Textes durch die ökonomischen Grundlagen (Basis) aus. Köhlers Ansatz stimmt grundsätzlich damit überein, berücksichtigt aber stärker die Tatsache einer meist nur sehr indirekten Spiegelung des Ökonomischen in literarischen Texten. Bourdieus Feldtheorie engt demgegenüber den Fokus auf das weitgehend autonome literarische Feld ein, in dem sich ein Text und sein Autor positioniert.

Zusammenfassung

Literatur

Italo Svevo: *La coscienza di Zeno.* Pordenone: Ed. Studio Tesi 1985.

Pierre Bourdieu: *Die Regeln der Kunst. Genese und Struktur des literarischen Feldes.* Frankfurt/Main: Suhrkamp 1999.

Johannes Cremerius (Hg.): *Psychoanalytische Textinterpretation.* Hamburg: Hoffmann und Campe 1974.

Sigmund Freud: *Abriss der Psychoanalyse.* Frankfurt/Main: Fischer 1996.

Elio Gioanola: *L'esistenza alienata: Svevo e Pirandello.* Torino: Società Editrice Internazionale 1976.

Arturo Graf/Francesco Novati/Rodolfo Renier: Programma, *Giornale storico della letteratura italiana* 1/1883, 1–4.

Antonio Gramsci: *Letteratura e vita nazionale.* Roma: Editori riuniti 1975.

Joseph Jurt: *Das literarische Feld. Das Konzept Pierre Bourdieus in Theorie und Praxis.* Darmstadt: Wiss. Buchgesellschaft 1995.

Erich Köhler: *Vermittlungen. Romanistische Beiträge zu einer historisch-soziologischen Literaturwissenschaft.* München: Fink 1976.

Jean Laplanche/Jean-Bertrand Pontalis: *Das Vokabular der Psychoanal⸤ se.* Frankfurt/Main: Suhrkamp ¹⁴1998.

Giuseppe Petronio: *L'autore e il pubblico.* Pordenone: Studio Tesi 1976.

Textvergleich und Textwirkung

	Inhalt	
11.1	Komparatistische Literaturwissenschaft	188
11.1.1	Thema, Stoff, Motiv	188
11.1.2	Typologischer und genetischer Vergleich	190
11.1.3	Exkurs: Allgemeine Literaturwissenschaft	194
11.1.4	Imagologie	195
11.1.5	Kulturtransfer	196
11.2	Die Rezeption literarischer Werke	198
11.2.1	Rezeptions- und Wirkungsgeschichte	199
11.2.2	Rezeptionsästhetik	200
11.3	Feministische Literaturwissenschaft und *Gender Studies*	203

Das Phänomen Literatur lässt sich bei weitem nicht allein von der Seite ihrer Hervorbringung durch einen Autor oder eine Autorin aus betrachten. In einem nächsten Schritt sollen daher theoretische Ansätze vorgestellt werden, die sich mit den literaturgeschichtlichen Wechselbeziehungen zwischen Texten, der Frage nach ihrer Vergleichbarkeit und der Wahrnehmung von Texten durch ihre Leserschaft (Rezeption) auseinandersetzen. Im Anschluss an das bereits in Einheit 2 betrachtete literaturgeschichtliche Text-Interesse kann als Ausgangspunkt die traditionsreiche Erforschung von Themen, Motiven und Stoffen genutzt werden.

Überblick

11.1 | Komparatistische Literaturwissenschaft

Bezüge zwischen Texten

Die Literaturgeschichte ist keine schier endlose Aneinanderreihung von Einzeltexten oder ein chronologisch geordnetes Inventar der AutorInnennamen (siehe Einheit 2.4). Einen übergeordneten Sinn erhalten die jeweiligen Informationen erst dann, wenn sie in einen Kontext eingebunden werden, der sie auf der Grundlage einer speziellen Fragestellung analysiert und zueinander in Beziehung setzt. Eine dieser werkübergreifenden Beziehungen liegt bereits in der Bildung literarischer Traditionen vor, wie sie sich etwa aus der Entwicklung der Gattungen oder Textsorten (siehe Einheit 2.2), bestimmter Stilarten oder aber inhaltlicher Aspekte und Elemente heraus ablesen lässt. So hat sich die Literatur unterschiedlicher Epochen und Strömungen durchaus einer Vielzahl von immer wiederkehrenden Fragestellungen, Problemen und Geschichten angenommen, die es wert erschienen, noch einmal aufs Neue gestaltet zu werden. Sie sind Gegenstand der Motiv-, Stoff- und Themenforschung, die nicht zuletzt auf die literaturgeschichtliche Erforschung von Volksmärchen zurückzuführen ist.

11.1.1 | Thema, Stoff, Motiv

Stoff

Die Abgrenzung zwischen den drei Begriffen Stoff, Motiv und Thema ist in der Forschung nicht in jedem Einzelfall einheitlich geregelt. Als Konsens lässt sich aber festhalten, dass der 'Stoff' eine bereits in ihren wichtigsten Grundzügen bestehende Handlung bzw. einen Plot (siehe Einheit 8.3.2) mit seinem Figureninventar bezeichnet, wie er sich in der literarischen Überlieferung etabliert hat und z. B. in mythischen oder religiösen Erzählungen bzw. in den Legenden vorliegt, die bestimmte historische Persönlichkeiten umgeben. Ein Beispiel hierfür wäre der antike Daphne-Mythos, wie er von Petrarca in seinem *Canzoniere* verarbeitet wird (vgl. Einheit 5.1), oder die Pest, die Boccaccios *Decameron* (Einheit 8.1) als Rahmen dient und auch von Manzonis *Promessi sposi* (Einheit 9.1) aufgegriffen wird. Der Stoff ist stets eine charakteristische Kombination von Motiven, die mit den Personen und einer zugrunde liegenden Problematik eine Verbindung eingehen.

Motiv

Das Motiv selbst ist eine kleinere Einheit innerhalb des Handlungsgefüges, das mit anderen Motiven zusammen in den Gesamttext eingewoben ist und das Geschehen maßgeblich bestimmt oder in kondensierter Form enthält. Als Beispiele seien das Motiv der 'Verwechslung', der 'Reise' oder der 'verlorenen Jugend' genannt. Relevante Motive für den in Einheit 9.2 behandelten Roman *Conversazione in Sicilia* von Elio Vittorini sind die Motive der Reise, des Essens und der Kindheit.

Thema

Das Thema wiederum formuliert in ganz grundlegender und abstrakter Weise den Sinngehalt des Textes, wie er aus der Verknüpfung von Motiven, Handlungseinheiten und Charakteren entsteht; im Thema wird die zentrale

188

Idee des Textes erfasst, die oftmals auf einer Konfliktsituation beruht und die Entwicklung der Charaktere beeinflusst. Im Falle der *Conversazione in Sicilia* (Einheit 9.2) wäre das Thema die menschlichen Grundhaltungen angesichts des Übels in der Welt. Für die *Rime* der Vittoria Colonna (Einheit 5.1) erscheint die Trauer über den Tod des geliebten Ehegatten als Thema, das sich wie ein Leitfaden durch die Gedichtsammlung zieht.

> Themen und Motive haben einen entscheidenden Einfluß auf das Netz text- interner Beziehungen: Sie koordinieren Handlungsverläufe, verknüpfen dis- kursive Beziehungen, in denen sich das Geschehen zuspitzt, und integrieren das Textfeld. Darüber hinaus erschließt das Themenstudium die wechselseitige Abhängigkeit von Figurenkonzeption, Motiven und Themen. Ersichtlich wird das Problem eines bisher wenig beachteten Funktionszusammenhangs: The- men und Motive bestimmen häufig wiederkehrende Grundmuster literarischer Werke, die Aufschluss geben über ein unausgesprochenes Regelsystem, das der individuellen Formgebung innerhalb einer unüberschaubaren literarischen Produktion zugrunde liegt. (Daemmrich: 1987, XIf.)

| **Text 11.1**
| Das Zusammenspiel von Themen und Motiven

? Erstellen Sie ein Inventar wichtiger Motive in D'Annunzios Gedicht "O Giovinezza!" (Text 5.5).

| Aufgabe 11.1

? Untersuchen Sie den ersten Textauszug aus den *Conversazione in Sicilia* (Text 9.3) auf ein hervorstechendes Motiv.

| Aufgabe 11.2

? Klären Sie anhand eines literaturwissenschaftlichen Nachschlagewerks den Begriff 'Leitmotiv'.

| Aufgabe 11.3

Für das Gebiet der Stoff- und Motivforschung liegen nützliche Nachschlage- werke vor, welche bei der Analyse eines entsprechenden Textes eine wertvolle Hilfestellung geben. Für den deutschen Sprachraum sind an erster Stelle Elisa- beth Frenzels *Motive der Weltliteratur* und *Stoffe der Weltliteratur* zu nennen. Sie führen in die wesentlichen Elemente des jeweiligen Gegenstandes ein und verfolgen ihn über die Grenzen der Nationalliteraturen hinweg.

Nachschlagewerke

? Überprüfen Sie anhand des erwähnten Bandes *Motive der Weltliteratur* (Stuttgart [5]1999) den Aufbau des Artikels "Frauenraub, Frauennötigung". Welche Nationallitera- turen werden in die Darstellung einbezogen, inwieweit werden die genannten Texte zueinander in Beziehung gesetzt?

| Aufgabe 11.4

11.1.2| Typologischer und genetischer Vergleich

Komparatistik

Die Vernetzung der Nationalliteraturen dank eines ihnen gemeinsamen Kulturguts (so der antiken Mythologie oder der christlichen Überlieferung) über gefestigte Stoffe, typische Motive und themenbildende Grundprobleme zeigt ihre mögliche Vergleichbarkeit, gleichzeitig verweist sie aber auch auf die Notwendigkeit, bei den jeweiligen Betrachtungen das Spezifische hervorzuheben. Die Beziehungen, Verwandtschaften, Gemeinsamkeiten und Unterschiede zwischen den Nationalliteraturen (bzw. Sprachbereichen oder gar Kulturkreisen) werden in diesem Sinne von einem Zweig der Literaturwissenschaft behandelt, der als Vergleichende Literaturwissenschaft oder Komparatistik inzwischen den Weg zur akademischen Institutionalisierung zurückgelegt hat (Einrichtung eigener Lehrstühle und Studiengänge). Voraussetzung für ein entsprechendes Vorhaben ist die fundierte Kenntnis der literatur- und kulturgeschichtlichen Entwicklung aller in den Vergleich einbezogenen Nationalliteraturen sowie die sichere Beherrschung der jeweiligen Sprachen. In diesem Zusammenhang spielt die Behandlung von Problemen bei der Übersetzung von Texten, vor allem aber bei der Rezeption von Literatur, die aus einem fremden kulturellen Kontext stammt, eine wichtige Rolle. Es versteht sich, dass sich die Komparatistik daher in verschiedener Hinsicht mit dem Themenkomplex der Rezeption und der Intertextualität (siehe Einheit 11.2 bzw. 12.2.1) auseinandersetzt.

Um die Entstehung von literarischen Texten in einem größeren Zusammenhang nachvollziehbar zu machen, gilt es, sich die jeweiligen Einflüsse und Rahmenbedingungen zu vergegenwärtigen. Der Erforschung der direkten oder vermittelten, offen ersichtlichen oder verdeckten Einflüsse auf die Textentstehung durch andere Texte widmet sich der genetische Vergleich. Er zeigt die ausdrücklich erwähnten oder nachträglich rekonstruierbaren Bezüge zwischen dem untersuchten Text und anderen, von seinem Verfasser wahrgenommenen Texten auf. Im Vordergrund stehen die Lektüren oder anderweitigen Werk-Kontakte des Autors. Im Falle von Manzoni (Einheit 9.1) stellt sich beispielsweise die Frage nach dem Einfluss des historischen Romans nach dem Beispiel Walter Scotts oder der französischen Aufklärung. Ebenso lässt sich fragen, welche Bedeutung die französischen Symbolisten für das dichterische Schaffen eines D'Annunzio und eines Eugenio Montale haben (Einheit 5.3). Die Schwierigkeit besteht häufig darin, die wirksamen Bezüge aufzudecken und den Grad ihrer Vermitteltheit entsprechend plausibel zu machen. Ein Beispiel für eine relativ klare Einbeziehung eines literarischen Modells, nämlich Petrarcas *Canzoniere*, in das eigene Schreiben liefert Gaspara Stampa in ihrem Proemialgedicht ihrer *Rime*.

> **Genetischer Vergleich**

Francesco Petrarca: *Canzoniere*,
I (1374)

1 Voi ch'ascoltate in rime sparse il suono
   di quei sospiri ond'io nudriva 'l core
   in sul mio primo giovenile errore
   quand'era in parte altr'uom da quel
                                    ch'i' sono:

5 del vario stile in ch'io piango e
                              ragiono,
   fra le vane speranze e 'l van dolore,
   ove sia chi per prova intenda amore,
   spero trovar pietà, nonché perdono.

9 Ma ben veggio or sì come al popol tutto
   favola fui gran tempo, onde sovente
   di me mesdesmo meco mi vergogno;

12 e del mio vaneggiar vergogna è 'l frutto
   e 'l pentérsi, e 'l conoscer chiaramente
   che quanto piace al mondo è breve
                                    sogno.
(Petrarca: 1996, 5)

Gaspara Stampa: *Rime d'amore*,
I (1554)

Voi, ch'ascoltate in queste meste rime,
in questi mesti, in questi oscuri
                                    accenti
il suon degli amorosi miei lamenti
e de le pene mie tra l'altre prime,

ove fia chi valor apprezzi e stime,
gloria, non che perdon, de' miei
                                    lamenti
spero trovar fra le ben nate genti,
poi che la lor cagione è sì sublime.

E spero ancor che debba dir qualcuna:
– Felicissima lei, da che sostenne
per sì chiara cagion danno sì chiaro!

Deh, perché tant'amor, tanta fortuna
per sì nobil signor a me non venne,
ch'anch'io n'andrei con tanta donna
                                    a paro?
(Stampa: 1997, 67)

> **Text 11.2** und **Text 11.3**
>
> Vergleich der Proemialgedichte in Petrarcas *Canzoniere* und Gaspara Stampas *Rime*

Eine Übersetzung des Sonetts I von Gaspara Stampa finden Sie auf www.bachelor-wissen.de.

Aufgabe 11.5 | **?** Vergleichen Sie die beiden Proemialgedichte miteinander. Wie verarbeitet Gaspara Stampa das Modell des *Canzoniere*? Begründen Sie.

Typologischer Vergleich

Eine zweite Möglichkeit des Vergleichs bietet die Untersuchung der nur mittelbar wirksamen (literatur-)geschichtlichen oder sozio-kulturellen Kontexte auf die Entstehung von Werken, die nicht auf einen direkten (oder über Dritte vermittelten) Kontakt mit Werken anderer Autoren zurückzuführen sind. So können ähnliche Rahmenbedingungen in unterschiedlichen Nationalliteraturen wirksam werden, ohne dass die davon betroffenen Autorinnen oder Autoren einander rezipiert hätten. Als typisches Beispiel kann das Motiv der Stadt Rom angeführt werden, das vor allem im 18. und 19. Jh. für die Größe Italiens unter Rückbesinnung auf ihre Bedeutung in der Antike wie für die Italiensehnsucht der Nicht-Italiener steht. Bei diesem sog. typologischen Vergleich stehen demnach Analogien im Vordergrund, die durch eine plausible Auswahl der zu untersuchenden Texte, die in einem nicht zu weit gefassten historisch-thematischen Rahmen stehen sollten, ablesbar werden. Zwei oder mehrere literarische Texte unterschiedlicher Sprache können dann unter einer genau festzulegenden Leitfrage einander gegenübergestellt werden. Auch die bereits erläuterten stoff-, motiv- und themengeschichtlichen Bezüge gehören in diesen Zusammenhang.

Als Beispiel kann eine Gegenüberstellung zweier Rom-Gedichte dienen, die unter jeweils eigenen Vorzeichen ein verklärendes Bild der Stadt geben.

Text 11.4 und Text 11.5 |

Rom-Gedichte von Carducci und Goethe

Giosuè Carducci: "Roma" (1881)

1 Roma, ne l'aer tuo lancio l'anima altera volante:
accogli, o Roma, e avvolgi l'anima mia di luce.

Non curïoso a te de le cose piccole io vengo:
chi le farfalle cerca sotto l'arco di Tito?

5 Che importa a me se l'irto[1] spettral[2] vinattier[3] di Stradella
mesce[4] in Montecitorio celie[5] allobroghe[6] e ambagi[7]?

e se il lungi operoso tessitor di Biella s'impiglia,
ragno attirante in vano, dentro le reti sue?

Cingimi, o Roma, d'azzurro, di sole m'illumina, o Roma:
10 raggia divino il sole pe' larghi azzurri tuoi.

Ei benedice al fosco Vaticano, al bel Quirinale,
al vecchio Capitolio santo fra le ruine;

192

e tu da i sette colli protendi, o Roma, le braccia
a l'amor che diffuso splende per l'aure chete.

15 Oh talamo grande, solitudini de la Campagna!
e tu Soratte grigio, testimone in eterno!

Monti d'Alba, cantate sorridenti l'epitalamio;
Tuscolo verde, canta; canta, irrigua Tivoli;

mentr'io dal Gianicolo ammiro l'imagin de l'urbe,
20 nave immensa lanciata vèr'[8] l'impero del mondo.

O nave che attingi con la poppa l'alto infinito,
varca[9] a' misterïosi lidi l'anima mia.

Ne' crepuscoli a sera di gemmeo candore fulgenti
tranquillamente lunghi su la Flaminia via,

25 l'ora suprema calando con tacita ala mi sfiori
la fronte, e ignoto io passi ne la serena pace;

passi a i concilii de l'ombre, rivegga li spiriti magni
de i padri conversanti lungh'esso il fiume sacro.

Roma, 9 ottobre 1881 (Carducci: 1978, 420ff.)

1 irto *hier: ungepflegt* – 2 spettral *geisterhaft* – 3 vinattier *Weinhändler* –
4 mesce *vermischt* – 5 celie *Geschichtchen* – 6 allobroghe *hier: norditalienisch*
– 7 ambagi *verwirrende Reden* – 8 vèr' = verso – 9 varca *hier: bringt*

Johann-Wolfgang von Goethe: *Römische Elegien*, I (1795)

1 Saget, Steine, mir an, o sprecht, ihr hohen Paläste!
    Straßen, redet ein Wort! Genius, regst du dich nicht?
Ja, es ist alles beseelt in deinen heiligen Mauern,
    Ewige Roma; nur mir schweiget noch alles so still.
5 O wer flüstert mir zu, an welchem Fenster erblick' ich
    Einst das holde Geschöpf, das mich versengend erquickt?
Ahn' ich die Wege noch nicht, durch die ich immer und immer,
    Zu ihr und von ihr zu gehn, opfre die köstliche Zeit?
Noch betracht' ich Kirch' und Palast, Ruinen und Säulen,
10   Wie ein bedächtiger Mann schicklich die Reise benutzt.
Doch bald ist es vorbei dann wird ein einziger Tempel,
    Amors Tempel nur sein, der den Geweihten empfängt.
Eine Welt zwar bist du, o Rom; doch ohne die Liebe
    Wäre die Welt nicht die Welt, wäre denn Rom auch nicht
15   Rom.
(Goethe: 1981, 157)

Abb. 11.2 |

Johann Heinrich
Wilhelm Tischbein:
*Goethe in der
Campagna* (1787)

Aufgabe 11.6 | **?** Formulieren Sie die thematischen Gemeinsamkeiten zwischen den beiden Gedich-
ten. Welche unterschiedlichen Akzente werden dabei gesetzt?

Epochen und
Gattungen

Im Hinblick auf die Auswahl der betrachteten Texte stellt sich nicht zuletzt
die Frage nach ihrer Epochen- und Gattungszugehörigkeit (siehe Einheit 2.2
und 2.3) als weiterer typologischen Faktoren. Hier gilt es zu klären, ob die
Texte auch in dieser Hinsicht eine gemeinsame Basis haben (Gehören sie einer
ähnlichen literaturgeschichtlichen Strömung oder Epoche an? Gibt es parallele Gattungsmerkmale?) bzw. welche Folgerung man aus den entsprechenden
Differenzen ziehen kann.

Medienwechsel

Ein entscheidendes Kriterium liegt schließlich in der Wahl der jeweils
herangezogenen Medien vor. So befasst sich die Vergleichende Literaturwissenschaft in ihrem Grenzbereich mit der Adaptation von literarischen
Texten in anderen Medien, z. B. im Hörspiel (s. Gröne/Reiser: 2007, 235) oder
in einer Verfilmung (siehe Einheiten 1.2 und 14.1).

11.1.3 | **Exkurs: Allgemeine Literaturwissenschaft**

Ausgehend von der Vergleichbarkeit literarischer Texte aus unterschiedlichen
Sprachbereichen und den ihnen eigenen kulturellen Besonderheiten ist der
Schritt zur theoretischen Ergründung allgemeiner übernationaler und über-
zeitlicher Eigenschaften von Literatur nicht weit. Der Komparatist Hugo

194

Dyserinck bestimmt demgemäß als Aufgabenfeld einer "Allgemeinen Literaturwissenschaft":

> Wir müssen uns in der Tat vergegenwärtigen, daß es über alle einzelphilologische Grundlagenforschung hinaus auch eine supranationale literaturwissenschaftliche Spezialforschung gibt, von der solche theoretischen und systematischen Probleme behandelt werden, die mehreren Nationalliteraturen gemeinsam sind und deren für mehrere Nationalphilologien relevante Lösung eben nur auf supranationaler Ebene erreicht werden kann. (Dyserinck: 1991, 150)

| Text 11.6

Bestimmung der Allgemeinen Literaturwissenschaft

Die Fragestellungen, die sich aus diesem Anspruch ergeben, sind vielgestaltig; zu ihnen zählen:

► die Ausarbeitung von Theorieansätzen, welche die Entstehungsbedingungen, die charakteristischen Merkmale und die Wirkung von Literatur klären sollen;
► die Untersuchung von literarischen Formen und
► die Untersuchung literaturgeschichtlicher Strömungen, die über den Horizont der Nationalphilologien oder der Einzelsprachen hinaus wirksam sind;
► die kritische Erprobung geeigneter Methoden bei der Analyse unterschiedlicher Texte, beispielsweise des psychoanalytischen Ansatzes (s. Einheit 10.3).

In der Praxis der Textanalyse (wie auch in der institutionellen Verankerung) bleibt diese Allgemeine Literaturwissenschaft – zumindest im Bereich der deutschsprachigen Forschung – in der Regel eng an die Vergleichende Literaturwissenschaft gekoppelt, aus der sich ihre Ergebnisse ableiten.

Imagologie

| 11.1.4

Eine Sonderform der Vergleichenden Literaturwissenschaft widmet sich der Frage, wie Nationen oder Ethnien bzw. deren Angehörige aus der Sicht anderer Literaturen heraus wahrgenommen und beschrieben werden. Dabei rückt die kritische Sichtung vor allem der stereotypen Vorurteile, der Klischees über den Anderen, in den Mittelpunkt des Interesses. Diese 'Bilder' vom Anderen (frz. *images*; für klischeehafte Zerrbilder findet sich auch der Begriff *mirages*) sind namensgebend für die Disziplin der Imagologie, die sich methodisch v. a. strukturalistischer oder semiotischer Ansätze bedient (siehe Einheit 12.1). Das erklärte Ziel dieser Richtung ist die Entlarvung bewusster oder unbewusster Klischees und die Ablösung des Vorurteils durch einen (ideologisch) unverstellten und offenen Blick auf die fremde Kultur.

Vor dem politischen Hintergrund des II. Weltkriegs ist die folgende Passage aus Elsa Morantes Roman *La storia* zu lesen. Es handelt sich um den Beginn des Werkes:

Text 11.7 |

Elsa Morante:
La storia (1945)

Abb. 11.3 |

Elsa Morante
(1912–1985)

Un giorno di gennaio dell'anno 1941, un soldato tedesco di passaggio, godendo di un pomeriggio di libertà, si trovava, solo, a girovagare nel quartiere di San Lorenzo, a Roma. Erano circa le due del dopopranzo, e a quell'ora, come d'uso, poca gente circolava per le strade. Nessuno dei passanti, poi, guardava il soldato, perché i Tedeschi, pure se camerati degli Italiani nella corrente guerra mondiale, non erano popolari in certe periferie proletarie. Né il soldato si distingueva dagli altri della sua serie: alto, biondino, col solito portamento di fanatismo disciplinare, e, specie nella posizione del berretto, una conforme dichiarazione provocatoria.

Naturalmente, per chi si mettesse a osservarlo, non gli mancava qualche nota caratteristica. Per esempio, in contrasto con la sua andatura marziale, aveva uno sguardo disperato. La sua faccia si denunciava incredibilmente immatura, mentre la sua statura doveva misurare metri 1,85, più o meno. E l'uniforme, – cosa davvero buffa per un militare del Reich, specie in quei primi tempi della guerra – benché nuova di fattura, e bene attillata[1] sul suo corpo magro, gli stava corta di vita e di maniche, lasciandogli nudi i polsi rozzi[2], grossi e ingenui, da contadinello o da plebeo.

Gli era capitato, invero, de crescere intempestivamente[3], tutto durante l'ultima estate e autunno; e frattanto, in quella smania di crescere, la faccia, per difetto di tempo, gli era rimasta ancora uguale a prima, tale che pareva accusarlo di non avere neanche la minima anzianità richiesta per l'infimo suo grado. Era una semplice recluta[4] dell'ultima leva di guerra. E fino al tempo della chiamata ai suoi doveri militari, aveva sempre abitato coi fratelli e la madre vedova nella sua casa nativa in Baviera, nei dintorni di Monaco. (Morante: 1974, 15)

1 attillato *eng anliegend* – 2 rozzo *grob* – 3 intempestivamente *zur unrechten Zeit* – 4 recluta (f.) *Rekrut*

Aufgabe 11.7 |

? Auf welche Stereotypen des deutschen Soldaten greift Morante zurück? Wie wird dieses Bild wiederum relativiert?

11.1.5 | Kulturtransfer

Kulturtransfer

Aus der Komparatistik und aus den Kulturwissenschaften hat sich die Kulturtransferforschung entwickelt, die sich im Gegensatz zu einer Beschreibung von literaturgeschichtlichen Einflüssen auf den wechselseitigen Prozess kultureller Identitätsbildung konzentriert. Entwickelt wurde der Ansatz von Michael Werner und Michel Espagne an Beispielen der deutsch-französischen Beziehungen. Bei der Transferforschung steht der Prozess der Überführung eines Kulturgegenstandes von einem Ausgangs- in einen Aufnahmekontext im Mittelpunkt. Besonderes Augenmerk gilt dabei der Rolle der Akteure (Reisende, Übersetzer, Buchhändler, Verleger, Sammler) bzw. der Vermittlungs-instanzen (Medien, Universitäten, Schulen, Bibliotheken) des Kulturtransfers. Dabei berücksichtigt man vor allem, dass der Ausgangs- wie der Aufnahme-kontext bereits hybrid, d. h. von verschiedenen kulturellen Einflüssen, geprägt ist.

Wenden wir uns nun den Memoiren des venezianischen Dramenautors Carlo Goldoni zu, der in seinen Erinnerungen auch die Entstehung seiner Werke beschreibt, seine Quellen anführt und die Art, wie er diese verarbeitet hat. Seine Memoiren hat Goldoni übrigens ursprünglich während seines Paris-Aufenthaltes in französischer Sprache verfasst!

> Avevo visto rappresentare dagli attori francesi *Cenia*, commedia di Madame de Graffigy, avevo trovato graziosa tale opera, e ne feci una italiana a partire da tale modello, con il titolo *Il padre per amore*. Seguii la scrittrice francese fin dove il gusto italiano poteva uniformarsi a un componimento straniero. *Cenia* era un dramma molto commovente e interessante, ma del tutto privo di comicità. Un anedotto che avevo letto nella *Raccolta delle cause celebri* mi fornì il mezzo per rendere allegra l'opera. Due nasi mostruosi e molto somiglianti nella loro brutezza avevano dato luogo a un processo che aveva a lungo messo in difficoltà difensori e giudici. Io attribuii uno dei due nasi al marito della governante, e l'altro all'impostore che voleva soppiantarlo; chi ha presente *Cenia*, potrà giudicare se l'ho rovinata o se l'ho resa più piacevole, senza attentare alla nobiltà e all'interesse del soggetto. Gli italiani non si accorsero che si trattava di un'imitazione, ma io lo dico a tutti, credendomi troppo onorato di dividere gli applausi con una donna rispettabile che faceva onore alla sua nazione e al suo sesso. (Goldoni: 1993, 360f.)

| Text 11.8

Carlo Goldoni:
Memorie (1787–89)

| Abb. 11.4

Canaletto (1697–1768):
*Venedig, Canal Grande
vom Palazzo Flangini
zur Kirche San Mar-
cuola* (ca. 1738)

Aufgabe 11.8 | **?** Wie verfährt Goldoni mit seinem Modell und welche Gründe gibt er dafür an? Welche Aussagen lassen sich in Bezug auf den Kulturtransfer zwischen Frankreich und Italien im 18. Jh. tätigen?

11.2 | Die Rezeption literarischer Werke

Wer versteht was warum und wie?

Gegen Ende der 1960er Jahre gewann die Erkenntnis zunehmend an Einfluss, dass jegliche Bedeutungszuschreibung an einen Text nicht allein auf der Aussageabsicht des Autors/der Autorin oder den biographischen bzw. (literatur-)geschichtlichen Bedingungen der Textentstehung beruht (produktionsästhetische Deutung), auch nicht einseitig auf den formalen und inhaltlichen sinnstiftenden Bezügen im einzelnen Text selbst (werkimmanente Analyse), sondern in besonderem Maße von der individuellen Wahrnehmung durch die Leserin oder den Leser erst geschaffen wird. Damit rückten die Fragen in den Vordergrund, wer auf der Basis welcher Voraussetzungen was in einem literarischen Text auf welche Art versteht. Ausgangspunkt dieser auf den Leser ausgerichteten Theorie ist das bereits in Einheit 4.1 vorgestellte hermeneutische Grundprinzip, welches Sinn immer nur aus dem Blickwinkel eines diesen Sinn stiftenden Subjekts begreift, das von spezifischen historischen Rahmenbedingungen geprägt ist. Das heißt aber auch, dass es niemals eine endgültige Interpretation eines Textes geben kann, sondern nur eine geschichtliche Abfolge (ebenso wie ein zeitgleiches Nebeneinander) von unterschiedlichen Betrachtungsweisen, die auf je unterschiedlichen Voraussetzungen beruhen. Damit verliert das Kunstwerk seinen überzeitlichen Charakter; nicht seine unwandelbare, da formal-ästhetisch oder ideell vollendete Einzigartigkeit gilt es von Seiten der Leserinnen und Leser nachzuvollziehen und zu erläutern, sondern seine zeitgebundene einstige wie auch davon abweichend gegenwärtige Bedeutung ist zu erschließen.

Eine Illustration der zeitgeschichtlichen Bezogenheit von literarischen Werken gibt Umberto Eco in seinem Werk *I limiti dell'interpretazione*:

Text 11.9 |

Umberto Eco: *I limiti dell'interpretazione* (1990)

Un testo è un artificio teso[1] a produrre il proprio lettore modello. Il lettore empirico è colui che fa una congettura[2] sul tipo di lettore modello postulato dal testo. Il che significa che il lettore empirico è colui che tenta congetture non sulle intenzioni dell'autore empirico, ma su quelle dell'autore modello. L'autore modello è colui che, come strategia testuale, tende a produrre un certo lettore modello. (Eco: 1990, 34)

1 un artificio teso *ein straffer Kunstgriff* – 2 una congettura *Vermutung, Annahme*

Aufgabe 11.9

? Wie stellt Umberto Eco hier die Beziehung zwischen Leser und Autor dar? Was versteht er unter dem 'lettore empirico' bzw. unter dem 'lettore modello'?

Rezeptions- und Wirkungsgeschichte

11.2.1

Literaturgeschichtliche Quellen

Wenn wir an dieser Stelle weiterdenken, so ergibt sich daraus für die Literaturwissenschaft die Notwendigkeit, den historischen oder sozio-kulturellen Abstand zwischen dem eigenen Standpunkt und der Text-Wahrnehmung durch die zeitgenössische Leserschaft zu klären. Die Untersuchung von überlieferten Rezeptionszeugnissen (Fremdkommentare zu den oder Selbstkommentare der Autoren; Stellungnahmen der Literaturkritik; literaturgeschichtliche Darstellungen oder Aufbereitung in schulischen Lehrbüchern, Rezensionen) hat insofern innerhalb der allgemeinen Literaturgeschichtsschreibung einen festen Platz. Sie vergegenwärtigen die historische Abfolge der einzelnen Interpretationen von literarischen Texten und werfen ein Licht auf ihre Wirkung auf das jeweilige Publikum. Es versteht sich, dass aus wissenschaftlicher Sicht die zeitbedingten Wandlungen in den Rezeptionsvoraussetzungen in eine solche Betrachtung mit einbezogen werden müssen.

Empirische Leserforschung

Im speziellen Sinn beschäftigt sich die Rezeptionsforschung mit der Aufnahme literarischer Texte, einer Autorin bzw. eines Autors oder einer literarischen Bewegung bei ihrem Publikum. Eine mögliche methodische Herangehensweise besteht zum Beispiel in der Form von Umfragen beim literarischen Publikum der Gegenwart. Hierbei können umfassende empirische Datenmengen erhoben werden, welche über die sozialen oder psychologisch-kognitiven Faktoren Aufschluss geben, auf welchen die Lektüre und Wirkung der Texte beruht. Wichtige Faktoren können in diesem Zusammenhang sein:

► Alter
► Geschlecht
► Beruf
► Bildungsstand
► konfessionelle Ausrichtung
► soziales Umfeld
► Medienzugriff und Art ihrer Nutzung.

Bestimmte Gattungen oder Gruppen literarischer Werke lassen sich besonders prägnant vor dem Hintergrund ihres vorrangigen Publikums definieren, etwa die in der Zeit nach dem I. Weltkrieg von Veteranen gelesenen Kriegsromane, die v.a. von einer weiblichen Leserschaft konsumierten Ärzteromane oder die Kinderliteratur, die eigenen rezeptionsästhetischen Ansprüchen genügen muss.

Eine andere Zugriffsmöglichkeit bietet die Auswertung historischer Quellen, etwa der Benutzerverzeichnisse von Leihbüchereien, die es ermöglichen, das Publikum bestimmter Textsorten im Hinblick auf seine sozialen Voraussetzungen und seine Geschmacksbildung näher zu bestimmen.

11.2.2 | Rezeptionsästhetik

Der hermeneutische Zirkel

Neben das hier grob umrissene historisch-soziologische Interesse an der Leserschaft tritt die theoretische Betrachtung des Lesevorgangs an sich, d. h. als Prozess der Informationsverarbeitung und Bedeutungsbildung. Als Basis dient den entsprechenden literaturtheoretischen Ansätzen die Annahme, dass ein Text in seinem Sinngehalt nicht von vornherein vollständig vorliegt, sondern vielmehr durch 'Leerstellen' bzw. eine charakteristische 'Unbestimmtheit' gekennzeichnet ist: Sinn oder Bedeutung sind in der Regel gerade nicht explizit ausformuliert, sondern werden z. B. nur in Anspielungen, Symbolen, Auslassungen oder zu erstellenden Zusammenhängen erahnbar; dies zwingt die Lesenden, selbst aktiv zu werden, auf der Grundlage ihres augenblicklichen Verständnisses Hypothesen über die Deutung des Textes aufzustellen und sie mit Hilfe der weiteren Informationen des Textes zu überprüfen.

Diese Beobachtung lässt sich in Anlehnung an Hans-Georg Gadamer im Modell des hermeneutischen Zirkels aufgreifen, der bereits in Einheit 4.1 vorgestellt wurde und auf den wir an dieser Stelle noch einmal zurückkommen: Das Vorwissen, das ein Leser mit in seine Lektüre eines Textes hineinträgt, ermöglicht ihm erste Deutungsansätze in Bezug auf den Gesamttext. Dieses anfängliche Textverständnis ändert sich jedoch im Laufe der Lektüre, je mehr neue Informationen gewonnen werden. Erst nach Abschluss der Lektüre ergibt sich für den Leser ein mehr oder weniger kohärenter Gesamteindruck. Erst die mehrmalige Lektüre – und das kann nicht genügend betont werden! – ermöglicht als Vorverständnis (oder Teilverständnis) zweiten Grades, die zuvor oft nicht zufriedenstellend geklärten Textpartien sozusagen in einem neuen Lichte zu lesen. Doch damit ist die Spiralbewegung des anwachsenden Textverständnisses noch

Abb. 11.5 |

Der hermeneutische Zirkel als Spiralmodell

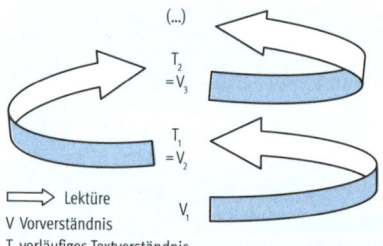

nicht abgeschlossen: Immer neue Lektüren führen zu einem immer stimmiger erscheinendem Gesamteindruck vom Text (oder aber zur Erkenntnis seiner nicht auflösbaren Unstimmigkeiten; siehe Einheit 12.2.3), ohne freilich jemals die Gewähr für eine 'richtige' oder einzig plausible Interpretation geben zu können.

Den wichtigsten Beitrag zur Theorie der literarischen Rezeption von Seiten der deutschsprachigen Romanistik legte der Konstanzer Literaturwissenschaftler Hans-Robert Jauß (1921–1997) in der von ihm begründeten Rezeptionsästhetik vor. Ihr Augenmerk richtet sich auf die wechselseitige Bezogenheit von Geschichte, Werk und Leser im sinnbildenden Prozess der Lektüre. Von besonderer Bedeutung ist hierbei das von der Leserin oder dem Leser mit eingebrachte allgemeine Vorwissen bzw. sein Vorverständnis vom Text, das Jauß im Begriff des 'Erwartungshorizonts' erfasst.

Rezeptionsästhetik

Der zeitgebundene Erwartungshorizont des Lesers leitet sich aus seinem objektivierbaren Vorwissen, seiner Leseerfahrung vor dem allgemeinen geschichtlichen Hintergrund ab:

Erwartungshorizont

▶ die Erfahrung des Lesers im Umgang mit literarischen Formen (etwa die adäquate Einschätzung von Fiktionalität) und Gattungen sowie seine Kenntnis von benachbarten Texten (evtl. vom betreffenden Autor selbst), zu denen sich inhaltliche oder formale Bezüge stiften lassen (literaturgeschichtliches Vorwissen);

▶ die sich daraus speisenden meist unbewussten Annahmen, die der Leser vor seinem kulturellen Hintergrund dem Text entgegenbringt, seine Erwartungshaltung gegenüber Form und Thematik (z. B. bezüglich des glücklichen Ausgangs einer Komödie oder der rhetorischen Gestaltung eines Renaissance-Sonetts);

▶ sämtliche persönlichen Erfahrungen des Lesers, die bei der Lektüre angesprochen werden;

▶ die in einer bestimmten Gesellschaft geltenden Konventionen und Normen, z. B. geteilte Auffassungen über Geschlechterrollen oder moralische Grundwerte.

Gemäß der Dynamik des hermeneutischen Zirkels wird der vom Text beim Leser zunächst aufgerufene Erwartungshorizont nur in Teilen im Verlauf der Lektüre bestätigt, in anderen Bereichen aber widerlegt oder modifiziert. Werden alle in einen Text gelegten Erwartungen des Publikums erfüllt, so ist dies für Jauß ein untrügliches Zeichen seiner Trivialität und eines nur geringfügigen ästhetischen Wertes. Denn die ästhetische Erfahrung, welche die Lesenden in ihrer Auseinandersetzung mit einem Text machen können, beruht genau auf seinem Anteil an unvermuteten Lösungen, seiner nicht-klischeehaften Neuerungskraft. Die Distanz zwischen dem Erwartungshorizont der Leserschaft und dem neuen Werk – die sog. ästhetische Distanz – spricht Jauß zufolge für seine künstlerische Qualität. Sollte sie sich als wegbereitend für eine Umorientierung des herrschenden literarischen Geschmacks bzw. der gültigen literarischen Normen erweisen, so kann ein regelrechter Horizontwandel stattfinden, welcher den Erwartungshorizont des Publikums gegenüber den zukünftig erscheinenden Texten bedingt.

Ästhetische Distanz

Text 11.10

Hans-Robert Jauß zum
Erwartungshorizont

[…] Ein literarisches Werk, auch wenn es neu erscheint, präsentiert sich nicht als absolute Neuheit in einem informatorischen Vakuum, sondern prädisponiert sein Publikum durch Ankündigungen, offene und versteckte Signale, vertraute Merkmale oder implizite Hinweise für eine ganz bestimmte Weise der Rezeption. Es weckt Erinnerungen an schon Gelesenes, bringt den Leser in eine bestimmte emotionale Einstellung und stiftet schon mit seinem Anfang Erwartungen für 'Mitte und Ende', die im Fortgang der Lektüre nach bestimmten Spielregeln der Gattung oder Textart aufrechterhalten oder abgewandelt, umorientiert oder auch ironisch aufgelöst werden können. Der psychische Vorgang bei der Aufnahme eines Textes ist im primären Horizont der ästhetischen Erfahrung keineswegs nur eine willkürliche Folge nur subjektiver Eindrücke, sondern der Vollzug bestimmter Anweisungen in einem Prozeß gelenkter Wahrnehmung, der nach seinen konstituierenden Motivationen und auslösenden Signalen erfaßt und auch textlinguistisch beschrieben werden kann. […]

Ein entsprechender Prozeß fortgesetzter Horizontstiftung und Horizontveränderung bestimmt auch das Verhältnis vom einzelnen Text zur gattungsbildenden Textreihe. Der neue Text evoziert für den Leser (Hörer) den aus früheren Texten vertrauten Horizont von Erwartungen und Spielregeln, die alsdann variiert, korrigiert, abgeändert oder auch nur reproduziert werden. Variation und Korrektur bestimmen den Spielraum, Abänderung und Reproduktion die Grenzen einer Gattungsstruktur.

Die interpretierende Rezeption eines Textes setzt den Erfahrungskontext der ästhetischen Wahrnehmung immer schon voraus: die Frage nach der Subjektivität oder Interpretation und des Geschmacks verschiedener Leser oder Leserschichten kann erst sinnvoll gestellt werden, wenn zuvor geklärt ist, welcher transsubjektive Horizont des Verstehens die Wirkung des Textes bedingt.

Der Idealfall der Objektivierbarkeit solcher literarhistorischen Bezugssysteme sind Werke, die den durch eine Gattungs-, Stil- oder Formkonvention geprägten Erwartungshorizont ihrer Leser erst eigens evozieren, um ihn sodann Schritt für Schritt zu destruieren, was durchaus nicht nur einer kritischen Absicht dienen, sondern selbst wieder poetische Wirkungen erbringen kann. […] (Jauß: 1970, 175f.)

Aufgabe 11.10

? Wieso verläuft dem obigen Textauszug zufolge die sinngebende Lektüre eines Textes nicht willkürlich? Was versteht Jauß unter einem 'transsubjektiven Horizont'?

Horizontwandel

Der Erwartungshorizont ermöglicht es, dass der literarische Text im seltensten Fall als eine hoffnungslose Ansammlung von Unbestimmtheits- oder Leerstellen empfunden wird. Nicht zuletzt sorgt der Text selbst dafür, dass er die Lektüre der Leserschaft in gewissem Maße lenkt. Seine sog. Appellstruktur (Wolfgang Iser) plant die Mitarbeit der Lesenden an der Deutung von Leerstellen von vornherein mit ein, so dass bewusst gesetzte Textmerkmale die Aufmerksamkeit kanalisieren helfen. In Form des fiktiven, also nur gedachten impliziten Lesers baut der Text seinerseits eine Art Erwartungsprofil im Hinblick auf sein vermutetes Publikum auf, indem er sich an dessen Erwartungshorizont anpasst, und suggeriert ihm fast unmerklich eine bestimmte Leserrolle (z. B. die Rolle des absichtlich provozierten Lesers in Teilen der futuristischen Literatur).

Feministische Literaturwissenschaft und *Gender Studies* |11.3

Ausgehend von der Feminismusbewegung einer Simone de Beauvoir über die französischen Differenzfeministinnen (vgl. Gröne/Reiser: 2007, 214ff.) hat sich ab den 1980er Jahren die sogenannte feministische Literaturwissenschaft herausgebildet, die sich zunächst der Untersuchung von Weiblichkeits- und Männlichkeitsbildern in der Literatur, anschließend zunehmend der weiblichen Autorschaft sowie einer weiblichen Schreibtradition zuwandte. Ab dem Ende der 1980er Jahre wurde die feministische Literaturwissenschaft von den *Gender Studies* abgelöst. Im Gegensatz zum Konzept des biologischen Geschlechts (*sex*) versteht der *Gender*-Begriff Geschlechterrollen bzw. -identitäten als sozio-kulturelle Konstrukte.

! Gender als sozial konstruierte Geschlechterrolle

Gender Studies sind keine literaturwissenschaftliche Methode an sich, sondern vielmehr ein interdisziplinärer Ansatz, der es erlaubt, kulturelle Phänomene, die von Geschlechterdifferenz (das hierarchische Verhältnis zwischen Männern und Frauen) geprägt sind, zu untersuchen. Die Geschlechterdifferenz beruht unter anderem auf dem Phallogozentrismus, der unser Weltbild prägt (dem Mann, verbildlicht durch den Phallus, wird dabei allein das Wort [*logos*] zugeschrieben). Aus diesem Weltbild ergibt sich auch die feste Zuschreibung von Dichotomien in Bezug auf Geschlechteridentitäten, wie 'Stärke', 'Vernunft', 'Kultur' für den Mann und 'Schwäche', 'Gefühl' und 'Natur' für die Frau. Der sogenannte 'Differenzfeminismus' in den 1970er Jahren versuchte, diese Zuschreibungen aufzulösen oder unter dem Aspekt der Differenz aufzuwerten, indem er in der Literatur das Konzept des 'weiblichen Schreibens' vertrat. Im Gegensatz dazu löst der *Gender*-Begriff diese Geschlechterdifferenzen auf, indem er jegliche Geschlechteridentität als kulturelles Konstrukt entlarvt, das im poststrukturalistischen Sinn genauso auch wieder dekonstruiert (Einheit 12.2.3) werden kann. Darüber hinaus berücksichtigen die *Gender Studies* auch Geschlechteridentitäten jenseits des binären Modells Mann-Frau, wie Homosexualität oder Transsexualität.

Geschlechterdifferenz

In der romanistischen Literaturwissenschaft konzentrieren sich die *Gender Studies* heute vor allem auf die literarische Produktion von Frauen (Frauenliteratur) und bedienen sich dabei, zuweilen in Kombination, der verschiedenen herkömmlichen Methoden. Nach wie vor interessiert dabei die

Literarische Produktion von Frauen

Frage nach dem Status weiblicher Autorschaft, der bis in die heutige Zeit von Marginalisierung und Ausgrenzung gekennzeichnet ist, was sich häufig auch explizit oder implizit in den Texten von Frauen manifestiert.

Marginalisierung

Schauen wir uns hierzu einen Text einer prominenten italienischen Schriftstellerin der Jahrhundertwende (1900) an: Anna Radius Zuccari (1846–1918), die unter dem Pseudonym Neera vor allem Romane und Novellen schrieb.

Text 11.11

Neera: La donna scrittrice (1903)

Abb. 11.6

Neera (1846–1918)

La Donna Scrittrice

Or non è molto una bella fanciulla mi proponeva questo singolare dilemma: devo fare la scrittrice o devo studiare medicina?

Fare la scrittrice!! – ripeto ancora fra me – O cosa vuol dire ciò? Ma siccome anche una mamma venne apposta a trovarmi per dirmi che la sua figliola era passata senza esami e che aveva intenzione di fare la scrittrice; e lessi poi molti articoli dove seriamente si discute di tale argomento come di una carriera aperta alle donne, mi pare di dover dire qualche cosa in proposito; che se poco utile da' miei consigli ne trarranno le donne, resterà almeno un documento di lunga esperienza e di osservazione schietta[1] sopra un tema dove molti ragionano con fantasia superiore alla conoscenza.

[…] Al punto in cui la lotta si impegna seriamente, la differenza del sesso è cagione di astio[2] maggiore. È allora che la scrittrice si sente straniera in mezzo a quegli uomini inaspriti che hanno gettato la maschera della galanteria, ripresi dalla atavica brutalità dell'animale in guerra. È il momento supremo. Se le forze, signora, vi hanno sorretta fin qui; se l'umiliazione, il dolore, lo scoramento, lo scetticismo, l'odio, non vi abbatterono sul fatale gradino dal quale nessuno si alza più, resisterete ai colpi dei vostri fratelli? Pensate di quante umiliazioni, di quanto dolore, di quanto scoramento, di quanto scetticismo, di quanto odio furono essi stessi abbeverati prima di snaturare nei lividi conati[3] dell'invidia l'ingegno che mirava ad alte cose – e quando una fanciulla verrà a chiedervi se deve fare la scrittrice, penso le chiederete almeno se nella sua vocazione ha contemplato la possibilità del martirio. Tutto ciò che dissi fin qui si rivolge alle donne che pensano sul serio a divenire scrittrici. Per le altre, per le dilettanti, la via è larga; e se esse si accontentano dei successi da salotto e di un paio di talleri[4] per i loro guanti, non c'è nulla a dire. Solamente è accendere ben molte girandole per ottenere un lumino da cercar lumache[5]. Quando la gloria e il guadagno debbono restare così lontani, non val meglio rinunciare ad una impresa dove si sciupano invano tante energie che troverebbero migliore impiego altrove? Questo io dico alle donne seriamente, onestamente, persuasa di fare a qualcuna un momentaneo dispiacere, e me ne duole, ma più persuasa ancora di evitare loro rancori e disinganni. (Neera: 1977, 94, 105)

1 schietta *ehrlich, aufrichtig* – 2 astio *Missgunst* – 3 lividi conati *fahle, hier: schwächliche Versuche* – 4 talleri *österreichische Währung im 19. Jh., Silbermünzen* – 5 lumache *Schnecken*

? Welches Selbstbild liefert uns Neera in Bezug auf den weiblichen Autorstatus ihrer Zeit?

| Aufgabe 11.11

Die Problematik der weiblichen Autorschaft und der häufig festzustellenden Autozensur der Frauen führt uns in den Bereich der Literatursoziologie (Einheit 10.4). Die Untersuchung der Texte der Frauenliteratur dagegen bedient sich der Erzählforschung (Einheit 8), des Textvergleichs (Einheit 11.1), der Intertextualität (12.2.1) sowie der Dekonstruktion (12.2.3). Dabei steht die Frage im Mittelpunkt, wie Frauen mit ihren vorwiegend von Männern geprägten literarischen Vorbildern umgehen. Es lässt sich feststellen, dass diese von den Autorinnen häufig im Hinblick auf die spezifischen Lebensumstände der Frauen hin subvertiert, also untergraben, oder die binären Geschlechteroppositionen gar dekonstruiert werden.

Bezüge zu anderen Ansätzen

? Lesen Sie noch einmal intensiv Text 11.2 und Text 11.3. im Vergleich und beantworten Sie auch vor dem Hintergrund ihrer Kenntnisse aus Einheit 5.1 folgende Fragen: Inwiefern kann man bei dem Sonett der Gaspara Stampa von der Subversion des petrarkistischen Modells sprechen? Was lässt sich diesbezüglich über die *Rime* Vittoria Colonnas (Texte 5.3 und 5.4) aussagen?

| Aufgabe 11.12

Aus der Frage nach den literarischen Vorbildern für Autorinnen ergibt sich die Frage einer 'weiblichen literarischen Tradition', wie sie sich z. B. am 'weiblichen Petrarkismus' festmachen lässt. Spezifika einer weiblichen literarischen Tradition lassen sich darüber hinaus an Plotstrukturen, Raum- und Zeitdarstellung sowie an der Erzählperpektive festmachen.

In diesem Zusammenhang steht auch die Frage nach der Rezeption (11.2) von Frauenliteratur, die in der Vergangenheit häufig als 'minderwertige' Imitation eben der männlichen Vorbilder angesehen wurde und die mittels einer 'Relektüre' vor dem Hintergrund ihrer 'Alterität' (Differenz) neu gelesen und damit häufig revalorisiert, neu bewertet, wird. Eines der wichtigsten Anliegen der *Gender*-Forschung in der Literaturwissenschaft ist somit die Revision des Kanons, d.h. das Überdenken der bisherigen Literaturgeschichtsschreibung, indem die literarische Produktion von Frauen sukzessive neu entdeckt, neu ediert, neu gelesen wird. Dazu gehört natürlich auch die Reflexion über die Mechanismen der Kanonbildung, wie sie u.a. durch die Anwendung der Theorie des literarischen Feldes (Einheit 10.4.3) auf den Bereich der Frauenliteratur erfolgen kann.

Kanonrevision

In Italien wurde 1975 u.a. von der Philosophin Luisa Muraro (*1940) die *Libreria delle donne* sowie 1984 die philosophische Vereinigung *Diotima* begründet, die eine weibliche Genealogie (Tradition) in der Kultur vertreten. Zusatzmaterial hierzu finden Sie auf www.bachelor-wissen.de.

Zusammenfassung

Die Rezeption literarischer Werke kann auf vielfältige Weise untersucht werden. Neben die Aufdeckung literaturgeschichtlicher Bezüge, die sich unter anderem am Umgang mit Motiven, Stoffen und Themen nachvollziehen und die sich im komparatistischen Vergleich über die Grenzen der Einzelliteraturen hinaus verfolgen lassen, tritt das historisch-soziologische Interesse an der Leserschaft. Dabei wird deutlich, dass die Lektüre eines literarischen Werkes immer den Bedingungen eines geschichtlichen, soziokulturellen, literaturhistorischen, aber auch biographischen Kontextes unterliegt. Die genaue Untersuchung dieser Bedingungen ermöglicht daher eine wissenschaftliche Betrachtung von Literatur, die nicht aus für sich autonomen Texten besteht, sondern sich erst über die Rezeption durch Leser realisiert. Theoretische Betrachtungen des Leseprozesses können den beim Lesen durchlaufenen hermeneutischen Zirkel bewusst machen und die Sinnkonstruktion, die sich bei der Begegnung von Texten und ihren Lesern ereignet, erklären. Auch in der Frage nach den Mechanismen der Kanonbildung, gerade im Bereich der *Gender Studies,* ist die Rezeptionsforschung von besonderem Interesse.

Literatur

Giosuè Carducci: *Poesie*. Milano: Garzanti 1978.

Johann Wolfgang von Goethe: Römische Elegien, in: Ders., *Werke*, Hg. Erich Trunz, Band I. München 1981.

Carlo Goldoni: *Memorie*. Milano: Garzanti 1993.

Elsa Morante: *La storia*. Torino: Einaudi 1974.

Neera: La donna scrittrice, in: Dies., *Le idee di una donna*. Firenze 1977.

Francesco Petrarca: *Canzoniere*. Hg. Marco Santagata. Milano: Mondadori 1996 (I meridiani).

Gaspara Stampa: *Rime*. Milano: Fabbri Editori 1997.

Horst S. Daemmrich/Ingrid Daemmrich (Hg.): *Themen und Motive in der Literatur*. Tübingen: Francke/UTB ²1987.

Hugo Dyserinck: *Komparatistik. Eine Einführung*. Bonn: Bouvier ³1991.

Umberto Eco: *I limiti dell'interpretazione*. Milano: Bompiani 1990.

Elisabeth Frenzel: *Motive der Weltliteratur*. Stuttgart: Kröner ⁵1999.

Maximilian Gröne/Frank Reiser: *Französische Literaturwissenschaft. Eine Einführung*. Tübingen: Narr 2007 (bachelor-wissen).

Hans-Robert Jauß: *Literaturgeschichte als Provokation*. Frankfurt/Main: Suhrkamp 1970.

Renate Kroll/Margarete Zimmermann (Hg.): *Gender Studies in den romanischen Literaturen. Revision, Subversionen*. Frankfurt/Main: dipa 1999.

Luisa Muraro: *Die symbolische Ordnung der Mutter*. Frankfurt/New York: Campus 1993.

Strukturalismus und Poststrukturalismus

Inhalt	
12.1 Strukturalismus	208
12.1.1 Zum Begriff 'Struktur'	209
12.1.2 Der strukturalistische Umgang mit Texten	211
12.1.3 Semiotik	213
12.2 Poststrukturalistische Ansätze	215
12.2.1 Intertextualität	215
12.2.2 Historische Diskursanalyse	217
12.2.3 Dekonstruktion	219

Überblick

Unter dem Einfluss des sog. *linguistic turn* verschiedener Wissenschaften, der in der Sprache ein grundlegendes Ordnungsmodell erblickte, fand im Laufe des 20. Jh. auch eine (teilweise) Umorientierung des literaturwissenschaftlichen Feldes statt. Hier wurde vor allem im Bereich der Theoriebildung versucht, die Erkenntnisse über den systembildenden Charakter der Sprache in die Analyse von sprachlichen Gebilden bzw. Texten einzubeziehen. Die sich hieraus ergebenden strukturalistischen Ansätze verbanden sich bald über den Bereich der Sprache und Literatur hinaus mit einer allgemeinen Lehre von Zeichen (Semiotik), welche die Betrachtung unterschiedlicher Formen von Texten oder anderen Zeichensystemen erlaubte. Begleitet wurde diese Ausweitung des Textbegriffs von einer allgemeinen Theorie der Intertextualität, welche auf die unüberschaubare Vielfalt der Sinnbezüge zwischen Texten verschiedenster medialer Form hinwies. Damit ging aber auch in der sog. poststrukturalistischen Phase der Theoriebildung eine Abkehr von der Erstellung systematischer Textmodelle einher; stattdessen erlaubte es die Vieldeutigkeit (Polysemie) des Textes, jegliche vereindeutigende Sinnfixierung in Frage zu stellen, sie zu dekonstruieren.

12.1 | Strukturalismus

Immanente Textbetrachtung

Den größten Widerhall innerhalb der internationalen Literaturwissenschaften des 20. Jh. fanden in literaturtheoretischer Hinsicht eine Reihe von Modellen und Methoden, die für gewöhnlich unter dem Sammelbegriff 'Strukturalismus' (*strutturalismo*) zusammengefasst werden und sich ab den 1960er Jahren entfalten konnten. Bereits der russische Formalismus (siehe Einheit 1.1) hatte zu Beginn des Jahrhunderts versucht, literarische Texte anhand linguistischer Kriterien von alltagssprachlichen Texten zu unterscheiden. Die Prager Strukturalisten um Roman Jakobson (1896–1982) sahen darauf aufbauend hinter der poetischen Funktion der Sprache eine besonders dichte Strukturierung des Signifikanten (also der Ausdrucksseite). Dadurch wurde eine neue Sichtweise vom Text als geordnetem System von Zeichen begründet.

Der literarische Text als Zeichensystem

Der Text sollte nunmehr nicht mehr in Abhängigkeit von äußeren Faktoren interpretiert werden (auch nicht der etwaigen Aussageabsicht des Autors), sondern als ein selbständiges Gebilde, dessen Bedeutung sich allein aus den in ihm selbst verankerten Elementen und ihrer Verknüpfung zu einem eine Ganzheit formenden System ergibt. Der Frage, wie genau eine solche Bedeutung zustande kommt, widmet sich die strukturalistische Analyse, welche der interpretatorischen Willkür einer subjektiven Textauslegung vorbeugen will.

Saussures duales Zeichenmodell

Der Vorstellung von Sprache und Text als einem in sich kohärenten System liegen unter anderem zwei Einsichten des Schweizer Sprachwissenschaftlers Ferdinand de Saussure (1857–1913) und seines 1916 erschienenen *Cours de linguistique générale* zugrunde. Zum einen stellte er ein Zeichenmodell vor, in dem die lautliche Gestalt des Gesprochenen (der Signifikant; *il significante*) in einer willkürlichen (arbiträren), auf Konventionen beruhenden Beziehung zum inhaltlichen Konzept oder Vorstellungsbild (das Signifikat; *il significato*) steht (siehe Einheiten 1.2 und 4.2 sowie Haase: 2007, 30ff.). Zum anderen verweist Saussure auf den Unterschied zwischen einem abstrakten Gesamtsystem der Sprache (frz. *la langue*), das von bestimmten sprachlichen Regeln definiert wird, und der individuellen Form (frz. *la parole*), in der es beim Sprechen als eine von zahllosen Möglichkeiten Ausdruck findet. In einer solchen konkreten Äußerung, also etwa dem gesprochenen oder geschriebenen Satz, beruht die Bedeutung auf der Stellung des einzelnen sprachlichen Zeichens innerhalb größerer Zusammenhänge:

Abb. 12.1 |

Ferdinand de Saussure (1857–1913)

Langue und *parole*

Paradigma

▶ Auf der paradigmatischen Ebene wird ein Zeichen unter vielen gleichartigen Zeichen ausgewählt, wobei sich seine eigene Bedeutung erst aus der Abgrenzung zu den verwandten Zeichen derselben Gruppe, des Paradigmas, ergibt (ein vereinfachtes Beispiel: unter 'Hut' verstehen wir etwas anderes als unter 'Mütze' oder 'Kappe', welche jeweils mögliche Bedeutungsunterschiede innerhalb des Oberbegriffs 'Kopfbedeckung' angeben);

▶ auf der syntagmatischen Ebene wird das ausgewählte Zeichen in die syntaktische Struktur eingereiht, d. h. es tritt in Beziehung zu den anderen Bestandteilen des Satzes, welche unterschiedliche Funktionen tragen und erst in ihrer Gesamtheit die Satzaussage bilden.

Syntagma

Aus diesen Grundannahmen leitet sich ab, dass sprachliche Zeichen (Laute, Wörter, Satzgebilde etc.) sich davon 'emanzipiert' haben, lediglich als Verweis auf eine außersprachliche Wirklichkeit angesehen zu werden. Vielmehr erhält das Zeichen einen autonomen Status, der nur durch seine Stellung innerhalb des eigenen Systems definiert wird. Den sprachlichen Zeichen kann genau dann eine präzise Funktion zugeschrieben werden, wenn man ihre exakte Position innerhalb dieses übergeordneten Systems bestimmt: Sie müssen als Teil einer 'Struktur' erkannt werden, welche allein die Bedeutung trägt.

Bedeutung als 'relationaler' Begriff

Zum Begriff 'Struktur'

12.1.1

Unter 'Struktur' ist die rein formale Beziehung der Teile eines Ganzen zueinander zu verstehen (vgl. Einheit 4.1). Daher kann der Strukturbegriff auch von zahlreichen Wissenschaften auf ihre diversen Untersuchungsgegenstände angewandt werden, außer in den Naturwissenschaften etwa in der Sprachwissenschaft, der Philosophie, der Geschichtswissenschaft, der Ethnologie, der Psychoanalyse etc. Die Art und Weise, wie welche Einzelelemente miteinander verknüpft sind, verleiht ihnen im Rahmen des übergeordneten Ganzen ihre jeweiligen Funktionen.

Die Aufdeckung von Strukturen, die einem Untersuchungsgegenstand seine Bedeutung verleihen, läuft darauf hinaus, von den inhaltlichen oder formalen Details abzusehen, denn Letztere sind lediglich Ausdruck einer spezifischen, auf externe Rahmenbedingungen zurückführbaren Aktualisierung oder Füllung ihres strukturellen Gerüsts. Die Perspektive richtet sich also nicht mehr auf eine historische Vielfalt von Formen (diachrone Perspektive), sondern auf die Regeln, durch die ein Feld von gleichzeitig existierenden Phänomenen abgesteckt werden kann (synchrone Perspektive). Damit einher geht aber zugleich die Suche nach abstrakten Formeln, nach möglichst allgemeingültigen Schemata, welche eine Vielzahl von gleichartigen individuellen Ausgestaltungen der Struktur erfassen können. Im Anklang an die Formulierung fundamentaler Gesetzmäßigkeiten, wie sie von den Naturwissenschaften vorgenommen wird, versuchen die Richtungen des Strukturalismus daher, abstrakte, formalisierte Beschreibungen ihrer Gegenstände zu erstellen.

Formalisierung

? Betrachten wir zur Konkretisierung und gleichzeitig zur Übung als fiktives Beispiel folgenden Vorgang: Jemand möchte ein Medium an einer entsprechenden Leihstelle ausleihen. Dabei ist es im Prinzip unerheblich, ob es sich bei dem Medium um ein Buch,

Aufgabe 12.1

eine Zeitschrift, eine DVD, eine CD, eine Landkarte oder Ähnliches handelt. Auch macht es keinen grundlegenden Unterschied aus, ob er sein Medium einer kommunalen, kirchlichen oder universitären Einrichtung entnimmt oder ggf. von einer Videothek oder einem anderen spezialisierten Anbieter bezieht. Wie könnten Sie mit eigenen Worten die für das Entleihen nötigen Schritte beschreiben, so dass sie für alle möglichen Fälle zutreffen?

Die Aufgabe 12.1 soll lediglich als Hinweis auf die vielfältigen Untersuchungsfelder dienen, die mit Hilfe strukturalistischer Ansätze erschlossen werden können. Ihnen allen gemeinsam ist ein Vorgehen, das der französische Sprachwissenschaftler und Literaturkritiker Roland Barthes (1915–1980) in einem berühmten Aufsatz wie folgt beschrieb:

Text 12.1
Roland Barthes: Die strukturalistische Tätigkeit (1966)

Der Strukturalismus ist demnach für *alle* seine Nutznießer im wesentlichen eine *Tätigkeit*, das heißt die geregelte Aufeinanderfolge einer bestimmten Anzahl geistiger Operationen: man könnte von strukturalistischer Tätigkeit sprechen, wie man von surrealistischer Tätigkeit gesprochen hat […]

Das Ziel jeder strukturalistischen Tätigkeit, sei sie nun reflexiv oder poetisch, besteht darin, ein "Objekt" derart zu rekonstituieren, daß in dieser Rekonstitution zutage tritt, nach welchen Regeln es funktioniert (welches seine "Funktionen" sind). Die Struktur ist in Wahrheit also nur ein *Simulacrum*[1] des Objekts, aber ein gezieltes, "interessiertes" Simulacrum, da das imitierte Objekt etwas zum Vorschein bringt, das im natürlichen Objekt unsichtbar oder, wenn man lieber will, unverständlich blieb. Der strukturale Mensch nimmt das Gegebene, zerlegt es, setzt es wieder zusammen; das ist scheinbar wenig (und veranlaßt manche Leute zu der Behauptung, die strukturalistische Arbeit sei "unbedeutend, uninteressant, unnütz" usw.). Und doch ist dieses Wenige, von einem anderen Standpunkt aus gesehen, entscheidend; denn zwischen den beiden Objekten, oder zwischen den beiden Momenten strukturalistischer Tätigkeit bildet sich etwas *Neues,* und dieses Neue ist nichts Geringeres als das allgemein Intelligible: das Simulacrum, das ist der dem Objekt hinzugefügte Intellekt, und dieser Zusatz hat insofern einen anthropologischen Wert, als er der Mensch selbst ist, seine Geschichte, seine Situation, seine Freiheit und der Widerstand, den die Natur seinem Geist entgegensetzt.

Man sieht also, warum von strukturalistischer Tätigkeit gesprochen werden muß: Schöpfung oder Reflexion sind hier nicht originalgetreuer "Abdruck" der Welt, sondern wirkliche Erzeugung einer Welt, die der ersten ähnelt, sie aber nicht kopieren, sondern verständlich machen will. (Barthes: 1966, 191f.)

1 Simulacrum *Modell, Nachbildung*

Aufgabe 12.2
? Nach welchen Kriterien erfolgt laut Barthes das Zerlegen und die Rekonstruktion des Untersuchungsgegenstandes? Was ist das Ziel dieser beiden Operationen?

Der strukturalistische Umgang mit Texten

| 12.1.2

Die von Barthes vorgeschlagene Zergliederung und anschließende modellhafte Nachbildung eines Textes entspricht der in Einheit 4 eingeführten Strukturanalyse, wobei das "Objekt" oder "Simulacrum" bei Barthes dem entspricht, was wir als 'Modell textinterner Funktionen' bezeichnet haben. Eine strukturalistische Analyse im engeren Sinne geht jedoch bei ihrer Textbeschreibung weit über die dort vorgestellten Standards hinaus.

Ihr streng formales Verfahren ist in Reinform allerdings nur selten befolgt worden. Seine konsequenteste Anwendung fand es bei der Untersuchung von Textsorten, die von vornherein über eine gewisse Geschlossenheit und sorgfältige Konstruktion verfügten, v. a. im Bereich der Lyrik. Daneben wurden besonders auf dem Gebiet der Analyse narrativer Texte Standards gesetzt (vgl. Einheit 8), denn die Zergliederung der Texte in ihre strukturbildenden Funktionszusammenhänge ermöglichte die Schaffung neuer Kategorien, so die Tiefenstruktur bei Greimas (vgl. Einheit 8.3.1) oder die narratologischen Untersuchungsfelder 'Distanz', 'Fokalisierung' oder 'Stimme' bei Genette (vgl. Einheit 8.2).

Eine in Auszügen wiedergegebene Gedichtanalyse des italienischen Semiotikers D'Arco Silvio Avalle (1920–2002) zu einem kurzen lyrischen Text des 'hermetischen' Dichters Eugenio Montale (1896–1981) soll im Weiteren als Beispiel dienen.

> 1 Non il grillo[1] ma il gatto
>   del focolare[2]
>   or ti consiglia, splendido
>   lare[3] della dispersa tua famiglia.
> 5 La casa che tu rechi[4]
>   con te ravvolta[5], gabbia[6] o cappelliera[7]?,
>   sovrasta i ciechi tempi come il flutto[8]
>   arca leggera – e basta al tu riscatto[9].
>   (Montale: 1991, 128)

| **Text 12.2**

Eugenio Montale:
A Liuba che parte

1 grillo *Grille* – 2 il focolare *Herd, Heim* – 3 lare (m.) *Schutzgeist des Hauses* – 4 recare *mit sich tragen* – 5 ravvolto, -a *eingehüllt* – 6 gabbia *Käfig* – 7 cappelliera *Hutschachtel* – 8 flutto *Flut* – 9 riscatto *Lösegeld, Befreiung*

In der Analyse werden zunächst die klanglichen Entsprechungen innerhalb der Verse hervorgehoben:

> Credo sia inutile ritornare […] sulla straordinaria abilità di Montale a ricavare[1] echi e consonanze molteplici e rare da accostamenti[2] fonici, quasi-rime, assonanze, consonanze atone, ecc. Neppure[3] *A Liuba che parte* fa eccezione, ricca come è di rime interne distribuite senza ordine apparente, tutta fraseggiata[4] con un gioco sapiente di riprese e di armoniche rigorosamente proporzionate che lasciano trasparire[5] l'esperienza giovanile di "dilettante" del bel canto.

| **Text 12.3**

D'Arco Silvio Avalle: A
Liuba che parte (1970)

Avalle fährt daraufhin fort:

> Tutti questi elementi sembrano dunque suggerire l'esistenza di rapporti interni di tipo parallelistico e ripetitivo da attribuire alla libera iniziativa dell'autore. In realtà un discorso del genere non ci porterebbe molto avanti sulla strada della comprensione della struttura fonica del componimento, che è quanto dire, nella fattispecie[6], del suo più profondo significato formale. Il problema consiste essenzialmente nel qualificare il carattere specifico delle simmetrie e nel vedere sino a che punto esse abbiano valore di puri elementi esterni oppure se l'artificio vada riferito a riconosciute modalità di canto o quanto meno si ricolleghi ad un preciso linguaggio letterario. Ora, anche in questo caso, la soluzione del problema non può venire che da una analisi strutturale del componimento, inteso come oggetto fornito di una sua interna organizzazione formale offerto dell'autore alla contemplazione del lettore, al di là di ogni considerazione di contenuti, o, come si suol dire, messaggi (che si dànno per noti e tutto sommato secondari).

Nach einer genauen Auflistung der phonologischen Entsprechungen im Gedicht kommt der Betrachter zu folgendem Schluss, wobei er vorerst die Verse 1 und 8 beiseite lässt:

> Analizzando l'ordine di successione delle rime nelle due quartine ce aspetta una seconda sorpresa. Le rime seguono il medesimo ordine: ABAB ("focolare" – "consiglia" – "lare" – "famiglia") nella prima quartina, e CDCD ("rechi" – "cappelliera" – "ciechi" – "leggera") nella seconda quartina, secondo lo schema delle rime alternate.
>
> Terza ed ultima sorpresa. Sommando le due quartine alla rima fra il primo e l'ultimo verso, rima che indicheremo con la lettera X, ricaviamo un sistema strofico: X-ABAB-CDCD-X, in cui si riconosce immediatamente quello caratteristico della ballata. Il primo verso costituisce la "ripresa" (o ritornello), delizioso nella sua semplicità:
>
> > Non il grillo ma il gatto,
>
> le due quartine corrispondono ai cosiddetti "piedi" o "mutazioni" della ballata, e l'ultimo verso che rima con il primo, alla "volta", legata per di più al secondo piede, sempre secondo le norme della ballata, dalla rima a "sovrasta" – "basta".
>
> Ed ecco il componimento nella sua nuova veste:
>
> Non il grillo ma il gatto
> > del focolare
> > or ti consiglia,
> > splendido lare
> > della dispersa tua famiglia.
> > > La casa che tu rechi
> > > con te ravvolta, gabia o cappelliera?,

sovr*asta* i ciechi

tempi come il flutto arca leggera –

e *basta* al tuo riscatto. (Avalle: 1970, 95ff.)

1 ricavare *herausbekommen* – 2 accostamento *Kombination* – 3 neppure = neanche – 4 fraseggiato, -a *gewählt ausgedrückt* – 5 trasparire *durchscheinen* – 6 nella fattispecie *im vorliegenden Fall*

? Weshalb ist laut D'Arco Silvio Avalle eine strukturalistische Analyse notwendig? Welche Stufen des Textverständnisses – vor der Analyse und nach der Analyse – unterscheidet er? Worin besteht der Erkenntnisgewinn der Untersuchung?

|Aufgabe 12.3

Der weitreichende Einfluss des strukturalistischen Ansatzes lässt sich letztlich darauf zurückführen, dass er zu einer neuen Systematisierung der Textanalyse führte, die eine intersubjektiv überprüfbare Interpretation ermöglicht und sich mittlerweile wieder einer ausgewogenen Berücksichtigung außerliterarischer Kontexte geöffnet hat.

Umberto Eco (*1932) gehörte bereits in den 1960er Jahren zu denjenigen, die in der Ermittlung reiner Strukturen ohne Berücksichtigung des Inhalts keinen Erkenntnisgewinn erblicken konnten. Stattdessen plädierte er in *La struttura assente* (1968) dafür, die strukturalistische Analyse dazu zu nutzen, von ihren Untersuchungsgegenständen ein theoretisches Modell – ein *Simulacrum* – zu konstruieren, das zu einem exakteren Verständnis kultureller oder natürlicher Phänomene verhilft und die ihnen zugrunde liegenden Mechanismen zu klären ermöglicht.

Vorbehalte gegen den Strukturalismus

Semiotik

|12.1.3

Der Strukturalismus steht in einer direkten Beziehung zu einem eng benachbarten Theoriefeld, der Semiotik (*semiotica*; bei einigen Fachvertretern auch: *semiologia*) – der systematischen Untersuchung von Zeichen. Da die menschliche Sprache vom Strukturalismus jedoch als das grundlegende Zeichensystem für viele weitere, auf ihren Gesetzmäßigkeiten beruhende kulturelle Systeme angesehen wird, ist die beiderseitige Abgrenzung nicht immer eindeutig. Für gewöhnlich wird daher zur besseren Unterscheidung 'Strukturalismus' auf das methodische Vorgehen, 'Semiotik' auf ein Untersuchungsgebiet bezogen, das unter Einsatz strukturalistischer Methoden erforscht wird. Zu diesem Untersuchungsgebiet gehören die verschiedensten sprachlichen und nicht-sprachlichen Zeichensysteme: literarische und außerliterarische Texte, Gebärdensprache, Tierkommunikation, aber auch bildliche Darstellungen, Filme, Musik, Verkehrszeichen, Krankheitssymptome etc.

Semiotik als Analyse von Zeichensystemen

Cesare Segre (*1928) sieht demgemäß in der Semiologie gegenüber dem Strukturalismus eine Steigerung der analytischen Möglichkeiten (*I segni e*

Peirce' triadisches
Zeichenmodell

Abb. 12.2 |

Charles Sanders Peirce
(1839–1914)

la critica, 1969). Für Umberto Eco und die von ihm unter der Bezeichnung 'Semiotik' vertretene Disziplin ist damit stets auch ein Moment der Vieldeutigkeit, Nicht-Eindeutigkeit verbunden, das der Interpretation Spielräume eröffnet. Grundlegend für eine solche Auffassung ist das von Charles Sanders Peirce (1839–1914) entworfene 'triadische' (dreiseitige) Zeichenmodell.

In diesem Modell werden drei Pole zueinander in Beziehung gesetzt:

► die formale Gestalt des konkreten Zeichens: das **Repräsentamen** (*repräsentamen*, m.);
► die Bedeutung des Zeichens, wie sie vom Interpreten/Beobachter wahrgenommen wird: der **Interpretant** (*interpretante*, m.);
► das dargestellte (materiell oder nur als Idee vorliegende) **Objekt** (auch: der Referent; *oggetto*), auf das das Zeichen Bezug nimmt.

Auf der Grundlage dieses dreipoligen Modells können Peirce zufolge drei grundlegende Typen von Zeichen unterschieden werden:

Repräsentamen

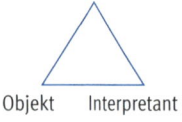

Objekt   Interpretant

Abb. 12.3 |

Das triadische
Zeichenmodell nach
Charles S. Peirce

► das Ikon/das ikonische Zeichen beruht auf einer Ähnlichkeit zwischen der Zeichengestalt und dem Referenten (z. B. Piktogramme oder einige Verkehrsschilder);
► der Index/das indexikalische Zeichen hat vor allem eine Verweisfunktion, die auf einen ursprünglichen Sachverhalt hinweist (Beispiel: Rauch ist ein Zeichen, das auf Feuer hinweist);
► das Symbol/das symbolische Zeichen basiert hingegen auf einer reinen Konvention, ohne dass ein zwingender Zusammenhang zwischen den drei genannten Polen des Zeichens bestünde (z. B. die Schlange als Symbol für Verführung oder Sünde).

Aufgabe 12.4 |

? Vergleichen Sie das triadische (dreiseitige) Zeichenmodell nach Ch. S. Peirce mit dem dualen (zweiseitigen) Zeichenmodell von Saussure (vgl. Einheit 4.2 und 12.1). Wo liegt ein Vorteil des Peirceschen Modells? Welcher Zeichentypus ist für die Literaturwissenschaft besonders relevant?

Bereits in *Opera aperta* (1962) hatte Eco die prinzipielle 'Offenheit' des Kunstwerkes zur Grundlage seiner Ausführungen gemacht. Die strukturalistische Analyse und das von ihr erstellte Modell des Textes, so Eco, diene nur zur Begründung *einer* möglichen Interpretation, die dadurch immerhin eine besondere Plausibilität gewinne:

Text 12.4 |

Umberto Eco: *Opera
aperta*, Introduzione
alla 2ª edizione (1972)

[I]l modello di un'opera aperta non riproduce una presunta struttura oggettiva delle opere, ma la struttura di un rapporto fruitivo[1]; una forma è descrivibile solo in quanto genera l'ordine delle proprie interpretazioni, ed è abbastanza chiaro come così facendo il nostro procedimento si discosti[2] dall'apparente rigore oggettivistico di certo strutturalismo ortodosso, che presume di analizzare delle forme significanti astraendo[3] al gioco mutevole dei significati che la storia vi fa convergere. (Eco: 1972, 13)

1 fruitivo *bezogen auf die Verwendung, hier: die Rezeption* – 2 discostarsi *sich abwenden* – 3 astrarre *abstrahieren/absehen von*

? Weshalb thematisiert Eco einen "rapporto fruitivo", also eine Beziehung zwischen Leserschaft und Text im Rahmen der literarischen Rezeption, wenn er auf die 'Offenheit' des Kunstwerks hinweist? Was versteht er unter dem 'Spiel' ("gioco") der Signifikate, das im Laufe der Textgeschichte entsteht?

Aufgabe 12.5

Poststrukturalistische Ansätze

12.2

Ohne der Bandbreite der strukturalistischen Ansätze gerecht werden zu können, kann festgehalten werden, dass mit der Zeit im Bereich der strukturalistischen Theoriebildung der Bezugsrahmen erweitert wurde und über den Einzeltext (oder das in sich geschlossene Zeichensystem) hinauswies. Indem der Referent (und damit letztlich außertextuelle Faktoren) erneut eine Rolle spielten, erfolgte eine Loslösung vom rein immanenten Vorgehen bei der Analyse. Je mehr das Gewicht dabei auf die Feststellung verlagert wurde, dass ein Zeichen eine schier unüberblickbare Vielfalt möglicher Bezüge und Bedeutungen umfassen kann, wurde auch die Vorstellung aufgegeben, man könne feste Bedeutung tragende Strukturen und präzise modellierbare Systeme ausmachen, die als ebenso objektive wie eindeutige Analyseergebnisse vorlägen. Der Akzent wurde stattdessen bisweilen auf die prinzipielle Unendlichkeit der vom Zeichen hervorgebrachten Verweise gelegt.

Intertextualität

12.2.1

In diesem Zusammenhang ist es aus literaturwissenschaftlicher Sicht besonders interessant, sich mit den in einem Text enthaltenen Verweisen auf andere Texte, wie sie bereits in Einheit 11.1 zur Sprache gekommen sind, zu beschäftigen. Obwohl solche Bezüge im Allgemeinen ebenfalls unter den Begriff 'Intertextualität' (*intertestualità*) fallen, basiert der intertextuelle Ansatz im engeren Sinne gerade auf der Ausklammerung von absichtlichen Anspielungen eines Autors/einer Autorin auf ehemalige Lektüren. Dass literarische Texte sich auf andere Texte beziehen, wird vielmehr als eine ganz grundsätzliche Eigenschaft angesehen, die auf dem sozialen Charakter der Sprache beruht: Alles, was der Einzelne beim Sprechen äußert, hat er sich erst selbst zu einem früheren Zeitpunkt in anderen Zusammenhängen aneignen müssen. Das im Laufe des Lebens gesammelte Sprachmaterial (bspw. Worte, Formulierungen, Redewendungen etc.) wird lediglich für den konkreten Sprechakt neu zusammengestellt und akzentuiert. Insofern ist ein

Entgrenzung des Textes

Intertextualität als Grundphänomen

Text für die französische Literaturwissenschaftlerin Julia Kristeva (*1941), die maßgebliche Vordenkerin dieses engeren Intertextualitäts-Ansatzes, nichts weiter als ein Mosaik aus Zitaten oder Transformationen vorgängiger Texte.

Indem die Grenzen des Textes aufgelöst werden, vollzieht die Intertextualitätstheorie einen radikalen Bruch mit der Vorstellung von der in sich geschlossenen Einheit des Werks, zugleich auch mit der Vorstellung von einer sinnstiftenden Autorschaft. Die Person der Autorin oder des Autors, ihre Aussageabsichten und Interpretationshinweise verwischen unter den unkontrollierbaren Verweismöglichkeiten des sprachlichen Materials, das niemandem alleine 'gehört'. Damit wird ebenfalls die Fähigkeit der Leser in Frage gestellt, **'Tod des Autors'** dem Text einen eindeutigen Sinn zuzuschreiben. Roland Barthes ging in diesem Zusammenhang so weit, den "Tod des Autors" (1968) als Instanz der **Intertextualität als** Deutungshoheit auszurufen.
pragmatischer Ansatz Gegenüber der abstrakten Theorie der Intertextualität verspricht der von Gérard Genette formulierte Ansatz einer 'Transtextualität' (*transtestualità*) einen höheren pragmatischen Nutzen für die Untersuchung einzelner literarischer Texte. Genettes Ausführungen fügen sich in den Rahmen seiner breit angelegten Narratologie (vgl. Einheit 8) und gehen auch in diesem Fall mit **Transtextualität** einem speziellen begrifflichen Instrumentarium einher. Ausgangspunkt für die Beschäftigung mit transtextuellen Bezügen ist die Unterscheidung zwischen dem Hypotext, dem zuvor schon bestehenden Ausgangstext, und dem Hypertext, welcher die Vorlage umformt. Insgesamt inventarisiert Genette fünf mögliche Beziehungen zwischen Texten:

▶ *Intertextualität*: die absichtsvolle Bezugnahme auf einen Text, z. B. in Form von Zitaten oder Anspielungen, aber auch als Plagiat (ein Text wird unter falschem Autornamen noch einmal veröffentlicht);

▶ *Metatextualität*: eine kritische Betrachtung eines anderen Textes, seine Beschreibung und Kommentierung, die sozusagen von einer übergeordneten Warte aus – der Metaebene – vorgenommen wird, den Bezugstext jedoch nicht mehr unbedingt zitieren muss;

▶ *Hypertextualität*: die als solche nicht mehr kommentierte Transformation eines Hypotextes, beispielsweise durch Neubearbeitung eines Stoffes oder Verwendung eines bestehenden Motives oder Themas; weitere Möglichkeiten der Transformation bieten etwa die Parodie, das Pastiche oder die Adaption in einem anderen Medium;

▶ *Architextualität*: die grundlegende Einbettung eines Textes in die Gesamtheit der allgemeinen und übergreifenden Diskurstypen, d. h. in erster Linie seine Bezugnahme auf die bestehenden literarischen Gattungen.

Eine Sonderrolle kommt der sog. *Paratextualität* zu; bei ihr handelt es sich um das Verhältnis zwischen dem (Haupt-)Text und den ihn einrahmenden

216

textuellen Elementen (den Paratexten), beispielsweise Titel, Gattungsangabe, Widmung, Impressum, Vorwort, Anmerkungen, Nachwort usw.

Zur Verdeutlichung der Bezüge zwischen Texten sei an dieser Stelle noch einmal auf die Gegenüberstellung von Francesco Petrarcas *Canzoniere* I,1 und Gaspara Stampas *Rime d'amore*, I (Texte 11.2 und 11.3) in Aufgabe 11.5 verwiesen.

Historische Diskursanalyse

| 12.2.2

Zu den Autoren, deren philosophische Untersuchungen einen starken Einfluss auf die poststrukturalistisch ausgerichtete Literaturwissenschaft ausüben, zählt Michel Foucault (1926–1984). In seinem auf Grundideen des Strukturalismus aufbauenden Ansatz der historischen Diskursanalyse – die wegen ihrer weitreichenden kulturwissenschaftlichen Implikationen nicht mit der sprachwissenschaftlichen Diskursanalyse gleichgesetzt werden kann – widmete er sich der Untersuchung bestimmter geschichtlicher Verbindungen ('Formationen') aus Denk-, Rede- und Verhaltensweisen. So stellte er heraus, dass die Geschichte einer Kultur in Abschnitten verläuft, die geprägt sind von einer jeweils vorherrschenden wissenschaftlichen Lehrmeinung vom Menschen und von den sie stützenden machthabenden Institutionen.

Michel Foucault

|Abb. 12.4

Robert Fleury: *Der Psychiater Pinel in der Salpêtrière* (1795)

Diese unterschwellig funktionierende Allianz beeinflusst und durchdringt das Selbstverständnis des Menschen, seine Anschauungen, seine Verhaltensweisen – seine Subjektivität. An den Beispielen des 'Wahnsinns' und der Sexualität konnte Foucault mit Hilfe des von ihm untersuchten historischen Quellenmaterials verdeutlichen, wie Vorstellungen von 'Gesundheit' und 'Normalität'

! Diskurs als epochen-spezifisches Bild vom Menschen in einem speziellen Bereich des Wissens oder des Handelns

auf entsprechenden Diskursen und den mit ihnen verbundenen 'diskursiven Praktiken' (also ihre Umsetzung in Handeln) beruhen. Unter Diskursanalyse ist demnach ebenso die Untersuchung von menschlichem Verhalten wie von Texten zu verstehen, an denen nachvollzogen wird, welches Wissen zirkuliert, welche Medien es benutzt, welche Tabus aufgebaut werden, mit welchen sprachlichen Mitteln und vor dem Hintergrund welcher Autorität dabei vorgegangen wird.

Literarische Texte bilden nur einen Teilbereich der analysierbaren Texte, indem auch sie Hinweise auf die zu ihrem Entstehungszeitpunkt gültigen Diskurse geben (man kann sie bspw. dahingehend untersuchen, welche Ansichten zu 'abnormem' Verhalten oder sexual-moralischen Normen sich in ihnen finden). Texte können jedoch stets auch Gegendiskurse formulieren, welche sich von den vorherrschenden 'offiziellen' Diskursen absetzen.

Obwohl Michel Foucault selbst keine spezielle Methode für die Analyse literarischer Texte ausgearbeitet hat, hat die Literaturwissenschaft von ihm wichtige Impulse in methodischer wie thematischer Hinsicht erhalten. Dazu zählt beispielsweise die Betrachtung der Textzeugnisse von gesellschaftlichen Außenseitern, wie sie zumal von der feministischen Kritik (vgl. Einheit 11.3) stark beachtet wurde.

Ein Beispiel für die kritische Analyse von Diskursen liefert Foucault anhand seiner bereits in Einheit 1.1 resümierten Beobachtungen zur Rede über 'den Autor' bzw. zu den Vorstellungen, die zu unterschiedlichen historischen Zeitpunkten mit 'Autorschaft' verbunden waren.

Abb. 12.5

Carl Spitzweg: *Der arme Poet* (1839) – Musterbeispiel eines Dichterklischees

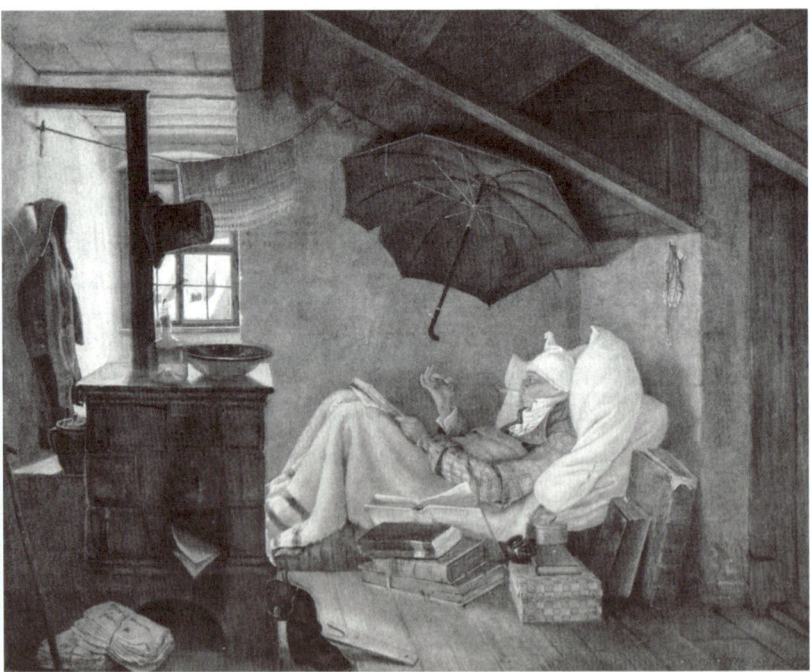

Im Vorwort zu *Wahnsinn und Gesellschaft* (dt. [1]1969) hinterfragt Foucault den heute gültigen medizinischen (und daraus gespeist: sozio-kulturellen) Diskurs über den 'Wahnsinn', bzw. er versucht zu ergründen, welche Bedeutung dem Wahn beigemessen wurde, bevor er zum Gegenstand psychiatrischer Lehrmeinungen wurde.

> [Heute] kommuniziert der moderne Mensch nicht mehr mit dem Irren. Auf der einen Seite gibt es den Vernunftmenschen, der den Arzt zum Wahnsinn delegiert und dadurch nur eine Beziehung vermittels der abstrakten Universalität der Krankheit zuläßt. Auf der anderen Seite gibt es den wahnsinnigen Menschen, der mit dem anderen nur durch die Vermittlung einer ebenso abstrakten Vernunft kommuniziert, die Ordnung, physischer und moralischer Zwang, anonymer Druck der Gruppe, Konformitätsforderung ist. Es gibt keine gemeinsame Sprache, vielmehr es gibt sie nicht mehr. Die Konstituierung des Wahnsinns als Geisteskrankheit am Ende des achtzehnten Jahrhunderts trifft die Feststellung eines abgebrochenen Dialogs, gibt die Trennung als bereits vollzogen aus und läßt all die unvollkommenen Worte ohne feste Syntax, die ein wenig an Gestammel erinnerten und in denen sich der Austausch zwischen Wahnsinn und Vernunft vollzog, im Vergessen versinken. Die Sprache der Psychiatrie, die ein Monolog der Vernunft *über* den Wahnsinn ist, hat sich nur auf einem solchen Schweigen errichten können.
>
> Ich habe nicht versucht, die Geschichte dieser Sprache zu schreiben, vielmehr die Archäologie dieses Schweigens. (Foucault: 1978, 8)

| Text 12.5
|
| Michel Foucault:
| *Wahnsinn und*
| *Gesellschaft*, Vorwort
| (1978)

? In welchem Verhältnis steht der medizinische Diskurs über den Wahnsinn zur Kommunikation allgemein? Welche Auswirkungen hat diese Feststellung für das hier vertretende Konzept von 'Sprache'? Was meint Foucault schließlich mit "Archäologie"?

| Aufgabe 12.6

Dekonstruktion

| 12.2.3

Im Zentrum der poststrukturalistischen Ansätze befindet sich immer wieder die Annahme, dass die Sprache die Welt nicht abbilden, darstellen oder erklären kann, sondern lediglich den naiven Beobachter über dieses Unvermögen hinwegtäuscht. Eines der herausragenden Kennzeichen poststrukturalistischer Theorien ist daher die Forderung nach einer kritischen Selbstreflexion im Umgang mit jeglicher Art von Text, um das Bewusstsein dafür zu stärken, dass jede vermeintliche Bedeutungszuschreibung, also jede gezielte Interpretation, von vornherein ein hoffnungsloses Unterfangen darstellt. Damit werden nicht nur die Grundannahmen der Hermeneutik als illusionär abgestempelt, welche auf eine intersubjektiv nachvollziehbare Deutbarkeit des Textes abzielt, sondern auch die strukturalistischen Versuche, den Text als eine in sich stabile Struktur zu beschreiben. Die Verfahrensweisen des Strukturalismus werden

Kritik an der
Hermeneutik

jedoch keineswegs für obsolet erklärt, im Gegenteil: ihre Weiterentwicklung wird der nun umgekehrten Zielsetzung unterstellt, zu belegen, dass die Aufstellung von Klassifikationen, Typologien, Funktionen oder Strukturen immer wieder von der prinzipiellen (Bedeutungs-) Offenheit des sprachlichen Zeichens unterlaufen wird. Wenn aber weder der Autor noch der Leser in der Lage ist, den 'Sinn' eines Textes dingfest zu machen, dann bedeutet dies zugleich eine radikale Infragestellung eines Jahrhunderte alten Umgangs mit Texten und schließlich der (bisherigen) literaturwissenschaftlichen Tätigkeit selbst.

Jacques Derrida

Abb. 12.6
Jacques Derrida
(1930–2004)

Phonozentrismus und
Logozentrismus

'Große Erzählungen'

Den maßgeblichen Beitrag zur Ausbildung der dekonstruktivistischen Literaturtheorie stellen die Überlegungen des Philosophen Jacques Derrida (1930–2004) dar. Im Sinne der Saussureschen Aufspaltung des sprachlichen Zeichens in *Signifikant* und *Signifikat* bildet dieses keine geschlossene Einheit und auch keine von ihm selbst ausgehende Bedeutung mehr; die Bedeutung eines Zeichens beruht stattdessen einzig und allein auf seiner Abgrenzung von benachbarten Zeichen: ein Zeichen ist das, was alle anderen Zeichen nicht sind. Seine Bedeutung ist daher keine *Eigenschaft* mehr, sondern nur die *Beziehung* zu anderen Zeichen. Die Bedeutung lässt sich somit nur entlang einer unendlichen Verkettung von Zeichen als 'Spur' (*traccia*) verfolgen und erahnen, da eine Gesamtschau aller sprachlichen Zeichen – und damit der Überblick über das System Sprache – für keinen Menschen möglich ist.

Die Selbsttäuschung des Menschen, ein autonomes Subjekt zu sein, das seiner Sprache mächtig ist und dank ihrer Hilfe mit anderen Menschen kommunizieren kann, ist laut Derrida darauf zurückzuführen, dass der Mensch sich beim Sprechen als eigenmächtiges und vernünftiges Subjekt erlebt: Im Sprechen kann Gedanken und Gefühlen Ausdruck verliehen werden; Sprechen ist eine unmittelbare Form der Kommunikation; das Hören der eigenen Stimme ist eine Möglichkeit, sich selbst über die Sinnesorgane wahrzunehmen. Das Selbstbild des Menschen beruht insofern in weiten Teilen auf der gesprochenen Sprache (Phonozentrismus; *fonocentrismo*), nicht etwa auf der geschriebenen. Nicht minder trügerisch ist für Derrida die Vorstellung vom sprachlichen Zeichen als einer untrennbaren Einheit von Ausdruck und Sinn (Logozentrismus; *logocentrismo*). Würde man nämlich annehmen, die Lautseite eines Zeichens sei unmissverständlich an eine einzige Bedeutung geknüpft, dann wäre Kommunikation – und damit eine sinnvolle Ordnung der Welt – von einer sprachphilosophischen Warte aus betrachtet unproblematisch. Man könnte in einem solchen Vertrauen in die Sprache sogar so weit gehen, dass jeglicher Sinn von einer 'transzendentalen', d.h. über das Materielle hinausweisenden Instanz, etwa von Gott, der 'Natur' oder der Vernunft, garantiert wird.

Nun ist es ein wesentliches Anliegen des poststrukturalistischen Denkens, die sog. 'großen Erzählungen' (*grandi narrazioni*) nach Jean-François Lyotard,

220

welche der menschlichen Existenz einen Sinn unterlegen (also Religionen, Mythen, Weltmodelle, Ideologien etc.), als Illusionen zu entlarven, da auch sie nichts weiter als 'Texte' darstellten. Der menschlichen Existenz wird also ebenso ein tröstlicher Sinn abgesprochen wie der Sprache. Letzteres kommt besonders bei der Betrachtung der schriftlich fixierten Sprache deutlich zum Vorschein, deren Vieldeutigkeit (Polysemie; *polisemia*) leichter einsichtig ist als jene des gesprochenen Wortes. Und genau an diesem Punkt setzt das Vorgehen der Dekonstruktion (*decostruzione*) an: Es greift scheinbar unproblematisch-sinnvolle Aussagen aus einem Text heraus, untergräbt sie aber sogleich, indem es in einer spielerischen Umschreibung der Worte und Formulierungen alle Sinnbezüge wieder auflöst, sie *ad absurdum* führt. Dieses Vorgehen zielt darauf ab zu zeigen, dass der Text nichts weiter ist als ein dynamisches Feld von unendlich vielfältigen und wandelbaren Sinnbezügen, eine fortlaufende Verschiebung von Bedeutungen, da er zahllose Assoziationen wachrufen (eine 'Ausstreuung' – *disseminazione* – von Sinnangeboten) und die eingefahrenen Denkmuster verunsichern kann – ganz allgemein gesehen verliert sich seine (eindeutige) Bedeutung im Überangebot an Lektürepfaden. An die Stelle des einen, mit sich 'identischen' Sinns rückt die 'Differenz' (*differenza*) als maßgeblicher Ausdruck der 'Dezentrierung' von Bedeutung.

| Abb. 12.7

Jean-François Lyotard (1924–1998)
© Bracha L. Ettinger
Polysemie und Differenz

Die intensiven Lektüren, welche dekonstruktivistische Lesarten an ihren Textbeispielen inszenieren, bedienen sich bevorzugt der Paraphrase, des Sprachspiels, der Auflösung von Metaphern oder Metonymien, um den vermeintlichen Aussagegehalt des Textes zu demontieren, zu dekonstruieren, anstatt einen solchen begrifflich zu fixieren. Daraus resultiert nicht die Ableitung einer bestimmten sprachlichen Struktur, sondern die ureigene Freiheit der Bedeutungsstiftung auf der Wort- und Satzebene, wie Derrida sie in seiner 'Lehre' einer *Grammatologie* verankert hat.

Umkreisen des Textes in der Lektüre

Da Sprache allerdings nie in der Lage sein kann, einen stabilen Sinn zu kommunizieren, betont der dekonstruktivistische Ansatz seinerseits, keine – und sei es auch nur negative – Deutung des Textes formulieren zu können. Anstatt eine dezidierte Aussage zu treffen, ist er daher aus Respekt vor den eigenen Prinzipien dazu gezwungen, sein Thema in immer neuen Anläufen zu umkreisen und spielerisch-assoziativ (nicht: systematisch!) in den verschiedensten Aspekten zu beleuchten – ein Vorgehen, das dekonstruktivistische Texte naturgemäß schwer lesbar macht.

Einen Eindruck vermag ein Ausschnitt aus Adelia Noveris Betrachtung von Francesco Petrarcas *Senile* IV 5 geben (bei den *Seniles* handelt es sich um 125 "Altersbriefe", die Petrarca ab dem Jahr 1365 verfasst hat). Ihrer Analyse legt sie die in Mittelalter und Renaissance verbreitete Lehre vom mehrfachen Schriftsinn (zunächst des göttlichen Wortes in der Bibel) zugrunde und zieht daraus Rückschlüsse auf die Destabilisierung eines einheitlichen Sinnes des betreffenden Briefs:

| Abb. 12.8

Francesco Petrarca (1304–1374)

Text 12.6

Adelia Noveri: La senile
IV 5 (1992/93)

So bene che l'accenno[1] di Petrarca al numero dei significati che il testo contiene o che l'interprete "trova" ("qualche senso", "molti sensi", "un pari numero", o un "maggior numero" o uno "minore") può riferirsi alle diverse codificazioni dei livelli di significazione allegorica (due: letterale e allegorica; tre: letterale, allegorica e morale; quattro: letterale, allegorica, morale, anagogica[2]; cinque, con l'aggiunta del senso mistico); ed è vero anche che il "nessuno" che compare nel testo, è in realtà riferito a quei precisi livelli di senso […]

Il linguaggio, nella sua costitutiva opposizione tra significante e significato e fra segno e referente, contiene da sempre, oltre l'incancellabile possibilità di mentire e di dire il falso, l'altrettanto incancellabile presenza del non-senso, annodato proprio nell'irriducibile scarto[3] tra le parole e le cose, e negli irreperibili[4] confini della polisemia. Tutto il pensiero occidentale […] è traversato e lavorato dall'interrogativo inquietante di che cosa possa mai celarsi[5] nel linguaggio al di là e "prima" della rassicurante barriera dei significati (il grido? il delirio? la follia? il nulla […] o che altro?). Ma se questa barriera presenta delle crepe[6], o diventa una palizzata[7], o si sfaldano[8] le sue fondamenta, i significati rischiano di non tenere, di "far passare", di affondare nel non seno o di essere travolti dalla deriva del senso. (Noveri: 1992/93, 688ff.)

1 accenno *Hinweis* – 2 anagogico, -a *die Kirche betreffend* – 3 scarto *hier: Abstand* – 4 irreperibile *unerreichbar* – 5 celarsi *sich verbergen* – 6 crepa *Riss* – 7 palizzata *Palisade* – 8 sfaldarsi *auseinander fallen/zerbröckeln*

Aufgabe 12.7

? Verschaffen Sie sich anhand eines geeigneten Nachschlagewerks (z. B. im *Lexikon des Mittelalters*. Hg. Robert Auty et al., Band I. München/Zürich: Artemis 1977, Stichwort: 'Allegorie, Allegorese') grundlegende Informationen zum mehrfachen Schriftsinn der Bibelauslegung. Weshalb kann daraus eine Verunsicherung der LeserInnen erfolgen? Welche Vorbehalte formuliert Noveri gegen die Sprache an sich?

Zusammenfassung

Die strukturalistische Textbetrachtung ging mit einer sprachwissenschaftlich inspirierten und stark formalisierten Zerlegung des Textes in seine einzelnen Bedeutung tragenden Bestandteile einher, wodurch neue Erkenntnisse über die Literarizität von Texten gewonnen werden konnten. Dies gilt gleichermaßen für den Bereich der Intertextualität, welcher sich mit den generellen oder den konkreten Bezügen zwischen Texten befasst. Doch weist das Abrücken von der rein immanenten Betrachtungsweise, wie sie noch von strengen strukturalistischen Analysen gefordert wurde, auf eine neue Ausrichtung der literaturtheoretischen Ansätze hin. Unter dem Vorzeichen des Poststrukturalismus können die zuvor entwickelten Analyseverfahren auf neue Gegenstände übertragen werden, etwa die Spuren übergreifender historischer oder sozialer Strukturen in der Literatur. Andererseits begünstigt die auf einer sprach- und erkenntnisphilosophischen Ebene geführte Auseinandersetzung mit der Sprache ein zweifelndes Nachdenken über jedwede Möglichkeit der Sinnstiftung und Kommunikation.

Literatur

Eugenio Montale: A Liuba che parte, in: Ders., *Tutte le poesie*. Hg. Giorgio Zampa. Milano: Mondadori ³1991.

D'Arco Silvio Avalle: A Liuba che parte, in: Ders., *Tre saggi su Montale*. Torino: Einaudi 1970, 93–99.

Roland Barthes: Die strukturalistische Tätigkeit, *Kursbuch* 5/1966, 190–196.

Umberto Eco: *Opera aperta*. Milano: Bompiani ⁴1972.

Michel Foucault: *Wahnsinn und Gesellschaft*. Frankfurt a. M.: Suhrkamp ³1978.

Adelia Noveri: La senile IV 5. Crisi dell'allegoria e produzione del senso, in: M. Feo (Hg.), *Quaderni petrarcheschi* IX–X/1992–93, 683–695.

Filmanalyse

	Inhalt	
13.1	Zwei Methoden der Filmtranskription	226
13.2	Bildebene	231
13.3	Tonebene	235
13.4	Montage	237
13.5	Filmisches Erzählen	239

Neben der kritischen Betrachtung gedruckter Werke oder der dramatischen Inszenierungspraxis hat sich im Medium Spielfilm eine zusätzliche Ausdrucksform literarischer Texte eröffnet. Um die Produktionen der 'siebten Kunst' angemessen untersuchen zu können, sollen im Folgenden die wichtigsten formalen Kriterien der Filmanalyse vorgestellt werden, welche die in den bisherigen Einheiten behandelten inhaltlichen Untersuchungsfelder (dramatischer Konflikt, Figurenkonstellation, Entwicklung der Handlung etc.) im neuen medialen Kontext ergänzen müssen. Dabei ist nicht zuletzt die Frage zu erörtern, inwieweit der Film auf typische Erzählverfahren der Literatur zurückgreift.

Überblick

Als audiovisuelles Massenmedium, das sich in mehrfacher Hinsicht erzähle-
rischer Verfahren bedient, kann der Film einer umfassenden Analyse unter-
zogen werden, die im Folgenden zumindest in ihren Grundzügen vorgestellt
werden soll. Der Schwerpunkt wird dabei auf die technischen Voraussetzungen gelegt, also auf die filmischen Mittel, welche für die Ausformung einer
Geschichte oder Handlung zum Einsatz kommen; gleichzeitig muss eine derartige Analyse die Untersuchung der Struktur, der Figurenkonstellation, der
Motive oder der intertextuellen (hier besser: intermedialen) Bezüge berücksichtigen, wie sie in Analogie bereits in den Einheiten 6 bis 9 behandelt worden
ist und hier nicht nochmals eigens erörtert wird. Dabei soll jedoch zumindest
eingangs betont werden, dass eine umfassende Filmanalyse sich nicht allein
auf die Ebene des Films selbst beschränkt, sondern mehrere Ebenen umfassen
sollte:

1) Die vielschichtigen Entstehungsbedingungen, in welche sich die Verfassung
   der Filmvorlage oder des Drehbuchs, schließlich die Produktion selbst ein-
   schreiben (hierzu zählen kommerzielle Rahmenbedingungen, technische
   Neuerungen, das Aufgreifen von in der Gesellschaft beachteten Themen,
   gattungsgeschichtliche Vorgaben, stilistische Strömungen u. v. m.);
2) im Speziellen: das künstlerische Profil des Regisseurs/der Regisseurin,
   wobei u. a. Selbstkommentare zum Film (etwa in Interviews) Hinweise auf
   persönliche Intentionen wie auch auf das anvisierte Publikum liefern;
3) die von einer konkreten Fragestellung geleitete Interpretation von Figuren
   und Handlungen im Rahmen einer den gesamten Film umfassenden
   Zusammenschau, die sich auf eine genaue Analyse der (unten beschrie-
   benen) filmischen Mittel stützt und einen methodischen Ansatz – etwa in
   biographischer, psychologischer, feministischer, soziologischer, historio-
   graphischer, mediengeschichtlicher oder dekonstruktivistischer Hinsicht –
   verfolgt (vgl. hierzu die Einheiten 10–12);
4) den Einbezug von Rezeptions-Zeugnissen (bspw. Filmkritiken, bereits vorliegende Interpretationen und Analysen) und – falls möglich – eine Würdi-
   gung der Nachwirkungen des Werks.

13.1 | Zwei Methoden der Filmtranskription

Eine eingehende Filmanalyse setzt ein mehrfaches Betrachten des Films voraus; um Details zuverlässig zu erfassen und zugleich das gesamte Werk nicht
aus dem Blick zu verlieren, haben sich verschiedene Methoden herausgebildet,
welche versuchen, die wesentlichen Elemente des Films auf Papier festzuhalten,
sie zu transkribieren. Die Basis hierfür bildet die Einstellung (*inquadratura*)
als kleinste Einheit des Filmgeschehens; ihre Begrenzung bildet der Schnitt
(*taglio/stacco*). In einem Einstellungsprotokoll werden – für ausgewählte Pas-

sagen oder für das Filmganze, das bei einer durchschnittlichen Dauer von 90 Minuten im Mittel um die 400–700 Einstellungen umfasst – normalerweise folgende Informationen verzeichnet: laufende Nummer und Länge der Einstellung; Kameraaktivitäten; Beschreibung des Sichtbaren; Transkription des zu Hörenden, ggf. Art des Übergangs zwischen aufeinanderfolgenden Einstellungen.

Als Beispiel für ein Einstellungsprotokoll wollen wir uns die berühmte Eingangssequenz aus Federico Fellinis *La dolce vita* (1960) ansehen:

|Abb. 13.1

Federico Fellini
(1920–1993)

|Text 13.1

Einstellungsprotokoll
(Auszug) zu Federico
Fellini: *La dolce vita*

Nr.	Dauer in Sek.	Kamera-Aktivitäten	Beschreibung des Sichtbaren	Tonspur
1	33"	Panorama Schwenk nach links Zoom auf Helikopter (Untersicht)	Zwei Helikopter fliegen über ein Fußballfeld und die Ruinen eines römischen Aquädukts auf die Kamera zu; an einem Helikopter hängt eine überlebensgroße Christusstatue	Lauter werdendes Rotorengeräusch
2	23"	Totale (Normalsicht) Schwenk nach links Schwenk noch oben	Kinder folgen laufend den Helikoptern durch eine Straßenschlucht Die Helikopter fliegen über einen Wohnblock	Rotorengeräusch Johlen der Kinder
3	6"	Totale Parallelfahrt (leichte Aufsicht)	Helikopter mit Statue fliegt über Wohnblocks im Rohbau	Rotorengeräusch
4	4"	Nah (Untersicht)	Arbeiter beobachten den Flug, winken	Geräusch der Werkzeuge; Rotorengeräusch (leise)
5	5"	Totale	Helikopter über Vorortshäusern	Rotorengeräusch (leise)
6	23"	Halbtotale (Untersicht)	Sonnenbadende Frauen auf Dachterrasse, aus dem Hintergrund nähern sich die Helikopter; die Frauen springen auf und winken	Leise Unterhaltungsmusik, sehr laut werdendes Rotorengeräusch 1. Frau: "Leontine, che cosa è? Guarda, è Gesù!" Leontine: "Ma dove vanno?" Zurufe
7	5"	Totale (Untersicht)	Helikopter wendet im Gegenlicht der Sonne	Sehr lauter Rotorenlärm

Nr.	Dauer in Sek.	Kamera-Aktivitäten	Beschreibung des Sichtbaren	Tonspur
8	7"	Totale (Aufsicht)	Die Frauen winken auf der Dachterrasse	Sehr lauter Rotorenlärm Rufe der Frauen
9	3"	Halbtotale (Untersicht)	Drei Männer sitzen im Cockpit: Marcello, *paparazzo* und der Pilot	Sehr lauter Rotorenlärm
10	3"	Halbnah (Aufsicht)	Winkende Frauen	Lauter Rotorenlärm 1. Frau ruft: "Quella statua, che cosa è, dove la portate?"
11	4"	Halbtotale (Untersicht) Zoom Halbnah	Männer im Cockpit bewegen Lippen, machen Zeichen	Sehr lauter Rotorenlärm
12	5"	Groß (Normalsicht) Schwenk nach rechts	Gesichter zweier Frauen, dann der anderen Frauen	Lauter Rotorenlärm 1. Frau ruft: "Cosa?" Leontine: "Dove la portate?"
13	5"	Nah (Untersicht)	Männer gestikulieren, bewegen Lippen	Sehr laute Rotorenge- räusche
14	4"	Amerikanisch (Aufsicht)	Drei Frauen winken	2. Frau: "La portanno dal Papa."
15	4"	Nah (Untersicht)	Marcello schreibt panto- mimisch auf Handteller, winkt Kuss zu; der Begleiter fotografiert	Sehr lauter Rotorenlärm
16	4"	Groß (Aufsicht)	2. Frau übersetzt ihrer Freundin die Zeichensprache und antwortet Marcello	2. Frau: "Vogliono il tuo numero di telefono – No!"
17	8"	Halbtotale (Untersicht) Totale	Männer winken zum Abschied, Helikopter dreht bei und fliegt davon	Lauter Rotorenlärm
18	4"	Nah (Normalsicht)	Fotograf fotografiert aus dem Cockpit	Sehr lauter Rotorenlärm
19	6"	Panorama (Parallelfahrt)	Der erste Helikopter fliegt mit der Statue über Rom	Rotorengeräusch, sukzes- sive verdrängt von lautem Glockenläuten

Nr.	Dauer in Sek.	Kamera-Aktivitäten	Beschreibung des Sichtbaren	Tonspur
20	4"	Halbtotale (Untersicht) Halbnah	Die Christusstatue von unten gesehen nähert sich	Lautes Glockenläuten, Rotorengeräusche
21	6"	Panorama (Aufsicht)	Der Petersdom von oben	Lautes Glockenläuten, Rotorengeräusche
22	4"	Nah (leichte Untersicht)	Christusstatue im Flug	Lautes Glockenläuten, Rotorengeräusche
23	4"	Panorama (Aufsicht)	Der Petersplatz von oben	Lautes Glockenläuten, Rotorengeräusche
24	47"	Nah (Aufsicht) Schwenk nach oben (Normalsicht) Schwenk nach rechts […]	Ein thailändischer Tempeltänzer mit Maske erhebt sich, zwei halbnackte Schwertträger drehen sich vor ihm, die Tänzer entfernen sich. Der junge Kellner geht zu Marcello […]	Gesang der Maske; Gong; Aufschrei des Chors Stimme aus dem 'Off': "Ragazzo, vieni un po' qua." Marcello: "Senti, al tavolo numero sedici, che cosa hanno mangiato?" […]

? Betrachten Sie das Einstellungsprotokoll. Mit welchen gestalterischen Mitteln wird hier über die einzelnen Einstellungen hinweg Kontinuität erzeugt? Wo gibt es im Gegenzug scharfe Einschnitte?

|Aufgabe 13.1

Mehrere (im Hinblick auf Handlungselemente, Schauplätze, Zeitabschnitte oder präsente Figuren) zusammenhängende Einstellungen bilden zusammen eine Sequenz (*sequenza*). Sie vereinen zumeist unterschiedliche Szenen (*scena*), d.h. Gruppen von Einstellungen, welche durch die Beibehaltung der Figuren, des zusammenhängenden räumlichen Dekors und den Verzicht auf Zeitsprünge (Erzählzeit = erzählte Zeit) zusammengehalten werden. Das Protokollieren von Sequenzen und Subsequenzen (z.B. einzelne oder sich ergänzende Szenen) bietet eine weniger aufwendige Möglichkeit, den Handlungsverlauf eines Films zu beschreiben; hierfür werden größere Blöcke nach inhaltlichen (Handlungsorte, Personen, grober Handlungsverlauf) und formalen Kriterien (z.B. Kameraarbeit) beschrieben und der zeitlichen Abfolge entsprechend aufgezeichnet. Angewendet auf das obige Beispiel von Fellinis *La dolce vita* ergibt sich folgendes Protokoll der ersten Filmsequenzen:

Sequenzprotokoll

Text 13.2

Sequenzprotokoll
(Auszug) zu
La dolce vita

00'00 Vorspann

01'40 Sequenz 1: Flug über Rom

Zwei Helikopter überfliegen Rom, einer transportiert eine überlebensgroße Christusstatue, im zweiten begleiten ein Journalist und ein Fotograf den Transport; sie nähern sich kurzzeitig der Dachterrasse eines Penthouses und flirten mit den sonnenbadenden Frauen; die beiden Helikopter erreichen den Petersdom.

04'37 Sequenz 2: Marcello und Maddalena

In einem Restaurant sind Marcello und sein Fotograf auf der Suche nach Klatschmeldungen aus der High Society, beide bekommen Ärger.

An der Bar trifft Marcello auf die reiche Maddalena, er begleitet sie durch einen Schwarm lästiger *paparazzi* zu ihrem Wagen.

Beide fahren durch das nächtliche Rom, diskutieren über Vor- und Nachteile des anonymen Großstadtlebens. Maddalena gibt ihrem Lebensüberdruss Ausdruck, einzig die Liebe verschaffe Abhilfe. Aus einer Laune heraus lädt Maddalena ein unbekanntes Straßenmädchen ein, sie nach Hause zu bringen.

Sie fahren sie zu ihrer Wohnung in einem Vorort. Dort lässt Maddalena sich auf einen Kaffee einladen. Die Wohnung ist in einem miserablen Zustand, auf dem Boden steht das Wasser. Das Paar landet im Schlafzimmer, Maddalena zieht Marcello zu sich aufs Bett und verbringt mit ihm die Nacht.

17'58 Sequenz 3: Emmas Selbstmordversuch

Marcellos Verlobte Emma kann sich in ihrer spärlich möblierten Wohnung kaum auf den Beinen halten. Marcello fährt in einem Sportwagen nach Hause in einen modernen Wohnblock.

Marcello findet Emma zusammengesunken auf dem Flur. Er entdeckt ein Medikament, nimmt die in Lebensgefahr schwebende Frau auf die Schulter und fährt sie in aller Eile in eine futuristisch wirkende Klinik.

Dort trifft er auf den Reporter Giannelli, den er anfleht, nicht über den Vorfall zu berichten, um keine Scherereien mit der Polizei zu bekommen.

Emma ist gerettet, Marcello muss indes auf einen *brigadiere* warten, um vorschriftsgemäß das Geschehen zu Protokoll zu geben. Während er wartet, versucht er Maddalena anzurufen; diese schläft und hört das Telefon nicht.

22'26 Sequenz 4: Ankunft der Diva

Eine Meute von Fotoreportern stürmt auf der Landebahn eines Flughafens auf ein heranrollendes Flugzeug zu. Die schwedische Filmdiva Sylvia steigt aus und setzt sich vor ihnen demonstrativ in Szene.

[…]

230

| Aufgabe 13.2

? Verschaffen Sie sich einen Überblick über den weiteren Handlungsverlauf, ggf. mit Hilfe eines entsprechenden Nachschlagewerkes (z. B. *Reclams elektronisches Filmlexikon*. CD-Rom. Stuttgart: Reclam 2001). Inwiefern führen die oben genannten vier Sequenzen in die Thematik des Films ein? Worin besteht die expositorische Funktion der Sequenzen speziell im Hinblick auf die Hauptfigur Marcello?

Neben den erwähnten beiden Methoden, die ihrerseits auf unterschiedliche Art und Weise, d. h. gegebenenfalls unter Einbezug weiterer Kriterien, angewandt werden können, existieren noch andere Verfahren der Filmtranskription, vor allem unter Einbezug graphischer Elemente (ausführlich hierzu: Korte 2004). An den zwei vorgestellten Modellen dürfte jedoch bereits deutlich geworden sein, dass sich eine Filmanalyse, wo es um die Beschreibung des vorgeführten Materials geht, stets auf drei Dimensionen erstrecken muss: auf optische Informationen (was ist zu sehen?), auf akustische Informationen (was ist zu hören?) und auf die Zusammenstellung des aufgezeichneten Materials vermittels Schnitt und Montage (welche Abfolge ergibt sich?).

Bildebene

| **13.2**

Für das Kino ist das bewegte Bild charakteristisch. Gleichsam photographische Standbilder, Schrifttafeln (im Stummfilm/*filmo muto*) oder eingeblendete Schrift (Untertitel/*sottotitoli*) können diese auf Bewegungsabfolgen ausgerichteten Aufnahmen unterbrechen oder ergänzen und tragen dann ganz bestimmte Funktionen, die es zu hinterfragen gilt. Erfasst werden die Bilder von der Kamera (*macchina da presa* oder *cinepresa*), die als vermittelnde Instanz zwischen den Zuschauern und dem Filmgeschehen steht: Obwohl sie im Normalfall in dieser Rolle gar nicht wahrgenommen wird, weil das Gesehene uns 'unmittelbar' vor Augen steht und uns in einem sogartigen Realitätseffekt in die Bilderwelt hineinzieht, muss immerzu beachtet werden, dass es sich dabei um eine medial vermittelte 'Wirklichkeit' handelt (auch bei dokumentarischen Aufnahmen!). (Unter www.bachelor-wissen.de finden Sie Zusatzmaterial zum Thema: Die Kritik der Filmkunst bei Walter Benjamin.) Die Kamera ist mehr als nur ein 'künstliches Auge', sie erfasst die Bildinhalte, wählt den Blickwinkel, steuert insgesamt über die Art und Weise des Filmens unsere Wahrnehmung der dargebotenen Inhalte – und wird somit zu einer Erzählinstanz, die analog zu den in Einheit 8 genannten Möglichkeiten das Geschehen präsentiert. Im Übrigen gehört auch das von der Kamera nicht Gezeigte ('Off'; *fuori campo*) unter Umständen durchaus zum filmischen Universum, etwa in den spannungsreichen Szenen von Horror- oder Kriminalfilmen, die absichtlich visuelle Informationen vorenthalten und sie nur auf der akustischen Ebene andeuten (z. B. über Schreie aus der Ferne).

Der 'Realitätseffekt' des bewegten Bildes

Einstellung Der Begriff 'Einstellung' (*inquadratura*) bezeichnet zunächst einmal, wie ein Bildinhalt von der Kamera erfasst wird. Das Bildformat definiert den Kader (ebenfalls: *inquadratura*) als nach vier Seiten begrenztes Bildfeld. In der Kadrierung wird ein Ausschnitt aus einem Geschehen vorgenommen.

Komposition Das Bildfeld kann nach den Kriterien der Komposition hinterfragt werden: die Betonung bestimmter Linien oder Formen, Kontraste zwischen hellen und dunklen Flächen, Bezüge zwischen Bildelementen (bspw. das Spannungsverhältnis zwischen einem Einzelnen und der ihm gegenüberstehenden Gruppe), auch die Gleichzeitigkeit von statischen und bewegten Elementen können neben vielen anderen hierbei aufschlussreich sein.

Einstellungsgröße Ein zweites Merkmal ist die Größe der Einstellung, für die folgende Raster zur Verfügung stehen, wobei unterschieden wird zwischen Aufnahmen eines größeren szenischen Umfelds ('*campo*') und vorrangig auf die Darsteller ausgerichteten Aufnahmen ('*piano*'):

► Panorama oder Weit/*campo lunghissimo (CLL)*: ein aus großer Distanz gegebener Überblick, etwa über eine Landschaft oder eine Stadt, meist von einer erhöhten Warte aus vorgenommen, evtl. mit einem Weitwinkel-Objektiv oder einer Schwenkbewegung der Kamera eingefangen; Menschen wirken im Rahmen dieser Landschaft verloren, deren Eindruck dominiert (vgl. Abb. 13.2);

► Totale/*totale* oder *campo lungo (CL)*: ein einzelner Schauplatz wird im Überblick erfasst; die Personen und ihr weiteres räumliches Umfeld sind zu erkennen; mit dieser Einstellung kann zu Beginn einer Sequenz ein Handlungsraum vorgestellt werden (vgl. Abb. 13.3);

Abb. 13.2|
Panorama
Abb. 13.3|
Totale

► Halbtotale/*campo medio (CM)*: die Personen sind ganz zu sehen, mit ihnen noch ein Großteil der unmittelbaren szenischen Umgebung; Menschengruppen und Bewegungen von Personen im Raum lassen sich somit gut erfassen (vgl. Abb. 13.4);

► Halbnah/*figura intera (FI)*: die Personen füllen in ihrer vollen Größe das Bild; von der räumlichen Umgebung sind nur noch kleinere Anteile im Bild zu sehen; Menschen interagieren gut erkennbar mit ihrer näheren Umgebung, v. a. mit anderen Personen (vgl. Abb. 13.5);

Abb. 13.4
Halbtotale
Abb. 13.5
Halbnah

► Amerikanisch/*piano americano (PA)*: der Körper wird nur noch vom Kopf bis zur Mitte des Oberschenkels (wegen des Pistolenhalfters!) gezeigt (vgl. Abb. 13.6);

► Nah/*piano medio (PM)*: der Körperausschnitt ist auf Kopf und Teile des Oberkörpers reduziert; in dieser Einstellung können Mimik, Gestik – v.a. als Gesprächsverhalten – besonders gut gezeigt werden (vgl. Abb. 13.7);

Abb. 13.6
'Amerikanisch'
Abb. 13.7
Nah

► Groß/*primo piano (PP)* bzw. *primissimo piano (PPP)*: das Gesicht füllt das Bildfeld von den Schultern ab (PP) oder vollständig (PPP) aus und ermöglicht eine genaue Studie der Mimik der portraitierten Person, was für die Zuschauer eine Auseinandersetzung mit deren Gefühlen und Gedanken suggeriert (vgl. Abb. 13.8);

 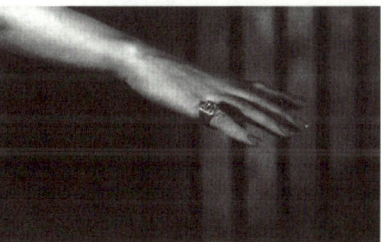

Abb. 13.8
Groß
Abb. 13.9
Detail

► Detail/*dettaglio* oder *particolare (dett.* bzw. *part.)*: vergrößerte Nahaufnahme eines einzelnen Elements, z. B. einer Hand, dessen Funktion für den Handlungsablauf dadurch stark betont wird (alle Bildbeispiele aus *La dolce vita*).

233

Perspektive

Die Wirkung der Einstellungsveränderungen auf die Zuschauerschaft lässt sich als Distanz oder Nähe zum Filmgeschehen auffassen. In Kombination mit der Einstellungsgröße ist auch auf die *Kameraperspektive* (*angolazione*) zu achten. Hier kann unterschieden werden zwischen:

► Aufsicht/*oblique dall'alto* (Vogelperspektive/*prospettiva a vuolo d'uccello*): der von oben herab gerichtete Blick suggeriert Überblick und Kontrolle;
► Normalsicht/*inquadratura normale*: Referenzpunkt ist die Augenpartie der im Film gezeigten Personen; die Zuschauer befinden sich mit ihnen 'auf Augenhöhe', was den normalen Sehgewohnheiten entspricht;
► Untersicht/*oblique dal basso* (Froschperspektive/*prospettiva dal basso in alto*): das sichtbare Objekt wirkt übermächtig und bedrohlich.

Aufgabe 13.3

? Um welche Einstellungsgröße handelt es sich im nachfolgenden Beispiel? Aus welcher Perspektive ist die Einstellung aufgenommen?

Abb. 13.10

Einstellung aus
La dolce vita

Kameraschwenk und
Kamerafahrt

Die genannten Möglichkeiten werden über die Zeitdauer einer Einstellung zumeist nicht statisch verwendet (*immagine fissa*), sondern sind Teil eines Bewegungsablaufs. Neben dem Zoom (*zoommata*), welcher mittels eines Objektivs die optische Distanz zum gefilmten Objekt verändert, handelt es sich dabei um *Bewegungen der Kamera*. Hier wird zwischen Schwenk und Kamerafahrt bzw. Kombinationen aus beiden unterschieden. Der Schwenk (*panoramica*) wird als Veränderung der Ausrichtung und des Neigungswinkels auf einem still stehenden Stativ vollzogen, entweder zu den Seiten (*orizzontale*, f.), nach unten bzw. oben (*verticale*, f.) oder in Schieflage (*obliquo*). Die Kamerafahrt (*carrellata*) setzt die gesamte Kamera-Apparatur mit Stativ in Bewegung, z. B. auf einem Schlitten (*carrello*), auf einem Kamerawagen (*dolly*, m.), auf einem fahrenden Auto (*camera car*) oder an einem Kran (*gru*, f.). In der Parallelfahrt begleitet die Kamera auf diese Weise ein sich bewegendes Objekt; in der Vorfahrt (*avanti*, m.) bewegt sie sich auf das Objekt zu, in der Rückfahrt (*indietro*, m.) von ihm fort bzw. schräg durch den Raum (*trasversale*, f.). Die von der Kamera ausgeführten Bewegungen vermitteln den Zuschauern den Eindruck, stärker in das Geschehen auf der Leinwand mit einbezogen zu sein. Im Gegenzug können sich natürlich auch die Objekte vor der Kamera bewegen, was zum Beispiel bei einer Bewegungs-richtung auf die Zuschauer hin ein Gefühl der Bedrohung vermitteln kann.

In den Bereich des Visuellen gehören weiterhin die *Lichtverhältnisse*, also die Ausleuchtung durch Scheinwerfer und die Lichtintensität (*fonti luminose naturali o artificiali*). Der Scheinwerfereinsatz kann das gefilmte Objekt von vorne ausleuchten (Vorderlicht/*luce di fronte*) oder im Gegenlicht (*controluce*) verschwimmen lassen. Seitenlicht oder einzelne Lichtspots konturieren bei-spielsweise Gesichtszüge oder lassen bestimmte Einzelheiten der Requisiten oder Raumumgebung deutlicher hervortreten. Unterbelichtung (*sottoesposizi-one*) und Überbelichtung (*sovraesposizione*) können gezielt eingesetzt werden. Unter *high key* versteht man einen kontrastreichen Scheinwerfereinsatz, der klare Trennungen zwischen ausgeleuchteten und dunklen Bildpartien vor-nimmt; der *low key*-Stil hingegen zeichnet weichere Konturen und lässt die Farben eher ineinander verschwimmen.

Neben der Kameraarbeit und der auf sie ausgerichteten Beleuchtung gilt es schließlich, die Bildinhalte selbst genau zu beschreiben und zu deuten. Dabei sind neben der Gestaltung des Raums (Schauplatz, Kulisse bei Studio-Auf-nahmen) die evtl. symbolhaften Gegenstände (Requisiten), die Kostüme und Masken, schließlich die schauspielerischen (und sprecherischen) Leistungen der Akteure selbst zu betrachten.

Beleuchtung

Bildinhalte

? Beschreiben Sie die in dem folgenden Beispiel eingesetzte Beleuchtung.

|Aufgabe 13.4

|Abb. 13.11

Einstellung aus *La dolce vita*

Tonebene

|13.3

Der Gehörsinn wird im Film auf drei unterschiedliche Weisen stimuliert: einerseits durch gesprochene Sprache (Monologe, Dialoge), andererseits durch Geräusche (*rumori*) und durch Musik (Tonspur: *colonna sonora*). Befindet sich die Lautquelle, etwa ein Sprecher, im Bildfeld, so werden Ton und Bild syn-chron verwendet; ist die Lautquelle außerhalb des sichtbaren Bereichs (bzw. des filmischen Raumes), also im 'Off' (*voce fuori campo*), handelt es sich um eine asynchrone Beziehung zwischen beiden Ebenen. Ein fortlaufendes Klang-Kontinuum ermöglicht darüber hinaus die Verknüpfung von Einstellungen, sogar bis hin zu Sequenzen, wobei die verschiedenen Bildinhalte durch einen durchweg geführten Dialog, durch eine Geräusch- oder eine Musikuntermalung miteinander verknüpft werden (vergleichen Sie hierzu noch einmal das Einstellungsprotokoll zu *La dolce vita*, Text 13.1).

Rede   Bei der *gesprochenen Sprache* ermöglicht die Sprechweise im Zusammenhang mit dem Grundcharakter einer Stimme – gerade auch bei der nachträglichen Synchronisation (durch die Schauspieler selbst oder durch Sprecher in anderen Sprachen; *sincronizzazione*) – dem Inhalt des gesprochenen Textes eine verstärkende oder zusätzliche Dimension zu verleihen, etwa beim Ausdruck von Wut oder Pathos, aber auch als ironische Distanz zum Gesprochenen. Dabei ist aufschlussreich, ob die im Film zu sehenden Personen selbst sprechen, ob sie miteinander reden oder für sich, eventuell sogar zum Zuschauer gewandt, diesen ansprechen (was einer Form von Metalepse gleichkommt; vgl. Einheit 8.2.1); oder ob eine Stimme aus dem 'Off' für die Szene wichtige Informationen liefert bzw. einen Kommentar zur Handlung abgibt (bspw. kann die *off-voice* speziell im Rahmen einer internen Fokalisierung zum Einsatz kommen).

Geräusche   Um eine Einstellung als 'natürlich' oder 'stimmig' zu empfinden, benötigen Zuschauer und Zuschauerin in vielen Fällen eine *akustische Kulisse* (*rumori di ambiente*), welche sich aus mehr oder minder diskreten Hintergrundgeräuschen zusammensetzt – eine sog. *Atmo*. Diese Geräusch-Atmosphäre wirkt interessanterweise meist überzeugender, wenn es sich um künstlich erzeugte oder in speziellen Aufnahmeverfahren präparierte Geräusche handelt, die klarer wahrnehmbare und wiederzuerkennende Signale liefern als eine entsprechende direkte Vor-Ort-Aufnahme. Bisweilen treten einzelne Geräusche markant hervor, etwa als *Effektgeräusche* (*effetti sonori*), welche die Filmhandlung um Spannungselemente bereichern; auch sie werden zumeist künstlich hergestellt, vom Knarzen der Tür über das Heulen des Windes bis zum Klingen aufeinanderschlagender Säbel.

Musik   Die Ebene der *musikalischen Gestaltung* (*musica*) eines Films zielt in der Regel auf eine emotionale Lenkung des Publikums. Die ausgewählten musikalischen Partien unterstreichen dabei die Empfindungen der Personen auf der Leinwand oder sollen in Verbindung mit dem Bildmaterial Stimmungseindrücke hervorrufen. Die Lautstärke, der Grad von Harmonie oder Dissonanz, die Verwendung bekannter Melodien als intermedialer Verweis, der Wechsel zwischen Melodien oder Motiven werden zu Ausdrucksmitteln, die Angst, Spannung, Trauer, Illusionen oder Träume, Wehmut, Heiterkeit, Verliebtheit signalisieren können. Es ist auch möglich, dass Personen oder Situationen mit bestimmten Motiven verknüpft werden und diese als Leitmotive immer wieder im Verlauf des Films als strukturierendes Moment eingesetzt werden, etwa im Falle des bekannten James-Bond-Motivs als Hintergrundmusik der entsprechenden Agentenfilme.

Montage

|13.4

Die Abfolge der Einstellungen im fertig gestellten Film entspricht normalerweise nicht der Reihenfolge der Dreharbeiten. Auch wird nur ein geringer Teil des Materials schließlich im Film verarbeitet. Entscheidend für seine künstlerische Gestaltung ist daher der eine Auswahl treffende Schnitt des Materials *Schnitt* (*taglio*) und die anschließende Montage (*montaggio*) der Fragmente zu einem aus ihnen konstruierten Gesamtkomplex. Auch wenn das Drehbuch die grobe Vorlage für das Endprodukt liefert, so entsteht die in einem Einstellungsprotokoll erfassbare endgültige Form erst im Laufe einer aufwendigen Bearbeitung der Aufnahmen, zu der der Einsatz spezieller Filterverfahren, die Einfügung von gesprochenem (oder geschriebenem) Text, von Geräuschen oder Musik wie auch von computergestützten Spezialeffekten zählt.

Die Montage der Einstellungen zielt im Allgemeinen darauf ab, einen Erzählfluss zu erzeugen, bei dem sich über längere Passagen hinweg eine quasi selbstverständliche Abfolge von aus unterschiedlichen Kamerapositionen aufgenommenen Bildern ergibt (*raccordo*). Die einzelnen Einstellungen erscheinen dabei als folgerichtig gereihte Stationen einer Handlungskette. Als Beispiel kann das sog. Schuss-Gegenschuss-Verfahren (*controcampo*) dienen, *Schuss/Gegenschuss* wie es gerne bei der Inszenierung eines Gesprächs zwischen zwei Dialogpartnern verwendet wird. Hier sieht die Kamera der zuhörenden Person über die Schulter oder übernimmt ihren Blick auf die gerade sprechende Person; mit der Sprecherin oder dem Sprecher ändert sich sogleich die Kameraperspektive und gibt den Blick auf den aktiven Dialogpartner frei.

|Abb. 13.12
|Abb. 13.13
Beispiele für Schuss-
Gegenschuss aus
La dolce vita

Dem Zuschauer fällt diese künstlich arrangierte Abfolge von Einstellungen zumeist nicht weiter auf, zu sehr entspricht sie seiner Aufmerksamkeit für die redenden Personen, deren Text als verbindender roter Faden über die Einstellungswechsel hinwegläuft. Während der stetige Wechsel von Einstellungen vom Zuschauer als 'natürliche' Eigenart des Films vorausgesetzt wird, bildet gleichzeitig die innere Kohärenz der Szenen und Sequenzen eine wichtige Basis des filmischen Erzählens. Aufschlussreich ist an dieser Stelle das Verfahren des unsichtbaren Schnitts (*montaggio invisibile*), das die Medialität des *Unsichtbarer Schnitt*

Films zugunsten einer Wirklichkeitsillusion in den Hintergrund treten lässt; die Plausibilität der Bilderfolge ist insofern ein Kennzeichen des filmischen Realismus. In einer schlüssigen Abfolge bauen die einzelnen Einstellungen aufeinander auf, folgen dem Geschehen. Überblendungen erlauben in anderen Fällen das kurzzeitige Verschmelzen zweier aufeinanderfolgender Bilder (*dissolvenza incrociata*).

Harter Schnitt

Im Gegenzug kann die Montage auch anstelle eines solchen unauffälligfließenden Übergangs einen betonten Bruch zwischen zwei Einstellungen erzeugen, etwa bei einer unvermittelten Abfolge von Tag- und Nachtaufnahmen oder unerwarteten Schauplatzwechseln (harter Schnitt/*stacco*). Ein 'jump cut' (*jump-cut*, m.) liegt vor, wenn ein Handlungsablauf so abrupt unterbrochen wird, dass es auf die Zuschauer irritierend wirkt (beispielsweise zwischen den Einstellungen 23 und 24 in Text 13.1). Ein Verfahren, das lange Zeit als

Achsensprung

Kunstfehler galt, stellt in diesem Zusammenhang der sog. Achsensprung (*scavalcamento di campo*) dar, bei dem die Kameraposition die Handlungsachse zwischen zwei Filmfiguren überspringt, sie also in der Folgeeinstellung von der gegenüberliegenden Seite aus beobachtet, was einem realen Beobachter nicht möglich wäre, ohne um die Betrachteten herumzugehen. Ist ein solcher Positionswechsel nötig, so sollte er sich daher über eine Reihe von vermittelnden Zwischenpositionen erstrecken, welche auf nachvollziehbare Art und Weise die Akteure umrundet.

Abb. 13.14 |
Abb. 13.15 |
Beispiel für einen Achsensprung

Bilderfolgen, die gegen unsere Wahrnehmungsgewohnheiten verstoßen, verweisen also auf die Künstlichkeit des Films und seinen Charakter als Kunstwerk, weshalb sich in derartigen Fällen die Frage nach der Funktion eines solchen Vorgehens aufdrängt. In diesem Sinne nutzte bereits das Kino der russischen Avantgarde (Sergei M. Eisenstein, 1898–1948) eine sprunghafte, assoziative Montagetechnik, welche nicht auf Illusionsbildung ausgerichtet ist.

Ein weiteres Kriterium bei der Montage der geschnittenen Einstellungen ist die Frequenz ihrer Abfolge, die zwischen staccatohaftem Tempo oder elegischer Langsamkeit über die Dauer einer Einstellung entscheidet und zur unterschiedlichen Akzentuierung innerhalb des Films (z. B. als Dynamisierung des Geschehens oder Ruhepause) eingesetzt werden kann. Von einer Plansequenz (*piano-sequenza*, m.) spricht man in diesem Zusammenhang, wenn eine Einstellung über einen längeren Zeitraum ohne Schnitt weitergeführt wird, im Besonderen unter Verwendung einer Reihe von ausgeklügelten Bewegungen der Kamera, und im Sinne einer Sequenz mehrere Handlungseinheiten umfasst.

Plansequenz

Zugleich erlaubt die Montage die Ausbildung eines Erzählzusammenhangs über die Anordnung von zusammengehörenden Einstellungen innerhalb einer oder mehrerer Sequenzen. Die Parallelmontage (*montaggio parallelo/alternato*) führt dem Publikum zwei (oder mehr) Handlungsstränge im Wechsel vor, die sich in der fiktiven Welt des Films zeitgleich zutragen oder zumindest miteinander in Beziehung gesetzt werden, etwa Verfolger und Verfolgte in Action-Filmen oder Sprünge zwischen Ereignissen in Gegenwart und Vergangenheit.

Parallelmontage

Natürlich kann darüber hinaus die chronologische Reihenfolge der Handlungselemente der erzählten Zeit (*tempo del racconto*) aufgelöst werden, Handlungsepisoden können übersprungen (Ellipse/*ellissi*, m.) oder Sequenzen aus unterschiedlichen Zeiträumen miteinander kombiniert werden, etwa als *flash-back* oder *flash forward* (vgl. Einheit 8.2.2 'Anachronie'). Die Parallelmontage ermöglicht wie gesagt eine Darstellung gleichzeitiger Ereignisse. Auf der Ebene der Erzählzeit (*tempo della storia*) erlauben Zeitraffer (*accelerazione*) und Zeitlupe (*rallenty*, m.) eine Straffung oder Dehnung.

Erzählzeit und erzählte Zeit

? Worin besteht der Unterschied zwischen dem Schuss-Gegenschuss-Verfahren und der Parallelmontage?

Aufgabe 13.5

Filmisches Erzählen

13.5

Sowohl die visuelle als auch die akustische Vermittlung des Filmgeschehens an die Zuschauer beruht gemeinhin auf einem sorgfältig ausgearbeiteten Konzept. Die Art und Weise, wie die Kamera die Ereignisse in den Blick nimmt, wie auch die Auswahl des Tonmaterials sind Voraussetzungen für die sich in den Köpfen des Publikums vollziehende 'Lektüre' des Films. Aus der Zusammenstellung des Bild- und Tonmaterials in Schnitt, Montage und Synchronisation entsteht die äußere Gestalt des Films, die Ebene des *discorso narrativo*, während auf der Ebene der *fabula* das Geschehen vor der Kamera Schauspielerinnen und Schauspieler in ihrem Sprechen und Handeln zeigt. Die erzählte Handlung besitzt ebenso wie das Drama einen inneren Aufbau mit Exposition, Entfaltung des Konflikts, beschleunigenden und verzögernden Elementen, einem Höhepunkt und einem Schluss, sofern dieser nicht mit Absicht offen gehalten wird. Thema, Fabel/Plot und Story eines Films werden von einer Filmanalyse ebenso in den Blick genommen wie die in ihm auszumachenden stofflichen oder motivlichen Elemente, die Figurenkonstellation, der sich entwickelnde Konflikt. Innerhalb der Filmgeschichte haben sich dabei eine Reihe von typischen Erzählmustern herausgebildet, die auf Konventionen beruhen und bestimmte Themen, ihre typischen Stoffe, Motive, Handlungsmuster, Figurenkonstellationen und ästhetische Verfahren der Inszenierung und Kameraarbeit umfassen: die Genres. Ihre Grenzen und Merkmale sind nicht immer klar definiert, doch haben sich Genres wie Liebes- oder Kriminalfilm, Western, Science-Fiction, Thriller oder Komödie in der Zuschauer-Wahrnehmung als feste Größen etabliert.

Genres

Solche Erzählmuster greifen auch auf die Art und Weise der Erzählung über, etwa bei schockierenden harten Schnitten im Horrorfilm. In Analogie zu den in Einheit 8 vorgestellten Kriterien kann die Ebene des *discorso narrativo* auf Erzählverfahren hin untersucht werden, die teilweise schon in die obige Darstellung eingeflossen sind. Eine spezielle Aufmerksamkeit verdient die Fokalisierung, wie sie in Anlehnung an die in Einheit 8.2.4 vorgestellte Genettesche Terminologie verwendet wird, mit der sie aber nicht deckungsgleich ist.

Fokalisierung

Ist die Wahrnehmung der Zuschauer an eine Kamera- und Ton-Aufnahme gebunden, die die Handlung quasi von der Warte eines Beobachters verfolgt (*inquadratura oggettiva*), ist eine externe Fokalisierung (*focalizzazione esterna*) gegeben, so in Fellinis *La dolce vita* im Hinblick auf die Figur Marcello. Man spricht in diesem Zusammenhang auch von der *focalizzazione su un personaggio*, da die Kamera sich in den Einstellungen meist auf einzelne oder wenige Figuren konzentriert. Hierbei handelt es sich um das geläufige Verfahren für fiktionale, erzählende Filme. Ihr gegenüber steht die Identifizierung von Kamera/Mikrophon mit den Wahrnehmungsmöglichkeiten einer der handelnden Figuren des Films; sie weist auf eine – im Normalfall nur episodisch eingesetzte – interne Fokalisierung (*focalizzazione interna*) hin. Die sog. subjektive Kamera (*inquadratura soggettiva*) nimmt das Geschehen aus den Augen der erlebenden Person wahr, deren Gedanken und Rede zugleich aus dem 'Off' eingebracht werden.

In einer seltenen Einstellung aus *La dolce vita* liegt eine interne Fokalisierung vor: Marcello wird an der Eingangstür von Steiners Wohnung in Empfang genommen, wobei die Kamera hier die subjektive Sicht Marcellos übernimmt.

Abb. 13.16|
Marcello wird von
Steiners Frau begrüßt

? Weshalb können Kameraarbeit und Schnitt nur im übertragenen Sinn als Erzähl-instanz bezeichnet werden, wie sie in einem fiktionalen literarischen Text vorliegt?

|Aufgabe 13.6

Filmanalyse bedient sich eines auf das jeweilige Medium speziell zugeschnittenen Zugriffs, der neben den inhaltlichen Gesichtspunkten vor allem auf die Art und Weise der filmischen Darstellung ausgerichtet ist. Kameraführung und Montage können in diesem Zusammenhang als die wichtigsten Elemente der Ebene des *discorso narrativo* ausgemacht werden, die im Sinne einer Erzählinstanz das Dargebotene vermitteln, wenngleich zusätzlich auch Erzählerfiguren, Kommentare aus dem 'Off' diese Aufgabe übernehmen können. Die Analyse kann sich der in Einheit 8 vorgestellten narratologischen Ansätze bedienen, die sich in erster Linie auf den Spielfilm übertragen lassen. Andererseits kann natürlich in weiten Teilen auf die Kategorien der Dramenanalyse zurückgegriffen werden (vgl. Einheit 6). Dass es sich jedoch nicht um eine schlichte Wiedergabe von Literatur im Film handelt, wird in der folgenden Einheit betrachtet. In jedem Fall ist die filmische Gattung in die an die Analyse anschließende Interpretation mit einzubeziehen, wenn es darum geht, die thematische und ästhetische Ausrichtung des untersuchten filmischen Textes zu ergründen.

Zusammenfassung

Filmedition

Federico Fellini: *La dolce vita*. Italien/Frankreich 1960. SZ-Cinemathek Nr. 34 (2005).

Literatur

Paolo Bertetto (Hg.): *Metodologie di analisi del film*. Roma-Bari: Laterza 2006.

David Bruni: *Il cinema trascritto. Strumenti per l'analisi del film*. Roma: Bulzoni 2006.

Werner Faulstich: *Grundkurs Filmanalyse*. München: Fink 2002.

Knut Hickethier: *Film- und Fernsehanalyse*. Stuttgart/Weimar: Metzler [3]2001.

Helmut Korte: *Einführung in die Systematische Filmanalyse*. Berlin: Erich Schmidt [3]2004.

Joachim Paech: *Literatur und Film*. Stuttgart/Weimar: Metzler [2]1997.

Exemplarische Filmanalyse

	Inhalt	
14.1	Literaturverfilmung	244
14.2	Beispiel einer Literaturverfilmung: *Il gattopardo* von Luchino Visconti	245
14.2.1	Die Romanvorlage	245
14.2.2	Luchino Visconti	246
14.2.3	Roman und Film im Vergleich	247
14.3	Roberto Rossellini und der italienische *neorealismo*	253
14.3.1	*Neorealismo* in Literatur und Kino	253
14.3.2	*Roma, città aperta*	254

Nach der theoretischen Einführung in die Filmanalyse wollen wir uns nun der exemplarischen Betrachtung zweier Filme widmen. Zuerst einmal wenden wir uns einer Literaturverfilmung zu, nämlich dem Roman *Il gattopardo* von Tomasi di Lampedusa in der Verfilmung von Luchino Visconti. Im Anschluss daran wird mit Roberto Rosselinis *Roma, città aperta* eines der Hauptwerke des filmischen *neorealismo* vorgestellt.

Überblick

14.1 | Literaturverfilmung

Die Geschichte des Mediums Film ist reich an Berührungspunkten mit der Literatur, die ihm in der Regel als Textvorlage gedient hat. Ein literarischer Text kann dabei grundsätzlich in drei Formen filmisch umgesetzt werden:

Aufzeichnung

1) Die Aufzeichnung einer Darbietung, z. B. einer Theateraufführung, einer Lesung oder Rezitation, beschränkt sich auf die filmische Registrierung des vor der Kamera stattfindenden Auftritts. Die Handelnden werden ggf. lediglich für die Aufnahme gezielt ausgeleuchtet, der Einsatz mehrerer Kameras erlaubt ein zusätzliches Wechselspiel der Perspektiven, wobei jede einzelne Kamera verschiedene Einstellungsgrößen (Zoom) oder Positionsveränderungen vornimmt. Die Kameraarbeit beschränkt sich somit weitgehend auf die Wahrnehmung des Geschehens aus der Sicht eines distanzierten Zuschauers (so in den meisten Fällen von Mitschnitten von Drameninszenierungen oder Opernaufführungen).

Adaption

2) Die Adaption einer literarischen Vorlage (dramatischer oder narrativer Text) versucht, unter weitgehender Treue zum Original eine Umsetzung der Handlung mit den Mitteln des Films zu gewährleisten. Literaturverfilmungen dieser Art zeichnen sich in der Regel durch eine besondere Textnähe aus, die von den Schauspielern und Schauspielerinnen verkörperten Figuren orientieren sich an den Vorgaben des Bezugstextes, ebenso wie die Handlung in ihrem Umfang und Ablauf diesem *en gros* folgt. Abweichungen von der Vorlage können aus den medialen Rahmenbedingungen (Darstellbarkeit, zur Verfügung stehende Spieldauer etc.) erklärt werden. Ein Beispiel aus diesem Bereich wäre der 1963 von Luchino Visconti (1906–1976) für die Leinwand adaptierte Roman *Il gattopardo* nach Giuseppe Tomasi di Lampedusa (1896–1957).

Transformation

3) Eine Transformation des Ausgangstextes bemüht sich im Gegensatz dazu um eine freiere Erfassung des vorgegebenen Themas (oder bestimmter Motive), das jedoch aus der Logik des Mediums heraus umgestaltet und interpretiert wird. Der Film gewinnt dadurch gegenüber dem literarischen Text an Eigenständigkeit, wird ihm eher auf einer übergeordneten Bezugsebene gerecht oder zielt gar auf seine Kommentierung oder Widerlegung ab. Die zentrale Frage wäre in diesem Fall nicht mehr, wie man eine Vorlage optimal mit filmischen Mitteln zur Darstellung bringen kann, sondern wie ein literarischer Text sich *im Medium Film* entfaltet hätte (vgl. etwa Luchino Visconti: *La terra trema* [1948], inspiriert von dem Roman Giovanni Vergas, *I malavoglia*).

Beispiel einer Literaturverfilmung: *Il gattopardo* von Luchino Visconti | 14.2

Als Beispiel für die Adaption eines Romans für die Kinoleinwand wenden wir uns im Folgenden der Verfilmung des 1958 erschienenen Romans *Il gattopardo* von Giuseppe Tomasi di Lampedusa zu, der in einer italienisch-französischen Koproduktion unter der Regie von Luchino Visconti 1962 mit Burt Lancaster, Alain Delon und Claudia Cardinale in den Hauptrollen verfilmt wurde.

Die Romanvorlage | 14.2.1

Der Roman *Il gattopardo* wurde zwischen 1955 und 1956 verfasst und erschien 1958 zum ersten Mal bei Feltrinelli. Giuseppe Tomasi di Lampedusa zeichnet in seinem historischen Roman den Niedergang des Adelsgeschlechts der Salina nach. Der Autor, der als Fürst von Lampedusa selbst dem sizilianischen Hochadel angehörte, verarbeitet in seinem Roman auch autobiographische Momente. In der Tat erinnert seine Biographie an die Hauptfigur des Romans, Don Fabrizio, genannt *Il Gattopardo*, der, genau wie der Autor, als sehr gebildeter, der Astronomie verschriebener Aristokrat erscheint. Die Tatsache, dass Lampedusa das Werk an seinem Lebensende verfasste, verstärkt noch das Moment der Autoreflexion. Übrigens bedurfte es der Hilfe des Schriftstellers Giorgio Bassani (1916–2000), dass es überhaupt zur Veröffentlichung des Romans kam.

|Abb. 14.1

Giuseppe Tomasi
di Lampedusa
(1896–1957)

Inhalt des Romans

Werfen wir nun einen Blick auf die Handlung: Im Mai 1860, nach der Landung der Truppen Garibaldis in Sizilien, muss Don Fabrizio, der Prinz von Salina, mit ansehen, wie seine Ära sich dem Ende zuneigt und die bürgerliche Klasse an die Macht kommt. Sein Lieblingsneffe Tancredi kämpft auf der Seite Garibaldis, um, wie er behauptet, ein Stück weit Einfluss auf die Entwicklung zu behalten. Er versucht den Onkel mit folgenden Worten zu beruhigen: "Se si vuole che tutto rimanga com'è, bisogna che tutto cambi" (vgl. Text 14.2). Die historischen Ereignisse halten den Principe auch in jenem Sommer nicht davon ab, sich mit der gesamten Familie in die Sommerresidenz nach Donnafugata zu begeben, wo sich bereits erste politische Veränderungen abzeichnen, die durch den neuen Bürgermeister, Don Calogero, einen Bürgerlichen niederer Herkunft mit entsprechendem Auftreten, personifiziert werden. Tancredi, der bis dorthin Concetta, der ältesten Tochter des Gattopardo, zugeneigt war, verliebt sich in Angelina, die Tochter des Bürgermeisters, die sich durch ausgesprochene Schönheit, ein beträchtliches Vermögen und darüber hinaus durch eine überdurchschnittliche Erziehung auszeichnet und damit in besonderem Maße das aufsteigende Bürgertum vertritt. Ein zentrales Moment des Romans stellt die Ballszene dar, in der der untergehende Adel sich selbst feiert. Am Ende steht der Tod des Principe. Es überleben seine drei unverheirateten Töchter, so dass das Aussterben des Adelsgeschlecht der Salina am Ende des

Romans (1910) zur Gewissheit wird. Gleichsam in einer Kreisstruktur beginnt der Roman mit dem Beten des Rosenkranzes in der hauseigenen Kapelle und endet mit dem Verlust ihrer Reliquien. Der Machtverlust der Salina berührt somit selbst den Bereich der Kirche.

14.2.2 | Luchino Visconti

Luchino Visconti wurde 1906 in Mailand geboren, als Sohn des Herzogs Giuseppe Visconti di Modrone und Carla Erbas. Bereits im Elternhaus haben ihn Kunst, Kultur und Lektüren geprägt. Auf zahlreichen Reisen, unter anderem nach Paris, lernte er Jean Cocteau, Kurt Weill und Coco Chanel kennen – Kontakte, die ihm nicht zuletzt ermöglichten, als Assistent Jean Renoirs in dessen Film *Une partie de campagne* (1936) mitzuarbeiten. In den 1930er Jahren zog Visconti nach Rom, wo er sich den jungen Künstlern anschloss, die sich um die Zeitschrift *Cinema* gruppierten, und wo er auch zwischen 1942 und 1943 seinen ersten Film (*Ossessione*) drehte. Während des II. Weltkrieges war er Mitglied der *resistenza* und widmete sich aus ökonomischen Gründen dem Theater. 1947 begab er sich nach Sizilien, um *La terra trema* zu drehen. Bis zu seinem Tod 1976 produzierte er zahlreiche erfolgreiche Filme, darunter u. a. *Morte a Venezia* (1971), die Verfilmung von Thomas Manns Novelle *Der Tod in Venedig* (1913).

Aufgabe 14.1 | **?** Lesen Sie folgende Stellungnahme Luchino Viscontis vor dem Hintergrund Ihrer Kenntnisse aus Einheit 13. Beschreiben Sie Viscontis Darstellungsprinzipien.

Text 14.1 |

Luchino Viscontis
Darstellungsprinzipien

Nel corso degli anni credo di aver cambiato il mio metodo di realizzazione solo nel senso che ho semplificato sempre di più. Ho sempre cercato di arrivare a una maggior semplificazione dei mezzi tecnici. Per quel che riguarda il lavoro diretto sugli attori, credo di non aver cambiato niente e di essere invece esattamente come all'epoca di "Ossessione".

Mi sono servito molto poco del Dolly, per non dire mai. Per esempio mi è molto difficile muovere la macchina da presa come fa Fellini. Quando la mia macchina da presa si muove, non si vede. Evidentemente certe volte anch'io ho bisogno di muoverla, di spostarla. Però non lo faccio mai in modo premeditato[1], ma quando veramente la scena che devo girare me lo suggerisce: non ci penso mai in anticipo. Mi sembra che sia necessario semplificare la scrittura al massimo. Perché lo stile di un grande romanziere è il più spoglio[2] possibile, è quello che comporta il minor numero di aggettivi, il minimo di punteggiatura[3], il minimo di superlativi, è quello che è più netto.

Mi hanno spesso accusato di una ricerca esagerata nel dettaglio della scenografia[4], dell'arredamento, dei costumi. Mi sembra un'accusa falsa, perché la ricerca non è mai eccessiva. Se lo è, schiaccerebbe[5] il racconto o i personaggi, e mi pare che non sia mai successo. La necessità, l'esigenza di avere una scenografia giusta, esatta, è anche il desiderio di presentare al pubblico un'opera sempre credibile, una visione storicamente esatta, nella maniera di vivere, di agire, di comportarsi di certi personaggi immersi in un mondo determinato, e che servono a chiarire il contenuto di una vicenda[6], della storia di un film. Mi sembra che la precisione dei dettagli sia dunque una conseguenza logica, inevitabile.

Si raccontano su questa mia ricerca aneddoti ormai leggendari, ma non c'è niente di vero. Sono invenzioni di cronisti che detestano il cinema. Non essendo del mestiere, lo detestano, spinti in qualche modo da un sentimento di invidia, di astio, perché pensano che il cinema sia un ambiente di pazzi, di avventurieri, di donne, di gente che vive in mezzo ai milioni, di gente che vive divertendosi, mentre non sanno che si tratta di una fatica terribile, che è un lavoro che definirei quasi mortale. Eppure in tutta la mia carriera non ricordo di avere mai rigirato una sequenza, di aver mai cambiato una cosa che avevo preparato con precisione. Quando giro, non vedo neanche i giornalieri. Perché non voglio vederli. E questo è un po' un motivo di disperazione[7] per il mio operatore[8], che però ora mi conosce bene. Li vedo anche un mese dopo averli girati. Quello che ho in testa e che voglio fare non voglio vederlo realizzato fino a quando non è finito, completato. (Visconti: 1983)

1 premeditato *vorausgedacht* – 2 spoglio *nackt, kahl* – 3 punteggiatura *Zeichensetzung, Interpunktion* – 4 scenografia *Bühnenbild, bzw. Filmarchitektur* – 5 schiacciare *hier: dominieren* – 6 una vicenda *hier: Handlung* – 7 disperazione *Verzweiflung* – 8 operatore *Kameramann*

Roman und Film im Vergleich | 14.2.3

Insgesamt zeichnet sich die Verfilmung durch eine große Treue zur literarischen Vorlage aus. Visconti folgt im Großen und Ganzen der räumlichen Struktur des Romans (Palermo, die Reise nach Donnafugata, Donnafugata, der Ball). Allerdings fallen einige Kapitel weg und werden durch andere ersetzt. So wurden folgende Romankapitel gestrichen bzw. gekürzt: der Besuch Pater Pirrones in seinem Heimatort, die Folgeszenen nach dem Tod des Principe. Dagegen fügt Visconti Kampfszenen zwischen den

|Abb. 14.2

Il gattopardo,
Ausschnitt: Vorspann

Anhängern Garibaldis und den Bourbonen in Palermo ein, die im Roman selbst nicht vorkommen. Die auch für den Roman zentrale Ballepisode wird stark gedehnt und nimmt damit zeitlich fast ein Drittel des Films ein. Erzählperspektivisch wird die Fokussierung des Romans auf die Hauptfigur, den

Principe, von Visconti noch gesteigert. Don Fabrizio ist fast immer anwesend, er sieht und bewertet alle Geschehnisse.

Aufgabe 14.2

? Schauen Sie sich folgende Gegenüberstellung des 1. Romankapitels und der entsprechenden Sequenzen des Films an und arbeiten Sie die Unterschiede heraus.

Roman	Film
	Vorspann: der Palazzo der Familie Salina
Rosenkranzgebet, Vorstellung des Principe	Rosenkranzgebet. Stimmen aus dem Garten
	Der Principe erhält die Nachricht der Landung der Truppen Garibaldis (11. Mai)
Der tote Soldat im Garten	Der tote Soldat im Garten
Königliche Audienz	
Abendessen im Palazzo Salina, Präsentation der Familie	
Reise zur Geliebten nach Palermo zusammen mit Pater Pirrone	Reise zur Geliebten nach Palermo zusammen mit Pater Pirrone
Dialog zwischen dem Principe und Tancredi	Dialog zwischen dem Principe und Tancredi
	Abschied Tancredis
Principe mit dem Verwalter, Reflexionen über die politischen Ereignisse	
Im Observatorium mit Pater Pirrone	Im Observatorium mit Pater Pirrone
Mittagessen. Tancredi und Concetta	
Principe wieder in der Verwaltung. Erinnerung an den toten Soldaten im Garten	
Principe mit dem Sohn Paolo	
Brief des Cousins über die Landung	
Rosenkranzgebet	
	Kämpfe in Palermo

Aufgabe 14.3

? Lesen Sie folgenden Textauszug aus dem Roman (Kapitel 1, Conversazione con Tancredi) und vergleichen Sie diesen mit dem darauf folgenden Einstellungsprotokoll.

Text 14.2
Giuseppe Tomasi di Lampedusa: *Il gattopardo*, 1. Kapitel (Auszug)

La mattina dopo il sole illuminò il Principe rinfrancato[1]. Aveva preso il caffè ed in veste da camera rossa fiorata di nero si radeva dinanzi allo specchietto. Bendicò[2] poggiava[3] il testone pesante sulla sua pantofola. Mentre si radeva la guancia destra, vide nello specchio, dietro la sua, la faccia di un giovanotto, un volto magro, distinto, con un'espressione di timorosa beffa[4]. Non si voltò, e continuò a radersi. "Tancredi, cosa hai combinato la notte scorsa?" "Buongiorno, zio. Cosa ho combinato? Niente di niente: sono stato con gli amici. Una notte santa. Non come certe conoscenze mie che sono state a divertirsi a Palermo." Il Principe si applicò a radere bene quel tratto di pelle difficoltoso fra labbro e mento. La voce leggermente nasale del nipote portava una tale carica[5] di brio giovanile che era impossibile arrabbiarsi; sorprendersi, però, poteva forse esser lecito. Si voltò e con l'asciugamano sotto il mento guardò il nipote. Era in tenuta da caccia, giubba[6] attillata[7] e gambaletti[8] alti. "E chi erano queste conoscenze, si può sapere?" "Tu, zione, tu. Ti ho visto con questi occhi, al posto di blocco di villa Airoldi, mentre parlavi col sergente. Belle cose, alla tua età …! e in compagnia di un reverendissimo! I ruderi libertini[9]!" Era davvero troppo insolente. Credeva di poter permettersi tutto. Attraverso le strette fessure delle palpebre gli occhi azzurro-torbido, gli occhi di sua madre, i suoi stessi occhi lo fissavano ridenti. Il Principe si sentì offeso: questo qui veramente non sapeva a che punto fermarsi, ma non aveva l'animo di rimproverarlo; del resto aveva ragione lui. "Ma perché, sei vestito così? Cosa c'è? Un ballo in maschera di mattina?" Il ragazzo era diventato serio: il suo volto triangolare assunse una inaspettata espressione virile. "Parto, zione, parto fra un'ora. Sono venuto a dirti addio." Il povero Salina si sentì stringere il cuore. "Un duello?" "Un grande duello, zio. Un duello con Franceschiello Dio Guardi. Vado nelle montagne a Ficuzza; non lo dire a nessuno, soprattutto non a Paolo. Si preparano grandi cose, zio, ed io non voglio restare a casa. Dove del resto mi acchiapperebbero subito se vi restassi." Il Principe ebbe una delle sue solite visioni improvvise: una scena crudele di guerriglia, schioppettate[10] nei boschi, ed il suo Tancredi per terra, sbudellato[11] come quel disgraziato soldato. "Sei pazzo, figlio mio. Andare a mettersi con quella gente. Sono tutti mafiosi e imbroglioni[12]. Un Falconeri dev'essere con noi, per il Re." Gli occhi ripresero a sorridere. "Per il Re, certo, ma per quale Re?" Il ragazzo ebbe uno di quei suoi accessi di serietà che lo rendevano impenetrabile e caro. "Se non ci siamo anche noi, quelli ti combinano la repubblica. Se vogliamo che tutto rimanga come è, bisogna che tutto cambi. Mi sono spiegato?" Abbracciò lo zio un po' commosso. "Arrivederci a presto. Ritornerò col tricolore." La retorica degli amici aveva stinto un po' anche su suo nipote; eppure no, nella voce nasale vi era un accento che smentiva l'enfasi. Che ragazzo! Le sciocchezze e nello stesso tempo il diniego delle sciocchezze. E quel suo Paolo che in quel momento stava certo a sorvegliare la digestione di Guiscardo! Questo era il figlio suo vero. Il Principe si alzò in fretta, si strappò l'asciugamani dal collo, frugò[13] in un cassetto. "Tancredi, Tancredi, aspetta!" Corse dietro il nipote, gli mise in tasca un rotolino di onze d'oro, gli premette la spalla. Quello rideva "Sussidi la rivoluzione, adesso! Ma grazie, zione, a presto; e tanti abbracci alla zia." E si precipitò giù per le scale. (Lampedusa: 1959, 40ff.)

1 rinfrancato *hier: aufgemuntert* – 2 Bendicò *Hund des Principe* – 3 poggiare *lehnen* – 4 beffa *Spott* – 5 carica *hier: Schwung* – 6 giubba *Waffenrock* – 7 attilata *enganliegend* – 8 gambaletti *Gamaschen* – 9 ruderi libertini *grobe Wüstlinge* – 10 schioppettata *Flintenschuss* – 11 sbudellato *getötet* – 12 imbroglione *Betrüger* – 13 frugare *kramen*

Text 14.3

Einstellungsprotokoll zu Luchino Visconti: *Il gattopardo* (Auszug)

Nr.	Dauer in Sek.	Kamera-Aktivitäten	Beschreibung des Sichtbaren	Tonspur
55	34	Halbnah/Aufsicht Schwenk von unten nach oben/Ranfahrt Nah	Die Dogge des Principe, Principe von hinten beim Rasieren, das Gesicht Tancredis erscheint im Spiegel, Gespräch der beiden	T: Buongiorno zio! P: Tancredi! Che cosa hai combinato sta notte? T: Sta notte? Niente di niente, zio. Sono stato con gli amici. Una notte santa. Non come certe conoscenze mie che sono state a divertirsi giù a Palermo.
56	4	Amerikanisch	Principe und Tancredi im Gespräch, Principe von hinten, Tancredi von vorne, leicht gebeugt, entfernt sich vom Spiegel, setzt sich	P: E chi sarebbero queste tue conoscenze?
57	14	Nah/Aufsicht	Tancredi sitzt im Sessel vor einem Spiegel. Sein Profil im Spiegel sichtbar, spricht zum Principe	T: Tu stesso, zione, tu stesso! Ti ho visto con questi occhi a Villa Airoldi, al posto di blocco mentre parlavi con il sergente. Belle cose, alla tua età! E insieme a un Reverendissimo! Poi. Oh!
58	8	Untersicht/Nah	Principe vor dem Spiegel sich rasierend. Ist mit der Rasur fertig. Trocknet sich mit einem Handtuch das Gesicht ab.	T: I ruderi libertini! P: E dappertutto, è vero!
59	4	Nah/Aufsicht	Tancredi, immer noch vor dem Spiegel sitzend, sagt nichts und lächelt zufrieden. Bewegt die Hand hin und her.	P: Memè!

Nr.	Dauer in Sek.	Kamera-Aktivitäten	Beschreibung des Sichtbaren	Tonspur
60	17	Nah Schwenk nach links Amerikanisch	Principe, betrachtet sich im Spiegel und geht begleitet von der Kamera zum nächsten, großen Spiegel. Spricht zu Tancredi und dreht sich zu ihm um.	P: Ma perché sei vestito così? Che succede? Un ballo in maschera di mattina?
61	4	Nah/Aufsicht	Tancredi spricht zum Onkel. Hinterkopf im Spiegel	T: Parto fra poco, zio. Parto fra un'ora. Sono venuto salutarti.
62	6	Nah/Untersicht	Onkel vor dem Spiegel, zu Tancredi gewendet und zu ihm sprechend	P: Perché? Dove vai? Un duello?
63	7	Nah/Normalsicht	Tancredi immer noch vor dem Spiegel sitzend, beugt sich nach vorn zum Onkel hin und spricht emphatisch zu ihm	T: Si un gran' duello, zio. Un duello con il Re, con Franceschiello. Vado nelle montagne, a Ficuzza. Si preparano grandi cose, zio, ed io non voglio restare a casa. Dove del resto mi acchiapperebbero subito.
64	3	Amerikanisch/Untersicht	Legt die Manschettenknöpfe an, ist seitlich im Spiegel sichtbar, schaut skeptisch auf den Neffen und hört diesem zu.	P: Sei pazzo a metterti con quelli. Sono mafiosi. Tutti imbroglioni. Un Falconeri sta con noi. Per il Re.
[...]				

Die inhaltlichen Bezüge des Gesprächs in dieser Sequenz und ihre Stellung im Film werden beim Blick auf das Sequenzprotokoll der ersten 15 Minuten deutlich.

00'00 Sequenz 1: Vorspann
Blauer Himmel. Garten und Villa der Familie Salina. Terrasse der Villa (zugleich eingeblendeter Vorspann)

02'47 Sequenz 2: Rosenkranz
In der Villa. Die Familie beim Rosenkranzgebet. Kamera auf die verschiedenen Personen bzw. Personengruppen der Familie gerichtet. Stimmen aus dem Garten dringen ins Haus.

05'32 Sequenz 3: Schlechte Nachrichten
Diener berichtet von dem Fund des toten Soldaten im Garten und überbringt dem Principe einen Brief mit der Nachricht von der Landung der

| Text 14.4

Sequenzprotokoll zu Luchino Visconti: *Il gattopardo* (Auszug)

251

Truppen Garibaldis. Zusammenbruch der Principessa angesichts dieser Nachricht.

08'10 Sequenz 4: Der tote Soldat im Garten

Principe erscheint auf der Freitreppe zum Garten. Wieder in der Villa, Principe beruhigt die Principessa. Familie fängt wieder an zu beten. Toter Soldat unter einem Baum im Garten.

10'20 Sequenz 5: Fahrt nach Palermo

Principe und Padre Pirrone in der Dunkelheit in der Kutsche auf dem Weg nach Palermo. Wachposten lässt die Kutsche passieren. Padre steigt aus. Principe in der Stadt in einer Gasse. Vor der Tür seiner Geliebten bzw. Dirne. Diese lässt ihn ein.

13'25 Sequenz 6: Gespräch des Principe mit Tancredi

Principe bei der Rasur. Tancredi kommt hinzu, um sich von ihm zu verabschieden. Tancredi verlässt den Raum.

[…]

Aufgabe 14.4 | ? Ordnen Sie mit Hilfe des Einstellungsprotokolls (Text 14.3) die Filmausschnitte den Einstellungen zu.

Abb. 14.3 |
Abb. 14.4 |

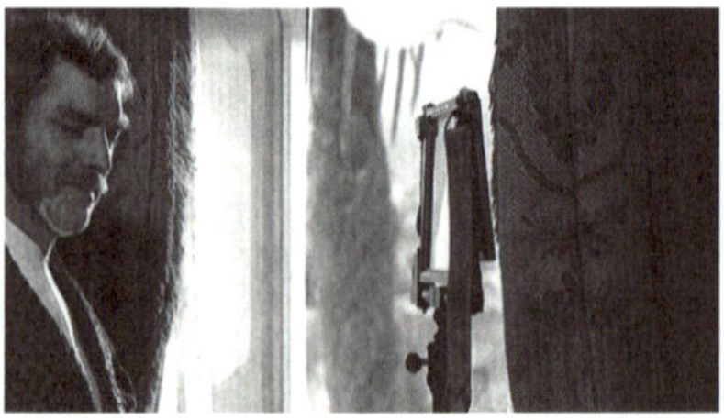

Abb. 14.5 |
Abb. 14.6 |

Aufgabe 14.5 | ? Was sagt die Kameraführung während des Gesprächs über die Beziehung zwischen Tancredi und dem Principe aus?

Aufgabe 14.6 | ? Was lässt sich über die Fokalisierung in dieser Sequenz aussagen (vgl. Einheit 13.5)?

Aufgabe 14.7 | ? Analysieren Sie die Bedeutung der Spiegel in dieser Sequenz.

Roberto Rossellini und der italienische *neorealismo* | 14.3

Im Anschluss an die Beispielanalyse zu Viscontis *Il gattopardo* soll die vorliegende Einheit noch eine der wichtigsten Bewegungen innerhalb der italienischen Literatur und Filmkunst nach dem II. Weltkrieg vorstellen, den *neorealismo*. Am Beispiel eines seiner Schlüsselwerke, *Roma, città aperta*, können schließlich noch einmal grundlegende Fragestellungen der Film- und Textanalyse erprobt werden.

Neorealismo in Literatur und Kino | 14.3.1

Zwischen 1940 und 1950 formierte sich bei zahlreichen Intellektuellen und Künstlern in der Aufarbeitung der Jahre um den II. Weltkrieg eine neue Geisteshaltung, die in Anbetracht der faschistischen Barbarei ein neues soziales und politisches Engagement forderte. Zwar handelt es sich beim *neorealismo* um keine einheitliche 'Schule', doch sind zahlreiche Versuche unternommen worden, die Vielzahl der zu dieser Bewegung gerechneten Künstler auf mehrere gemeinsame Nenner zu bringen (vgl. Einheit 9.2). Wichtigstes gemeinsames Thema bei ihnen ist die Auseinandersetzung mit dem Faschismus, mit der Besetzung Italiens durch deutsche Truppen und mit den entbehrungsreichen Lebensverhältnissen der Kriegs- und Nachkriegszeit. Der italienische Widerstand, die *resistenza*, ist daher immer wieder in den Blick genommen worden, ebenso die wirtschaftliche und moralische Alltagswirklichkeit der Arbeiterschaft oder der sozial benachteiligten Schichten, was deutliche Bezüge zur Literatur des *verismo* erkennen lässt.

> Antifaschismus und Engagement

Unterstrichen wird der Eindruck einer Spiegelung der Realität in formalästhetischer Hinsicht durch die genaue Schilderung von Details; das 'einfache Volk', das sich im Zentrum der Aufmerksamkeit befindet, wird in seiner Sprache, seiner Art sich zu kleiden, seinen Gewohnheiten und in seiner Weltsicht vorgestellt. Im Kinofilm spielen im Freien gedrehte Szenen, teils in den Trümmern der kriegsversehrten Städte, eine wichtige Rolle, da sie eine Atmosphäre fern der artifiziellen Kulissen evozieren. Die Schauspieler selbst sind oftmals Amateure, mitunter sogar in den Hauptrollen, so dass sich die Art und Weise ihrer Darstellung ebenfalls deutlich von den professionellen Filmproduktionen der unmittelbaren Vorzeit abhebt.

> Hinwendung zur Alltagsrealität

Aus der Forderung nach einer Hinwendung zur sozialen Wirklichkeit, wie sie sich der *neorealismo* als Grundanliegen setzte, leitete sich eine spezifische Rolle der Intellektuellen ab, die mit ihrem Engagement – gerade auch in der künstlerischen Produktion, sei es nun der literarischen oder der cineastischen – Flagge zeigen wollten. Darin findet sich nicht zuletzt eine klare Absage an die apolitische Literatur der Dekadenz und des Hermetismus. Dem Konzept von der Autonomie der Kunst wurden zugleich Solidarität, Gerechtigkeit, Humanität, moralisches Verantwortungsbewusstsein und (politische) Freiheit als gelebte Ideale entgegengestellt.

Zu den wichtigsten neorealistischen Autoren und Texten zählen Italo Calvino (*Sentiero dei nidi di ragno*, 1947; *Ultimo viene il corvo*, 1949), Elio Vittorini (*Conversazione in Sicilia*, 1941; *Uomini e no*, 1945), Beppe Fenoglio (*Il partigiano Johnny*, postum 1968) und Carlo Cassola (*La ragazza di Bube*, 1960).

An einflussreichen Regisseuren des neorealistischen Spielfilms seien neben Roberto Rossellini auch der oben vorgestellte Luchino Visconti (*Ossessione*, 1943; *La terra trema*, 1948), Vittorio De Sica (*Ladri di biciclette*, 1948; *Miracolo a Milano*, 1951) und Giuseppe De Santis (*Riso amaro*, 1949) genannt.

14.3.2 | *Roma, città aperta*

Noch während des Krieges begannen die Vorarbeiten zu einem der wegweisenden neorealistischen Filmprojekte, das von Roberto Rossellini zum Großteil auf eigene Kosten produziert wurde und 1945 unter dem Titel *Roma, città aperta* in die italienischen Kinos kam. Es eröffnet Rossellinis 'Trilogia della guerra antifascista', die noch *Paisà* (1946) und *Germania anno zero* (1946) umfasst.

Skizzenhaft kann der Inhalt des Films wie folgt zusammengefasst werden:

Inhaltsangabe

Die Handlung spielt im von deutschen Truppen besetzten Rom. In episodischer, lockerer Reihung werden zunächst verschiedene Figuren eingeführt, die der gemeinsame Widerstand gegen die Gewaltherrschaft vereint: Der kommunistische Ingenieur Manfredi wird von der Gestapo gesucht und muss bei einem Freund, dem Drucker Francesco, Zuflucht suchen. Dabei lernt er dessen Verlobte Pina, eine verwitwete Mutter, und deren Sohn Marcello kennen. Dem Netz der *resistenza* gehört im Weiteren der Pastor Don Pietro an, der aus christlicher Überzeugung handelt. Unerkannt verüben auch die Kinder unter Leitung des gehbehinderten Romoletto Sabotage-Aktionen.

Auf der Gegenseite finden sich der römische Oberbefehlshaber der Gestapo Bergmann und seine bisexuelle Partnerin Ingrid. Diese hat die drogensüchtige Marina – die ehemalige Freundin Manfredis – von sich abhängig gemacht. Die als Schauspielerin gescheiterte Marina lässt sich zudem wie ihre Freundin Lauretta, Pinas Schwester, als Mätresse mit deutschen Besatzungsoffizieren ein, um sich einen luxuriösen Lebensstandard leisten zu können. Marina ist es auch, die schließlich Manfredi bei der Gestapo denunziert. Er wird mit Don Pietro verhaftet und in dessen Beisein von der SS zu Tode gefoltert. Don Pietro stirbt am Ende des Films ebenfalls den Tod eines Märtyrers: Er wird von deutschen SS-Soldaten hingerichtet, während am Rande des Exekutionsortes die Schar der für die Freiheit kämpfenden Kinder solidarisch eine Erkennungsmelodie der *resistenza* pfeift.

Aufgabe 14.8

? Erstellen Sie auf der Grundlage der Inhaltsangabe eine Figurenkonstellation. Benennen Sie auch den der Handlung zugrunde liegenden Konflikt.

Roma, città aperta gilt als erster Film des befreiten Italien. Die Darstellung der *resistenza*-Thematik wird dabei über alle ideologischen Klüfte hinweg zum einigenden Band des unverdorbenen italienischen Volkes ausgestaltet: Manfredi vertritt einen ebenso aufgeschlossenen Kommunismus wie Don Pietro einen humanitären Katholizismus; beide stehen in Verbindung zu monarchistischen Widerstandskämpfern. Zudem werden sie unterstützt von weltanschaulich neutralen 'einfachen' Mitbürgern, verkörpert an erster Stelle von der warmherzigen und in Alltagsnöten befangenen Pina. Eine allegorische Ebene eröffnen die auf eigene Rechnung und in Unwissenheit der Erwachsenen handelnden Kinder um Romoletto: Sie repräsentieren die Zukunft des italienischen Volkes, das sich in ihrer Gestalt durch Mut, Solidarität und Optimismus auszeichnet, während der sprechende Name ihres Anführers auf die Stadt Rom verweist.

Im Gegenzug eröffnet sich durch die negative Zeichnung der deutschen Besatzer ein imagologisches Untersuchungsfeld. Zwar wird auch hier im Verlauf der Filmhandlung differenziert und der deutsche Offizier Hartmann artikuliert, als er betrunken ist, seine Kritik am 'arischen Übermenschentum' und prophezeit den Nazis hasserfüllte Vergeltung. Doch dominieren die Vertreter eines unmenschlichen Faschismus: der grausame Gestapo-Chef Bergmann und seine pervertierte Partnerin Ingrid.

Aufgabe 14.9

? Beschreiben Sie die folgenden Einstellungen im Hinblick auf die Darstellung der Figuren, im ersten Fall von Gestapo-Chef Bergmann und Ingrid, im zweiten Fall des zu Tode gefolterten Manfredi.

 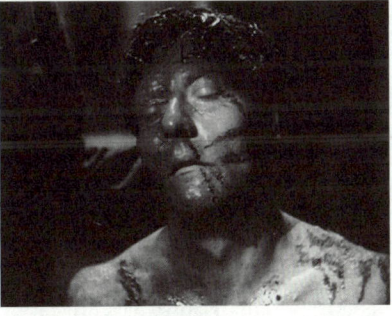

Abb. 14.8
Bergmann und Ingrid
Abb. 14.9
Der geschundene Manfredi

Die beiden Einstellungen mögen verdeutlichen, wie Rossellini die Boschaft seines Films gestalterisch umsetzt. Dieselbe Kontrastwirkung wird über das Verfahren der Parallelmontage noch gesteigert: Die Folter Manfredis durch die SS-Schergen wird immer wieder von der zeitgleich ablaufenden Hingabe Marinas an Ingrid bzw. Hartmann unterbrochen.

Insgesamt bleibt die Präsenz des Regisseurs bzw. eines 'Erzählers' sehr dezent. Eine Ausnahme bildet die erste Einstellung des Films, in der sich Bild und Schrift miteinander verbinden.

Abb. 14.10 |

Vorspann zu *Roma, città aperta*

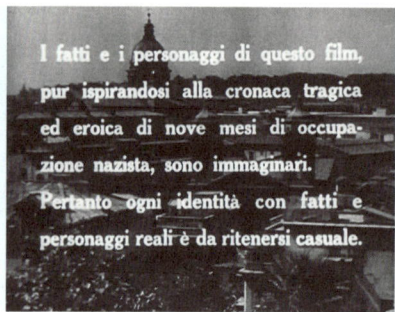

Aufgabe 14.10 |

? Wie ist der eingeblendete Kommentar zu deuten? Verfassen Sie ein Einstellungsprotokoll zur ersten Filmsequenz (0'45–4'15), in der Manfredi sich vor den SS-Soldaten in Sicherheit bringen kann.

Eine andere Möglichkeit, den Erzählerstandpunkt auf der inhaltlichen Ebene zu artikulieren, besteht darin, Figuren als regelrechtes Sprachrohr zu benutzen, so Manfredi im vertrauten Gespräch mit Pina, ebenso Don Pietro während des Verhörs durch Bergmann oder der Offizier Hartmann in der Konfrontation mit diesem. Bisweilen vermittelt indes ebenfalls die Kameraführung ein besonderes Interesse für einzelne Figuren. In den nachfolgenden beiden Einstellungen verabschiedet sich Francesco von Pinas Sohn Marcello, der ihn nun – nach der Ermordung seiner Mutter durch deutsche Soldaten – als seinen neuen 'Vater' anerkennt.

Abb. 14.11 |

Francesco und Marcello

Abb. 14.12 |

Blick auf den fortgehenden Francesco

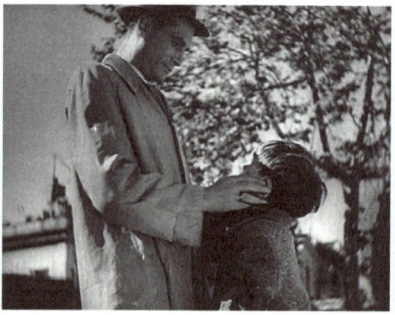 

Aufgabe 14.11 |

? Welche Erzählperspektive suggerieren die Einstellungen?

Berühmtheit erlangte *Roma, città aperta* jedoch für die in der Regel vorherrschende Neutralität der Erzählhaltung. Die Kamera scheint die Geschehnisse wie von der Warte eines unbeteiligten Beobachters aus einzufangen, was Rossellinis Stil die Charakterisierung als *cinema temonianza* eingetragen hat. Die Einstellungen erfassen alltägliche Szenen (zumal Straßenszenen) in beinahe dokumentarischer Art und Weise, wobei die Banalität der Schauplätze und so mancher Figuren mit dem größtenteils episodischen Aufbau des Films korreliert, der durch klare Schnitte untergliedert wird. Unter den Hauptfiguren wird zwar dem Priester, gemessen an der Anzahl seiner Auftritte, eine gewisse Vorrangstellung zuteil, dennoch handelt der Film eher von einem Kollektiv schicksalhaft miteinander verbundener Menschen als von Ausnahmegestalten.

? Erschließen Sie ausgehend von obigen Erläuterungen oder im Zuge einer Betrachtung des Films, welcher Grad an Individualisierung die Gestaltung der Figuren prägt (vgl. Einheit 6.2).

Aufgabe 14.12

? Vergleichen Sie abschließend, auf welche Art und Weise jeweils die Stadt Rom in Rossellinis *Roma, città aperta* und in Fellinis *La dolce vita* als Schauplatz in die Filmhandlung einbezogen wird.

Aufgabe 14.13

Filmeditionen

Roberto Rossellini: *Rom, offene Stadt/ Roma, città aperta*. Italien 1945. SZ-Cinemathek Nr. 62 (2006).

Luchino Visconti: *Der Leopard/Il gattopardo*. Frankreich/Italien 1963. SZ-Cinemathek Nr. 1 (2005).

Literatur

Giuseppe Tomasi di Lampedusa: *Il gattopardo*. Milano: Feltrinelli 1959.

Alfonso Canziani: *Gli anni del neorealismo*. Firenze: La Nuova Italia 1977.

Werner Faulstich: *Grundkurs Filmanalyse*. München: Fink 2002.

Helmut Korte: *Einführung in die Systematische Filmanalyse*. Berlin: Erich Schmidt ³2004.

Lino Micciché: *Luchino Visconti*. Venezia: Marsilio 2002.

Joachim Paech: *Literatur und Film*. Stuttgart/Weimar: Metzler ²1997.

Luchino Visconti: Fra cento modi, uno, in: *L'Illustrazione italiana* 1983, zitiert nach: http://www.luchinovisconti.net/ visconti_al/visconti_cento_modi.htm (16.08.07).

Sachregister

Die Verweise beschränken sich auf diejenigen Seiten, auf denen Definitionen und Erläuterungen sowie Problem- und Anwendungskontexte des jeweiligen Begriffs zu finden sind. Rhetorische Figuren und Stilmittel sind im Register nicht aufgeführt; sie sind auf den Seiten 62–64 und 66–67 zusammengestellt.

Achsensprung 238
Adaption (Film) 244
Akt 107f.
Aktant 146, 154
Allgemeine Literaturwissenschaft 194f.
Anachronie 141, 239
Anagnorisis 107
Analepse 141
Architextualität 216
Ästhetische Distanz 201
Aufschreibesystem 18f.
Aufzeichnung (Film) 244
Autobiographie 135
Autor, Autorfunktion 13, 216
Autoreferenzialität 14

Ballade 70
Basis 181f.
Beiseite-Sprechen (Drama) 105
Beleuchtung 235
Biographie (Gattung) 135
Bologna-Prozess 38f.
Botenbericht 105
Briefroman 134

Charakter, Charakterisierung 105, 145f.
Chor 107
Comédie italienne 115
Commedia dell'arte 94
Commedia erudita 96
Crepuscolari 85
Dekadenz, *decadentismo* 85
Dekonstruktion 219ff.
Deskriptivität, deskriptiv 22
Deutungskanon 35
Dialog (Drama) 104

Dialogtraktat 135
Didaskalie 98
Diegese 137
Differenz 221
Direkte Rede, s. Rede
Diskurs 217ff.
Diskursanalyse, historische 217ff.
Distanz (Narratologie) 157
Drama 94
Dramatische Gattungen (Übersicht) 94ff.
Dramatischer Knoten 108
Dramenfigur 100ff.
Dramma pastorale 96
Drehbuch 226, 237
Dreipersonenregel 104

Effektgeräusche 236
Einheiten, aristotelische 109
Einstellungsgröße 232f.
Einstellungsprotokoll 226f.
Empirische Leserforschung 199
Endecasillabo 73
Enjambement 72
Entpragmatisierung 11f.
Epik 133ff.
Epische Gattungen (Übersicht) 132ff.
Epochen 31f.
Epos 24, 132f.
Ereignis 147f.
Erlebte Rede, s. Rede
Erwartungshorizont 201
Erzähler 137ff.
Erzählprofil, Erzählsituation 144
Erzählte Zeit 141, 239
Erzählzeit 141, 239

Essay 30
Exposition 108
Farce 95
Feld, literarisches 183f.
Feministische Literaturwissenschaft
    203ff.
Feuilletonroman 134
Figur 100ff., 145f.
Figurenkonstellation 105f., 145f.
Fiktion, Fiktionalität 10f.
Filmanalyse 226
Filmtranskription 226ff.
Fokalisierung (Film) 240
Fokalisierung (Text) 143f.
Formalismus 9
Futurismus 8

Gattungen, Gattungssystem 23, 25f.,
    28ff., 181f.
Gattungshierarchie 24
Gedankenrede, s. Rede
Geisteswissenschaften 43, 58f., 170
Gender 203
Gender Studies 203ff.
Genetischer Vergleich 190f.
Genieästhetik 27
Giallo 134

Habitus 184
Handlung 106ff., 145ff.
Haupt-/Nebentext 97f.
Hermeneutik 58ff.
Hermeneutischer Zirkel 59f., 200
Hirtendrama 96
Historischer Roman 134, 152
Horizontwandel 201
Hybridität 197
Hybris 102

Imagologie 195f.
Imitatio 28f.
Impliziter Leser 203

Indirekte Rede, s. Rede
Inszenierung (Drama) 104
Interpretation 61
Intertextualität 190, 215f.
Intrige 106
Isotopie 64f., 68, 83, 87, 89f.

Jump-cut 238

Kamerafahrt 234
Kameraperspektive 234
Kameraschwenk 234
Kanon 34f., 205
Kanzone 70f.
Kapital, symbolisches 183f.
Katastrophe (Drama) 102, 107f.
Katharsis 107
Komödie 96
Komparatistik 190ff.
Kompetenz 2, 38ff.
Konfiguration (Drama) 106
Konflikt (Drama) 107f.
Konstellationsschema (Drama) 105
Kriminalroman 134
Kulturtransfer 196ff.

Leerstellen 200, 202
Leistungspunkte (ECTS) 1, 38
Libretto 96
Literaturbegriff 4, 15, 22
Literaturgeschichte 23f., 31ff.
Literatursoziologie 180ff.
Literaturverfilmung 244ff.
Literaturwissenschaft 23, 39f.
Logozentrismus 220
Lyrik 69ff.
Lyrische Gattungen (Übersicht) 70f.

Makrostruktur 64
Märchen 135
Marxismus 180f.
Mauerschau 105

Medium, Medien 16, 18f.

Melodramma 96

Metalepse 140

Meta-teatro 122f.

Metatext 216

Methode 39, 48, 61, 170f.

Metrik, Metrum 72f.

Mikrostruktur 64

Mimesis 24, 137

Mittlerer Held 102

Modul (Modularisierung) 1, 38, 42

Monolog (Drama) 104f.

Montage 237f.

Motiv 64, 146f., 188f.

Musik im Film 235f.

Mysterienspiel 94f.

Narratologie 138

Neorealismus/*neorealismo* 135, 161, 253f.

Normativität, normativ 22, 28, 32

Novelle 133

Objektivität, objektiv 60f., 170, 172ff.

Offene/geschlossene Form (Drama) 109f.

Oper 96

Opposition 65, 69, 90

Paradigma 208

Paratext 7, 216f.

Periodisierung 31

Peripetie 108

Personenkonstellation 105f., 146

Phallogozentrismus 203

Phonozentrismus 220

Plot 146f.

Poetik, poetologisch 22ff.

Poetizität, poetisch 9f., 22, 70

Polysemie 221

Positivismus 171ff.

Prolepse 141

Prosa 135

Prosimetrum 135

Protagonist 100

Psychoanalyse, psychoanalytische Lit. wiss. 174ff.

Psychologisierung 145

Questione della lingua 27f.

Raffung 141, 239

Raum (Erzählung) 147f.

Ready-made 12

Realismus 134

Realitätseffekt 147, 231

Rede 103ff., 137, 139, 141ff.

Referenzialität, referenziell 11, 15

Regieanweisung 98

Regisseur (Drama) 101, 104

Reim 74

Resistenza 160f., 253

Retardierendes Moment 108

Rezeption 35, 190, 198ff.

Rezeptionsästhetik 200ff.

Rhetorik 22f., 26, 62, 66

Rhythmus 72

Rollenbruch 105

Roman 134

Sacra rappresentazione 95

Schäferroman 134

Schlüsselqualifikationen 39ff.

Schnitt 226, 237ff.

Schuss/Gegenschuss 237

Scuola storica 172f.

Semiotik 213f.

Sequenzprotokoll 229f.

Sestine 71

Sex/Gender 203

Signifikant/Signifikat 17, 61f., 220

Simulacrum 210f.

Sonett 70f., 78f.

Ständeklausel 26, 102

Stegreiftheater 94
Stichomythie 104
Stilarten 24f.
Stimme (Narratologie) 138f.
Stoff 64, 188
Stoffgeschichte 145
Strophe 70ff.
Struktur 60ff., 208ff.
Strukturalismus 208f.
Strukturanalyse 60ff., 211
Synchronisation 236
Syntagma 209
Szene (Drama) 107f.
Szenenverknüpfung 108

Teatro di narrazione 97
Textimmanenz, textimmanent 60
Textkritik 44
Textphilologie 33
Theaterwissenschaft 97
Thema 64, 188f.
Tirade 104

'Tod des Autors' 216
Ton (Film) 235f.
Tragikomödie 96
Tragödie 24, 26, 96f.
Transferforschung 196
Transformation 244
Transtextualität 216
Typen (Drama) 102
Typologischer Vergleich 192

Überbau 181

Verfilmung, s. Literaturverfilmung 244
Verismo 172
Vermittlung 182
Vers 70ff.
Volgare 27

Zäsur 72f.
Zeit (Narratologie) 140f.
Zoom 234

Bildnachweis

Jesse Bransford: *Head (Michel Foucault)*. 2004, 24,1 × 31,7 cm. Acryl und Graphit auf Papier.
Abdruck mit freundlicher Genehmigung des Künstlers und der Feature Inc. (Seite 13)

Martin Haase

Italienische Sprachwissenschaft

Eine Einführung

bachelor-wissen
2007, 192 Seiten,
€[D] 14,90/SFr 26,00
ISBN 978-3-8233-6290-6

Neue Studiengänge erfordern neue Lehrbücher, und so versteht sich auch diese Einführung in die italienische Sprachwissenschaft als ein Lehrbuch für die BA-Generation. Der Autor führt ebenso anschaulich wie sachkundig in die unabdingbaren Grundlagen des Faches ein. Der Band gliedert sich in vier übergeordnete Themenblöcke und 14 Lehrveranstaltungen, die auf alle wesentlichen Facetten der Sprache im Allgemeinen und des Italienischen im Besonderen eingehen. Die zu jeder Einheit gehörenden Übungen dienen zur Sicherung des erworbenen Wissens und gleichzeitig zur Einführung in die Techniken des wissenschaftlichen Arbeitens.

Narr Francke Attempto Verlag GmbH + Co. KG
Postfach 2560 · D-72015 Tübingen · Fax (07071) 9797-11
Internet: www.narr.de · E-Mail: info@narr.de

bachelor-wissen

Maximilian Gröne / Frank Reiser

Französische
Literaturwissenschaft

Maximilian Gröne /
Frank Reiser

Französische
Literatur-
wissenschaft

Eine Einführung

bachelor-wissen
2007, VIII, 264 Seiten,
€[D] 14,90/SFr 26,00
ISBN 978-3-8233-6289-0

Dieser Band wurde speziell für die Erfordernisse der neuen franko-
romanistischen Bachelor-Studiengänge entworfen. Er bietet nicht
nur eine sorgfältige Einführung in das relevante fachliche Grundwissen, sondern zeichnet sich zugleich durch die besondere
Berücksichtigung praxisrelevanter Aspekte aus.
Zahlreiche Übungen ermöglichen als integrativer Bestandteil
des Konzepts die rasche Anwendung und Überprüfung des
Gelernten und unterstützen einen nachhaltigen Kompetenz-
erwerb.

Narr Francke Attempto Verlag GmbH + Co. KG
Postfach 25 60 · D-72015 Tübingen · Fax (0 7071) 97 97-11
Internet: www.narr.de · E-Mail: info@narr.de